中国改革报告2011

ZHONGGUO GAIGE BAOGAO 2011

北京改革和发展研究会◎编
主编◎陈 剑

中国文史出版社

图书在版编目(CIP)数据

中国改革报告.2011 / 陈剑主编. —北京：中国文史出版社，2011.4

ISBN 978-7-5034-2950-7

Ⅰ. ①中… Ⅱ. ①陈… Ⅲ. ①体制改革—研究报告—中国—2011 Ⅳ. ①D61

中国版本图书馆CIP数据核字（2011）第059049号

责任编辑：陈海滨　刘　夏
封面设计：亚细安
版式设计：亚细安

出版发行：中国文史出版社
网　　址：www.wenshipress.com
社　　址：北京市西城区太平桥大街23号　　**邮　　编**：100811
电　　话：010-66173572　66168268　66192736（发行部）
传　　真：010-66192703
印　　装：北京华正印刷有限公司
经　　销：全国新华书店
开　　本：1/16
印　　张：31
插　　页：8
字　　数：365千字
版　　次：2011年4月北京第1版
印　　次：2011年4月第1次印刷
定　　价：80.00元

2010年6月6日，在北京市政协礼堂召开“北京改革和发展研究会成立大会暨2010北京房地产论坛”。全国政协教科文卫体委员会副主任蒋效愚（右三），北京社科联党组书记史秋秋（右一）为北京改革和发展研究会成立仪式揭牌。

2010年7月17日，人民大会堂，与教育部基础教育司、人民网共同举办“突破学习法与基础教育创新高峰论坛”。

2010年7月18日，北京国际会议中心，与北京中华文化学院、北京社科联及北京民主党派共同举办“2010北京文化论坛——建设世界城市提升首都软实力”论坛。

2010年11月10日，与中华民族艺术珍品馆、北京市东城区人民政府、北京市知识产权局等单位共同举办“中国非物质文化遗产保护和发展论坛”。

2010年11月27日，与北京社科联、北京工业大学、北京市人口研究所、北京中华文化学院等单位共同举办“2010·学术前沿论坛—北京人口总量调控”论坛。

2010年12月26日，与北京市中医管理局、农工北京市委、北京中华文化学院等举办“首届中医药健康论坛——中医科学养生”论坛。

2010年9月3日—7日，与中国人民抗日战争纪念馆、北京市各民主党派举办“民族魂——纪念中国人民抗日战争胜利65周年系列活动”。

编辑出版的《北京奥运丛书》、《北京奥运手册》、《中国古玉精选图录》等十多部奥运出版物；与最高法院联合编辑《奥运与法》特刊，编辑出版由王岐山副总理作序的健康公益读本《北京奥运》等。

编辑出版的2004—2008年度《奥运经济》（月刊）60期。

在北京奥运会筹办期间，先后编辑出版2003年至2008年的《北京奥运经济报告》六部，约3000多页，400多万字。《北京奥运经济报告》是全面反映当年奥运会筹备工作的年度报告。

承担北京市政府、北京奥组委、北京市发改委、北京地税局、北京市科委、北京市统计局、北京社科联等相关部门和行业协会委托的课题共24项。

编 委 会 名 单

目　录
CONTENTS

序　言

黄孟复*

以1978年十一届三中全会为标志，中国的改革开放已跨入第33个年头。30年沧桑巨变，中国成功实现了从高度集中的计划经济体制向充满活力的社会主义市场经济体制转变，从封闭半封闭向全方位开放的历史转变。国民经济保持持续快速健康发展，现代化建设事业稳步前进，综合国力和国际竞争力显著提高，经济总量跃居世界第二，人民生活总体上达到小康水平。2008年北京奥运会成功举办，2009年国庆60周年典礼和2010年上海世博会取得圆满成功，这三大盛事向世人展示了中国改革开放30年所取得的辉煌成就，也标志着中国现代化发展进入了新的历史时期。

这些巨大成就的原动力是改革开放。但也应看到，在经济和社会发展取得巨大历史性进步的同时，也出现了一些矛盾和问题。改革已经进入深水区，而且已经触及深层次的东西，需要我们继续解放思想，推动改革，获得进一步发展。正如党的十七届五中全会所强调的那样："改革是加快转变经济发展方式的强大动力，必须以更大决心和勇气全面推进各领域改革，大力推进经济体制改革，积极稳妥推进政治体制改革，加快推进文化体制、社会体制改革，使上层建筑更加适应经济基础发展变化，为科学发展提供有力保障。"

目前，中国正处于改革开放的新阶段。在这个新阶段，我国的经济体制、经济增长方式和社会结构正在发生深刻变革。这种变革，带来了巨大的

* 作者为全国政协副主席，全国工商联主席，北京改革和发展研究会名誉会长。

发展活力，也蕴涵着深刻的社会矛盾；这种变革，对经济社会发展提供了重要机遇，也提出了严峻挑战。在这个新阶段里，如何解决经济持续快速增长与资源环境约束的矛盾，如何解决经济快速增长的巨大潜力与经济增长的体制机制缺陷的矛盾，如何解决经济总量、物质财富的不断增加与城乡差距、贫富差距扩大的矛盾，如何解决经济发展、社会进步同公共治理滞后的矛盾等诸多挑战，是我们今后改革需要深入研究的问题。

《中国改革报告2011》全面反映了2010年度中国社会、经济、文化、卫生、教育等各个领域改革发展状况及研究成果，站在改革和发展理论前沿，围绕中国改革和发展的热点难点问题以及重大的社会焦点问题进行研究，并提出针对性政策建议，是研究中国改革开放的一部重要文献，相信《中国改革报告2011》的出版，将有助于推动中国改革的发展，并成为重要的思想和理论阵地。

第一部分
综　述

改革推进中国的进一步发展

——2010年中国改革综述

王东勤*

2010年，面对复杂多变的国内外环境和自然界的严峻挑战，中国保持了经济社会发展的良好势头，展现了社会主义中国的巨大活力。同时，改革向深水区不断挺进，全面免除农业税、加快农村综合改革，进一步完善国有资产管理体制，鼓励民间资本进入更多领域，深入推进资源性产品价格改革等，中国特色社会主义民主政治展现出更加旺盛的生命力，为“十一五”画上了圆满句号，我国总体改革向纵深推进。

一、以民生为重点，推进公共服务型政府建设

胡锦涛同志在十七大报告中强调：要加快推进以改善民生为重点的社会建设。中央为加快推进以改善民生为重点的社会建设全景，提出了“努力使全体人民学有所教、劳有所得、病有所医、老有所养、住有所居，推动建设和谐社会”的民生建设目标。2010年我国在教育、就业、社会保障、医疗、就业等各个方面取得了显著的成就。一是我国通过“实施更加积极的就业政策”逐步完善积极就业政策体系。二是在全面实施城乡免费义务教育的基础上，2010年中央制定了《国家中长期教育改革和发展规划纲要（2010–2020年）》，逐步解决资源配置不均衡，着力改革人才培养体制，不断完善国家助学制度同时，教育体制改革试点正式启动，有望在人才培养机制、办学机

* 作者为《中国改革和发展报告2011》编辑部主任，北京社会主义学院副教授。

制、管理体制、保障体制上取得突破。推动我国教育事业历史性发展。三是稳步推进社会保障，在“十一五”期间，在全国城乡超过12.5亿人被纳入基本医疗保险制度的基础上，开展新型农村社会养老保险试点，消除人们流动就业的障碍。四是出台了《中共中央、国务院关于深化医药卫生体制改革的意见》和《关于医药卫生体制改革近期重点实施方案（2009-2011年）》，新医改方案针对当前医药卫生领域存在的突出问题，着重强调公益性基本原则，向人人享有基本医疗服务的目标稳步迈进。五是加快完善住房保障体系，国家对房价采取严厉调控，力求抑制不合理住房需求，加快发展公共租赁住房，缓解城市中等偏低收入家庭的住房困难。

2010年，中国政府着力推进的一系列民生工程，也是中国人权工程的重要组成部分，中国的人权法治建设扎实推进，已经走出一条中国特色人权发展道路，取得举世瞩目的成就。在已形成以宪法为核心的人权保障法律体系的基础上，2010年4月，中国政府制定颁布首份《国家人权行动计划》，对未来两年中国人权事业的发展作出了全面规划。公民的个人权利和政治权利得到了不断扩大和有效保障。国家社会政治生活民主化不断发展，民主选举、民主决策、民主管理、民主监督的各项制度得到健全，公民的有序政治参与不断扩大，人民的知情权、参与权、表达权、监督权在制度化的轨道上得到有效保障。

二、公民有序政治参与不断提高，已形成多层次多渠道参政议政格局

近年来，党中央对于推进我国的民主政治建设，已经形成了一种正确而清晰的理论思路并正在付诸实施：在大力推进基本国家制度建设的基础上，积极推进民主政治进程。

在我国，人民代表大会是人民行使权利、参政议政的重要场所和象征。2010年，十一届全国人大三次会议审议通过了选举法修正案草案，明确规定实行城乡按相同人口比例选举人大代表。此举意味着我国选举制度将迎来重

大改革和完善，城乡人口选举有望实现同票同权。

政协作为统一战线组织和政治协商机构的功能进一步强化和拓展。政协提案质量、针对性和办理效率不断提高，政府部门对政协工作的重视程度和落实力度不断加大，方方面面为政协履行职能、服务大局创造了良好的条件，2010年不仅常委会工作报告和提案工作报告处处体现出对民生热点问题的关注，在委员界别设置上也有所突破，2010年南京的政协界别中增加了社会福利和保障这一界别，八位委员来自社会保障、民政、残联等工作一线，把他们作为一个单独界别，可以更好地就社会福利保障等问题出谋划策，献言献计，开辟了一个了解信息、听取民意的新渠道。同时，举办各种场所的听证会逐渐成为普通民众参政议政的重要平台。从房屋拆迁到水价调整，再到出租车换型等等，各地政府越来越多地举办听证会，让民众意见参与政府决策。通过听证会，有利于实现民意和政府的双赢。

网络也成为民众参政议政的重要空间。网络成为民众表达意见的重要场所，“网络问政”已经成为一种新型问政方式，网络等渠道更是成为不落幕的“人代会”。各地政府部门相继开通了官方网站，并根据《政府信息公开条例》对外公开信息。部分政府官员还通过博客、论坛等方式，与网民展开互动，直面民众质疑。此外，网络还成为反腐倡廉的新渠道，如“贫困县县委书记戴数十万元名表”、“张家港官太太组团出国”等事件的披露，无不得益于网民举报。现在，国家领导人不仅重视代表委员的建议建言，还越来越多地倾听通过网络反映上来的基层声音。近年来，胡主席、温总理一直在关注网络，并曾接受网络访问，网上回答民众提问，体现了政治协商、民主监督功能的强化。

三、行政体制改革紧紧围绕政府职能转变，建设服务性政府这个关键

2010年在温家宝总理考察深圳的讲话中，释放出一个鲜明而强烈的信号：只有坚持改革开放，国家才有光明前途；不仅要推进经济体制改革，还

要推进政治体制改革；要继续解放思想，大胆探索，在现有行政管理体制下推进服务型政府建设，最重要的是政府职权调整与管理体制改革，改革行政组织体系和运转机制是服务型政府建设。2008年国务院机构改革方案是我国推行“大部制”的尝试，也是建立服务型政府的有益探索。按照精简统一效能的原则和决策权、执行权、监督权既相互制约又相互协调的要求，紧紧围绕职能转变和理顺职责关系，进一步优化政府组织结构，规范机构设置，探索实行职能有机统一的大部门体制，完善行政运行机制。

“省直管县”是近几年来行政管理体制中最受关注的改革模式，并已在全国范围内开始试点。财政部的统计资料显示，从1992年起开始试行“省管县”改革，截止到目前，全国共有河北、山西、海南、辽宁、吉林、黑龙江、江苏、浙江、安徽、福建、江西、山东、河南等18个省份，和北京、上海、天津、重庆四个直辖市，正在实行财政省直管县改革试验，约占全国省市的2/3。2010年起，省直接管理县（市）的体制改革开始大幅提速。财政部发布《关于推进省直接管理县财政改革的意见》，明确提出2012年底前力争全国除民族自治地区外全面推进省直接管理县财政改革。广东省2011年将在全省36个县区展开试点。各地也因地制宜，全面推行“省直管县”财政及配套改革。“省直管县”的改革，将有利于减少行政层级、节省行政成本、解决县市争利、发展县域经济。“省直管县”加热县域经济，改革带来行政高效率，省直管县改革的远期目标是加强县政自治权，改善县治，通过人民自主决定与自己相关的事务，为人民谋福祉。

行政改革着力点还包括推动行政管理体制改革其他方面的配套改革。初步建立了行政监督、责任追究、公共应急等制度，行政管理体制得到了初步完善。同时，加大对领导干部特别是主要领导干部的监督，建立健全政府权力行使的公开透明运作制度。推行党政领导干部问责制、廉政承诺制、行政执法责任制，建立健全领导干部罢免或撤换制度，严格执行领导干部述职述廉、诫勉谈话、质询等制度。加强对司法活动的监督，健全执法过错追究和违法违纪责任追究等制度。

建设服务型政府是一项长期、复杂、艰巨的任务，服务型政府建设要与民生相结合。政府职能加快从传统服务向综合服务转变，努力扩大公共财政支出，拓展公共服务内容，努力做到公共产品的全覆盖，建设一个多元化、社会化的公共服务供给体系。

四、中国特色社会主义法律体系正式形成，法治国家建设迈出了新的步伐

2010年，中国特色社会主义法律体系已经形成，包括立足中国国情和实际、适应改革开放和社会主义现代化建设需要、集中体现党和人民意志的，以宪法为统帅，以宪法相关法、民法、商法等多个法律部门的法律为主干，由法律、行政法规、地方性法规等多个层次的法律规范构成。

2010年，对中国经济、社会发展有重大影响的几部法律法规颁布实施。2月10日，以人力资源和社会保障部、教育部、卫生部的名义公布了《关于进一步规范入学和就业体检项目、维护乙肝表面抗原携带者入学和就业权利的通知》，明确取消入学、就业体检中的乙肝病毒检测项目。为消除“乙肝歧视”，维护乙肝病毒携带者入学和就业权利提供了保障。12月15日，国务院法制办公布《国有土地上房屋征收与补偿条例》并于2011年实施。分别对适用范围、征收程序、征收补偿、关于非因公共利益的需要实施的拆迁等问题予以了明确规定。新条例充分彰显“维护‘公共利益’，保障被征收人的合法权益”的鲜明特色，力求在公益维护与私权捍卫之间谋求平衡。同时，2010年，立法机关通过了修订的《行政监察法》、《国家赔偿法》、《保守国家秘密法》等法律法规，加大了对公权力运行的规范与监督力度，完善了权力监督体系。公众参与程度不断提高。立法机关完善公众参与机制、拓宽公众参与渠道，就立法草案、立法规划等广泛征求公众意见，开门立法成效突出。

2010年，我国推动依法行政向纵深发展，法治政府建设取得新成效。11月《国务院关于加强法治政府建设的意见》发布。这表明，当前和今后一个时期，要全面推进依法行政，不断提高政府公信力和执行力，努力建设一个

法治政府、服务政府，为保障经济又好又快发展和社会和谐稳定发挥更大的作用。2010年，政府预算信息公开取得了引人注目的突破，表明政府管理更加透明。各级政府机关落实政府信息公开的实践不断创新，公开范围呈逐步扩大趋势。一些政府机关在政务网站公开行政权力清单，并利用博客、微博等拓宽信息公开的渠道，创新了政府信息公开的方式方法。2010年，《中国共产党党员领导干部廉洁从政若干准则》实施，更加加大了对公职人员廉洁从政的监督力度。同时国家进一步完善了领导干部报告个人有关事项制度，强化对配偶子女均移居国（境）外的国家工作人员的监督力度，并且加大对用公款出国（境）旅游行为的处分力度。

随着中国特色社会主义法律体系的形成，我国法治建设的重点将从加强立法工作向加强宪法和法律实施、建设公正高效权威的司法制度、维护法律的权威转变；法律文化建设的重点也将从以普及法律知识为基础向树立社会主义法治理念、弘扬法治精神和加强公民意识教育转变。要根据我国法治建设发展的新特点、新要求，以提高依法行政的水平为目标，加快建设法治政府；以人民代表大会制度为载体，加快建设法治国家；以构建和谐社会为目标，加快建设法治社会。

五、深化城乡二元体制、财税体制以及政府管理体制等多方面改革

长期以来，中国改革一直将转变经济发展方式作为战略重点，但是收效甚微。原因一方面因为与旧的经济发展方式相配套的体制基础还顽固地在起作用。另一方面是还没有能够建立起有利于创新和创业的经济和社会、文化、政治环境。“十二五”期间，我国发展仍处于可以大有作为的重要战略机遇期的战略，这次转型与改革，具有很强的时代性特点，加快经济发展方式转变，实现可持续发展，既要着眼于扭转当前投资与消费失衡的局面，着力扩大内需；又要结合未来我国人口结构变化以及由此引起的要素禀赋变化，及早做出长期安排。

打破城乡二元制度结构对有效缩小城乡差距十分重要，破除城乡二元体制、统筹城乡发展，既没有现成经验可循，也没有既定模式可以照搬。近年来，有关部门和地方因地制宜进行了一些大胆的探索，特别是在2010年，成都市和重庆市作为国家批准的统筹城乡综合配套改革试验区以解决农民工城镇户口为突破口，开始全面启动户籍制度改革，力争到2020年重庆市户籍人口城镇化率达到60%以上。重庆户籍改革，已经为我们描述了一条解决我国“三农”最深层次社会问题的理论与现实路径。

2010年上半年，轰动全国的富士康“十三连跳”，催生出对中国经济转型未来的更多思考。珠三角、长三角产业结构转型升级也已经被迫提速，这是中国劳动力供应与经济发展到一定阶段的必然结果。在工业化、城市化和全球化加速推进的时代大背景下，中国将面临产业链重整和经济转型的严峻考验，深圳富士康集团员工跳楼事件成为一个标志，一个警示。2010年10月18日国务院下发《关于加快培育和发展战略性新兴产业的决定》，提出要完成战略性新兴产业“三步走”的阶段性发展目标，要在财税金融领域推出一系列政策，如减免税收、拓展知识产权融资等，鼓励战略新兴产业优先发展；同时，在近期有望加快一些重点领域的体制改革进程，如新能源发电全额保障性收购制度、加快资源性产品价格形成机制改革、建立和完善主要污染物和碳排放交易制度等，破除制约战略性新兴产业发展的体制机制问题。

2010年对国企改革和垄断行业的改革，与促进中小企业和民营企业发展紧密联系起来。更值得关注的是，国企改革提出“加快大型国企特别是央企母公司层面的公司制改革，引入社会资本，实现产权多元化”。同时完善法人治理结构和高管人员薪酬制度。此外，2010年的改革再次强调“控制在一般竞争性领域的盲目扩张”，要求“加快垄断性行业改革，进一步放宽市场准入，积极引入竞争机制，鼓励地方积极探索推进公共事业改革”。可以说，今后的产权制度改革，要进一步扩大垄断行业的开放性，加强落实非公有制经济发展所需要的经济社会环境和制度保障建立和健全国有企业的产权结构。

同时，收入分配体制改革也在稳步推进今年各项改革内容中，收入分配制度改革首次浮出水面。2010年提出的此项改革任务明确指出，合理的收入分配制度是社会公平的重要体现，要按照逐步提高居民收入在国民收入分配中的比重，提高劳动报酬在初次分配中的比重的要求，抓紧研究调整国民收入分配格局的思路，提出改革的目标、步骤、重点和措施。国有企业最近的三年平均利润为1.2万亿，全民分红尤其对于处在发展阶段的中国具有更为重大的意义。2010年11月23日，国务院国资委宣布在13家中央企业开展分红权激励试点，将部分分配利润奖励给科研管理骨干。此举意味着央企股权激励改革取得进一步突破，在进一步地探索国有企业利润全民分红模式，使国有企业的经营更好地体现全体人民的利益和要求。全民分红解决的不仅仅是经济问题，更能有效地解决政治、文化、教育、医疗、道德、环境保护、社会治安等各方面存在的问题，将促使我们的社会及生活品质产生质的飞跃。

2010年，中国政府为完成对世界大幅削减“碳强度”的承诺，积极构筑绿色税收体系，涉及环境和资源保护的资源税改革、环境费改税、碳税开征开始提速。

但是，在税制改革方面，呼声很高的个人所得税改革，事关房地产调控的房地产税制改革，都没能成为2010年的改革任务。倒是资源税的改革被列为重中之重，这再次说明转变经济发展方式是当前中央政府最首要的工作任务，也暗示着决策层对加强和加快经济发展方式转变的强烈期望。

改革进入到全面调整利益关系的关键时期，因此建立有效的改革协调机制，避免改革因为利益关系和缺乏配套条件而难以推进，坚定地推进市场化改革进程，才能真正转变经济增长方式，实现经济的可持续增长。

六、加强和改进党的建设

2010年，在中国共产党带领全国人民巩固和发展应对国际金融危机冲击成果的同时，中国共产党正以改革创新的精神不断推进党的建设新的伟大工程，创先争优，加强学习，人才强国，反腐倡廉，党的建设步伐坚定而稳健。

党的十七届五中全会通过的《中共中央关于制定国民经济和社会发展第十二个五年规划的建议》，是关系到我国今后五年和长远发展的纲领性文献。党中央就今后五年中国经济社会发展问题制定的大政方针，同时也是党中央向国家权力机关提出的建议。“建议”这种形式体现了改革开放以来党的执政方式的改革和完善，生动地、具体地体现了党的先进性。制定“十二五”规划指导思想的科学性、战略性和时代性，证明了我们党能够在复杂的形势下准确把握时代脉搏，代表最广大人民的根本利益，保持了推动社会发展和进步的先进性。

中央继续加大干部人事制度改革的力度。2010年，中央有关部门多次召开落实干部人事制度改革座谈会。各地各部门认真落实中央印发的《2010—2020年深化干部人事制度改革规划纲要》，抓住干部群众反映强烈的突出问题，积极稳妥推进干部人事制度改革。12月初，60多名地方干部选派“进京”任职，这是中央国家机关和地方干部交流任职的一个重大举措。此前，已有60多名中央国家机关干部赴各地交流任职。深化干部人事制度改革，完善干部选拔任用机制，健全考核评价制度，将形成有利于科学发展的用人导向。

反腐倡廉提出了明确目标。近年来，中国共产党已加大对官员贪污腐败的教育和惩处力度。2010年，中共中央总书记胡锦涛在中国共产党第十七届中央纪律检查委员会第二次全体会议上发表讲话，表示今后会把反腐败工作的成效看作是取信于民的重要指标，这是中国进入转型发展近30年来第一次明确提出了关于反腐败的目标。腐败缘自贪欲，其本质是为了满足贪欲而公权私用。反腐败，就是要让公权的运用放到阳光下面，实行权力运行透明化。中央纪委监察部2010年公布的一组数字，让我们看到了反腐败斗争成效显著。2010年，有近12万名党员干部受到党纪处分，近4万人受到政纪处分，挽回经济损失近90亿元，中央在2010年重点查处党员领导干部违纪违法案件，中央纪委监察部查处的康日新、黄瑶、宋勇、李堂堂、许宗衡、张春江、宇仁录等大案要案已移送司法机关依法处理。各地区各部门也查处了一批有影响的大案要案，在严肃查处领导机关和领导干部违纪违法案件的同时，诸如武汉大学后勤集团腐败窝案被揭开，还查处了一些基层党员干部严重违纪违法案件，纪检监察工作已经深入到了各个层面，对于党员领导干部的监督已经做到了全覆盖。

同时，中央连出重拳划定“高压线” ，制度反腐渐入深水区 。2010年，中央加强了法规制度建设，审议、修订和公布了《中国共产党党员领导干部廉洁从政若干准则》、《关于加强廉政文化建设的意见》、《领导干部行为的五个“严禁”》、《党政领导干部选拔任用工作责任追究办法（试行）》《关于领导干部报告个人有关事项的规定和关于对配偶子女均已移居国（境）外的国家工作人员加强管理的暂行规定》、《党政主要领导干部和国有企业领导人员经济责任审计规定》以及《中华人民共和国行政监察法》等一批法规制度，推进了办案工作的制度化、规范化。从新版党员领导干部廉政准则，到限制“裸官”出境新规，再到新近出台的干部经济责任审计规定……回首2010年中国反腐路，一大批旨在肃贪倡廉的新规不断出炉，“制度反腐” 理念也渐成各方共识并开始走向深水区。中国在这一基调下继续展开廉政风暴，因此2010年也被称作“反腐倡廉制度的执行年”。坚持“制度反腐”也无疑将成为中国未来反腐的大方向。

七、建设人才强国，为实现全面建设小康社会奠定坚实人力资源基础

教育是面向未来的崇高事业，关系着国家和民族的前途。中央要求各级党委政府要按照2010年，中国教育坚持探索发展，从全国教育工作会议的召开，到《国家中长期教育改革和发展规划纲要》颁布实施；从中央高层高频关注“入园难”到国家教育体制改革试点工作全面启动。表明我们党和政府始终坚持以人为本、改革创新、优先发展教育，以更大的决心、更多的财力、更多的精力支持教育事业。

2010年5月全国人才工作会议召开，吹响了“建设人才强国”的总号角。7月，《国家中长期教育改革和发展规划纲要（2010—2020年）》颁布。《教育规划纲要》提出了我国今后10年教育改革和发展的战略目标：到2020年，基本实现教育现代化，基本形成学习型社会，进入人力资源强国行列。12月5日国务院办公厅印发了《关于开展国家教育体制改革试点的通

知》，一批改革目标明确、政策措施具体的教育改革项目完成备案程序，标志着国家教育体制改革试点工作全面启动。

各地在寻求突破与改革高校去行政化探索学术行政分离做了有益的探索。华中师大学校出台措施，建立新的学术委员会运作机制，领导将退出学术委员会，探索学术行政分离。而改革也有期待，南方科大实验筹办至今仍还未得到主管部门正式批复，教授治校遇阻，充分折射出高教改革中的现实处境。

教育体制改革要应当致力于深化教育体制的实现机制为突破口，在国家的教育方针和政策以法律的形式确定后，制订切实可行的实施细则，以保证教育行政管理体制改革的各项措施落到实处。从而切实降低收费，加大国家教育投入，保障素质教育和应试教育相结合，培育德才兼备的人才，从而保证和促进教育事业的改革和发展。

结语

2010年中国名义国内生产总值（GDP）为5.8786万亿美元。这意味着中国首次超过日本，成为世界第二经济大国。而美国媒体认为，如果中国保持目前的经济高速增长势头，那么到2020年至2030年间，中国有望超过美国成为世界第一经济大国。这证实了我们处在中华民族5000年来的最长、最坚定和创造财富最多的一个大盛世中。但是，在这个时期中，势必还会经过几次大调整。最重要的是日渐增大的全面的社会转型的压力和更深层次的经济体制改革，要求我们应该站在改革的历史新起点，加大推进政治体制改革和社会体制改革。

我国将进入一个新的历史时期，加快经济发展方式的转变，加快构建和谐社会和法制社会的步伐，实现全面建设小康社会的宏伟目标，都需要着力改革制约科学发展、和谐发展的体制性机制性障碍，改革将进入经济体制改革政治体制改革相互促进、全面推进的新的攻坚阶段。推进政治体制改革，是为了确保实现现代化建设的目标，确保让人民生活得更加幸福、更有尊严，让社会更加公正、更加和谐。

进步的节点与代价

——2010年20件有重大影响力事件评述

朱洁如　李晟光*

2010年，中国经济持续增长。各领域的改革也都有不同程度的推进。有些领域，则是通过重大事件的产生，催生了这些领域的改革。北京改革和发展研究会组织相关领域的专家，对2010年重大事件进行筛选，列出2010年20件有重大影响力事件，并进行评述。

一、微博兴起

微博作为互联网时代的最新发明，2010年应当是标志性的一年。它在短短一年中对社会的渗透程度让人震惊。“宜黄强拆自焚事件”，微博的介入将地方政府-被强拆房主之间的权力博弈置换成了网民-地方政府之间的权力博弈。这种置换使得强拆政府不得不面对来自整个社会的强烈质疑。“我爸是李刚”，网民们强大而迅速的信息收集能力使整个事件几乎一夜之间就在世人面前曝光。“360大战QQ”事件，微博上网民用言说和行动抗议并抵制了中国互联网霸主的跋扈。在这一系列的事件中，微博发出的力量超出了人们的预期。它不仅给中国公众带来新的话语空间，也在改变着信息、媒体，甚至包括政府公共服务信息的传递方式，它以特殊的形式与手段撬起了网络民意的支点。

与其他媒体平台不同的是，微博让普通民众扮演了议题设置者的角色，

---

* 作者朱洁如，中国人民大学政治学硕士，北京改革和发展研究会特约撰稿人；李晟光，首都师范大学历史学硕士，北京改革和发展研究会特约撰稿人。

草根阶层通过种种议题，逐渐介入了社会事务的处理当中，打破了过去只有特定阶层的群体才能作决定的状况，微博所呈现出来的公共性，让每个公众都享有了公共话语权。这对于提升整个社会的信息透明度，为不同的利益人群提供利益表达渠道，对推进社会民主提供了一种可能。

但断定微博将改变中国的观点显然还为时尚早。由于微博发布信息的低门槛特性，再加上部分以牟利为目的的“网络推手”混杂其中，炮制“民意”，绑架舆论，使得流言大量滋生，极端的情况下甚至带来“网络暴力”，如人肉搜索、网络隐私权的侵犯等，与民意的内涵与诉求相去甚远。

同样不能忽略的是，微博里汇聚的民意如果不能得到来自政府的积极回应，仍旧不免沦为民间孤独的狂欢。有观察者注意到，“目前，网络问政的效果主要依某些地方官员、部门的开明思维而定，并没有形成普遍的网络问政绩效考核机制”。网络问政如何与现实的政治对接，将是决定未来微博这一公共空间影响力大小的关键。而政府如何适应网络时代信息传播方式的巨大变革，与公民社会形成全新的良性互动模式，不但将是中国政府，也将成为未来全球政府需要面对的核心话题。

二、深圳公务员分类改革

深圳历来是改革的前沿阵地，2010年2月，深圳在全国率先启动公务员分类管理改革，此次改革的重点是把大部分从事政策执行、一线执法、专业服务的公务员从综合管理类中划分出来，归为行政执法类和专业技术类。两者之和约占深圳公务员的七成。

2009年5月，深圳综合配套改革总体方案获国务院批准。其中，行政管理体制改革赫然居于各项改革首位，这在上海浦东、天津滨海等7个国家级综合配套改革试验区中绝无仅有。紧随其后，深圳在大部制改革、扁平化管理、“教授治校”等诸多领域大胆试水、密集“闯关”，而启动大部制改革、扁平化管理，势必导致领导职数骤减，公务员升迁空间进一步压缩。如何打破这个“天花板”，成为深圳人事改革的核心命题。

深圳借鉴发达国家和地区尤其是香港在公务员分类管理方面的成功经

验，提出了推进公务员分类管理的总体思路即分类管理。即把公务员原来"大一统"管理模式划分成综合管理类、行政执法类、专业技术类。行政执法类公务员，指的是在行政机关所属执法单位中主要履行监管、处罚、稽查等执法职责的公务员。此类公务员职务统称为执法员，设7个职级，从高至低为一至七级执法员。专业技术类公务员，指的是各级行政机关中从事专业技术工作，履行专业技术职责，为实施公共管理提供专业技术支持和技术手段保障等工作的公务员。

这两类公务员晋升渠道独立、待遇和晋升重点考虑其年资积累和工作业绩，独立的晋升渠道让长期困扰公务员的"天花板"问题得到破解。此项改革的另一亮点，是扩大聘任制试点。公务员将实现"能进能出、能上能下"，传统公务员的"铁饭碗"将变成"瓷饭碗"，有效促进公务员的工作效率和积极性。据了解，深圳从2007年1月开始了公务员聘任制的试点工作，目前已基本建立了聘任制公务员管理制度体系。此举将进一步淡化官本位，打破铁饭碗。期待公务员分类管理制度试水成功，为全国公务员改革开个好头。

三、公立医院改革试点启动

2010年2月23日，卫生部等五部委《关于公立医院改革试点指导意见》出台，并选定了16个城市作为国家联系指导的公立医院改革试点地区，标志着自2009年以来的新一轮医改正向全面推进迈出了实质性步伐。

从1992年开始，中国开始的过度市场化的医疗改革，医疗卫生单位、医药生产厂家、药品流通环节三方形成紧密的利益共同体，普通民众看病难看病贵问题日益严重，医患关系紧张，并影响到社会和谐。但过度的市场化改革显然不属于改革的健康发展方向。2009年4月6日和4月8日，《中共中央国务院关于深化医药卫生体制改革的意见》、《医药卫生体制改革近期重点实施方案（2009—2011年）》先后出台，标志着新一轮医改正式启动。此轮医改的最大亮点是，明确"基本医疗卫生制度"是一种公共产品，这表明医疗改革摈弃了原来过度市场化的做法，向公益性回归，因而新医改方案获得舆论广泛赞誉和民众的普遍欢迎。

自2009年新医改方案推出的两年时间里，新医改可谓高歌猛进，医疗保障覆盖面持续扩大，国家基本药物制度顺利启动，公共卫生服务项目全面实施。新医改的重中之重是公立医院改革。因为公立医院改革涉及多方面利益，公立医院改革能否成功不仅关系着基本药物制度的建立最终能否成功，更是百姓关注的看病难、看病贵和医患关系紧张等诸多焦点问题能否得到解决的根本所在。公立医院的改革堪称本次医改中的最核心最艰难的一个环节。为慎重起见，公立医院改革起步选择的是“试点”。

本次出台的《关于公立医院改革试点的指导意见》明确，将逐步从公立医院补偿渠道中删除一直备受诟病的药品加成收入，针对取消药品加成收入形成的合理收入“缺口”，首先要加大政府投入力度，由政府负责公立医院基本建设、大型设备购置、政策性亏损补贴等；对公立医院承担的公共卫生任务给予专项补助，保障政府指定的紧急救治等公共服务经费等。指导意见还指出，将采取增设药事服务费、调整部分技术服务收费标准等途径予以一定补偿，这将推动“以药养医”机制的转变。本次公立医院改革试点工作在全国选出16个有代表性的城市，作为国家联系指导的公立医院改革试点城市。2011年，将根据各地试点情况，拿出一个成熟的公立医院改革方案和具体的实施方案。

政府试图重新承担起公益性事业的责任，决心拿出更多的公共资源实现更加公平的资源分配。而所有的利益调整都会面临阻力和博弈，医改面临的困难尤甚。在涉及利益调整方面，政府能否战胜阻力，坚定调整利益结构，持续加大公共财政投入，走公益化医疗服务之路，将决定本轮医改的成败。

四、四川巴中市白庙乡“政府全裸”

2010年3月，四川巴中市白庙乡政府公示2010年1月公务开支明细表，详细记录了每分钱公务花费，连“花1.5元购买信纸”、招待上级官员烟酒都悉数公布，被网友称为“政府全裸第一例”。其实，公开财政这一做法在浙江温岭等地已有先例，只不过白庙乡乡政府公开得更为彻底而已，该乡不但公开预算、决算，还逐月公开日常明细支出。四川白庙乡的举措的确给各级政府公开预算立下了一个标杆。

财政公开是现代政治的基本要求，也是人民对政府进行财政监督的前提条件。阳光是最好的防腐剂，公开是最有力量的监督者。财政公开保障了公民的知情权，为公民行使监督权创造了条件。多年来，由于缺乏财政公开和预算监督，政府运行成本居高不下，中国政府一直被认为世界上最昂贵的政府。因而建立阳光财政呼声一直很高。2008年5月1日，《政府信息公开条例》实施，对政府信息公开提出了要求，并特别规定，财政预算、结算报告为应重点公开的政府信息。但各级政府多以保守国家秘密为借口，很少公开政府预算和政府财政开支。据上海财经大学公共政策研究中心近日公布的一项调查结果显示，我国省级部门机关行政开支透明度的平均成绩只有3.24分（以100分为满分），整体情况极为滞后。然而一个来自最基层的政府实践，以其主政者英勇无畏锐意改革的胆识，让我们看到了阳光财政的一丝曙光。

令人担心的是，白庙乡“裸账”改革正在遭遇巨大压力。白庙乡政府向有关部门争取项目和资金，少有回音，而来白庙乡的上级部门人员与以往相比减少了一半，这对乡里向上级政府争取资金、配额、项目、优惠政策，势必造成一定的影响。这是一个现实的困境，反映了基层政府过度依赖于上级资金、政策支持的现状，只有调整了上下级的权责分配体制，才能从根本上缓解地方政府和基层政府“跑部钱进”的焦虑与冲动，使地方政府和基层政府能够拥有更大的改革空间，激发改革的积极性和创造力。此外，白庙乡“裸账”改革仍是孤本，至今也未见第二个跟进者。财政公开不公开，公开到什么程度，目前还是建立在一任领导的高度自觉上。我们需要法律和制度为财政公开保驾护航。尽管白庙乡经验还不够成熟，但财政公开的历史趋势是没有人可以阻挡的。我们期待，这种做法能够更加制度化，更具生命力，成为深化政治体制改革的重要突破口。

五、王家岭矿难

2010年3月28日，山西王家岭煤矿发生一起特别重大透水事故，事故造成153人被困。经过3000多名抢险救援人员八昼夜的抢救，115人成功获救，另有38名矿工遇难。这起矿难因为救援过程的惊心动魄，以及最终百余名矿工的平安获救而成为一段时间内的新闻热点，同时再次掀起了一轮对矿难背后各种深层次原因的责问。

对于造成矿难的原因，社会各界早已做过一轮又一轮全面深入的分析，无外乎以下几个方面：第一，GDP主义主导地方官员的执政思路，当政绩考核主要取决于经济增长的情况时，对生命的尊重和敬畏必然退而居其次。第二，落后的经济发展方式造成能源的持续紧张，给煤矿安全生产带来很大压力。第三，煤炭行业安全生产管理水平和技术水平低下。煤矿的安全基础比较薄弱，科技含量低，抗风险能力差，安全保障能力不足。第四，独立的安全监管机构的缺失。只有监管机构不受任何人、任何机构的掣肘，包括政府，才可能是有效的监管。第五，矿工权益维护渠道不足。矿工是矿难的最大受害者，只有其权利的实现有充分保障，在矿工与企业之间构建基本的利益博弈平台，可能是监督企业的最有效办法。

然而，反思复反思，检讨复检讨，“血煤”的教训总是不能被吸取，为避免矿难再度发生而出台的政策、采取的措施、开展的行动，总是赶不上矿难发生的速度。可以推断的是，只要影响矿难的上述因素仍发生作用，类似王家岭矿难的悲剧仍会不断重演。

六、赵作海案

1998年，河南省柘城县赵楼村村民赵振晌和邻居赵作海打架后失踪。1999年5月8日，村民挖井时发现一具无名尸体，高度腐烂。公安机关遂把赵作海作为重大嫌疑人于5月9日刑拘。2002年赵作海被审判机关以故意杀人罪判处死刑，缓期二年执行，剥夺政治权利终身。2010年4月30日，赵振晌突然回到赵楼村。2010年5月9日，赵作海被无罪释放。

赵作海回归了正常生活，可是这个案件暴露出的问题值得反思。一是党委为案件定性，是造成错案的主要原因。早在1979年，中央就下发64号文件《关于坚决保证刑法、刑事诉讼法切实实施》的指示，要求取消党委审批案件的制度。但这项规定在现实生活中并没有得到落实。二是暴露出中国刑事证据规则的缺失。因为没有非法证据排除规则，没有合理怀疑规则，导致公检法三家对事实认定存在严重分歧。三是公检法机关强调配合，轻视制约，检察机关顶不住“压力”，所以无力纠错。四是法院判决“有罪推定”，“疑罪从无”的理念没有真正确立，赵案依从的都是“疑罪从轻”、“疑罪从挂”原则。五是公安部门刑讯逼供。所有这一切，都与现代法理精神与司法正义背道而驰。

赵作海冤案再一次提醒我们：个案的纠错远远不够，整个司法体系必须进行重大改革，包括进行法理与程序的改革，完善程序正义，保障司法公正，维护法律尊严。我们知道，公检法之间的关系式既是相互配合又是相互监督的，唯有相互监督，才可能有效防范类似赵作海这样的冤假错案发生。只要检察机关发挥法律监督职能，法院坚持“以事实为依据、以法律为准绳”的判案原则，就可对公安机关办案进行有效监督，避免与防范类似赵作海这样的冤假错案发生。但令人遗憾的是，在办理赵作海一案过程中，公检法只有配合而无监督，最终导致一起冤假错案的发生。所以，对于冤假错案，不但要在其发生后予以及时纠正、对受害人进行必要赔偿、依法追究办案责任人的责任，更应当通过健全相关制度，从源头上防范与杜绝冤假错案的发生。唯其如此，公民才能从根本上免受冤假错案的伤害，法律尊严与司法机关公信力也才能得到坚实有力的维护。

赵作海案也推动了中国司法改革。2010年赵作海案件出现，最高人民法院、最高人民检察院、公安部、国家安全部、司法部联合发布了《关于办理死刑案件审查判断证据若干问题的规定》和《关于办理刑事案件排除非法证据若干问题的规定》，力求从执法源头上把好证据关，减少刑讯逼供的发生，最大限度地防范冤假错案。

七、“新36条”推进民营经济进一步发展

2005年，国务院发布了《关于鼓励、支持和引导个体私营等非公有经济发展的若干意见》（即“非公经济36条”），要求进一步解放思想，深化改革，消除影响非公有制经济发展的体制性障碍，确立平等的市场主体地位，实现公平竞争。通过放宽非公有制经济市场准入，允许非公有资本进入法律法规未禁入的行业和领域；允许外资进入的行业和领域，也允许国内非公有资本进入，并放宽股权比例限制等方面的条件；在投资核准、融资服务、财税政策、土地使用、对外贸易和经济技术合作等方面，对非公有制企业与其他所有制企业一视同仁，实行同等待遇。2009年，国务院发出《深化经济体制改革工作意见的通知》，明确提出了由国家发改委、工信部等部门负责，加快研究鼓励民间资本进入石油、铁路、电力、电信、市政公用设施等重要领域的相关政策，就国企重组、垄断行业改革等问题作出重要部署，为非公有制经济获得更多的市场准入提供了政策基调。

在“非公经济36条”颁布5年之后，2010年5月13日，国务院下发《国务院关于鼓励和引导民间投资健康发展的若干意见》（简称“新36条”）。新36条明确提出，将进一步拓宽民间投资的领域和范围，鼓励和引导民间资本进入基础产业和基础设施、市政公用事业和政策性住房建设、社会事业、金融服务等领域。

2010年3月，国务院常务会议再次提出要进一步鼓励民间投资健康发展。

“新36条”的出台被誉为推动民营企业进一步发展的引擎，它首次从政策层面将民间资金进入限制性领域从“允许”到“鼓励”，体现管理层对民营经济认识的深化。

市场经济应该以民营经济为主体，而不能以国有经济，特别是以国有企业为主体，这是经济学的一个基本常识。如果这个结论成立的话，那么，在市场经济条件下，国有企业只能作为一种特殊的企业存在。也就是说，与其他一般民营经济相比，国有企业具有不同于一般民营企业的特殊性质和功能。国有企业的特殊性质和功能在于：国有企业被看作是政府实现某些社会

政策目标和社会功能的特殊企业组织形式，是国家直接干预经济、弥补市场缺陷的一种手段。它的存在通常是为了达到超越利润目标之外的某些社会政策目标，它的功能是实现国家的社会经济职能，是公共产品和服务的提供者，其作用主要有以下两方面：一是弥补市场缺陷。二是体现国家和民族竞争力水平。我们至今还看不出有其他作用。1999年召开的党的十五届四中全会通过的《中共中央关于国有企业改革和发展若干重大问题的决定》明确指出："国有经济要控制的行业和领域主要包括：涉及国家安全的行业，自然垄断的行业，提供重要公共产品和服务的行业，以及支柱产业和高新技术产业中的骨干企业。"中共中央十五届四中全会对国有企业的定位与成熟的市场经济国家是一致的，因为上述行业和领域主要作用也是上文分析的两个方面。

认识到国有企业的定位是实现国家的社会职能，实现政策性非效率目标，这样一种认识为国有企业的进退提供强有力的理论支撑，这种认识应当看作是社会主义市场经济条件下对国有企业较为准确的认识。

市场经济的基础就是民营经济，但这样一种认识在中国社会至今并没有形成广泛共识。就其效率而言，从劳动生产率、资产运作效率、资产周转率、税收贡献率、解决就业人口等多个方面均高于国有企业。然而长期以来，由于对民营经济认识不到位，在政策层面上还有这样或那样的限制，民营经济在发展过程中遇到了各种困难，如融资难、银根紧缩、融资渠道狭窄等。更为麻烦的是，民营经济在发展过程中还遇到了各种"玻璃门"，看似无障碍，实质有阻碍。因而，"新3条"如何在现实生活中得到有效落实，还有待观察。首先，能否让民营企业在金融、航空、石油勘探开发、基础设施建设等领域顺利进入，还需要进一步观察。其次，为民营经济的发展营造公平的法律环境和舆论环境还需要进一步加强，不能在法律条文和法律执行上有歧视民营经济的条文。最后，"新36条"特别提出"各地要研究制订具体的实施办法，在制定政策之前，要充分听取民营企业的意见。能否做到这一步，也是一个很大问号。当然，民营企业也应积极努力，通过多种渠道来反映自己的意见。

当然，依靠一个文件就想激活民间投资，推进民营经济有大的发展并不实际，更重要的是一系列政策的落实以及具体配套措施的到位。

八、新疆新局

2009年新疆发生的“7·5”事件震惊海内外。中央主要领导提出应吸取教训，痛定思痛，举一反三。“7·5”事件以来的一年，可以说是数十年来中央治疆政策出台和调整力度最大的一年。2010年5月17日中央新疆工作座谈会在京召开，中央治疆的策略发生重大转变，由稳定压倒一切转为发展与稳定并重，新疆新局就此浮出水面。

新疆“7·5”事件发生后，胡锦涛总书记和温家宝总理分别考察新疆。11月，中央新疆工作座谈会筹备工作领导小组组织中央和国家机关64个部门的500多名干部，先后深入新疆各地进行调研，调研组成员几乎囊括国家所有部委和相关单位，其中副部级以上领导干部就有几十位，涉及部门如此之多、人数如此之众的调研队伍在新疆历史上前所未有。调研涉及经济发展、对外开放、改善民生、对口支援、教育文化、民族宗教、党建、生产建设兵团发展、维护稳定、涉疆外交等10个议题。通过大规模的实际调查和反复论证，中央确立了治理新疆的新思路、新模式，包括提出对新疆社会主要矛盾的重新判断。胡锦涛总书记在新疆工作座谈会的讲话中提出，“新疆同全国一样，社会主要矛盾仍然是人民日益增长的物质文化需要同落后的社会生产之间的矛盾。同时，新疆还存在着分裂势力分裂祖国的活动。”中央此番对新疆主要矛盾的表述中已没有此前的“非法宗教活动”和“民族分裂”等字眼，这或将为以后修正政策执行环节的问题扫清道路。既然主要矛盾是“人民日益增长的物质文化需要同落后的社会生产之间的矛盾”，就必须促进新疆全方位“跨越式发展”，既然存在分裂活动，就必须在重视发展的同时，高度关注长治久安问题。旨在推进新疆跨越式发展和长治久安的政策也逐次推出。

中央此次集中针对民生和区域经济发展问题下猛药，高调推出中东部19

省区对口援疆，建立疆内经济特区，加大对新疆的固定资产投资，并在新疆率先进行资源税费改革。一方面实现对新疆经济的“输血式”援助，另一方面刺激新疆本地的“造血功能”，两条路径，双管齐下，目标是在5到10年的短时期内，让“落后”多年的新疆能够迎头赶上。首先，中央要求19个省市拿出各自财政收入的一部分比例，对口支援新疆12个地州和兵团的12个师，重点解决就业、教育、住房等基本民生问题。这一援助计划开启了援疆史上支援地域最广、涉及人口最多、资金投入最大、援助领域最全面的新一轮对口援疆工程。同时，在新疆率先进行资源税费改革试点，增加当地财政收入，造福各族群众。其次，中央新疆工作座谈会还提出，在喀什、霍尔果斯各设一个经济开发区，赋予特殊政策和灵活措施，建设成为中国向西开放的窗口和新疆经济新的增长点。喀什已明确提出，将建设纺织、冶金、石油化工等“十大基地”和人口逾百万的“大喀什市”的构想。此外，“十二五”期间，新疆固定资产投资规模将比“十一五”期间翻番，鼓励各类银行机构在偏远地区设立服务网点，鼓励股份制商业银行和外资银行到新疆设立分支机构，适当增加建设用地规模和新增建设用地占用未利用地指标，适当放宽在新疆具备资源优势、在本地区和周边地区有市场需求行业的准入限制，以及对新疆本地油气资源将产生重大影响的放宽天然气利用政策和增加当地利用天然气规模等政策，均旨在改善新疆的投资环境，刺激经济，改善各民族人民的生活和消费水平。

然而，民族之间心灵的沟通融合，是否仅靠经济增长和投资环境的改变就能够达到，与政治层面的变革，包括宗教政策的调整是否也有重要联系，这无疑是需要考虑的问题。有学者提醒，作为一个复杂的区域性难题，新疆此前的困境由多种原因造成，既有政治、经济政策层面，也有社会阶层和群体意识的层面。一味强调经济发展速度，一旦政策失衡，则有可能加深一些现有矛盾。还有学者提醒要重视经济发展、GDP增长对自然和人文生态的潜在破坏力。另有人指出，经济活动的频繁将可能改变新疆地区族群的布局。面对着一个不仅有维吾尔族和汉族，还有大量回族、蒙古族、哈萨克族等民族在内的区域，如何让现代化发展本身不对任何民族的文化、意识造成冲击和破坏，不造成被冲击人群、族群的身体和心理的双重失落，是避免区域进一步发生社会冲突的重要事项。

九、神木免费医疗

推行免费医疗的陕西神木县委书记郭宝成于2010年6月调任榆林市人大常委会副主任，“神木模式”是否将成为绝唱，引发公众的广泛担忧。作为先行者，它不仅在技术层面作了路径探索，为后来者提供了可以援用的指引，其在执政为民的理念层面，昭示世人的民生、民本价值也远远超越“医改”层面。即使神木免费医疗不幸夭亡，它的价值也不会磨灭。

神木免费医疗的本质，就是西方福利社会行之已久的全民医疗保险制度。当地群众不分户籍和身份，公平地参加职工医疗保险和新农合，由此享受政府的免费医疗保障。在他们看病或住院的时候，个人只需支付很少的一些费用，就可以得到无差别的医疗服务。这样的制度设计，基本上让当地群众免去了健康方面的后顾之忧。神木免费医疗制度并不是当政者拍脑袋想出来的，而是经过了周密的制度设计和可行性研究。在大的免费框架下，神木的医疗制度包含了复杂的监管细节，如起付线划定、医院定额制、单病种最高限额、个案监管等，都很好地限制了公共资源的滥用，避免免费医疗难以为继。免费医疗实行一年来，虽然当地群众长期积累的看病需求爆发性显现，但政府的总支出却并未超出预期，这与重视细节、不断完善制度有着重要关系。神木的经验证明，只要建立起有效的监督、监管和竞争机制，有限的公共财政是可以承担起全民免费医疗的重担的。由政府出面与医疗机构“谈判”，也很好地避免了大处方、乱用药、红包泛滥、以药养医等传统老问题。这对于国家层面的医疗体制改革也很有借鉴意义。2010年初，北京师范大学、中国社会科学院、国务院发展研究中心、北京大学、民政部管理干部学院等多家研究机构的社会政策领域专家共同评出了2009年度中国社会政策十大创新事例，“神木模式”居于首位。评审团认为，“神木模式基本实现了全民医保的制度公平，当地政府履行了对公共事业的义务和责任，建立了科学的健康及卫生服务管理模式和有效的医疗费用控制机制”。

回顾中国社会变革历程，某些地区、某个领域“先走一步”实在功不可没。从小岗村大胆实行联产承包制，到深圳等经济特区锐意进取，都为推动社会整体改革起到了披荆斩棘的作用。神木虽然不是最富有的县级地区，但在实行免费教育、免费医疗等方面却“尽得风流”。他们不拘泥于现有制度框架而作出的大胆借鉴和创新，为破解社会难题、纾解民生之困积累了宝贵的经验。

更重要的是，“神木模式”戳穿了“初级阶段”、“财力不足”、“条件不成熟”等看似充足的理由。神木县财政以每人400元的投入，实现了“全民免费医保”。正如郭宝成书记说的那样，平均每个人400元住院费，全国大部分县都可以拿出这笔钱。能不能实行民众免费住院治疗关键不在钱，而是在于“一把手”的执政理念。医改问题说到底不是财力大小的问题，也不是医疗本身问题，而是执政者如何切分“蛋糕”的问题。肯把财政支出的天平偏向民生，肯把治下百姓的福利当作执政首要任务，身体力行地推进公平公正的价值，这才是“神木模式”的最大价值。

十、“神医”张悟本

张悟本，人称“神医”，京城最贵中医。2010年2月做客湖南卫视《百科全说》节目后，其知名度迅速提高，大受追捧。他称自己的食疗方法治愈了糖尿病、高血压、心脏病甚至红斑狼疮等疑难杂症，因此，得到很多人的追捧，在社会上形成一种追随其食疗方法的潮流。但自2010年5月以来，随着执法部门的调查介入，其养生神话随之破灭。6月初，他坐堂咨询的悟本堂被当作违章建筑拆除，张悟本由此淡出江湖。

李一，是另一与张悟本类似人物。李一在重庆缙云山绍龙观任主持，同样被宣传成养生专家、学问大师。他不仅虚构弟子三万，更是号称身怀“驾驭220伏电”的绝技。但其利用电流断症、治癌的特别“医术”，受到医学专家的强烈质疑，最终被方舟子微博揭露，在网友的不懈努力下，李一神话代表作之一的水下闭气视频被戳穿。8月14日，李一的弟子到有关部门举报他涉嫌强奸等不法行为。8月15日，重庆警方介入调查，宣告了又一起“造神”运动的破灭。

这些年来，先后有号称拥有“数千万弟子”的“中功大师”张宏堡，包治百病的“当代华佗”胡万林，“排毒教父”林光常，几乎是你方唱罢我登场，套路如出一辙。问题是，为什么我们的社会非但不能从这些闹剧中吸取教训，而总是在一场又一场的“造神”运动中看到几乎是同一版本的画面。

造神运动之所以经久不息，可能是诸多复杂因素所致。其中一条重要因素，就是相当多的民众科学素养的缺乏。此外，经济发展了，人们对健康养生的需求越来越大。而不断爆出的食品安全事件，日益恶化的生态环境，各种疾病的增加，也同样增加了人们对健康的忧虑；看病难、看病贵，仍是横亘在老百姓面前的一座大山，再加上健康教育宣传不到位，公众养生知识的匮乏。这些，都是神医神道们得以频频得手的土壤和条件。

“张悟本们”之所以能够大行其道，可以归咎于民众缺乏科学素养，盲目跟风，也可以指责媒体唯利是图、推波助澜，但有关监督机构失察失职和社会医疗机制的不健全也是重要甚至是基本的原因。养生、食疗，作为疾病预防和辅助治疗的重要手段，已经成为一个巨大的市场，但这个市场仍然缺少规范，没有必要的监管机制。正是因为这样的空白，才给了“张悟本们”见缝插针的机会。只要涉及公众的生命健康，都必须接受国家严格的监管，而不能游离于理性和法律之外。更重要的是，如果不能尽快健全医疗体制，缓解看病难、看病贵，那么倒了张悟本，还有王悟本；李一倒台，还有李二，新的“神医”“神道”还会不时出现。

十一、官员财产申报

2010年7月11日，新华社授权发布了中办、国办于日前印发的《关于领导干部报告个人有关事项的规定》。较之以往，《规定》无论在适用对象、报告的内容、违反规定的处理等层面，均有新的内容。以适用对象为例。本次《规定》扩大至民主党派机关干部和非党员，并将科级干部是否纳入报告主体范围的权力，赋予了各省（区、市）党委、政府。在报告的内容方面，新增了官员的各类收入、房产、投资等，以及党政领导配偶及子女的投资和经商等事项。在新的《规定》中对副处级以上的官员的投资、房产、配偶、子女的从业情况等的报告制度都做了明确的规定，并增加了调整工作岗位、免职等责任追究方式，此前只是宽泛地表示要给予批评教育或者党纪政纪处分。如果此项规定能在各地得到很好执行，无疑会对规范官员的管理和监督，甚至是遏制领导干部腐败、树立风清气正的官场环境都将起到有力助推作用。

有关财产申报制度的研究和实践在我国已经进行了20多年了。早在1988年，在舆论的呼吁下，国家有关部门已着手对财产申报制度进行论证。1994年财产申报法正式列入第八届全国人大常委会立法规划，但始终未能实际进入立法程序。1995年4月，中共中央办公厅、国务院办公厅联合发布了《关于党政机关县（处）级以上领导干部收入申报的规定》，但这一规定对财产申报的范围和力度要求都显得过于“温柔”：一是只要求申报收入并未要求申报所有财产；二是向组织人事部门申报，申报信息不对社会公开。这无疑抑制了申报制度本来应当具有的反腐功能及效果。2001年中纪委和中组部联合发布《关于省部级现职领导干部报告家庭财产的规定（试行）》，整体上有所推进，比如在家庭财产申报的主体和范围上做了适当延伸，将申报主体由个人扩大为领导干部及其家庭成员，同时将申报财产的范围从收入拓展到主要家庭财产，但这一规定同样存在内容不完善、检查监督不力等诸多缺陷，加之受到来自领导干部群体的巨大抵触，在实践中实施效果并不理想。2005年，在公务员法的制定过程中，对公务员财产申报制度予以规范的建议最终也没有得到落实。近年来一些地方积极探索和落实领导干部财产申报制度，进行了一系列试点和实践，积累了大量有益经验。阿勒泰地区的领导干部财产申报试点的“破冰之举”成为社会各界关注和讨论的热点，随后，浙江慈溪、四川高县、湖南湘乡、重庆、湖南浏阳、上海浦东、宁夏银川、广州、江西黎川县、深圳等地陆续跟进，纷纷进行领导干部财产申报制度试点，目前财产申报制度已经在全国10多个地方进行试点，横跨东部、中部、西部三个地理区域。然而，在先期试点领导干部财产申报的这些地方中，县级政府占了绝大多数；就申报主体的级别来看，大多集中在科级干部和县处级干部；申报资料的公开和检查监督力度有待进一步加大；一些地方的试点工作避重就轻、流于形式。若缺少中央自上而下的立法支持，这些试点固然有好的愿景，但毕竟影响有限，也难以长久坚持，终将难以取得良好的效果。

这一次中央出台的财产申报新规，既是对地方实践的呼应，也是对民意的积极回应。它在增加规定范围，完善程序方面取得了相当的进步。但它依然仅仅是一个领导干部报告制度，属党内监督规范，仍旧存在法律地位不明确，申报情况不公开、法律后果不明确等问题。与公众期待的官员财产公示制度仍有着较大差距。财产公示制度是现代国家普遍推行的一项监督制度，其核心要义在于让官员的财产接受社会的公开监督，而领导干部的财产申报只是一种内部审查。从实际运行过程看，目前的财产申报很难能够真正起到对领导干部的监督作用。应当清醒认识到，官员财产公示制度，不是目前中国实行财产申报制度的条件不成熟，而是这背后所形成的一个既得利益群体的阻挠。如果改革的力度进一步加大，我们希望制度的设计者能够迎难而上，用越来越完善的制度设计，化解这个看似异常艰难但却得到了亿万中国民众普遍支持最终并不艰难的问题。

十二、方舟子遇袭

2010年8月29日傍晚，方舟子在其北京住所附近遭歹徒袭击受伤。经公安机关侦查，确认为肖传国雇人行凶。经法院审理，以寻衅滋事罪名，判处肖传国拘役五个半月。警方介绍，肖传国认为方舟子学术“打假”，致使他未入选中国科学院院士，为报复，其花费10万元雇凶伤人。

自1999年以来，方舟子设立新语丝网站，通过发表自己的文章以及刊登网友文章，揭发学术界甚至公众人物的造假现象。在他打假过程中，不可避免地触及了许多个人、团体或部门的利益，他曾数次遭到暴力威胁，可以说方舟子遇袭是或早或晚会发生的事。

方舟子的遇袭映射出了学术不端者的低劣品德乃至学术圈的不良风气，应当承认，造假行为不仅仅在学术界，它其实是中国社会的一个顽疾，在各个领域、各行各业都不是个别存在。官场上的不讲真话、虚假数据、假程序、假招录；经济领域的伪劣产品、虚假报表；体育界的年龄造假；社会上的各种骗术、陷阱。

中国现代社会，深受假话假象之危害，政治主导之下的弄虚作假，曾使国家陷入灾难性境地，我们对此曾经深刻反思，但假的土壤和环境遗留，并没有得到根本性清除。任何社会，都无法完全根除假话假象，但一个对造假容忍的社会，不仅社会要付出高昂的造假成本，其可持续发展也显然是一个问题。道理很简单，一个对造假容忍的社会，无法教养他的子孙后代，无法见容于现代文明，无法获得有责任、可共处的外界认同。

中国的高速发展，在被世界看重的同时，也面临诸多质疑，其中除了意识形态、文化等重大方面的缺乏了解和分歧，造假现象也在很大程度上影响国家的国际形象，例如知识产权领域的盗版，制造产品的低劣仿冒，竞技体育上的弄虚作假等，具体的食品安全事件和医疗卫生事件，更是引起国际社会的指责。

我们应该反躬自省，正视社会存在的虚假现象，从文化、制度、教育和心灵上，建立求真拒假的氛围和品质，让造假成为不能被社会整体容忍接受的恶，让个体从心灵深处有对假的自然排斥和对真的本能追求。

方舟子的遇袭也折射出了个人打假者的孤独无力和相关制度的缺失。

方舟子的打假行为是一面镜子，折射出相当多的学术机构的不作为。在很多的学术机构不能很好地发挥实质性的学术监督作用的情况下，方舟子孤身的“勇往直前”，就显得十分难得可贵。

从一定意义上说，方舟子的打假行为是对改革的呼唤。呼唤更多的学术机构，包括大学和学术团体，能够真正扮演好自身的作用，捍卫学术尊严，维护学术秩序，淡化行政色彩，净化学术氛围。应当尽快建立并发挥好学术共同体的作用，通过建立严密的打击造假行为的制度，使造假者造假难以得逞，并付出极高的造假成本。因为相对于一个健全的社会和法治的机制，个人打假的效果毕竟是有限的。有人称方舟子是中国的“堂吉诃德”，虽然我们这个社会需要“堂吉诃德”， 方舟子也确实值得尊敬，但如果“堂吉诃德”长期存在，则应看作是整个中国社会的悲哀。

十三、宜黄拆迁

城市的房屋拆迁可能是2010年最为社会关注的流行词。而宜黄拆迁，更是引起社会的广泛的关注。

2010年9月10日，江西宜黄县副县长、公安局副局长等领导带领100多名政府工作人员前往该县钟姓人家“就房屋拆迁开展有关政策法规解释和思想教育工作”。宜黄官方的“解释和教育工作”，最终以钟家一死两伤的惨剧收场。9月16日清晨，钟如翠、钟如九姐妹要上北京上访，在南昌机场遭到以宜黄县委书记邱建国为首的多人拦截，不得不躲进女厕所，无奈之中发微博求助，获得网民和媒体的广泛关注。之后，在巨大的舆论压力下，宜黄县县委书记邱建国、宜黄县县长苏建国双双被免职。这是国务院2010年5月发布《关于进一步严格征地拆迁管理工作切实维护群众合法权益的紧急通知》后的第一起，也是近年来多起拆迁引发的悲剧中一把手被问责的第一例。正当事件收尾之际，一名当地官员主动投书媒体，提出“没有强拆就没有新中国”的拆迁逻辑，引爆了舆论对于强拆合法性的又一轮讨伐。“宜黄拆迁”因而成为2010年具有标志意义的强拆事件。

在中国工业化和城市化高歌猛进的时代，拆迁在城市化的进程中本无可避免，城市中的拆迁问题通过土地需求方和土地实际拥有者按照自愿交易的原则进行公平谈判本可以得到合理解决。但由于当前我国的土地市场还不完善，相关的产权仍不清晰，由于缺少民主的协商机制，公民的私权利在遇到强大而不受约束的公权力之时束手无策，只能采取极端的方式予以抗争，这就引发了诸如宜黄事件这样的悲剧。

而基层官员“没有强拆就没有新中国”的论调，实际是一味追求经济发展而无视公民权利的扭曲的发展观，驱使地方政府屡屡突破宪法和法律底线，侵犯公民的人身权和财产权。这无疑与以人为本的科学发展观念相去甚远。

观念的改变非一日之功，当务之急是弥补制度的漏洞。2009年底的成都居民唐福珍自焚事件过后，2009年12月，北大五名教授上书全国人大常委会，建议修改《城市房屋拆迁管理条例》。该条例被形容为“恶法”、“违宪”、“地方政府过度逐利的保护伞”。历经一年的曲折反复，2011年1月21日，国务院颁布了《国有土地上房屋征收与补偿条例》，行政强拆被禁止，改由申请法院强制执行，这是制度建设方面的进步。也可以说，在一定意义上，宜黄强拆催生了新条例的出台。但是，强拆问题绝对不是拆迁条例可以完全解决的，它与土地政策、财政体制等都是紧密相关的，只有系统推进改革的步伐，才能避免“宜黄拆迁”事件的反复重演。

十四、富士康连环跳

从2010年1月23日至2010年11月5日，富士康已发生14起跳楼事件，引起社会各界乃至全球的关注。

富士康是劳动密集型企业的典型代表。在十几起跳楼事件所涉员工大多为“80后”、“90后”，大多入职富士康的时间不久，面临着工作、生活方面的较大压力。这类劳动密集型企业利润低，它们的生存之道就是通过严格的管理，延长劳动时间来实现利润的最大化。富士康实行“半军事化管理”，每人每月休一天，每天工作12小时、休息10分钟、吃饭1小时，工友室友互不认识，工作时不能说话，焊点需读秒。如同卓别林电影《摩登时代》，工人纯粹是流水线上的一颗螺丝钉、一个智能机器人。高强度的工作压力，单调的工作程序，使工人感觉自己已不再是人，只是一个部件，一道工序，一个岗位，无助和绝望自然而生。在此前提下，发生连环自杀事件并不意外。

追逐利润是企业的天性，最大限度利用工人的劳动力价值也是资本的天性，因此劳资双方天然存在矛盾。而掌握生产资料和管理大权的资本力量显然是强势一方，出卖劳动力的工人则是弱势一方，现代社会必须为劳资双方创造平等谈判和相互妥协的条件，从世界各国的工人维权的经验来说，工人必须通过组织工会与资方进行集体谈判以勉强维持劳资双方的力量均势。而富士康虽然建立了工会，但它在平衡劳动关系、民主参与等方面并未发挥应有的作用。如果始终不能建立起强有力的工会，对工人形不成有效的保护，富士康连环跳楼之类的悲剧看来难以避免。

追根溯源，富士康跳楼事件也是我们国家依靠外资、廉价劳动力和加工贸易出口这一经济发展模式带来的负面效应，它为我国经济的转型敲响了警钟。虽然通过发挥劳动力比较优势融入全球化是一条捷径，这一经济发展模式有一定程度的合理性，但这种经济模式也带来了对劳动力权利的忽视和损害，劳动力被物化为机器和企业追求效率的工具。

“富士康连环跳”的警示作用在于，转变发展方式刻不容缓。转变发展方式不仅是经济层面，也同样包括社会层面、人文层面。只有通过进一步落实“以人为本”的价值理念，加快推进社会建设，让劳动者实现体面劳动和尊严生活，只有这样，胡锦涛总书记提出的“劳动者有尊严” 的命题才能得到解答，我们的社会才能更加和谐。

十五、足坛扫黑

2010年，足坛扫黑席卷全国。1月，中国足协副主席南勇、杨一民，裁判委员会原主任张建强被警方依法刑事拘留。10月，原中国足协副主席谢亚龙、原中国足协裁判委员会主任李冬生、原国家足球队领队蔚少辉被依法逮捕。足球运动可能是最受观众喜欢的体育项目，足坛扫黑震惊全国。从最初的涉案球员、俱乐部经营者到后来的足协高官，隐藏在中国足球和足协体内的一个个毒瘤终于暴露在世人面前。

中国足球圈几乎全面溃烂，足球存在的各种“黑”、“假”现象由来已久，而造成这一切的原因，管办不分的体制难辞其咎。大多数国家的竞技体育项目都是由民间协会自行管理的，然而我国几乎所有的竞技体育项目都由政府组织和管理。为了与国际接轨，我们也曾进行了市场化改革，成立了足球协会等机构，但这种改革，或是与政府部门一体，或是完全被政府部门控制。足球运动管理中心就是国家体育总局下属的一个局级部门，与中国足球协会是两块牌子，一套人马。足管中心既是裁判员又是运动员。随着中国足球产业规模和商业价值节节攀升，足管中心手中的权力也越来越大。当这些权力不受监督或很少受到监督之时，一套畸形的游戏规则逐渐成形，正常的商务开发成了足球官员寻租的沃土，联赛的广告招商、国家队的商业比赛无不黑幕重重。中国足坛扫黑不过是再一次验证了“绝对的权力导致绝对的腐败”这一定律而已。

因此，根除足坛的腐败问题，必须打破足球管理体制政企不分、管办不分的旧格局，把足球协会变成真正的民间团体，真正由选举产生，负责足球行业管理。同时加大对其运作的监督。足球管理体制改革的成功与否不仅仅决定了中国足球未来的命运，更决定了中国体育的明天是否真能实现体育强国的美好愿景。举国体制近年来在奖牌方面取得的成功不可否认，但这些奖牌却隐藏了对于体育精神的扭曲，对于资源的不合理分配。体育体制改革并不是简单否定举国体制，更重要的是实现政府体育主管部门行政方式的转变。解决好公益体育事业以及经营性体育产业的关系，制定出不同的政策，两者协调发展，从而推动中国体育事业的健康发展。

十六、跨省追捕

2010年11月23日，宁夏吴忠市利通区公安分局民警赴甘肃省，将网友王鹏以涉嫌“诽谤罪”为名刑拘，并称其行为“严重危害国家利益和社会秩序”。王鹏此前多次发帖举报大学同学马晶晶在公务员招考中作弊，马晶晶父亲系宁夏自治区扶贫办副主任，母亲系宁夏吴忠市委常委、政协主席。

2010年8月19日，北京作家谢朝平被陕西渭南警方以“涉嫌非法经营”从北京家中带走。警方称“非法经营”是因为谢朝平自费出版了1万本纪实文学《大迁徙》，那是谢朝平三年的采访成果，记录了三门峡遗民的一些历史遗留问题。

这两起案件有不少共同点。两案受害人都是因为发表负面言论，“损害”了某些部门的形象，危及了某些人的利益，因而被“跨省追捕”。尤其是在办案程序以及罪名等环节都漏洞百出的情况下，却仍然丝毫无损两地警方实施跨省追捕的高效迅速，公民在这些事件中被安上各种荒唐的罪名，正常合法的批评政府的言论被以各种罪名定罪，这引起了大家对某些地方政府肆无忌惮滥用公权力的感慨，对“因言获罪”的担忧，对公民合法权利被吞噬的隐痛。

跨省追捕的荒诞已经成为社会的常识，对于以诽谤罪等名头出现的跨省拘捕，中央层面也并不是没有明确的表态。2010年8月初，最高人民检察院就下发通知，将诽谤案件的批捕权上提一级检察院审批，并指出，各地检察机关要准确把握诽谤罪与非罪的界限，不能把对个别领导干部的批评、指责乃至过激的言语当做诽谤犯罪来办。有关部门和司法机构，也三令五申严禁打击报复举报人。然而，这一切并不能阻止跨省拘捕一再发生。因此，跨省拘捕不仅仅是对法治原则和公民监督权的挑衅，而且，也是对中央权威的挑战。跨省拘捕的那些幕后主使官员，之所以敢如此胆大妄为，恰恰是因为地方官员公权私用，并结成牢不可破的利益同盟。打破这种利益同盟，关键还在于保障宪法赋予公民的言论自由权，加强舆论监督，从而完善官员监督体系，让官员不敢为所欲为。

还必须看到的是，这些案件不仅侵害了公民的合法权利，也伤害了法律的威信和尊严。警察不核实举报内容和书中披露内容是否属实，就忙着“跨省追捕”，其立场可谓分明——对某些人的唯命是从，对某些人的打击报复。从前几年的彭水诗案、稷山文案、王帅帖案再到王鹏错案，归根到底，缘自一些地方政府违法行政和个别领导干部对司法权力的滥用，使公安司法机关沦为权贵的“家丁”、维护私利的“打手”和压制群众意见的“噤声器”。公器被私用，权能压法。这比跨省追捕本身更为可怕。

政府运行只能听命于法，而不能听命于权。只有官员听命于权力，权力听命于法律，法律听命于公众，才是健康且正义的政治关系。2010年温家宝总理在“两会”上说，“创造条件让人民批评政府、监督政府，同时充分发挥新闻舆论的监督作用，让权力在阳光下运行”。温总理指出了权力健康运行的铁律：只有把权力关进牢笼，把领袖关进牢笼，让权力严格遵循法律的轨道，让牢笼的钥匙紧紧握在人民手中，才能保证人民避免公权力之害。

我们期待政府创造条件让公众能够管束那些高于法、践踏法的公权力，法律能够真正成为束缚掌权者的力量，我们期待人民再也不用担心因为一句话、一个发帖、一本书就被“跨省追捕”，我们更期待一个法治的政府带来一个法治的中国。

十七、成都户籍制度改革

11月16日，成都市政府召开新闻发布会，发布《关于成都城乡统一户籍实现居民自由迁徙的意见》，宣布到2012年底，成都的户口将不再依据身份进行登记，而是依固定住所登记，并随之迁移。这意味着，若固定住所在农村，则户口就登记在农村；若固定住所在城镇，则户口就登记在城镇。与户口相关的各种福利，如社会保险、教育、低保等，也将于2012年底之前在城乡之间实现均等化。

自1958年《中华人民共和国户口管理条例》正式实施以后，中国形成了农村户口和城市户口“二元结构”的户籍管理体制。这种全世界唯一且延续了60年的户籍制度早已不合时宜，僵化死板的户籍制度日益成为阻碍实现社会和谐的一大障碍。社会各方面都在不断呼唤改革现行户籍制度，实行城乡平等的一元户口政策，剥离被人为附加在户籍上的各类社会福利和社会保障，恢复户籍应当承担的居民户口登记和身份识别功能。然而，全国各地持续了多年的户籍改革因为城乡二元化体制壁垒破除困难，成本巨大，往往只是“表面动作”，几近停顿。2010年初，国务院将户籍制度改革列入九大重点改革任务，高层接连表态“推进户籍制度改革，放宽中小城市和小城镇落户条件”，户籍制度进入全面改革阶段。

这一年中，各地户籍制度改革之声此起彼伏，迈的步子也越来越大，城乡之间壁垒森严的坚冰由点到面地逐渐融化。广东出台新政引导和鼓励农民工及其随迁人员通过积分制入户城镇，上海为43名来自全国各地的优秀农民工申办上海户籍，重庆大手笔推出两年300万、十年1000万的农民进城计划，河北制定了住满 6 个月或购置住房即可落户城镇的户口迁移政策。其中，成都户改最具代表意义，被称为是自1958年《户口管理登记条例》实施以来，最为彻底的户籍制度改革。

成都户改的革命性意义在于，它没有像其他地方的过渡性改革一样，把

"户口"与"土地"挂钩，它不以农民放弃农村宅基地使用权、土地承包经营权等原有利益为代价，农民进城落户，几乎不附带任何条件。同时，提出实现城乡双向自由迁徙。城镇居民和农村居民自由迁徙不再受任何限制，"农民"这个称谓也不再是身份的象征，而仅是一种职业。它让户籍制度改革的终极目标回归到人的尊严和基本权利的平等之上。

一个国家的公民应该享有同样的社会福利，这已经成为现代国家的基本共识。我国长期存在的城乡二元制度，阻碍了这种平等权利的实现，在等待了这么多年以后，我们终于朝向基本公民权利均等化迈出了重要的一步。但这只是一个开始。未来一段时间内，能否彻底剥离户籍背后隐藏的身份差异和基本权利不平等；能否提供足够的公共服务，例如廉价住房、基础教育、医疗、社保，还有就业和培训机会；能否在土地流转制度方面取得突破，都将决定户籍制度改革能否取得真正成功，"城乡自由迁徙"能否真正变成现实。

户籍改革不仅仅是一个单纯的户口迁移问题，而是城乡间一次利益和资源的重新分配，是部门之间的一次权力重组，更是一个涉及各方面的社会管理体制问题。温家宝总理不久前明确表示，中央已决定稳妥地推进户籍制度改革。推进户籍制度改革，努力消除城市与农村之间的社会不平等，将是中国政府一段时间内的核心任务之一。我们期待户籍制度改革取得彻底成功，为中国经济注入更多的活力，为中国社会均衡发展、构建和谐社会奠定基石。

十八、北京治堵新政

在中国城市化高歌猛进的同时，中国各大城市的交通拥堵问题也日趋严峻。2010年12月23日，北京市公布了《关于进一步推进首都交通科学发展加大力度缓解交通拥堵工作的意见》（下称《意见》），《意见》列出28条措施，建、管、限三管齐下，治理北京交通拥堵，被称为史上最严厉的治堵新政。

该方案既包括限制性措施，例如实施小客车数量调控，以摇号方式无偿分配小客车配置指标等；也包括管理措施，例如严格公务车使用管理，“十二五”期间不再增加公务用车指标；还包括加快新城建设，疏解中心城功能和人口等建设措施，可谓多措并举。但显然，新政还是把重点放在限购、限行、征收拥堵费等方面，力求达到立竿见影的效果。然而把“限”作为主要调控手段，虽可缓解拥堵，但难以治本。目前出台这些限制措施可以说是各方压力下的无奈之举，应急之策。

治标的同时也要出台治本的措施予以配套。破解交通拥堵的长久之计，还要从改善公共交通条件，改变城市规划和治理理念上入手。中国各地城市的拥堵，形成于多个层面的多个因素。首先，城市管理当局的交通理念和道路交通管理技术相对滞后。理念滞后的表现是，城市交通规划缺乏前瞻性。技术落后表现在地面道路布局不合理，尤其是没有处理好快速道路与一般道路的衔接问题，结果这些衔接处通常成为梗阻处。其次，公共交通供应不足。目前北京市地铁网络体系的密集程度和巴黎、东京这样的大城市相比，差距还很大。购车限制等措施见效的前提是，政府能够提供充足的公共交通，给放弃开车的人留出另一道门。就目前看来，北京的公交已不堪重负。目前流量最大的地铁1号线，早高峰时段载客率保持在120%–140% 之间，车厢状如沙丁鱼，此外，换乘不便、延误频发、限流等候，都使北京公共交通距离快捷、舒适甚远，甚至无法让乘客保持起码的尊严，很多原本属意公共交通的人不得不选择了私车出行。再次，城市规划布局从一开始就存在严重缺陷。此即人们已谈论十几年的“摊大饼式”城市扩张模式。中国的城市几乎全部是单一中心格局，公共资源过度集中于原有中心城区，导致中心区居住、工作、生活功能区高度叠加，拥堵加剧。而城市快速扩张，大量人口居住于中心区以外。如此形成大量人口同时出入的通勤压力，城市道路就是因此而经常瘫痪的。最后，城市定位严重错乱。城市首先是人的聚合体，是市民们安顿自己健全生活的场所。但在GDP至上观念的支配下，各级政府官员首先把城市当成获取财政收入的商业活动的载体来经营。政府的财政考量严重扭曲城市规划，基于经济目的配置要素的空间结构，人为地制造了交通需求。未来的减少交通难题之策，唯有对城市结构、定位、规划、管理理念、发展观念做出科学调整。

此外，此次治堵方案中众多限制措施的公平性也引起了人们的广泛质疑。面对庞大的“私家车”和“公务车”两大群体，究竟该开出怎样相对科学、公平的药方？很多人认为，仅仅用“‘十二五’期间北京市各级党政机关、全额拨款事业单位不再增加公务用车指标”，显然不足以抵消庞大的公车队伍对堵车的影响。而提升停车收费标准、收取拥堵费、购车需提供停车泊位证和限制外地户籍人口购车等多项措施，更多地指向私家车主，并且只对普通的工薪阶层有杀伤力。机关事业单位和国企是不在乎这些支出的。因此，其合理性和公平性自然会遭到质疑。事实是，公车问题如果不得到根本的解决，公共交通就不会有较大的改善。1994年中办、国办就曾联合颁发《关于党政机关汽车配备和使用管理的规定》，17年过去了，这项不算大的改革由于跟特权阶层的利益绑定，至今一筹莫展。温家宝总理曾对媒体表示，公车私用问题“应该管得住也必须管得住”。开出的药方则区别于现行的各项改革实验，他谈到“最根本的是两条”——第一条就是公开透明，让任何一项行政性支出都进入预算，而且公开让群众知道，接受群众监督；第二条就是民主监督。解决交通拥堵，必须敢于触碰公车改革这一难题，否则“史上最严厉”的政策也有可能治不好“首堵”。

十九、钱云会事件

2010年12月25日上午，位于浙江东部沿海的乐清市蒲岐镇寨桥村发生一起车祸，寨桥村53岁的村主任钱云会被一辆大型工程车碾死。当地官方消息称，“乐清蒲岐镇今日发生一起交通事故，致一人死亡。”12月27日，乐清市政府召开新闻发布会，宣布：经过调查，钱云会之死是普通的交通肇事。12月29日，温州市政府也召开新闻发布会，市专案复查结论与乐清完全一致。然而，在网友将钱云会死亡照片连同其漫长的上访经历公布在网上之后，官方“交通事故”的认定却遭到广泛质疑，不少人坚信，这不是一起普通的交通肇事，而是蓄意谋杀。12月27日，《中国青年报》发表“上访村主任‘交通事故’致死疑云重重”一文，引述了网友提出的五大质疑，包括

"工程车逆行之谜""死者身体方向之谜""路口摄像头失效之谜""工程车不刹车之谜"和"肇事司机被带走之谜"，媒体与网民形成呼应，网上网下舆论一片沸腾。在网络民意的驱动下，大批媒体和公民观察团前往乐清，试图调查真相。钱云会之死，浓缩了拆迁占地、补偿不公、上访请愿、被捕坐牢、打击报复等近年来突出的社会矛盾，成为2010年年末又一桩牵动社会神经的新闻事件。

钱云会生前多次为寨桥村村民争取权益。2004年4月，官方的浙能乐清电厂征用寨桥村土地时与当地村民发生纠纷，寨桥村村民开始了持续的上访和各种对抗行动。2005年4月，钱云会当选为该村村民委员会主任，任职后为村民上访争讨补偿。其后钱云会多次被投入看守所。浙能乐清电厂立项征地电厂与村民的核心矛盾并非土地占用的多寡与补偿价格，而在于电厂占用了大量沿海滩涂。这些泥泞的滩涂是村民们的生计来源。地方政府没有从根本上解决电厂给村民带来的生存危机，因此，村民们迫于生计的压力，走上了与地方政府不合作道路。据统计，改革开放以来，通过对土地的低价征用，各级政府的土地财政收入总计超过20万亿人民币，而农民得到的土地补偿不足全部土地收入的5%。许多农民因征地而致贫，形成了全国4000多万失地农民。中国改革开放30年的发展，在一定意义上可看作是以牺牲农民利益为代价的发展。

乐清市"钱云会案"侦办单位于2011年1月14日查获了钱云会出事当天所戴的附有微录设备的手表，手表中的微录设备真实地记录了出事当天钱云会路经出事地点被撞身亡的车祸全过程，更进一步佐证了公安部门对案件性质的认定。但钱云会事件值得我们深思和担忧的是：钱云会死因的官方新闻发布会的消息一上网，网民几乎一边倒地表示不相信当地政府的结论，在此次事件中无论政府如何辟谣，也无论民间人士如何调查，当地百姓以及众多网民几乎一边倒地相信地方政府就是杀人的凶手，这凸显了地方政府公信力的崩塌和官民之间严重的对立情绪。并一致呼吁进行更高级别的调查，彻底查清真相。也就是说，当地政府在这个事件上的发言，基本上失去了公众的信任。这其实是比车祸更为可怕的事情。如果真的是一起交通事故，那被描述成了一起凶杀案广泛传播，并引起舆论的强烈关注，就更值得深思。

有舆论认为，人们对钱云会事件的持续关注，已经远远超出对案件本身真相的追寻，而反映了公民对知情权和社会公正的追求，凸显了公民意识的崛起。这实际是中国社会进步的反映。

二十、调控房价

调控高涨的房价，几乎是2010年中央政府全年始终如一的话题。2010年伊始，房地产市场一路走高，政府就开始重拳出击，试图遏制房价。1月10日，国务院办公厅发出《关于促进房地产市场平稳健康发展的通知》，包括增加供应、加强监管、加快保障房建设、落实政府责任等方面的十一条措施，由此拉开了“史上最严厉”楼市调控年的序幕。3月18日，国资委要求，除以确定的16家以房地产为主业的央企外，78家不以房地产为主业的央企15天推出房地产业务。4月17日，《国务院关于坚决遏制部分城市房价过快上涨的通知》（“新国十条”）出台。9月29日，中央出台新一轮调控政策即“新五条”，包括“购买首套住房首付款比例调整到30%及以上”、“暂停发放居民家庭购买第三套及以上住房贷款 ”等药方，并实行了全国一刀切的原则。10月份，北京、上海等13座城市均出台相关“限购令”细则。虽然政府调控的力度不可谓不大，但调控的效果并不令人满意，北京、上海等一线城市的房价依然居高不下，并仍在攀升。为此，2011年1月26日国务院公布了更严格的“新国八条”，二套房贷首付提至六成，限购令也推向了全国执行。2月16日北京版“国八条”（京十五条）也高调出台重点限制无北京户籍家庭购房。在这一期间，上海、重庆等全国多所城市也先后出台了更严格的调控房价政策。第三轮调控力度更大，效果如何还需拭目以待。

政府调控房地产市场，用看得见的手去管看不见的手实属无奈。楼市问题看起来是房地产问题，却是涉及经济社会多方面的问题。包括，政府的对土地财政的过分依赖，市场对房地产的巨大需求，社会财富的分配不公，居民投资渠道不畅，等等。在上述诸多因素中，一个重要的问题是，如果不能厘清政府在市场经济条件下的边界，政府自身作为房地产市场重要的利益攸关方，其自身巨大的利益冲动，是难以有效遏止房价持续过高走势的。2010年，中国各级政府，仅土地出让金总收入为2.9万亿元，同比增长超过100%，就是一个很好的例证。

中国房地产永远是一个一言难尽的话题。如果不对过火的楼市加以抑制，将大大加剧广大居民通过市场解决住房的难度，影响居民生活水平的提高，影响金融的安全，甚至会影响到社会的和谐稳定。但遏止房地产价格过高走势，又是与政府自身改革密切相关，而这又是一个短期难有明晰答案的话题。这说明，遏止房价，短期难有答案，涉及政治、经济等多方面的改革。

“十二五”期间改革的重点领域与主要内容

陈　剑

2010年，中国GDP总量达到5.87万亿美元，经济总量超过日本0.4万亿美元，跃居全球第二。中国在“十一五”规划的五年时间，经济总量几乎一年一个台阶，从全球经济总量第五，在“十一五”期间，前后超过英国，德国、日本，而位居全球第二，人均GDP 也达到了4400美元。这是一个令人振奋的消息。回顾一下中国在改革开放初期，经济总量排在全球十几名之后，人均GDP不足200美元，按照联合国的贫困标准，一半以上的中国人没有解决温饱问题，应当列入当时全球最贫困的国家。但仅仅只用了一代人的时间，中国就迅速摆脱了贫困，解决了十几亿人的温饱问题，实现了历史性跨越。这在人类发展史上，确实是一个少有的奇迹，也是十分了不起的成就。

中国改革开放32年所取得的成就，其原因可以有多种解说，并且，不同的解说，观点可能还会有很大的冲突。但中国改革开放32年的发展，改革开放一直是当代中国的主旋律，基本特征，是推动各项事业发展的根本动力。中国32年的发展，正是在新体制的建立和不断完善过程中，对阻碍经济社会发展旧体制的不断突破上。但这个过程远没有结束。目前建立的新体制，其基本框架是否已经确立，也还存有争论。即使建立了基本框架，其完善也还需要较长过程。“必须以更大决心和勇气全面推进各领域改革”，党的十七届五中全会为推动“十二五”时期我国经济社会发展作出全面部署，贯穿其中的一个重要思想，就是深化改革开放。

改革是一项庞大的系统工程。改革已经从个别突破发展到整体推进的新阶段。必须树立全局眼光和战略思维。需要重视改革的顶层设计和总体规划，明确改革优先顺序和重点任务。在“十二五”的开局之年，今后5年甚至10年，中国应当着重在哪些方面进行改革，改革的优先顺序和重点领域有哪些内容，本文就经济体制和政治体制改革作一些讨论。

一、经济体制改革

改革开放以来，中国经济体制改革取得的成就得到了普遍认可。但中国经济的增长，对能源和资源的过度依赖表明，目前的发展方式已难以为继，转变发展方式刻不容缓。而现存的发展方式又是与现行的经济体制和一定的发展阶段密切相连的。这说明，要转变发展方式，也必须对目前的经济体制进行重大改革。这主要涉及以下一些内容：

（一）政府应大幅度减少对微观经济的干预

中国改革开放30多年取得的成就，一个基本原因，是选择了市场经济的发展道路。把社会主义与市场经济结合起来，这是邓小平对中国发展所做的历史性贡献，也是中国改革开放30多年取得成功的基本原因。

但中国的市场经济，一项重要特征，是政府主导型的市场经济。成熟的市场经济，市场是配置资源的基础。但中国目前的市场经济，政府则是资源配置的决定性力量。由于政府与市场的关系不够清晰，政府在资源配置，尤其是在生产经营活动的资源配置中权力过大，干预太多。例如，农民土地的转让权，由于产权制度改革尚未完成，与中国将近一半人口的农民利益息息相关的土地产权问题没有解决，农民的土地、宅基地等资产无法变成可以流动的资本。这既使继续务农的农村居民的利益受到损害，也使转向务工、务商的新城市居民安家立业遇到困难。 而政府则通过土地出让，获得了大量的土地收益。成为重要的利益攸关方。

政府主导型的发展模式，简单用好与坏难做评价。能否这样看，在中国这样一个计划经济色彩十分浓厚的国家，在从计划经济向市场经济转型过程中，特别是在转型的初期，政府主导有着巨大的惯性力量和路径依赖，此时很难避免政府在市场经济中的主导作用，并且，各级地方政府之间的相互间竞争，推动了经济总量的持续增长，这种相互间竞争有其积极作用。但随着市场经济愈益成熟，以量上的扩张的粗放式的发展方式走到尽头，政府主导型的发展模式弊端愈益显现。一是没有解决权力的监督与约束问题；二是由于政府控制过多，经济自由受到了限制，特别是民营经济只有很少的自由；三是政府在提供透明规则和公正执法秩序方面没有尽到应有责任，中国的市场秩序不是很理想。因此，转变发展方式，最核心的是政府职能和角色的转变，政府应当大幅度减少对微观经济的干预，将主要精力放在为公民提供基本的公共产品与服务上，应当优化政府组织结构和行政层级，完善政府绩效考核制度，推进依法行政，从制度上更好地保障市场在资源配置中的基础性作用。政府要减少对微观经济的干预，建设服务型政府，经济增长从“又快又好”向“又好又快”转变，必须加快推进政企分开、政资分开、政事分开、政府与市场中介组织分开，建设与市场经济体制相适应的有限政府、法治政府、廉洁政府、服务政府和责任政府。如果只是提一般性的要求或口号，没有科学的政绩评价观和科学用人标准，没有在体制机制方面有所动作，这种转变是很难完成的。

改革的精髓其实很简单，减少政府对微观经济的干预，就是要让市场在资源配置中发挥基础性的作用，通过与之相适应的激励和约束机制，让个人和企业，特别是民营企业有更多的活力和更大的空间，去创造财富、发展经济。

因此，划清政府与市场的边界，让市场在资源配置中扮演基础性作用，限制政府权力，根除对GDP 崇拜，可能是“十二五”期间一项重要且基础性的工作。

（二）明确市场经济的基础和主体，大力发展非公有制经济

“十二五”期间，另一项重要工作，是进一步完善基本经济制度。应当明确，民营经济是市场经济的基础和主体，而国有经济，只是承担特殊的国

家职能和弥补市场失灵的手段。应当把这样一种认识变成全社会的共识。通过明确国有经济的职能和定位，国有经济逐步实现从竞争性领域退出。完善国有资产制度，深化国有企业改革，特别是中央企业母公司层面的股份制改革，大力推进铁路、电力、电信、石油等垄断行业的改革。提高国有企业上缴利润比例。2010年，国有企业实现利润1.98万亿元，同比增长37.9%，但只上缴红利5%。国有企业上缴收益占国有企业利润过低，与其良好的盈利状况和占有巨大公共资源的背景不相适应。在“十二五”末期，国企上缴红利，应从目前的5%至10%提高到30%以上。同时还应进一步放宽市场准入，引入竞争机制。“必须毫不动摇地巩固和发展公有制经济”，这个“毫不动摇”有各级政府的强大支持，想动摇都很难。“必须毫不动摇地鼓励、支持和引导非公有制经济发展”。这个“毫不动摇”，在现实生活中却难以有效实施。国务院2005年出台了支持、鼓励和引导非公经济的36条。2010年又出台了鼓励和引导民营资本投资的36条。应该说，这两个36条，无论在法律层面，还是在政策层面，无论是在财税金融政策，还是在准入政策上，对不同所有制的企业都一视同仁，鼓励相互竞争，共同发展。但在现实生活中，民营经济的发展仍受到各种“玻璃门”和“弹簧门”的阻挠，新36条，在现实生活中得不到很好落实。因为道理很简单，如果各级政府，仍把国有企业当作自己的长子，把主要精力和注意力都放在扶持公有制经济发展上，必然会削弱对民营经济的发展。应当进一步解放思想，制定新36条的贯彻细则，拓宽民间资本投资的领域和范围，为各种所有制经济创造平等使用生产要素的发展环境，公平参与竞争的市场环境和同等受保护的法制环境。只有这样，才会增强经济发展的活力和持续后劲。

（三）深化资源环境价格改革

转变发展方式，改变经济增长对资源与能源的过度依赖向依靠科技进步、劳动者素质提高和管理创新转变，就必须深化资源环境价格改革。应当从我国部分资源短缺、居民收入差距较大的实际出发。既充分考验资源稀缺程度、抑制不合理需求，又考虑保障低收入群体基本生活和保持价格总体稳定的需要。让价格体系充分反映资源的稀缺程度并进行资源配置。例如，我国资源税率明显偏低，国家对新疆进行资源税试点，当地原油、天然气资源税实行从价计征，税率仅为5%。而英国、美国、俄罗斯等国的资源税率都超过了10%。因此，应当逐步提高我国资源税税率。此外，还应稳定推进电力、天然气、水等资源性产品价格和环保收费制度的改革，切实发挥价格在提高能源资源使用效率、控制污染排放和调整经济结构中的杠杆作用。

（四）大力推进收入分配制度改革

合理的收入分配制度是社会公平正义的重要体现，也是扩大居民消费需求，促进经济平稳较快发展的基础。

推进收入分配制度的改革，关键在于落实。自党的十七大提出“提高居民收入在国民收入分配中的比重，提高劳动报酬在初次分配中的比重”。党的十七大现已经过去四年。四年来，由于没有制订具体措施加以落实，中国居民的收入差距进一步拉大，两个比重不仅没有提高，还进一步下降，并且，收入分配问题是一个很综合性的问题，单兵突击式的改革已难以为继，需要全面改革方能保障和改善民生。需要深化行政体制、财税体制改革、社会保障体制、就业制度、教育体制、医疗卫生体制、国企、户籍等多方面的改革，需要推进区域之间的协调发展和城乡一体化的发展，通过综合措施，收入分配制度改革才会起到实效。只有不断深化经济和政治体制改革，才能从根本上缓解收入分配不公的问题。

收入分配改革，各级政府的作用不可或缺，至少有以下一些内容：

进一步推进基本公共服务均等化，这对于缩小居民间收入差距具有重要作用；发挥政府在一次分配中制定规则、规范初次分配的法律法规的落实情况等方面的作用；进一步推进社会保障制度建设；加大对低收入群体的扶持力度，稳步提高职工工资收入，努力促进中小企业发展，严厉打击腐败。如果政府不能够在上述方面有所作为，推进收入分配制度改革将十分困难。

（五）加快财税体制改革，健全公共财政体制

要建设公共服务型政府，一项重要内容是推进基本公共服务均等化，而这需要建立健全公共财政体制作为支撑。明确中央和地方的事权和财权关系，明确各级政府的财政支出责任；加快推进县乡财政管理体制改革，增强基层政府提供公共服务的能力；进一步完善转移支付制度；清理和规范行政性收费。

“十二五”期间，财税体制改革，一项重要任务，就是应降低公民的赋税压力。2010年， 中国税收总收入超过7.32亿元，同比增长23%，政府收入增幅，远高于GDP增幅。要从国富向民富转变，就要降低公民赋税，压缩政府消费，切实减轻民众生活成本。

此外，还应积极推进金融体制改革，产权制度改革、要素市场改革，社会领域改革，城乡改革，涉外经济体制改革等多方面的内容。产权制度改革中，重要的是土地制度改革，把土地还给农民，让农民真正拥有土地所有权。只有多项体制改革齐头并进，并始终将各项改革真正落到实处，经济体制改革才会取得重大进展。

二、政治体制改革

邓小平曾多次谈到政治体制改革，他认为，“现在经济体制改革每要向前走一步，就会深深感到政治体制改革的必要性。政治体制不改革就不能保证经济改革的成果，不能使经济改革继续向前进，就会阻碍生产力的发展，阻碍四个现代化的实现”。邓小平20多年前说的话，今天更具有强大的现实意义。在邓小平看来，政治体制改革是为了达到国家富强的一种手段，这是一项非常伟大的认识。

（一）对中国政治体制的基本判断

改革开放30多年来，在中国经济取得历史性进步的同时，经过党和人民持续不断的努力奋斗，政治体制改革也取得了一系列重要成果。那种把30多

年的政治体制改革说得一无是处的观点，显然是站不住脚的。

宪政、民主、法治，是现代市场经济所要求的上层建筑保证。中国选择了市场经济，也就选择了宪政、民主、法治这些与经济基础相适应的上层建筑。中共十五大提出建设法治国家，十六大提出建设社会主义民主政治、十七大提出人民民主是社会主义的生命，正是按照上述要求，中国政治体制也不断进行改革，以使上层建筑适应经济基础的变动。这包括，通过法治建设在各种权利主体之间正确地配置权力，规范政府的行为，保护公民的基本权利不受侵犯。在此基础上逐步扩大民主，强化民众对政府的控制与监督，进而稳步地实现宪政、民主和法治的目标。

改革开放以来，中国政治体制改革所取得的成果，具体说来，主要有以下一些内容：公民社会的雏形已经建立；中华人民共和国宪法赋予公民的各项权利，得到了一定程度实现；公共服务型政府建设取得初步成效，义务教育、公共卫生、社会保障等基本的公共产品与服务的提供取得了长足进展；依法治国有了较大程度推进，由宪法及宪法相关法、民法商法、行政法、经济法、社会法、刑法、诉讼法与非诉讼程序法七个法律部门，以及法律、行政法规、地方性法规构成的中国特色社会主义法律体系已经形成，依法行政取得阶段性进展；决策民主化水平有所提升、社会组织的作用愈益显现；人民代表大会制度、多党合作与政治协商制度、民族区域自治制度和基层群众自治制度不断健全与完善，在中国人民的政治生活中正扮演愈益重要作用；党内民主有了一定程度的推进努力，这包括，建立健全保障党员民主权利的机制，健全和完善党的代表大会制度，建立健全党内监督机制，完善党委对干部选拔任用的民主决策机制等多方面内容。与此同时，社会结构正发生重大变化，中产阶层正在形成，并日益壮大。改革开放后出现的新社会阶层，目前人数已接近2亿。

中国政治体制改革所取得的成果表明，中国人民今天所享有的民主权利确实是前所未有的，是来之不易、非常宝贵的。正是改革开放以来，中国政治体制改革所取得的一系列成果，我们可以得出以下基本判断：中国目前的政治体制与现阶段的中国市场经济体制总体是适应的。换句话可以说，中国的上层建筑与经济基础总体是适应的。明确这样一个基本判断，就是对中国目前的政治体制，应当树立基本信心。但明确这样一个基本判断并不意味着这一体制不存在问题，没有缺陷。我们说总体适应，并不排除在一些方面或领域存在不适应，甚或在一些方面严重的不适应。经济体制深刻变革，社会结构深刻变动，利益格局深刻调整，思想观念深刻变化，带来了大量新矛盾新问题。特别是影响当今中国社会发展的两大矛盾正呈现扩展趋势，影响了社会和谐与稳定。这两对矛盾，一是宪法赋予的公民权利，其实现程度正与逾越法律边界之外的政府公权力之间产生矛盾，二是政府提供的公共产品与服务的有限性与公民对公共产品与服务的巨大需求之间的矛盾。政府的公权力是人民赋予的，政府必须依法行政，“法无授权皆禁止。” 政府各级部门只能行使法律授予与其职能相一致的权力，即权力的行使必须严格遵循法律允许的轨道，同时还应受到人民的监督，但目前的问题是，由于监督不力，政府的公权力经常逾越法律允许的边界，侵犯了公民权利的实现。

权为民所赋，理应权为民所用，使人民切实实现当家作主的权利。但要使权为民所用，必须建立一整套较为成熟的政治体制对公权力进行监督和制约，以保障公权力真正为民所用。不然，难以保证公权力真正为民所用。目前，影响中国公民切实行使当家作主权利的的主要障碍，是存在严重弊端的原有政治体制。这些弊端，就是邓小平曾经非常明确地指出的，即官僚主义的现象、权力过分集中的现象、家长制现象、干部领导职务终身制现象和形形色色的特权现象。按照邓小平的分析，政治体制存在的种种弊端，多少都带有封建主义色彩。肃清封建主义残余影响，重点是切实改革并完善党和国家的制度，从制度上保证党和国家政治生活的民主化、经济市场化、文化自由化和社会平等化，进而促进现代化建设事业的顺利发展。由此可见，政治体制改革虽然取得了多方面的进展，应予充分肯定，但是在改革的深层部位、关键部位，特别是对公权力的监督和制约，限制政治权力的滥用尚还奏效不显。需要通过改革以实现权力真正为民所用。

与市场经济体制相对应的政治体制一定程度的滞后是是可以接受的，但如果属于严重滞后，就需要加大改革力度。不然，就有可能出现较为严峻的社会问题。近年来出现日益增多的群体性事件表明，如果不对目前的政治体制进行必要改革，其显露出的问题将会更加严峻，对此，必须有清醒的认识。

（二）推进政治体制改革的基本原则

推进政治体制改革，需要把握以下一些基本原则：

1．公平正义是推进改革的最高准则

对一个现代化国家而言，建设一个什么样的政府，在全世界或许都很难找到一个确切标准。但是作为价值体现，却有较为普遍的共识。即政府必须体现公平正义。更何况中国作为社会主义国家，社会主义的旗帜就是公平正义，也是社会主义区别资本主义最核心的内容，更应将公平正义作为中国各级政府的行为准则和基本要求。政府的各项政策、法律制度必须要为选民和纳税人负责，政府及其官员要廉洁自律，管理运作要公开透明，接受社会监督，要尽可能多地为社会成员提供基本的医疗、教育、社会保障等公共服务，为社会成员提供安全的生活和工作环境等。

在上述要素中，从公众感受的角度看，最重要的不是政府的能力有多大，而是政府能否为公民提供公平正义。公平正义之所以成为公众衡量政府最核心的指标，说到底在于政府作为社会的代表，手中掌握着宪法与法律赋予的各项公权力和各项社会规则制定权。这些规则的制定既表现为一个国家的基本法律、法规，也包括大量的具体政策。政府通过制定各种法律法规和公共政策，维护社会基本秩序，平抑社会利益，化解社会冲突，保障社会的公平和正义。可见，政府合法性在很大程度上是以维护社会的公平、正义为前提的。一旦这种公平正义的天平出了问题，社会就会处于一种危机状态，这一点已经被大量的历史所证实。中国社会目前出现的诸多问题，正是政府公平正义的天平本身出现了问题。近年来，一些地方政府在社会规则和公共政策制定过程中，追逐自身特殊经济利益，导致公平正义的丧失。一些政府机构和官员，利用手中掌握的规则制定权牟取私利，官商勾结、权钱交易以及强势利益集团背靠政府吞吃民众利益等腐败行为，更是对政府的公平正义形成了严重的危害，也成为公众对政府公共治理产生质疑，甚至不信任的重要根源。因此，推进政治体制改革，其核心就是推进社会的公平正义，让公平正义阳光照耀在中国的每一寸土地上。为此，全国人大和省级人大颁布的各项法律法规，政府出台的各项政策，公安司法的各项行为都必须符合公平正义，或有利于推进社会公平正义。

2．有利于推进社会稳定

中国的发展需要稳定，健康有序改革更能够促进社会稳定。中国改革开放32年的发展，一条基本经验是，中国在推进改革开放的同时，使社会保持了总体稳定。这是中国得以持续健康发展的保证。

需要注意区别的是，中国的发展需要稳定，改革也必须建立要在一个稳定的社会环境基础上，改革也同时促进了社会稳定，但不是“稳定压倒一切”。何谓“稳定压倒一切”，如果以稳定为借口，反对有利于促进社会更加和谐和稳定的改革，这无疑是十分错误的。任何一项改革，也都是有一定风险和挑战的。改革，就是解决矛盾和问题，进而促进社会和谐，推进社会稳定。就如同对待上访人群那样，是想方设法解决上访人群所提的问题，还是对上访人群进行打压，把上访人群当作不稳定的要素，这是完全不同的维稳思路。正确的做法自然应当是前者。改革设计者，需要较为准确预测改革可能带来的风险，并将这种风险控制在可控范围之内。如果不是那样，以稳定为借口，反对任何有可能短期带来一定风险，且有利于长远稳定的改革，那么，大量矛盾和问题沉淀，只会带来社会的更大不稳定。当然，对一些有可能产生风险的改革，需要慎重，需要通过配套改革将风险控制在最小范围内。但不能以稳定为借口，反对任何有利于推进社会发展的改革。道理很简单，一个良好的社会，其健康发展应当建立在健康有序基础上。秩序的稳定固然重要，但一个好的政府，更重要的是促进进步，促进健康的秩序形成，而不是僵化地维持秩序，更不是消极地维持不健康的秩序。而一个健康有序的社会是利于政治长远稳定的。

3．必须借鉴和学习人类一切政治文明成果

学习和借鉴人类一切政治文明成果，特别是资本主义政治文明的有益成果，这是推进中国政治改革的一项基本原则。中国改革开放32年的发展，关键词就是借鉴和学习。通过借鉴和学习了资本主义市场经济的成果，极大推进了中国经济的发展，提升了人民生活水平。正因为如此，我们才能在一个很短时期，跨越了别人用了上百年，甚至几百年才走完的道路。但学习和借鉴绝不是照搬，也不可能照搬，而是在学习和借鉴过程中，结合中国的国情，吸收借鉴资本主义政治文明的的有益成果，从而加速中国政治文明建设步伐。

在坚持这一原则的同时，需要注意区别以下两种倾向：一种倾向是，完全照搬西方政治文明的成果，即全盘西化。从中国几千年文化发展的历史看，并对近代一百多年的历史进行分析，中国传统文化从来就没有全盘西化的基因，中国文化有着很强的过滤功能和对外来文化的改造功能。对中国文化传统稍有常识的人，都不会赞同全盘西化主张的。现实生活中特别需要注意的则是另一个倾向，即对人类政治文明的完全排斥或以“特殊国情”论而加以排斥。“特殊国情”论并不新鲜，无非是说民众文化程度不高，参政议政能力太低，容易“不明真相”，中国民众需要被“代表”。100多年前，清末的立宪派就对此种论点作了充分批判。实际上，改革开放32年来，中国公民的民主意识、政治参与意识得到了大幅度提升。近年来中国政治发展的若干实践中，从村民自治的深化，到乡镇长直选、乡镇党委书记竞选，从基层人大代表选举中“自由候选人”的参选，中国近年来基层民主扎实有效的推进说明，人类政治文明的普遍规律完全适用于中国，在这方面，中国不存在任何特殊。区别只是在于，人类政治文明的普遍规律适用于中国，但其表现形式与他国可能不尽相同。

只有努力学习和借鉴人类政治文明的有益成果，中国政治体制改革才会少走弯路，并取得有益的突破。

（三）政治体制改革的重点内容

政治体制改革所涉及的内容十分广泛，包括普选、党政分开、公民权利的实现，权力之间的相互制约，对公权力的监督与制约等多方面内容。如果确实想推进中国政治体制改革，作业执政党的中国共产党的中央委员会，应当成立专门机构进行顶层设计，需要制定政治体制改革的“十二五”规划，需要确定政治体制改革的重点领域和优先顺序。本文仅就今后五年，一些重点领域改革谈点认识。

1．建立公共财政和公共预算

政府的各级财政应该是公共的，预算是公开、透明的，是民主化的决策过程，预算应经过民主程序讨论决定，且应受到民主监督——这才是公共财政。

审查预算是世界上各国议会最主要的职权工作之一。公共财政，议会控钱，成为现代民主政治的精髓，也是人类社会政治文明的表现。正是有议会对政府财政的控制，才使得政府不能随心所欲，政府的权力也因此受到限制。但很长时间以来，各级人民代表大会，包括全国人民代表大会在内，对各级政府的财政预算及其执行情况，尚未形成真正意义的监督制约。虽然近年来，全国人大在对政府财政进行预算审查时有所进步，提高了财政透明的尝试和努力，但至今，财政透明仍在低水平徘徊。在全国省级政府所提供的基本财政信息中，公众能够获得基本的财政信息只有五分之一左右*。各级人大不能够很好地对政府的预算进行审查，导致的直接结果是，纳税人的钱，没有人给以把关、监督，政府行为随意，浪费严重。从1994年到2008年，政府每年的财政收入增速几乎都是当年GDP增速的两倍。中国政府目前行政成本之高，被称为世界上“最昂贵的政府”。各部门的财政收支情况不透明，连合格的预算方案都很少，在执行过程中更缺乏有效的制约，容易滋生制度性腐败。

导致中国政府目前行政成本开支居高不下因素很多：党的机构与政府机构的高度重叠，机构编制的急剧膨胀，政府行为和公务消费缺乏有效的约束评价机制，政府支出不公开透明，缺乏有效监督。政府的大量支出没有纳入预算，存在大量的不受监督的预算之外的政府性资金。即使是预算内，行政成本也未见详细的数据公布。 而且，预算编制不完整，对预算执行的监督

* “一份未分开的发言推开财政透明之门”，《北京青年报》2011年3月13日第5版。

不到位。各级人大虽有监督形式，但效果难以令人满意。由于监督不足或监督不到位，这是导致中国政府行政成本开支居高不下的最重要原因。

如果“十二五”期间，各级人大对各级政府的预算监督有实质的进步，将会大大推进中国政治体制的进步。目前重要的工作是，应当对《中华人民共和国预算法》进行修订，必须将各级政府的全部收支纳入预算；公开的预算信息应当覆盖所有的公共收支和公共资产，除了国家秘密之外，预算收支的各级次信息，包括类、款、项、目都必须公开，各级政府财政部门有责任收集、整理并通过网站公开本级预算以及所覆盖的部门预算和单位预算信息。只有各级人民代表大会能够真正担负起对政府的预算审查，使政府花的纳税人的每一笔钱都有一个较为清晰的交待，那么，各级人民代表大会在中国人民生活中的作用将会提升到一个新高度，对于防止腐败，促进政府向公共服务方向转变，推进中国政治文明进程，构建一个和谐社会都具有重要意义。

2．发挥参政党民主监督的作用

中国共产党领导的多党合作与政治协商制度，是中国人民几十年奋斗的成果和历史的选择，是适合我国国情的。但在依法治国的今天，也有一个如何进一步完善和改革的问题。在我国多党合作和政治协商制度中，中国共产党坚持“长期共存、互相监督，肝胆相照、荣辱与共”的方针，形成了“中国共产党领导、多党派合作，中国共产党执政、多党派参政”的多党合作的政治格局。这一中国特色的政党关系，表明了共产党和民主党派在政治上的领导与被领导、在政权上的执政与参政、在中国社会主义事业中的合作与监督的关系。

中国各民主党派，不是一个研究机构或社团组织，而是作为一个政党参与中国政治生活的。作为一个参政党，行使政党职责，关注和参与中国政治生活，必须接受中国共产党领导，必须坚持社会主义初级阶段的基本路线、基本纲领、基本经验；坚持长期共存、互相监督、肝胆相照、荣辱与共的基本方针；保持宽松稳定、团结和谐的政治环境；必须以宪法为根本活动准则，赋有维护宪法尊严、保证宪法实施的职责。这些重要的政治准则是中国共产党与各民主党派在长期团结合作中形成的共识。对中国各民主党派来说，由于她的成员来自不同的社会阶层和群体，能够代表和反映所联系的那部分界别群众的具体利益和要求，这就使得民主党派在参政议政过程中，能够反映民主党派所代表的那部分群体具体利益和要求。这对中国共产党人进一步巩固自己的执政地位是十分有利的，也是民主党派民主监督的重要内容。中国各民主党派作为中国共产党的诤友，赋有对共产党的方针、政策进行民主监督的责任。通过民主监督，可以使党的决策更加科学、客观，尽而实现党所代表的人民群众的根本利益与不同阶层、人群的具体利益之间实现有机协调，这也正是民主党派的历史使命之一。2005年颁发的《中共中央关于进一步加强中国共产党领导的多党合作和政治协商制度建设的意见》指出，"中国共产党与民主党派实行互相监督，这种监督是在四项基本原则基础上通过提出意见、批评、建议的方式进行的政治监督，是我国社会主义监督体系的重要组成部分。由于中国共产党处于领导和执政地位，更加需要自觉接受民主党派的监督"。

现在的问题是，如何推进多党合作和政治协商的制度化、规范化、程序化；如何进一步发挥民主党派参政议政、民主监督的作用，并通过一系列有效形式使民主党派监督共产党发挥更大效用。民主党派要发挥民主监督作用，如果没有较为合适的形式和有效途径，民主党派的监督作用无疑要受到很大限制。就目前民主党派的民主监督实效分析，民主党派的民主监督，实际作用十分有限。不仅远不如中共的党内监督，也难以与社会舆论监督相提并论。

如果中国的各民主党派不能在实践中很好地发挥民主监督作用，中国民主党派的参政议政，甚至其存在的意义将大打折扣，将直接影响中国政治文明的进程和和谐的政党关系的建立。

要进一步推进中国共产党领导的多党合作与政治协商制度，让这一制度在中国人民的政治生活中充分发挥其作用，真正希望发挥民主党派作为一个参政党的作用，对中共能够真正起到民主监督的作用，那就应当尊重政党发展规律；在中国共产党领导下，在坚持四项基本原则前提下，给各民主党派适度发展的空间；允许中国各民主党派有更多的独立表达自身意见和政治诉求的渠道和空间，例如，政府官员在政协会议中接受民主党派实质性的“质询”；让各民主党派自己决定各自党内事务，而不是采取大包大揽的做法，把民主党派的内部事务也都抓在手中，等等。

3．司法体制改革

“司法是社会正义的最后一道防线”。一个国家的法治发展状况，代表着这个国家政治文明的水准，影响着民众生活的幸福指数与公正指数。

近年来，随着我国民主法治进程推进，司法体制机制改革也不断开拓向前。2008年11月28日召开的中共中央政治局会议原则同意中央政法委员会关于深化司法体制和工作机制改革若干问题的意见。这被看作是新一轮深化司法体制和工作机制改革的开启。近年来的司法体制改革，从改革和完善审判组织到加强合议庭职责，从加强人民法院审判公开到规范人民法院接受新闻媒体舆论监督，从不断改革完善人民陪审员制度、再审制度到改革审判管理制度，完善民事、行政诉讼简易程序，等等，都可以看作改革的成效。

2010年10月1日，“规范法官自由裁量权，将量刑纳入法庭审理程序”作为司法体制机制改革的重大举措，成为新中国刑事法制发展进程中的一件大事。法院建立一套科学规范的方法，使法官量刑从“估推”到“精确计算”决定刑期，减少了量刑的随意性。避免因不同的法官由于学识、素养、经验不同，对案情相近或相似的案件，得出不同结果。

此外，2010年赵作海案件出现，最高人民法院、最高人民检察院、公安部、国家安全部、司法部联合发布了《关于办理死刑案件审查判断证据若干问题的规定》和《关于办理刑事案件排除非法证据若干问题的规定》，力求从执法源头上把好证据关，减少刑讯逼供的发生，最大限度地防范冤假错案。

司法体制改革的不断深化，对推动中国法治进步的意义毋庸置疑。目前的情形是：司法体制改革虽然已经取得了不少的成绩，但所改革的内容还是相对比较容易的部分。司法体制改革的目标，就是使司法能够担负起维护社会的公平与正义的重任。而要实现这一目标，就应遵循司法建设的内在规律，遏止司法权力、公权力的滥用，完善既分工负责互相配合又互相制约的司法体制，在法能责权的基础上建立健全法规体系，现代法律的特征就是对国家权力的法律制约和对公民权利的法律保护。保证法官的自由裁量权，改进司法执法不当、规范司法行为等等。

中华人民共和国现行宪法规定了司法机关独立行使职权。但宪法的规定，在现实生活中并未落到实处，并没有围绕实现这一目标建构司法制度。由于司法机关在人财物等方面都受制于同级地方政权，在一些案件的审理上，法官不是代表国家行使审判权，而是代表地方利益甚至是某些掌握公权力的人行使审判权。因而使司法的公正性大打折扣。

司法机关独立行使职权，重要的是法官独立，保证法官的自由裁量权。这也是审判规律的总结。马克思曾言："法官除了法律，没有别的上司。"司法体制改革也包括宪法规定的检察机关独立行使职权规定。检察机关除在领导体制、行为方式等方面区别于审判机关外，其在许多方面都可以比照法院的改革进行。

4．发展党内民主

中国共产党是中国社会主义建设和改革开放的领导力量。党的领导是中国政治体制的核心，因此，党的自身改革也必然是中国政治体制改革的核心问题。而推进党内民主则是深化政治体制改革的突破口和切入点。党的自身的改革，主要有以下两个方面，一是进一步提升党的代表大会的权威。一切重大政治问题和组织问题都应由代表大会讨论决定，任何个人或组织都无权代替或改变党的代表大会的决定。实行党代表大会常任制，这是完善党的代表大会制度的关键环节。二是引入竞争机制。如果没有竞争性的选举，发展党内民主实质是一句空话。应当在全党推行普遍的、公开的、竞争的选举制度。并制定时间表。邓小平曾经指出："不管党也好，政也好，根本的问题是选举。" 当然，党内竞争性选举需要循序渐进。在"十二五"期间，即中共十八大期间，可以在县、乡两级党委推行竞争性选举。中共十九大后，将竞争性选举推行到省、地（市）两级的党的委员会；中共二十大后，在党中央层面推行竞争性选举，最终使党的各级领导人都通过竞争性的选举产生。唯其如此，党的民主才能带动全社会民主程度的提升。

第二部分

经济体制改革

收入分配若干问题的思考

宋晓梧*

改革开放以来，随着经济的高速发展，社会财富大量增加，城乡居民生活水平总体上有很大提高，今年我国GDP达到世界第二位，继奥运会之后又举办了世博会，亚运会，国际影响力日益增强，这些成绩不容否定。但是也要正视在发展过程中积累了许多问题，经济结构扭曲，社会关系紧张，近年来出现了许多大规模群体性事件，在一些地方社会矛盾相当尖锐，其中绝大多数与收入分配问题相关。

中共中央关于制定“十二五”规划的建议中强调了扩大内需的必要性，而扩大内需就要提升居民消费能力，我国居民消费占GDP的比重现在不到40%，在全世界是相当低的。因此，收入分配制度改革在经济发展方式转变中占有了重要地位，调整经济结构。例如，投资与消费的结构、内需与外需的结构、城镇与农村的结构等，这些都涉及收入分配制度改革，最终使不同群体能够更合理分享经济发展成果，达到共同富裕。这是比较一致的意见。但是也有一些不同看法，一是有人提出我国劳动报酬占比不低，收入分配和经济发展是相适应的，那么当前我们讨论收入分配改革的大前提基本不存在。二是一些人认为，深化收入分配制度改革，政府只能在二次分配上做文章，初次分配应交给市场配置，那么提高劳动报酬在初次分配中的比重就近乎一个“伪命题”。三是一些人认为工资水平只与劳动力市场的供求密切相关，与工资集体协商机制无关，在中国推行集体谈判是“奢谈”，那么中国

* 作者为全国协委员，中国经济体制改革研究会会长，研究员。

的劳动力市场就应当永远停留在原始积累阶段，仅仅是单个工人对个别雇主的契约关系。

对收入分配问题有不同意见很正常，有争论是好事，有助于我们把研究引向深入。

一、中国目前的劳动报酬占比高了还是低了？

根据省际收入法GDP构成数据，我国劳动者报酬占GDP的比重1990年为53.4%，1995年为52.8%，2000年为51.4%，2006年为40.61%，2007年为39.74%。2000年到2007年，劳动报酬占比下降了11.66个百分点，其中，2004年，国家统计局把个体经济业主的收入从劳动报酬转为营业利润，然而，这并未改变2004年之前劳动报酬比重不断下降，2004年之后劳动报酬比重仍下降的总体趋势。劳动报酬中，工资总额占GDP的比重从1980年的17%逐年下降到近年来的11%。

不能说世界上还有不少国家劳动报酬比中国低，所以中国的劳动报酬就没问题了。2007年，我国包括农业主收入在内的劳动报酬占比39.74%，同期美国劳动报酬占比为55.81%，英国为54.5%、瑞士为62.4%、德国为48.8%、南非为68.25%。2006年，韩国劳动报酬占比为45.4%、俄罗斯为44.55%、巴西为40.91%、印度为28.07%。在与其他国家进行比较时，要看到大多数国家的情况，我们是社会主义市场经济，理应比其他市场经济国家在共同富裕方面做得更好一些，理应更好地兼顾广大劳动者利益。经济学者要为普通劳动者多想想，为国家长远的发展说话。如果你去看心脏病，大夫说还有千万人比你心脏病严重呢，你的病就不用治了？还是到工厂、矿山、农村、农民工集聚地、资源枯竭城市、老少边穷地区深入调查一下，看看中国自己的分配病是不是该治了。如果一年到头总是在五星级饭店举办的在各类会议上，局限在统计数据翻来覆去的技术性调整中讨论分配问题，我们经济学者对分配问题的实际感受，离普通工农的距离越来越远。

我倒是赞成这一点，不能仅仅把劳动报酬的占比作为我们研究收入分配的重点。要看到，劳动报酬总量占GDP的比重下降，还远不足以说明普通职工收入的变动状况。因为劳动报酬里面还包括了垄断行业职工的收入，包括了公务员和事业单位相对高收入者的收入，还包括了企业中高层，特别是高管的收入，上百万、几千万的收入也都统计在劳动报酬里面。从普通劳动者的角度看分配，与1990年初期比，要考虑工资的结构性变化：一是1990年初机关事业单位与企业工资差别不大，企业经营者与普通职工工资差别不大，且那时企业职工基本不缴纳社会保障费；二是1998年以来机关事业单位多次增长工资，而企业中经营职位和一般职位间收入差距目前普遍在20倍以上；三是20世纪90年代中后期以来国有行政性垄断行业职工工资增长过快，行业平均工资差距从2倍左右扩大到6倍以上；四是目前企业职工工资总额中还包括要缴纳约10%基本工资的养老、医疗、失业保险费。所以我认为20多年来，企业普通职工的实际收入占GDP的比重是大幅度下降了。总工会的一项调查也显示，61%的职工认为普通劳动者收入过低是当前最大的社会不公平。

二、解决收入分配不能只在二次分配上做文章

2010年3月我在全国政协大会上发言，讲到要提高劳动报酬在初次分配中的比重，有经济学家见到我，说你一直主张市场为导向的经济体制改革，怎么今天忽然提出来要提高劳动报酬在初次分配中的比重？初次分配是市场决定的，政府只能搞社会保障，搞二次分配。后来我又看到不少人写文章，说政府不应干预初次分配。不错，成熟市场经济国家政府一般情况下不干预初次分配，但中国的劳动力市场还处在转型过程中，不能把一次分配市场化程度估计得太高了。我国劳动力市场发育并不完善，你完全交给市场，但市场本身并不健全，而培育健全的市场，政府是有责任的。因为我们是在政府主导下的渐进转型。解决初次分配存在的问题，政府至少在四个方面要干预，要负责。

一是农民工工资在初次分配中被过分压低了。如果按照国际上通行的一国公民平等就业的原则，农民工的工资现在这么低是没有道理的。从事同样的工作，城市职工比农民工工资高一倍甚至两倍。2008年广州、深圳、杭

州、南京、东莞、上海、无锡、苏州、宁波等长三角、珠三角九个城市，出口加工企业中农民工平均工资与当地城市职工平均工资相比，很少超过40%的，差别最大的东莞，城镇职工平均工资每月3293元，农民工是971元，不到城镇职工的30%。最低工资标准国际上一般是社会平均工资的40%至60%，这意味着东莞等地农民工工资连最低标准都达不到，难怪他们要用脚投票，闹民工荒。多项研究成果显示，如果按现代劳动力市场规律办事，反对就业歧视，实行同工同酬，上亿农民工每年至少可多得约3千亿至5千亿元，大大高于免除农业税、家电下乡补贴等惠农措施。多年累积下来，仅农民工工资欠账这一块，对扩大消费、缩小城乡差距的影响就极其巨大。

现在农业劳动力转移远没完成，农业部、人力资源和社会保障部的统计调查数据都说明农业富余劳动力未来至少还可以转移1.5亿到2亿，部分城市闹民工荒，我看相当程度上是农民工的劳动报酬被压得过低了。是什么造成这种现象的呢？恰恰是我们用行政手段，比如实行城乡分割的户籍手段，以及与户籍密切关联的社会保障等公共服务体系的城乡分割，长期割裂了劳动力市场。“十二五”时期，农民工市民化的问题摆到重要议事日程了，这是谁的责任？市场自己调节得了吗？显然，改革户籍制度以及相关的社会保障等公共服务体系是政府的责任。

二是初次分配中行业收入差距过大。根据去年统计局公布的数据，中国证券业的工资水平比职工平均工资高6倍左右，收入最高和最低行业的差距达11倍。人力资源和社会保障部工资研究所发布的最新数据，这一差距又扩大到15倍。如果把证券业归到金融业一并计算，行业差距也高达6倍。

在讨论垄断行业收入的时候也有些人说：垄断行业效率好，职工工资高。垄断行业创造的财富很大，而且垄断行业的工资占比还低呢。这就是市场竞争造成的，效益好的工资高，你还能搞平均主义？你还能规定各个行业的平均工资水平？还像计划经济时那样？但是我们的行业差距是不是市场竞争造成的？仅自己跟自己比还真是不好说，我们对比一下其他市场经济国家的行业收入差距就会得到启发。根据人力资源和社会保障部国际劳工保障研究所提供的资料，2006-2007年最高和最低行业工资差距，日本、英国、法国约为1.6至2倍，德国、加拿大、美国、韩国在2.3—3倍之间。日本在经济起飞的后期，20世纪80年代，金融行业平均工资水平只是制造业的1.38倍。这些国家金融行业的高工资并不是由其行业的特殊性造成的，而是由于金融行业对知识的要求比较高，从业者受教育年限较长，付出成本较高，因而要求的回报也相应较高。在比较成熟的市场经济国家，劳动力自由、合理流动，行业工资差距其实是各个行业从业人员平均受教育程度的差距。从目前的资料看，中国行业收入差距已跃居世界之首，已经超过巴西。如此巨大的行业收入差距是市场竞争的结果吗？显然在很大程度上是由于市场准入方面的行政限制带来的。国家发展与改革委员会就业和收入分配司编辑出版的《中国居民收入分配年度报告（2008）》分析认为，行政性垄断行业的收入有三分之一是靠各类特许经营权获得的。深化行政性垄断行业改革当然是政府的责任。

三是初次分配过程中集体协商机制不健全。供大于求的条件下，一般劳动力价格会被压低，工资水平相对较低有其部分合理性。但是，现代劳动力市场中的工资水平不仅受到供求关系的影响，还要受到劳资集体谈判的影响。自1949年国际劳工组织通过集体谈判公约后，集体谈判已经成为市场经济国家调整企业工资福利的通行规则。但我国至今尚未形成完善、有效的集体谈判机制。正如去年全国人大常委会执法检查组关于检查《工会法》实施情况的报告所指出的，企业工会干部大多数是企业的中高层管理人员，这种情况造成工会干部很难真正代表职工的利益。今年南海本田罢工事件中，当地工会公开站在雇主一边，要求工人立即复工并与罢工工人发生冲突，被学者称为“世界劳工史上的奇闻”。可以说，工会组织为劳动者维权的作用尚未充分发挥，是我国劳动报酬比重低于一般市场经济国家的重要原因。由于缺乏有序、有效的集体谈判机制，我国企业内的劳资纠纷多以无序方式展开，其中集体争议案件大幅度上升，已成为影响社会稳定的重大因素。

此外，我国雇主组织的作用也远没有到位。劳动力是跨企业、跨行业流动的，如果集体谈判仅局限于单个企业中的职工与雇主之间进行，很难避免攀比效应，多数情况下会推动工资福利的过多增长。要协调行业的工资福利水平，并进而协调不同行业的工资福利水平，就要建立跨行业、跨地区的处理劳工关系的雇主组织。集体谈判并不仅仅有为工人增加工资的作用，它实际是现代劳动力市场上劳动力供求双方集体讨价还价的机制，雇主们组织起来还有抑制工资上涨的作用。1986年我到新西兰实习劳工关系，参加了新西兰中央的四个地区的集体谈判全过程，银行工会、木工工会、电工工会、司机工会等分别提出了自己要求增加工资的幅度，最后达成协议不超过6%至7%，而一开始有的行业工会提出11%的增长幅度。我很奇怪政府从头到尾没有直接参与工会与雇主的谈判，我被告知，在劳工法框架下，不发生大的劳资冲突，在处理劳资关系方面政府是相当超脱的。后来我到日本，又知道日本每年的“春斗”政府也是不直接参与的，不是工会与政府斗，而是工会与雇主组织斗。看看我们现在因为劳工关系紧张把各级政府忙成什么样了？最近因为国家养老金改革，法国工会罢工，那倒是针对政府的，但这不是日常的劳资关系。你不能说因为有了法国的工会罢工，中国就不能搞集体谈判了，正如你不能说因为美国搞市场经济出了金融问题，中国就不能搞市场经济一样。

四是规范初次分配的劳动法律法规没有得到很好的贯彻。例如，在最低工资、最低劳动条件确定等方面，政府虽然有相关规定，却疏于执行和监管。多份调查材料显示，强制超时加班、泛用学生工、非法使用童工、私了工伤事故、无视劳动保护条件等违法违规的事情经常发生，许多已有的劳动法律、法规及有关规定得不到落实。拖欠工资，特别是拖欠农民工工资至今时有所闻。

一些地方政府领导为追求任期内的GDP增长，过分强调招商引资，对严重违犯劳动法律法规的现象疏于监管，也压低了一次分配中的劳动报酬。昨天我参加人力资源和社会保障部促进就业协会的一个会议，会上有人举了两个例子；一个是沿海某省给省人力资源和社会保障厅下辖的人力资源公司下达指令，必须以低于全国平均工资的水平保证为某外商企业招农民工，完不成任务吊销人力资源公司执照；一个是某省规定一些职业学校的学生必须到某合资企业实习，不实习算你没完成学业。由此看来，有的地方政府过多干预了初次分配，而且是过多偏袒资方。从这方面的实际问题出发，进一步完善收入分配、劳动保护方面的法律法规并严格执行，完善劳动仲裁和法律援助机制，为劳动者获得合法收入提供法律保障，是政府在一次分配中不可推卸的责任。

仅我提到的这四个方面就说明，提高劳动报酬在一次分配中的比重，政府可以有所作为，而且必须有所作为，但主要不是依靠层层落实行政指令的方式去作为，而是要在完善社会主义市场经济体系上下功夫，加快城乡统一劳动力市场的建设，加大行政性垄断行业的改革，健全集体协商机制，健全劳动法律法规并严格执行，充分发挥市场配置劳动力资源的基础性作用。当然，我们二次分配也有不少问题，政府在社会保障、税收体制等方面要做的事很多，这方面分歧意见不大，我就不多说了。

但是我确实也很担心，由于前一段普通劳动者工资过低，一些人提出用行政的办法来提高工资，首先政府可以做的就是提高公务员的工资，提高国有企业的工资，其次是民营企业的工资增长不得低于企业经济效益的增长等。这么搞就坏了。考公务员已经是千军万马闯独木桥了，国有垄断企业已经工资过高了，民营企业千差万别，你知道企业经济效益好了是应该用来买先进设备扩大再生产，还是应该搞新产品开发？我看建立正常的集体谈判机制远比政府制定工资增长指标好。

三、劳动力市场有没有特殊性

一些经济学者在谈工资问题时，仅仅把劳动力作为一种商品，认为就是靠供求关系来确定。但劳动力是一种特殊商品，不能只简单用供求关系来分析。劳动力是人的体力和脑力的总和，它是附着在劳动者身上的，其他商品，包括其他生产要素，其供求双方的关系主要发生在市场交换的过程中，交换之后，所有权与使用权就发生转移了。例如，别人有一台机床卖给我，市场交换完以后，那个机床我想怎么使就怎么使。但是我如果雇人到我的企业工作，我无法直接指挥他的脑力、体力，还是要通过劳动力的所有者，工人或技术人员自身来支配他的劳动力。这一点决定了只有劳动力供求双方的关系，也就是劳动关系不仅发生在市场交换过程，还一直延续到企业的生产过程，其他任何商品都没有这一特性。

再有，由于劳动力这种生产要素是和劳动者附着在一起的，劳动者作为社会的人他要有尊严，有社会和政治诉求，所以你不能够仅仅把劳动力的供求关系作为确定的它价值的唯一尺度，当然它要受供求关系的极大影响。其实西方经济学也不论证劳动力是商品。我曾经连续多年参加国际劳工大会，多次问过国际劳工组织专家和许多国家的劳工关系专家，劳动力是不是商品？没有一个人回答说是的，有的人客气的反问我，你问的是经济学问题吗？这是政治问题或是哲学问题吧。看看国际劳工组织章程，明确写着：劳动力不是商品。

分析劳动力价格的时候，你不能从把它从劳动者身上剥离开来。即便供大于求，如果长期压低某一群体的工资，就会导致社会动荡，这个问题对于中国的可持续发展可能影响更大。现在我们研究可持续发展主要研究能源不足，资源枯竭，环境污染，其实社会繁荣的中断，在历史上主要是社会矛盾造成的。陷入中等收入陷阱的国家中，巴西的能源资源环境好的很。苏联解体是资源短缺吗？人家能源资源好的很。如果仅仅把劳动力作为一种商品看待，这无疑是复制原始积累阶段，会造成剧烈的劳资冲突。有些人单纯从工资角度来评论集体谈判，没有把本质问题抓到，实际上劳动力市场是和社会政治联系最密切的问题。

我们不能也不应当重蹈一些国家资本原始积累时期劳资剧烈冲突的覆辙，在劳动力市场发育时期就要注重劳动力供求主体组织行为的形成。在当前形势下，劳动力市场供求主体的组织行为不仅有利于平衡劳动报酬与资本收益之间的关系，还可以起到反对官僚主义，监督腐败行为的作用。在社会主义市场经济条件下，工人的组织权、谈判权、罢工权如何界定，雇主的组织权、谈判权、关厂权如何界定，应当提到政府的重要议事日程了。

“十二五”要高度关注县域公共治理改革*

汪玉凯　田李蓓**

一、我国县域公共治理面临的主要问题

县域的公共治理在中国经济社会发展中扮演重要角色。在今后的三十年中，中国经济发展战略总体上会由东南沿海带动内地的梯度推进战略，转向以依托大城市的区域“经济圈”和依托县域的“经济面”全面发展的双引擎推进战略。与此同时，作为中国城市化和工业化最重要的“结合点”，发展县域可以有效地推动城乡一体化。另外，目前中国人口的大多数还生活在县域，县域稳定发展，才能保证国家的长治久安。

但是，目前的县域公共治理存在很多问题，结构冗杂、资源浪费、财力分散、缺乏监管，使得县级公共治理效率不高，严重制约了地方发展。

第一，纵向层级过多，地级市管县体制弊端突出。从20世纪80年代以来，市管县体制伴随着工业化、城市化进程成为我国地方行政体制的主要形式。市管县体制的实行，对于打破市县之间的行政壁垒和城乡分割、工农分离的格局，增强大中城市实力，发挥其中心城市对农村的辐射带动作用，推动城乡一体化进程起到了积极的促进作用。然而，随着市场经济的深入发展，特别是县域经济的异军突起，市管县体制已失去当初的功效，反而成为

---

* 由中国行政体制改革研究会和德国技术合作公司共同举办的“中德县域公共行政比较国际会议”日前在国家行政学院举行。中德共有60多为专家学者出席了会议，特别是浙江富阳、广东顺德两个县域公共治理改革的大胆探索和实践，更是引起了中外专家的热议。此文内容综述会议专家的观点而成。

** 汪玉凯：中国行政体制改革研究会秘书长，国家行政学院教授；田李蓓：《改革内参》编辑。

束缚县域经济发展的体制性因素，其主要弊端有五个方面：一是市管县体制增加了行政层次，加大了行政管理成本，影响信息传递的速度和效率，降低行政效率；二是由于“市县竞争”造成内耗及资源过度向中心城市集中等原因，地级市对县域发展实际投入减少，进一步拉大了城乡之间的差距；三是加剧了县乡财政困难，市侵害“县”及农村地区的利益，形成所谓市对县的“压、卡、挤、吃、刮”等现象，影响和束缚了县域经济社会的发展；四是市管县体制下城市的经济辐射作用普遍存在“小马拉大车”的现象。市管县的主要目的是以中心城市的优势地位拉动所辖县的经济发展，但是，经济发展落后地区的地级城市普遍能量不足，对周边管辖的广大农村地区无法产生足够的辐射能力，同时也影响了城市自身发展；五是城乡合治现象严重。由城乡合治走向城乡分治，是各国行政管理的一个客观规律。城市和农村是有着质的差异的两种完全不同的地域，市管县体制虽然推动了城市化的发展，但也造成了城市化进程中的另一个后果，即广域型城市的大量出现，不利于针对城乡的各自特点进行分类管理、优化管理。

这些问题根本出在市政府的双重角色冲突上：第一方面地级市首先代表城区的利益，然后才代表了包含下属县在内的大城域的利益。当城市建设资金不足的时候，就会出现城区和县争夺资源的情况。因为市级政府控制县级政府的人事权，所以县对市是绝对服从的。市强权导致了县级政府往往得不到应有的资源，发展受到局限。第二方面，县级政府部门分割过细，效率低下。每个部门拥有自己的决策权，部门分割过细使得决策权松散，部门间的利益冲突往往会牵制住整体公共决策的制定。同时，由于部门分散而导致政府在统筹协调的时候难以执行下去。再加上权力的制约比较散，导致监督的权威性不够。第三方面，传统的“部门财政”体系无法适应政府运行管理需要，政府财力分散，主导力减弱，无法集中财力办大事。第四方面，部门职责有重叠之处，往往会导致部门间相互扯皮，效率低下。

二、县域地方治理的创新模式

一些地方政府的创新模式，例如，四川成都、浙江富阳、广东顺德和海南等地在行政改革方面的一些实践经验引发人们的思考：

第一，浙江模式，即财政省直管县、人事管理的半省管县模式：财政省管县的要义在于还权于县，核心是藏富于民。财政省管县意味着县的发展享有相对独立的财权，而不依附于地级市，从而有效降低了市剥夺县的发展资源和发展权利的可能性，激发了县域发展经济的动力，也有利于增强县的自主发展能力，并拓宽县域的发展空间，进而为县域经济发展和繁荣创造有利条件。

人事管理的半省管县模式指的是县委书记和县长由省委管理，其他县级领导班子成员由市委管理，这是人事管理的半省管县模式。这种人事管理权限下沉到县级党政首长的制度安排，既可以有效保证省统筹发展县域经济的权力，又可以有力保证县的自主发展权利，从而在政治上消除了县对市的依附关系，在经济上确立了县与市竞争和合作的平等关系，同时还有利于调动和激发县的积极性。

浙江模式仍是目前多数地区可以直接借鉴的选择，但是随着改革的深入，海南模式影响会进一步扩大。海南模式，即将财政上的省直管县，发展到行政上的省直管县。另外，随着现代化水平的提高，高速公路的四通八达，电子政务快速发展等，也为推进省直管县、增加省直接管理单位的数量、扩大管理幅度，提供了保障。

第二，海南模式，即简政放权、财政行政省直管县模式：海南在建特区之初，明确提出行政管理体制改革的目标是建立以省直管市县为典型特征的“小政府、大社会”体制。改革以科学定位政府职能为关键，以重构政府机构、实行省直管市县和率先构建大部门体制为载体，以培育市场体系和扩大社会自治功能为依托，实现无限政府向有限政府的转变。其改革的基本内容体现为：一、科学定位政府职能，扩大社会功能，缩小政府职能。二、重构政府机构，实行省直管市县，率先构建大部门体制。三、正确理顺政府与企业、政府与社会、政府与市场等关系，克服政府职能和行为中存在的“越位”、“错位”和“缺位”问题。

海南模式有利于减少行政层级，降低行政成本，提高行政效能，有利于统一规划全省经济社会发展，有利于整合利用重要资源，统筹城乡、区域协调发展。但随着海南经济社会发展形势的变化，此模式在实际运行中也显露出不少弊端。比如，责权不统一，市县对经济社会发展承担直接的责任，却缺乏应有的权力和活力。

在肯定海南模式的同时，必须认识到在我国全面推行“省直管县”体制依然存在不少的问题和阻力，主要有以下方面：一、地级市与县对“省直管县”体制的看法有明显的分歧，地级市政府对此多持否定态度；二、如果全面实施“省直管县”体制，则将形成省级政府管理幅度过大的局面，影响省级政府对地区的有效管理。三、权力下放不够，影响了“省直管县”体制效果的发挥。目前，“省直管县”体制试点还处于初级阶段，各种权力下放还比较有限，难以充分发挥出“省直管县”体制的全部效果。

第三，强县扩权：强县扩权指的是放权给经济发展比较强的县，支持它们发展得更好。县政扩权是浙江的一大特点，也是浙江县域高速发展的体制保障。强县扩权有三个方面的积极作用，第一，提高了县域经济发展的自主性；第二，强县扩权给各个县以更加平等，公平的发展机会和发展空间；第三，通过强县扩权提高了县这一级政府的行政效率。

三、县域治理改革的建议

通过对地区案例的充分讨论和深入交流，对问题的透彻分析，针对目前改革的难点疑点，提出以下相应的政策建议和改革思路：

第一，明确改革愿景，大力培育改革共识。改革愿景是各级党政机关公务人员共同的发自内心的意愿，这种意愿不是一种抽象的东西，而是能够激发公务人员为党和政府作出奉献的具体任务或使命。建议省管县体制改革的总体愿景可以设定为：减少层级，强化县政，市县协调，人民满意。减少层级是指地方行政层级从省—市—县—乡镇四级转变为省—市、县—乡镇三级；强化县政是指加强县级政权建设，并提升县域经济社会发展的活力；市县协调是指大中城市和县域经济社会的发展要兼顾效率和公平，实现互利互补与合作共赢；人民满意是指改革过程和最终结果都要实现好、维护好和发展好最广大人民的根本利益。

第二，采用渐进的方法，推进分类改革。中国改革的一条基本经验，就是渐进式增量改革，把长远谋划与阶段安排紧密结合，分类实施，逐步推进。比如，省管县体制改革可以沿着以下步骤有序展开：一是财政省管县、强县扩权或扩权强县改革试点。二是将财政省管县、扩权县推广到大部分县。三是选择一部分经济发达的县由省全面直管。四是选择条件成熟的省区对省管县全面试点。第五，在全国推进省管县及其相应的配套改革。

第三，根据地区特点，允许多层次并存。未来中国的行政管理纵向层次，可以不搞一刀切，要根据各地的实际，允许不同管理层次并存。比如，东部经济发达的地区，实行省直管县后，甚至可以考虑把乡镇政府撤销，经过进一步整合、减少数量，变为派出机构，使纵向管理层次进一步扁平化；中西部地区，乡镇政府可以继续存在，但需要在财政上实行乡财县管，避免乡镇因生存问题增加民众的负担，也使其承担的公共服务事项与其财政能力相适应。

第四，改革行政区划，合理调整省县规模。如果完全实行省管县的体制，31个省级政府将直管2384个下级政府，平均管理幅度为76.9个。就目前的政府职能与技术保障而言，这一管理幅度超出了我国省级政府的调控与监管能力。因此，改革行政区划，调整省县规模势在必行。一些具体方案有：适度增加直辖市数量；逐步划小面积过大省区，逐步增加省级政府；积极探索新的设市模式；渐进整合县级政区等等。

第五，转变政府职能，实现市县协调发展。如果政府职能转变不到位，在市管县体制下形成的市与市之间的行政壁垒，很可能会演变成省管县体制下县与县之间的行政壁垒，其后果将更为严重。而且，省级政府一方面可能面临管不过来的困境，另一方面又有可能产生“省刮县”的冲动。因此，转变政府职能是省管县体制改革成功的关键。目前，应着力做好以下三个方面的工作：一是政府职能有“越位”的需“退位”；二是政府职能有“缺位”的要“到位”；三是政府职能有“错位”的应“正位”。另外，在推进县域经济社会发展的同时，需要从制度上保证中心城市的正常发展，做到“强市活县”。

第六，实行市县分等，推进干部人事制度改革。无论是在区域面积、人口数量，还是在经济总量、人均收入等方面，我国的市与县、市与市、县与县之间都存在着很大的差异。如果把它们都作为同一等级由省来进行直接管理，在机构设置、人员编制、干部级别、行政权限等方面都给予相同的待遇，显然是不合理的。所以，有必要对市县进行分等管理。实现省管县体制下的市县分等，党政干部就可以更灵活地在省域内进行竞争交流，同时也减少了过去由于各地级市所辖政区数量不同而给县级政区干部带来提拔机会不公平的现象。省管县干部人事制度改革的目标，是要推进县（市）党政干部管理体制的根本性变革，打造能够对地方经济社会发展真正负责、对人民群众公共需求有效回应的党政班子。改革的重点在于推进省直管县委常委制度，同时建立健全县委常委会领导下的干部公开竞争机制，并改革干部异地交流制度。在建立健全市县分等制度和稳步推进干部人事制度改革时，需要更加重视对市县政府及其领导干部在统筹城乡发展方面的业绩考评。

第七，完善法律法规，搞好制度配套。目前的市管县模式不符合宪法的规定。从长远来看，要顺利开展省管县体制改革，实现城乡统筹发展，就必须通过修改相关的法律法规来回归宪法精神，并破除经济社会发展中的城乡二元结构。从法治的角度讲，行政体制改革必须是一个法律配套式的改革。政府通过法定程序实现改革措施的法制化，为改革确立坚实的合法性基础，这是省管县体制改革的必由之路。从更广义的角度讲，省管县的合法化路径可以遵循两个基本导向：制度导向与民主导向。前者是指行政改革必须遵守现有的法律法规；后者是指行政改革必须具有民主的正当性，能获得人民群众的普遍赞成与支持。因此，省管县体制改革的合法化，就可以借助于两种方式来实现：一是对于需要法律法规支持的改革内容，建立一个完善的法律制度体系；二是对于可以借助正当化来实现合法性的改革内容，构建一个健全的民主政治体系。

“十二五”时期省直管县体制改革问题

张占斌*

我国现行行政区划建制和政府层级的基本框架，是在计划经济体制的条件下确立的，与计划经济体制和当时的国情及生产力发展状况相适应的。随着政治、经济和社会的发展，特别是随着社会主义市场经济体制的建立和逐步完善，行政区划面临的环境正发生着深刻的变化，现行行政区划体制中一些深层次的矛盾和问题也日益显露出来，需要逐步调整和变更。进入新世纪以来，统筹城乡和城乡一体化的新理念，发展成为占主导地位的社会新思潮。与此相伴生的省直管县改革，在对各种利益和制度调整的基础上，致力于发展壮大县城经济和县域经济，稳定县域和农村社会，减少行政层级，探索全新的省、市（地级）、县管理模式，已经成为推动城镇化发展和实现城乡一体化的重要路径，成为我国行政体制改革重要的课题。但是，关于省直管县改革若干重大问题的研究很不充分，分歧也还不少。因此，“十二五”时期，特别需要加强对省直管县改革若干重大问题的研究。

一、省直管县改革的必要性与可行性

（一）推行省直管县改革的必要性

当前，我国的行政层级过多，导致信息的传播和反馈不畅，政府管理效率低下，行政成本增加。要研究省直管县对减少政府层级，提高效能的作用。

* 作者为国家行政学院经济学部副主任、教授、经济学博士后。

“市管县”是计划经济的产物，是与计划经济机制适应的，在特定的历史条件下发挥过重要的作用。但是，随着市场经济的建立，“市管县”体制的弊端日益明显。县域经济是我国国民经济的基本单元，当前县域经济发展活力不够的一个重要原因，就是“市管县”体制下县域自主发展空间较小。省直管县还是“市管县”，实质上是市县发展的优先地位问题。优先发展城市还是优先发展县域，实质上又是区域发展中的公平效率问题。

基本公共服务均等化是让全体社会享受水平大致相当的基本公共服务，从而保障每一个社会成员的基本生存权和发展权，保证社会公平公正。要研究省直管县通过财政体制的调整，保障县一级在公共服务和社会管理上的财力投入的问题。

（二）推行省直管县改革的可行性

市场经济确立后，资源配置优先让渡给市场，政府大一统的权力被分解，这无疑为构建少层次、大幅度的扁平化组织结构奠定了坚实的基础。

我国政府职能的履行，是由从中央政府到地方政府的不同层级政府共同承担的，并把政府的职能在不同层级政府之间进行了合理的划分和分配，这是省直管县的前提。

近几年来，党和国家文件中数度提及省直管县改革，这是中国行政体制改革新阶段的重要成果之一，预示着省直管县改革将会在更大的地域展开。

在24个省实行省直管县之中，“浙江模式”是多数地区推行省直管县的主要参考路径，而“海南模式”也代表了一种方向，近几年重庆的直辖市模式值得关注。

（三）省直管县改革的理论依据

省直管县改革的目的是推进县域经济的发展，统筹城乡发展很重要的一个方面是发展县域经济，实践的重合，理论必有指导作用。

“扁平化”的概念最早出现在企业里面，是为解决企业问题而实施的一种管理模式，政府作为一个超大型的管理组织，事实上与企业的管理有异曲同工之妙。

边际效益理论对行政管理幅度与效率的解释是，如果一个行政区域的管理幅度是合理的，这个幅度与相应的行政管理机构及其职员规模之间应能构成一个最佳耦合。

城市和县域的性质和功能不同，决定了其主要任务也不同，政府对其管理方式上要有所差别。

二、省直管县改革与县域发展的互动关系

越来越多的实践表明，当代中国经济政治发展的一个重要突破口是县政改革。因为县是我们定位的重要城市化工业化载体。就现实发展而言，目前我国许多省市在进行的“强县扩权”或“扩权强县”的改革实践，希望通过扩大县级政府的社会和经济管理权以加强县级政权主导本地经济和社会的能力，并最终改变目前的行政层级，实行省直管县行政体制。一些省在对县域下放权力上进行了不同的尝试，取得了一批实践成果。

（一）省直管县的成功经验

1. 省直管县的“浙江模式”

在20世纪80年代初，全国普遍开始推行撤地建市，实行市领导县体制，浙江省坚持从自身实践出发，坚持把发展壮大县域经济作为振兴经济的基础，在实行撤地建市的同时，仍坚持省直管县的财政体制，并持续推进强县扩权的改革，逐步形成了省级政府地方治理结构方面的“浙江模式”。

2. 省直管县的“海南模式”

1988年海南建省，创办经济特区。以“小政府、大社会”的新体制，形成省、市（县）、乡（镇）三级政府架构。海南省直管县的实质是实行“县市分治”，市只管城市本身，县则负责县域事物，由省直接管理，这一设计的逻辑起点很大因素源于发展县域经济。

3. 重庆大管理幅度的直辖市行政体制

1997年重庆直辖。这是一个大城市、大农村并存的超级城市，直辖后重

庆市马上启动了行政体制改革。重庆市在直辖之初和2000年，先后进行了两次行政管理体制调查，撤销了原涪陵市、万县市、黔江地区等3个地级市中间管理层次，突现了市对40个区县的直接管理，解决了一市多制的问题。这说明我国省级政府完全可以扩大管理幅度。

（二）省直管县改革是县域发展的一个基本动力

从全国来看，通过强县扩权改革，各扩权县政府部门的积极性、主动性得到充分发挥，县域经济社会发展明显加快，县域发展环境持续改善，县域经济活力得到空前激发。这种效果的取得，原因就在于对已失去当初功效的“市管县”领导体制的突破，放权于县域。

在改革30多年中，我国政府在保持政治上的高度集中的同时，多次进行了经济上的分权改革，地方政府发展经济的主动性和积极性不断增强，各地之间存在的发展差距又激发了形形色色的“经济竞赛”。

20世纪90年代以来，随着市场经济的发展，我国各级政府的权力格局、政府职能、行政流程与运行机制渐进发生结构性变迁，通过权力下移，扩大基层政府的自主权，建构更为有效的地方治理模式，已成为现代公共管理的重要概念。“强县扩权”正是在这一大背景下起步的。

作为省直管县领导体制的重要内容，财政上的省直管县改革已提上国家改革日程。2009年7月，财政部向社会公布了《关于推进省直接管理县财政改革的意见》，其中明确指出，为了进一步理顺省以下政府间事权划分及财政分配关系，增强基层政府提供公共服务的能力，2012年年底前，力争全国除民族地区外全面推进省直管县的财政改革。

（三）当前省直管县体制改革面临的困境

实行省直管县体制后，政府间财政关系有所调整，但行政管理体制并没有随之改变，因而出现了行政管理体制与财政管理体制相冲突的状况，这种情况在全国一些省县有普遍性。

省直管县体制改革取消了地市级财政这个中间层次，直接领导县级财政，这种作法大方向是对的。但是这也带来了必须面对的一个问题，省级财政管理幅度过宽，管理难度加大。

垂直管理的部门对当地经济发展具有举足轻重的影响，控制着地方经济发展的相当多部分的行政和经济资源。在省直管县的改革中，这些部门更加敏感，历来工作定势的路径依赖使得他们习惯于在得到垂直管理的上级明确文件之后才会具体实施，在他们本身对有些政策拿得不是很准时以及其垂直管理上级的文件还没有到来时，他们有时会表现得无所适从。

县级行政单位既要执行省级行政单位交待的组织任务，又要领导本区域内经济社会发展的工作，其工作负担过重已经是当前县级行政单位面临的突出问题，尤其是在经济比较发达的地方更是如此。

三、推进省直管县改革需要解决的重要问题

省直管县改革已成为我国地方行政改革的一个重要内容。改革成败的关键，一是，要争取广泛的改革共识；二是，要设计一个照顾多方利益的好方案；三是，要使相关领域的改革及时跟进。

（一）当前推进省直管县改革必须把握好的几个方面

省区主要领导一般都对省直管县改革比较支持，省区里的厅局大多表现出向县里投放这么多权力的担心。地市一级表现为整体的沉默，改革的阻力主要来自这一层级。大部分县级对推行省直管县持欢迎的态度。

当前民众要求改革的呼声越来越高，可是从下往上改革的领域越来越少，需要从上往下改革的领域越来越多。这种改革与以往的改革不同，需要有更新的路线图，需要中央从顶层进行设计。省直管县改革地方能自己探索的领域已所剩不多，目前迫切需要强化总体性的设计，需要有更多的通盘考虑。

“十二五”时期及以后一段时间，是我国加快城市化发展的重要时期，同时也是省直管县改革重大突破时期，在内容及时间两者具有高度的关联性，省直管县改革应与城市化发展趋势和特征相适应。

省直管县改革一方面将在相当程度扩大县级政府的自主权，另一方面又解除了原先对县级政府监督起到一定作用的地市级对县的领导关系，在省级政府对管理幅度的成倍扩大还需要有一个适应过程，短期难以借助法律、政策、经济手段，建立对县级政府的有效监督机制和控制情况下，省直管县面临最大政治挑战，就是如何有效地监督和约束自主权不断扩大，行为自主性不断提升的县级权力行使。

（二）省直管县行政管理制度的确立必须依法解决的几个重要问题

1．应依法明确省、地级市、县的职责权限问题

实行省直管县领导体制，必须依法明确省、地级市、县的职责权限。到目前为止，我国对省、地级市、县的职责权限的划分并不是很明确。只有科学合理地划清了各级政府的职责，才有可能精简管理层次、扩大管理幅度。

2．应依法调整行政区划，促进地方政府层级向三级转化

近些年来，无论理论研究还是实践探索，对推行省直管县改革必须调整行政区划达成了共识。调整的方向是逐步调整省、县规模，把大省缩小，把小县扩大。

3．从法律的角度明确市县平等、实行市县分治问题

我们应从法律的角度明确市县的平等地位，都由省管辖，完善市县组织法，进一步确定市县性质、法律地位和相应职权，建立市县关系的司法调控体系等。在职能方面恢复市的本来意义和面貌，实行城乡分治。

4．调动干部积极性，实行县级分等制度问题

实行省直接领导市县的体制后，干部晋升少了一个大的出口，对县域经济的发展特别是对干部的积极性会有一定的影响。为解决这个问题，特别是为了更进一步调动市县发展的积极性，应该将市县分成几个等级，各等级间的党政干部可以竞争交流。

四、省直管县改革对我国经济社会发展的影响

当前地方政府职能转变面临困境的一大根源就是没有触动计划经济时代遗留下来的行政管理体制，从更深层上说，也就是没有调整和改革传统的权力结构，层级政府间权力配置落后于各级政府职能转变的要求，使得各级地方政府面临着政府治理任务日益繁重和治理能力不足的困境。省直管县改革是地方政府权力调整与职能重新界定的过程，它的深入推进必将对地方府际关系再造，对我国经济社会产生重要的影响。

（一）省直管县改革促进了市域、县域城市化快速发展

1．地级市在省直管县条件下发展的问题

实行省直管县改革后，地级市发展如何定位？是否意味着地级市的城市地位削弱了呢？理论界有不同的认识，不同层级的官员也有不同的争论。省直管县体制改革的核心是“市县分治”，根据城乡分治的原则，对市县的功能进行重新定位，实行分类管理，在此基础上建立省与市县，以及市与县之间的职责权限分工体系。地级市的中心城市功能不仅不能削弱，反而会得到加强，进一步发挥在我国工业化、城市化中的重要作用地位不会改变。

2．“十二五”时期市制的改革问题

我国从1997年冻结“县改市”的审批后，许多县纷纷通过县改区的方式实行行政区划调整，用以扩大中心城市的幅度，提升改区部分城市化建设水平。随着强县扩权，特别是财政上省直管县的深度推进，县域内城市化发展的要求越来越迫切。

3．省直管县改革对县城城市化的作用

县城是县域工业化和城镇化发展最有潜力的区位，是形成城乡经济社会发展一体化新格局的重要战略支点。由于省直管县改革的推进，省对县扩权、地级市向县放权，县里对于城镇发展规划有了很大的自主权，这为县域经济发展创造了良好的外部空间。

4．县辖“镇级市”的问题

我国许多经济发达地区的强镇，已经具备了较强的经济实力，无论是在

人口数量上、工业化程度，还是在环境等方面不亚于中小城市。但在发展的过程中却面临“人大衣小”、“脚大鞋小”责权不对等的体制约束问题。

5. 小城镇性质农村居民集中居住小区的规划问题

集中居住小区是城市规划控制范围内以及因工业园区、开发区占地搬迁而产生的农民集中居住的主要形式，适合于已经失去耕地或仅有少量耕地的城郊型农村。这种模式的优点是没有原来村庄布局的限制，可以完全按照需要进行科学布局，房屋设计、基础设施、公共配套服务设施及社区管理等都采用城市小区标准，是一种城市化了的农民新社区。

（二）省直管县改革提升县域经济社会的发展

研究发现，强县扩权改革力度大的省份，推行省管县财政体制运行比较好的省份，县域经济都有很好的发展。其表现是“块状经济”特色突出，以块（即县城和强镇）为主的县域经济发展重要性不断加强，同时对独立性的要求也在不断增强。

无论从经济学理论还是各国的实践来看，公共服务的特性决定了政府应当成为公共服务的主要提供者，全国性的公共服务由中央政府提供，地区性的公共服务由地方政府提供。我国县级公共服务不到位，很大程度上在于县级财政基本上属于“吃饭财政”，加之公共服务历史欠账多，发展县域基本公共服务捉襟见肘。理论研究认为，政府层级改革的逻辑起点在于供给公共产品，实现公共产品有效供给的政府分级才是合理的政府分级。

随着我国工农关系、城乡关系进入“工业反哺农业、城市支持农村”的阶段，今后的农业和农村发展将与工业化、城市化、市场化和全球化的趋势紧密地交织在一起。从经济学角度看，随着农业生产率的提高和人均收入水平的提高，在恩格尔消费定律的作用下，农业份额下降是一个不以人的意志为转移的客观规律，这也是理解“三农”问题的核心。

理论界一般认为，推进减少政府行政层级改革的目标是撤地、虚乡，建立中央、省、县三级政府管理架构。省直管县改革的推进将要求乡镇及农村社区改革的跟进，这是因为，提供农村公共服务重点是放在县这一层级，还是乡镇？财权事权的合理配置是乡镇改革要义。当前，我国乡镇付诸实践的改革模式主要有，“乡财县管”和“强镇扩权”两种。这两种改革的逻辑与省直管县有一致的地方，也存在着很大的不同。

参考文献：

1．中共中央：《关于深化行政管理体制改革的意见》，2008年2月27日。

2．中共中央、国务院：《关于地方政府机构改革的意见》，2008年8月20日。

3．魏礼群：《建立促进城乡经济社会发展一体化制度》，《求是》，2008年第20期。

4．林毅夫：《在剑桥大学马歇尔讲座上的讲演：发展与转型》，《文汇报》，2007年11月5日。

5．迟福林：《建设公共服务型政府》，中国经济出版社，2004年。

6．孙学玉：《强县扩权与市管县体制改革的必要性分析》，《中国行政管理》2006年第5期。

7．贾康等：《县乡财政解困与财政体制创新》，《经济研究》2002年第2期。

8．薄贵利：《稳步推进省直管县体制》，《中国行政管理》，2006年第9期。

9．陈锡文主编：《中国农村公共财政制度》，中国发展出版社，2005年。

10．戴均良：《城乡大转型时期的思考》，中国社会出版社，2006年。

11．蒲善新：《中国行政区划改革研究》，商务印书馆，2006年。

12．张占斌：《中国式崛起：县域特色经济与公共服务型政府建设》，中央文献出版社，2005年。

13．张占斌：《中国式崛起：和谐发展与公共经济管理改革》，国家行政学院出版社，2007年。

14．张占斌：《省直管县体制改革的实践创新》，国家行政学院出版社，2009年。

15．张占斌：《从财政体制到行政体制省直管县改革探索》，《中国经济时报》，2006年8月。

16．张占斌：《政府层级改革与省直管县实现路径研究》，《经济与管理研究》，2007年第4期。

17．张占斌：《统筹城乡资源配置与推进城镇化发展》，《中国经济时报》，2010年3月30日。

推进收入分配制度改革的若干措施*

陈　剑

2010年10月召开的中共十七届五中全会，将收入分配制度改革作为“十二五”的核心议题，并再次重申了党的十七大提出的推进收入分配制度改革的目标，即合理调整收入分配关系，努力提高居民收入在国民收入分配中的比重、提高劳动报酬在初次分配中的比重。

现在的问题是，党的十七大以来，中国居民收入分配差距没有缩小，仍在扩大。改革开放之初，我国基尼系数在0.3左右，90年代中期达0.42，但到了2010年，已经达到0.48以上。收入分配问题不仅影响人民群众共享改革成果，更事关社会稳定，已成为当前改革的焦点问题之一，收入分配制度改革迫在眉睫。

要推进收入分配制度的改革，关键在于落实。并且，收入分配问题是一个很综合性的问题，单兵突击式的改革已难以为继，需要全面改革方能保障和改善民生。需要深化行政体制、财税体制改革、社会保障体制、就业制度、教育体制、医疗卫生体制、国企、户籍等多方面的改革，需要推进区域之间的协调发展和城乡一体化的发展，通过综合措施，收入分配制度改革才会起到实效。只有不断深化经济和政治体制改革，才能从根本上缓解收入分配不公的问题。

* 此文原载《中国发展观察》2010年第11期。

一、进一步推进基本公共服务均等化

推进基本公共服务均等化，是评价公共服务型政府程度的重要内容。所谓基本公共服务均等化，是指政府要为社会成员提供基本的、与经济社会发展水平相适应的、能够体现公平正义原则的大致均等的公共产品和服务。基本公共服务均等化的内容主要包括：基本的民生性服务，如就业服务、社会救助、养老保障等；公共事业性服务，如公共教育、公共卫生、公共文化等；公益基础性服务，如公共设施、生态维护、环境保护等；公共安全性服务，如社会治安、生产安全、消费安全、国防安全等。这些基本公共服务做好了，才能使全体社会成员共同享受改革开放和社会发展的成果。

“十一五”以来，推进基本公共服务均等化取得了一定成效。但总体而言，我国基本公共服务供给不足、发展失衡的矛盾仍然十分突出。政府在提供基本公共服务过程中同时存在着供给不足和供给不均问题，公众对政府基本公共服务存在“享受不均”，这些都是造成基本公共服务不均等的原因。从供给情况看，尚未明确提出基本公共服务的标准和范围，公益性服务领域投入长期不足，历史欠账巨大，不能满足社会需求。从城乡情况看，农村公共服务严重滞后，可及性差。从区域情况看，不同地区公共服务差距比经济差距还要大。从不同人群情况看，城乡低收入家庭和社会困难群体的基本公共服务权益还不能得到充分保障。“十二五”时期是我国全面建设小康社会的关键时期，建立覆盖城乡居民的基本公共服务体系，应当明确基本公共服务的标准和范围，加强基层公共服务机构的设施和能力建设，保障基本公共服务体系规范有效运转。可以优先确定在底线生存服务和基本发展服务两个方面，具体包括公共就业服务、社会保障、保障性住房、义务教育、基本医疗卫生、公共文化体育、福利救助服务等七个领域。

推进基本公共服务均等化，能够有效缩小居民收入差距。在中国，这项工作如果在“十二五”有较大进展，至少应当减少基尼系数0.05，将基尼系数从目前的0.48减少到0.43左右。

二、充分发挥政府在一次分配中发挥作用

推进基本公共服务均等化，是政府在二次分配中的作用。但政府在一次分配中的作用不能缺失。近年来，劳工工资占GDP的比重下降，无论是与中国过去比，还是与世界绝大多数国家比，这一比例都过低了。产生这一现象的原因是多方面的。主要有，市场经济体制的不成熟和不健全，劳动力资源配置转型不到位，历史形成的户籍制度割裂了城乡劳动力市场，没有一个城乡统一的劳动力市场等等。目前存在的一个严重现象是，资本势力的张狂和强势，资本所得严重挤占劳动所得。中国经济生活中经常出现的“画面”是：初次分配中农民工的工资被长期压低，行业收入差距过大，一些农民工的工资已经压低到很低的地步，尤其是在低端劳动力市场中，以农村转移劳动力为主的非熟练、非技术劳动力的劳动报酬更是被压低到极限，工资还经常被拖欠克扣，并且缺乏基本的社会保障，长期处于被资本剥夺的境地；一些企业，经常违背国家的法律和法规对劳动者权益保护的规定，延长劳动者时间、劳动保护不到位；相当多的企业职工工资增长缓慢，等等。

从深层原因分析，上述现象是劳动者权益得不到尊重的体现，也是政府在一次分配中的作用缺位有关。就中国目前现状而言，中国各级工会组织，本身就是政府的一部分。要在一次分配体现公平，政府的一项重要任务，就是真正发挥工会组织对劳工权益保护的职责，健全集体协商机制。通过健全劳动力规则，形成劳、资和政府三方合作伙伴关系，这也是政府在一次分配中应当尽到的责任。

政府在一次分配中的作用是制定规则，政府应当逐步提高扶贫标准和制定最低工资标准，建立工资指导线，建立职工工资正常增长机制和支付保障机制，降低劳动力流动成本，打击和取缔非法暴利等措施，从而合理切分国民收入的“蛋糕”，让劳动报酬占有更多份额。

此外，政府还应规范初次分配的法律法规的落实情况。在最低工资、劳动工作时间确定等方面，虽然有相关的规定，但却疏于执行和监管，一些企业，强制加时加班，滥用童工，私了工伤事故等违法违纪的事情时有发生。

而一些地方政府，为了招商引资和自身的政绩，对于那些无视劳动法律法规的雇主们疏于监管，并与企业合力压低本地劳动力成本。因此，各级政府必须进一步完善收入分配劳动保护方面的法律法规并严格执行，为劳动者获得合法收入提供法律保障。

惟其如此，才是各级政府职责所在，也是一次分配体现市场公平的含义所在。

三、打破国有企业的行业垄断

改革开放初期，我国各行业间收入水平最高是最低的1.8倍，而目前各行业收入差距已经达到了23倍以上。行业间收入分配不公并非竞争力和人力资本差异的体现，而主要是垄断行业获取了高于其他行业的垄断收益。而垄断格局不打破，这种收入分配的格局必然存在。并成为我国居民收和入差距拉大的重要原因。而要打破垄断格局，一是要在全社会形成这样一个共识，市场经济的基础和主体是民有经济，而国有经济，只是承担特殊的社会职能和弥补市场失灵的手段。就目前国有垄断企业现状分析，绝大多数的国有企业垄断的行业和领域，都应当放开准入。只有民有企业不能做或不愿做的待业和领域，才需要国有企业的介入；二是要引入竞争机制，推进垄断性行业体制改革，扩大民间资本的进入，凡是政策没有规定不可以进入的，都应该让民间资本进入。要“不失时机地”推进重要领域和关键环节改革，教育、医疗、卫生、基建、公用事业等垄断领域都应当进行改革，通过吸引更多民营资本进入。2010年5月13日，国务院出台意见，鼓励和引导民间资本进入基础产业和基础设施、市政公用事业和政策性住房建设、社会事业、金融服务等领域，现在的问题是，如何将这引起政策落实到实处。三是建立国有企业的分红机制，将超额利润用之于国、于民，而不能任其自肥。此外，管住企业高管的“天价年薪”，也是缩小收入差距的重要一环。

四、财税体制改革

财税体制改革，是政府在二次分配中体现社会公平正义的重要环节。在现行所得税分类征收方式下，由于缺乏对多种形式的不合理或不合法收入有效的监管手段，致使出现了富人少交税、穷人和工薪阶层多交税的逆向再分配局面，助推了收入差距的扩大。这主要表现在，纳税主体税负不公，税收政策不完善，城乡居民间、高低收入者之间、不同经济类型单位间存在税负不公的问题；税收待遇差别较大，费用扣除不合理等等。此外，财政转移支付导向不明确，调节功能微弱，各级政府事权和财权范围模糊；转移支付形式繁多、管理分散。应当加强个人收入调节。调节过高收入，要加大税收调节力度，完善个人所得税制度，提高个人所得税的起征点，将高收入者的重要来源——财产转让、赠与、利息、股息、红利所得等纳入个税征管对象。对不同地区、不同收入阶层个人所得税起征点的设定应做到区别对待，不能“一刀切”，做到依法治税，应收尽收，充分发挥个人所得税调节收入分配的作用。

“调高”不是简单的“抽肥补瘦”，而是要通过税收等手段，使高收入群体的一部分财富交给国家，用于二次分配，推进分配公平。

五、进一步推进社会保障制度建设

推进社会保障制度建设，是政府提供公共产品与服务、进一步推进基本公共服务均等化的基本内容。中国的二元结构、鲜明的城乡差别是社会保障制度的最大缺陷和特点。除此之外，社保制度还存在以下问题：一是覆盖面不足。各项社会保险制度几乎都存在覆盖面过窄的问题，受到保障的主要是城镇正规单位职工，而非正规部门和非主流群体基本没有或只能享受部分社会保障。二是制度不统一，除城乡的制度性分割外，在城镇还存在着企业与事业单位的制度差别，不同地区之间的差别。如最低生活保障标准，目前在很多地方实际上不是生存标准，而是政府财力标准。政府财力高，保障标准也就相应高。三是缺乏制度保障，至今未出台《社会保障法》，社会保障资金缴纳、筹集缺乏强制性约束，社会保障执行标准的确定和执行还存在较大的主观随意性。

为推进“十二五”的社会保障工作，主要内容包括，进一步加强社会保障的法制建设，出台《中华人民共和国社会保障法》等相关法律；加快建立统筹城乡的社会保障体系；加大政府的公共财政对社会保障的投入；进一步扩大社会保障的覆盖面和稳步提升社会保障水平等内容。

六、推进产权制度改革

我国目前收入分配格局，国民收入三大分配主体政府、企业、居民中的分配比例是33：30：37；改革开放初期，这一比例曾经是24：18：56。国家和企业分得多，居民分得少，是我国现有分配格局的最大特点。各级政府用税收、收费罚款、土地出让、探矿权采矿权出让等权力在国民收入中进行分配，成为市场经济体系中最大的利益主体。

政府分配占比高，问题症结在于政府职能转变滞后，产权制度改革缓慢。因此， 进一步推动政府职能转变，减少和规范行政审批，推进产权制度改革，深化资源价格改革，限制一些地方政府出卖资源的收益。是收入分配制度改革的重要举措之一。

产权是关于财产的权利。收入的分配无非是产权收益的分配。 市场经济条件下的分配原则是按生产要素进行分配。由于我国要素市场不健全，要素的产权不明晰，使得各种要素的贡献不能完全按照公平的市场价值得到实现，产权利益扭曲。以国有企业的产权制度改革为例，持续至今，国有企业的产权制度改革已有多年，但“所有者虚位”和“政企不分”的问题依然没有得到真正解决。在建立了公司制的企业中，股东会、董事会、监事会和经理层之间有效制衡的法人治理结构尚未真正形成。企业产权制度缺陷已成为企业分配制度改革的主要障碍。在企业产权制度不完备，缺乏有效监督制约制度的情况下，草率实行经营者股权激励等向少数经营者倾斜的分配方式，造成了国有资产的大量流失。在农村土地产权制度方面，农民拥有的只是对所承包土地的使用权或经营权，却不拥有转让、抵押、入股等处置权以及相对应的收益权。农村土地没有真正成为可以在市场上流转和交易的生产要素。这种土地产权制度既不利于土地的合理配置和使用，还严重助长了政府批地过程中的权钱交易和徇私舞弊，使少数人中饱私囊，广大农民却不能从中受益。中国目前出现的大量的群体事件，一个重要因素就是政府在公共利益的名义下对农民土地的剥夺。总体情况是，中国农民只得到了土地出让金的5%，其余则被政府和开发商占有。要做好农村产权制度改革，需要在宅基地，农村承包经营，农村集体财产等多个方面确定每个家庭和个人的实际权益，建立承包地、宅基地的退出和补偿机制。

七、加大户籍制度改革，推进农民工市民化

1997年，我国城乡居民收入比为2.6：1，2010年已达到3.33：1，“落差”幅度不仅远高于发达国家，也高于巴西、阿根廷等发展中国家。如果按照实际收入分析，中国城乡差距不是统计指标的3.33：1，而是6：1。要缩小中国居民收入差距，特别是城乡居民收入差距，一项重要内容，就是要加快中国人口城市化发展，推进农民工市民化。而这其中，一个重要阻碍就是户籍制度，现行的户籍管理制度造成了中国的“伪城镇化”或“不完全城镇化”，虽然大量的农民工进入城市，但却无法享有与城里人同等的公共服务。现行户籍制度最受非议的，乃是它造成了越来越明显、越来越难以跨越的城乡福利差异，并阻碍着人们的自由迁徙。它在本质上是带有歧视性的。

要对现行的户籍制度进行改革，就是要取消其依赖于户籍制度的各种歧视。这些歧视有些是体制原因，有些是发展阶段的原因。就是应逐步创造农民工可转化为稳定的城市产业工人和市民的制度环境。充分考虑农民工户口迁入城市条件的设定，在住房、就学、社会保障、社会管理等方面推进与户籍制度改革相关的配套改革。例如，对现有土地制度进行改革，将政府土地收益的相当大的一部分用于解决进城农民工的住房保障问题，对在城里有连续五年以上工作记录的农民工，为其提供住房保障，纳入城市低保范围，给予城市居民的合法身份；把农民工纳入所在城市的公共就业服务体系，纳入城市失业和就业统计范围，通过建立统一的平等竞争的劳动力市场，保障农

民工实现就业。

对现行的户籍制度进行改革，为农民工进行提供愈益增多的公共服务，逐步减少依赖于户籍制度的各种歧视，逐步实现农民工的市民化，这对推进中国人口的城市化，加快城乡一体化进程无疑会产生重要影响。

八、推进“三次分配体系”建立

民办慈善事业和公益事业，又称“三次分配”制度，是成熟市场经济国家收入再分配和社会福利建设的重要组成部分。推进“三次分配体系”建立，在道德力量的支配下，社会成员以自愿捐赠等方式，资助困难群体，使社会分配更趋公平，这能够在一定程度上弥补一次、二次分配的不足。

中国自古就有崇尚恤老慈幼、扶贫帮困、乐善好施的传统风尚，但是现在中国企业在慈善方面的表现远远落后于西方。造成这种现象的原因很复杂，其中重要一点就是没有在捐赠方面建立税收减免激励机制。例如，税法虽然规定企业的慈善捐赠在利润总额12%以内可扣除所得税纳税所得额，个人在所得总额30%以内也可扣除，但同时又规定只有捐给县以上政府或者是中央有关部门认定的公益机构，才能获得这种抵扣。这就极大地限制了企业与个人捐赠的积极性。在中国，能够获得这种抵扣资格认定的公益机构很少，迄今只有区区几十家，而美国有100多万家，也造成了企业与个人捐赠的不方便。由于对政府和指定的公益机构接受捐赠后的行为及资金流向难以跟踪、把握，很多企业和个人并不愿意进行这种捐赠。这也是企业及个人对公益捐赠热情不高的原因之一。为此，要推进慈善事业和公益事业，就要在全社会形成有利于推进慈善和公益事业的文化氛围，有利于推进慈善和公益事业体制机制，包括在税收减免等方面的措施。

此外，收入分配改革，还包括，政府应当采取多种手段努力增加农民收入，加大对低收入群体的扶持力度，稳步提高职工工资收入，努力促进中小企业服务业发展，打击腐败等多方面的举措，通过综合配套措施，才能有效推进收入分配制度的改革。

深化中国垄断性行业改革

常修泽*

垄断行业改革是中国整个经济体制改革的重要组成部分，但迄今为止仍处在改革系统的“短板”状态**。着眼于中国体制改革30年“之后”的下一个阶段，“深化垄断行业改革”应该是新阶段国家必须担负起的一项战略性任务。

一、中国垄断性行业改革存在的问题

中国前一阶段的垄断性行业改革，虽然取得一定进展和成效，用建立完善的社会主义市场经济体制的目标来衡量，笔者认为，还存在不少问题，其中包含深刻的内在矛盾，从总体上判断还没有完全“破题”。主要表现在以下四个方面：

（一）政企尚未分开，缺乏商业化运营环境

在中国，政企不分问题是一种“痼疾”，虽讲了多年，但迄今很难说已经完全分开，尤其在号称自然垄断的行业更是如此。有的迄今还是“政企合一”的体制，如铁路部门。在国外，这些产业部门要么作为政府公司由政府按照公法体系来直接管理，要么政府依法对取得这些产业特许经营权的私营企业进行管制。但是在中国，这些产业部门（如今日之铁道部）的法律地位，究竟是何？政也？企也？亦政也，亦企也。

---

* 作者为国家发改委宏观经济研究院资深研究员，博士生导师。

** 常修泽：《“破垄”、民权和宏观调控机制创新——经济体制改革的三个“短板”》，《经济决策参考》2008年第11期（1月30日），《中国改革报》2008年2月18日。

为什么"破垄"如此之难？根源在于垄断性行业里政府和企业瓜葛非常紧密，可谓"盘根错节"。长期以来，中国垄断行业的主要业务由中央或地方政府的部门垄断经营，政府既是管制政策的制定者与监督执行者，又是具体业务的实际经营者。政府对其微观经济活动的参与，不但范围广，而且程度深。在这种体制下，企业的生产经营活动由政府计划安排，企业无经营自主权，也不承担风险，这是中国垄断行业低效率的主要原因。

在商业运营环境方面，存在价格扭曲的问题。这种扭曲是双向性的：

一部分存在价格人为压低的成分，导致利润率偏低，例如供水行业2006年工业成本费用利润率为3.61%，约为全国各行业平均数（6.74%）的一半。这是由于此类行业所涉及的服务构成社会生产与生活的基础，因此长期以来，在政府垄断经营的体制下，此类行业的部分服务被当作"社会性物品"而不是"经济性物品"来对待。

另一部分则存在价格偏高的成分，原因是成本中存在大量的不合理因素。一些不该计入的费用计入了成本，包括行业的高工资。按就业人员平均劳动报酬计算，2006全国各行业平均值为20856元，电信行业为38157元，比全国各行业平均水平高出83%。当然，该行业的高工资与人力资本的价值有关，即使如此，也存在成本偏高的成分。正因为成本偏高，导致价格扭曲，公众反映电信收费过高。

总之，无论是价格人为压低，还是价格人为推高，都与价格形成机制不合理密切相关，由此导致垄断性行业内的企业难以或超出正常的运营和竞争。

（二）进入壁垒依然过高，有效竞争尚未形成

主要表现在三个方面：一是进不来；二是不对等；三是同质性。

所谓"进不来"，就是市场准入环境仍不宽松，进入壁垒障碍依然严重，导致在多数部门竞争主体数量有限，产业集中度偏高。

所谓"不对等"，就是在位企业与新进入企业处于不对等竞争的状态，公平竞争的市场博弈规则未形成。支配市场的原垄断企业在竞争方面较新进

入企业具有压倒性的先入优势，同时它还凭借自己的优势（特别是控制着“瓶颈”环节和网络基本设施）采取一些阻碍竞争的策略性行为，使得有效竞争难以实现。

所谓“同质性”，就是竞争主体资本属性的同质性较高。也就是说，引入竞争的方式基本上是对国有企业进行拆分重组，新的市场进入者也基本上是国有企业。由此，引入竞争就变成在“国有经济框架”内的拆拆分分，这种拆拆分分，只是作为所有者的国家所管理企业的数量发生变化，或者说，只是国有企业之间的利益调整，并没有产生以明晰产权为基础的更严格意义上的市场竞争主体，最终只能是预算软约束下国有企业之间的“兄弟之争”。其结果，既无规模效益之利，又有效率低下之弊。从另一个角度看，由于只是在单一国有或国有投资占主体的结构中引入竞争，所有竞争者的利益主体只是一个，即国有资产所有者，这样，任何一个企业在竞争中被淘汰都将是国有资产的巨大损失。因此对于主管部门来说，它表面上可能希望引入一些竞争做点缀，但实际上并不愿在各个经营者之间鼓励真正的竞争，最终形成的只能是既非垄断也非真正竞争的局面。

（三）国有资本“一家独大”，非公资本比重有限

表1表明当前中国垄断性行业的固定资产投资情况，总体上反映了民间资本进入的有限性。这组数据是在2002中共十六大提出“推进垄断行业改革”四年之后，特别是在2005年国务院提出“非公经济发展36条”之后的2006年数据，可见民营资本进入垄断性行业之艰难。

表1　2006年中国垄断性行业的固定资产投资结构（单位：亿元）

	总投资额	其　中		
		国有控股	集体控股	私人控股
电信和其他信息传输服务业	1661.1	1135.4（68.4%）	125.0（7.5%）	29.6（1.8%）
电力、热力的生产和供应业	7274.3	5716.6（78.6%）	423.6（5.8%）	803.2（11%）
航空运输业	463.1	398.8（86.1%）	2.7（0.6%）	11.8（2.5%）
铁路运输业	1966.5	1917.9（97.5%）	36.1（1.8%）	11.6（0.6%）
邮政业	21	17.8（84.8%）	0.6（2.9%）	2.4（11.4%）
烟草制造业	115.1	109.4（95%）	3.2（2.8%）	2.5（2.2%）
水的生产和供应业	654.9	523.2（80%）	45.1（6.9%）	74.7（11.4%）
燃气的生产和供应业	331.5	185.7（56%）	16.6（5%）	72.5（21.9%）
城市公共交通业	800.6	737.7（92.1%）	15.0（1.9%）	35（4.4%）

资料来源：根据《中国统计年鉴2007》有关数据计算所得。

依据表1的数据，按民营资本所占比重由高到低排列如下：①燃气的生产和供应业（21.9%）；②水的生产和供应业、邮政业（并列，11.4%）；③电力、热力的生产和供应业（11%）；④城市公共交通业（4.4%）；⑤航空运输业（2.5%）；⑥烟草制造业（2.2%）；⑦电信和其他信息传输服务业（1.8%）；⑧铁路运输业（0.6%）。

由此排序可以看出，由地方政府所管理的供气、供水等市政公用事业，民营资本进入稍多一些；而主要由中央管理的行业，民营资本则进入困难，特别是至今政企不分的铁路部门，私人资本进入微乎其微。据调查，除了广深公司、大连铁龙和大秦铁路等少数几家上市公司外，只有广东三水——茂名铁路、浙江金华——温州铁路、衢州——常山和石家庄——太原客运专线等有限几条有民营企业参股的铁路。即便在主体企业已进行了股份制改造和上市的电信业，仍然存在严重的国有资本“一股独大”现象。国资部门通过全资拥有集团公司间接控制了上市公司的绝大多数股权，此外，其他国有股东还持有一定股份，而可流通的公众股东的份额在总资产中实在有限。

（四）科学监管尚未到位，政府职能亟待转变

首先表现为独立监管机构存在严重缺陷。概括地说，当前垄断性行业监管机构的设置主要有三种类型：一是政企、政资、政监“三合一”型，典型的是铁路部门（铁道部）以及带有专卖性的烟草行业（国家烟草专卖局）；二是政监合一型，政府行业管理机构代行监管职能，如电信（工业与信息化部）、民航（交通部民航局）、邮政（国家邮政局）、市政公用设施部门（住房与城乡建设部以及各地的建设部门）；三是政监相对分开型，如电力行业（电监会）。从这一分类中可以看出，目前仅有电力行业成立了独立的监管机构，但在两个关键领域即电价和电厂的建设及扩容的职能配置上，也与国家宏观部门存在着交叉、重叠。由于多数监管机构属于政监合一型，被监管企业与监管机构有天然的利益关系，极易导致“软性监管”问题。

除了缺乏独立监管机构外，政府监管职能并没有随着改革而与时俱进，主要表现为政府监管职能缺位与越位。同时，在监管的透明化、法制化方面，也存在诸多问题，如对相关监管机构缺乏有效的监督和制约，决策过程透明度低，一些监管职能没有得到法律的明确授权。至于监管中的寻租现象更值得关注，在国家专门的监管机构中竟然出现了主要负责人失踪多年、至今扑朔迷离的咄咄怪事，这是很值得深思的。

综上，总体上判断，还只能说是在既有体制框架内进行的初步改革，或者说是浅层次的改革。从改革的总体进展来看，长期存在的体制性障碍已逐渐暴露但尚未破除，垄断行业不合理的利益格局仍未打破，垄断行业与国民

经济其他行业之间的不和谐问题依旧突出*，根据建立完善的社会主义市场经济体制的目标要求，垄断行业推进改革的任务仍十分艰巨。

（五）中国垄断性行业改革面临的挑战

当前，中国垄断性行业改革面临新的挑战。

1. 从中国经济体制改革的总体格局的审视

盘点30年中国经济体制改革的成绩和问题，会明显地看到，垄断行业改革尚未取得理想性进展，与竞争性行业相比明显滞后，是整个经济体制改革的“短板”。按照改革的目标和部署，市场化改革欲进一步推进，改革的“战车”需由竞争性行业向垄断性行业纵深推进。

2. 从参与经济全球化的角度的审视

中国入世对部分行业（如电信、民航、铁路等）开放是有承诺的，下一步参与经济全球化过程，面临提高产业竞争力的挑战，这种挑战，将“倒逼”垄断性行业改革。

3. 从政府和社会管理体制改革的角度的审视

政府管理体制改革呼唤促进政企分开，从“上端”给至今尚未分开的垄断性部门提出要求；基本公共服务的实行，要求严格划分公共品和非公共品的界限，进而厘清政府与市场的定位；分配公正、社会和谐对垄断性行业改革形成强大压力，特别是石油、石化、电力、烟草、电信等，促其改革。

4. 从反垄断的法制化的角度的审视

《反垄断法》于2008年8月1日起正式施行，该法设专章针对“行政性垄断”进行规管，也逼着要把垄断行业改革提到重要位置上来。

在上述背景下，需要在认真评估的基础上，探讨中国下一步垄断性行业改革的理论支柱，并在此基础上制定改革的思路和对策。

* 常修泽、黄伟民：《2006年中国国有经济改革评估报告》，《宏观经济研究》2007年第4期。

二、垄断性行业改革的基本思路和对策

根据中国的实践，下一步“深化”垄断性行业改革，建议按照四条思路展开。

（一）运营环境商业化：政企分开和价格改革

营造适宜的商业运营环境是垄断性行业改革的前提。包括两个部分：政企分开和价格改革。

1. 政企分开：三个层面的改革

当前，中国垄断性行业政府和企业盘根错节。“破垄”之难在于政企不分。为此必须实行政企分开。西方有句谚语：“上帝归上帝，恺撒归恺撒。”要划分“边界”，定分止争，“政是政，企是企”。

政企分开涉及三个层面的改革。

第一个层面，政府自身管理体制的改革，重点是加快政府职能转变。政府的职能定位涉及四个方面，即：经济调节、市场监管、社会管理、公共服务。当前阶段尤其要强化政府的社会管理和公共服务职能。应明确“三不”原则：第一，政府不应干预微观经济活动；第二，政府不应包办企业的决策；第三，政府不应代替企业去招商引资。摆脱过去经济干预型政府的羁绊，真正地凸显政府和企业分开。

第二个层面，与政府体制改革相关的国有资产管理和运营体制改革。

针对根深蒂固的“政资不分”的弊端，结合政府体制改革，实行“政资分开”，建立与行政系统相独立的国资监督和管理系统，政是政，资是资。相应地，建立国有资本经营预算制度。为真正实行“政资分开”，现在的国资监督和管理体制还要探索。笔者在1994年出版的《现代企业创新论》*一书曾提出在全国人民代表大会框架下设立“资产机构”，与政府机构分设，谋求剪断与政府的“脐带”。

在国有资产管理体制上有一个突出的问题，就是目前中央、省、地均在

---

* 常修泽等：《现代企业创新论——中国企业制度创新研究》，天津人民出版社，1994年。

建立国资监督和管理部门，其职能定位，究竟是“只履行出资人职能”，还是“只履行监管出资人职能”，还是“既履行出资人职能，又履行监管出资人职能”？这是三种模式。中国现在处在一个特殊的体制转型时期，现实的问题是国有资本的存量格局还没有得到相应的调整。在这种情况下，一方面要加强国有资本的“监督和管理”，另一方面又要“调整”国有资本的存量格局。这就产生了“国有资本的监督管理者”与“国有资本格局的调整推动者”两重角色的冲突问题，由前者来做后者的事情有些勉为其难。由此需建立与改革进程相适应的“改革协调机制”。

第三个层面，企业（指国有企业）改革，关键是实行“所有权与经营权分开”，割断企业与政府的直接联系。国资监督和管理部门固然代表国家行使所有权职能，但不可逾越权力边界。笔者认为，代表国家行使所有权职能，有两项直接权力、两项间接权力。“两项直接权力”指：①分红收益权；②转让权（用脚投票）。“两项间接权力”指：①通过董事会参与重大经济活动的决策权；②通过董事会对管理者的选择权。现在的问题是，在“管人、管事、管资产”的名义下，不通过董事会而直接决策重大经济活动，或直接选择管理者，挫伤了企业的积极性。必须强调，国资监督和管理部门必须尊重和维护企业的市场主体地位及其权利。

2．价格改革：两个关键因素

两个关键的决定因素：一是产品的市场结构，二是产品的公共性程度。

根据产品的市场结构，对能够形成充分有效竞争的业务和环节，应逐步放松价格管制，采用市场价格形成方式，允许企业自由竞价。而对于具有自然垄断性的业务和环节，为了防止形成垄断高价，政府可采取竞争性投标确定价格，或利用价格上限规制的管理模式。

根据产品的公共性程度，对于某些公益性较强的重要产品或服务，由于不适宜完全的市场调节，在很多情况下由政府制定价格。此外，则完全实行竞争性的市场价格形成机制。

需要指出，在垄断性行业价格合理回归的过程中，会出现两种不同的趋势：一方面是过去人为推高的价格需向下调整，一方面是过去人为压低的价格需向上浮动。对广大社会成员来说，价格下调普遍受到欢迎，但价格上浮则需要考虑社会成员的可承受能力。对于价格上浮对低收入群体可能产生的负面影响，要通过实行新思维的社会福利制度安排来解决，如需方补贴、阶梯式价格等。

（二）投资主体多元化：放宽市场准入

关于这个问题，要把握四个要点：

1．澄清一个误区

虽然自然垄断性项目是非竞争性的或竞争性不强的，但这与项目本身是否盈利并没有必然联系，也就是说，自然垄断性项目也可以是盈利性项目。这样，即使是具有整合效应的网络基础设施，也可以将投资环节与运营环节分开，在投资主体上不一定非要求国有独资公司不可，也应该吸纳民间资本，通过股份制形式实现多元化投资*。即使是某些特殊行业，如烟草，也要“法人产权多元化”。

2．把握两重含义

一是进入主体的含义。不仅允许国有资本进入，也允许非国有资本包括非公有资本进入（除特殊行业外）。不仅允许本领域的资本进入，也允许其他领域的资本进入。

二是进入形式的含义。不仅可以以“企业形式”进入，也可以以资本形式进入（即在企业形式进入不可能或不适宜的情况下，通过多种方式吸引非公有部门将储蓄转化为基础领域的投资，从而形成资本形式的进入）。

3．打通进入通道

2005年通过的《国务院关于鼓励支持和引导个体私营等非公经济发展的若干意见》（简称“非公经济发展36条”），为非公有资本形式进入垄断性行业提供了政策依据。但是，由于一些地区和部门的具体法规滞后，特别是

---

* 比如，国家电网建设过去主要靠发行债券融资。因电网建设资金需求巨大，单靠债务融资不能解决全部需求。也可考虑充分利用资本市场的巨大融资能力，实现融资手段的多元化。这势必形成电网企业产权关系多元化的格局。

既得利益集团的阻碍，存在比较严重的“玻璃门”问题（指看得见、进不去，欲进就碰壁）。对此，一则，各行业都应以“非公经济发展36条”为依据，制定本行业本部门的市场准入政策，防止并克服某些部门政策与中央政策相抵触的倾向。二则，加大审批制改革力度，宏观经济管理部门和相关行业管理部门应率先垂范，防止出现“从中梗阻”现象。三则，克服既得利益集团的干扰，对于有意干扰者要采取相应措施予以处理。

4．实现“多层参与”

大体分为五个层级：一是向非公有企业实行管理外包；二是向非公有企业转让经营权；三是向非公有企业实行BOT等形式的特许经营；四是向非公有企业转让部分股份，使其参股经营；五是向非公有企业整体或大部分出售，使其独资或控股经营。当前，垄断性行业虽然有非公资本进入，但总的看，规模还是偏小，下一步应进一步扩大股份制的规模，在增量资产和存量资产两个方面加大产权制度改革的力度。

（三）市场竞争公平化：打破垄断格局

根据中国当前垄断性行业的实际，可分成三种不同的类别：即①垄断性行业中可以直接竞争的部分；②垄断性行业中仍然具有垄断性、间接竞争的部分；③垄断性行业中居于中间或过渡状态的部分。针对以上三类，实行不同的推进竞争方略。如果借用“鸟笼”来表达的话。第一类属于打破笼子，即无笼子的直接竞争。第二类属于笼子内的有效竞争。第三类属于介于上述两类之间的带有某些过渡性的竞争。

1．打破“笼子”的充分竞争方略

对于垄断性行业中可以直接竞争的部分（如电信业的长途、移动和增值服务，电力和供水、供气等行业的生产和供应业务，铁路和民航部门的客货运输服务等），完全可以打破独家垄断的格局，通过适度的分拆和进一步放宽市场准入，比较充分地引入竞争。需要指出，竞争机制的引入和完善，是与投融资体制改革、实现产权结构多元化互相促进的。在目前国有资本占有较大资产份额的情况下，应通过逐步消除各种有形和无形的障碍，积极引导、鼓励社会资本进入垄断性行业中可竞争的环节。在可以展开充分竞争的领域，经济性垄断有可能成为阻碍自由竞争的主要因素，此时，以制裁企业限制竞争为目的的反垄断方面的监管，很有必要。

2. “笼子”内的有效竞争方略

垄断性行业中具有网络传输性质的自然垄断部分，可由一家或极少数几家企业（寡头垄断）经营。在这种格局下，可考虑实行含有一定竞争刺激的方案：①引入特许权竞标或拍卖；②引入区域间比较竞争或标杆竞争；③实行某些替代竞争或异质竞争方案，比如电信业中无线接入等大量新兴技术的兴起会对传统固网垄断形成强烈冲击，电力、煤气、石油等不同能源之间的替代性可以对原有的垄断地位形成挑战，公路、水路、铁路和民航之间的替代性竞争等。

3. 介于上述两类之间的带有过渡性的竞争方略

对垄断与竞争的界面或在从垄断向充分竞争过渡过程中，为确保有效竞争的实现，需要着力解决四个问题：一是接入政策特别是接入定价问题，二是网络租借或网间互联互通问题，三是普遍服务与交叉补贴问题，四是搁浅成本的补偿问题。特别地，在从垄断向充分竞争过渡的初期，为了尽快改变不对等竞争的局面，需要监管机构对原有垄断企业和新进入企业实行不对称监管，管住大的，扶植小的。这种偏向新进入者的不对称监管政策可能对原有企业不公平，但是，这是为了最终公平而暂时的不公平。当市场真正形成有效竞争的局面后，监管部门就可以把不对称监管改为中性的干预政策，以充分发挥市场竞争机制的调节功能。

（四）政府监管科学化：解决四个监管问题

在垄断性行业放开之后，作为政府部门要加强对垄断性行业运营状况的监管，为此，需要推进政府体制改革，建立新的监管体制，实现监管科学化。

主要解决四个问题：

1. 独立监管问题

所谓“独立”，就是在明确政、资、企、监四方面各自不同的职能与责任的前提下，确立监管机构的独立性。主要包括两层含义：

一层是指独立于政府决策职能之外，排除政府和其他政治组织滥用权力对监管的各种干预和干扰。目前，电力行业已经成立相对独立的电监会（当然，相关权力尚不完整，有些权力还存在部门交叉，只是有一个独立监管的雏形），而电信、铁路、民航等行业，连上述独立监管机构尚未形成。建议组建独立监管机构。从战略性上说，这类独立监管机构应被赋予完全的权力，包括市场准入权、价格决定权等（从国际上看，目前已经出现一种监管机构独立于行政系统之外的倾向，这类监管组织具有准立法和准司法职能，不直接对政府负责，可免受政府更迭和政府短期政策的干扰。尽管目前多数国家还难以做到如此高度的独立性，但从发展远景来说，这一趋势值得关注）。

另一层是指独立于被监管企业之外，排除被监管企业通过各种所谓公关手段对监管部门的腐蚀和干扰。这有两种情况，第一种是主管部门集政、资、企、监四种角色于一身，监管者与被监管者高度一体化和重叠化，你也是我，我也是你，毫无独立性可言。第二种情况是虽然初步实现了政企分开，但监管者与被监管者之间存在着千丝万缕联系，这种如同《红楼梦》中所说的“连络有亲”，就难以避免彼此关系上的瓜葛。鉴于此，建议监管机构的人员要扩大选择范围，尽可能吸收社会相关领域专家；同时，被监管企业的领导层也不宜由原主管部门的领导来接管，而采取组织资格审查和董事会市场选择相结合的办法，从经理人市场上招聘。建立监管机构与被监管企业不同的考核机制，以切断原有的千丝万缕的关系。

2．依法监管问题

一是加快相关立法，尽快建立与新环境相适应的行业法。例如应加快“电信法”、“石油天然气法”等的立法进程。在新行业法的立法程序上要改革，不宜采取部门立法的方法，而应该成立包括政府部门、技术专家、法律专家、经济学家、被监管企业和消费者在内的专门工作委员会负责法律的起草制定工作，以解决政策制定不充分、不公正的问题。

二是按照新的要求，修改和完善已经颁布的行业法，如《电力法》、《铁路法》；同时完善与《反垄断法》相关的法律法规。

三是严格执法。为反对和防止垄断，国家已制定《反垄断法》、《反不正当竞争法》等法律，某些行业监管的法律对此也有所涉及，应维护法律的权威，依法办事。

3．“统分结合”监管问题

这个问题实质是集权和分权关系问题。从国际经验来看，单部门专业化的监管模式和跨部门综合性监管模式，各有功效。从当前中国的实际情况看，监管部门之间的职能交叉、推诿扯皮等方面的问题，比较突出。因此，应通过监管部门的整合和调整，进一步理顺部门之间的职能，减少过多的沟通环节。但是，实行跨部门综合性监管模式，要有相应条件。在目前情况下，建议实行“专业化的监管和跨部门综合性监管相结合的监管模式”为宜。现阶段的工作，就要创造条件，“平滑过渡”，逐步作到统筹监管。

4．对监管者的监管问题

如何加强对监管者的监管，是一个新问题。

一是建立监管者活动的透明机制。利用当今发达的信息手段公开监管者活动并提高透明度，防止“暗箱操作”和“若明若暗”（这里关键在于实现公民、社会和被监管的企业者的知情权），以此形成对监管者的第一道社会约束机制。

二是建立社会各方面的表达和参与机制。实行各种形式的“问责制”、“听证会”制度，以此形成对监管者的第二道社会约束机制。

三是加强对规制者的行为监督，包括行政监督、舆论监督，以此形成对监管者的第三道社会约束机制。

如能建立三道社会约束机制，将会对垄断性行业的监管者形成有效的监管保障。

最后需要指出，上述垄断性行业改革的思路是一个完整的统一的整体，既不可或缺，也不可分离。其中，运营环境商业化是前提条件，投资主体多元化是关键环节，市场竞争公平化是基本途径，政府监管科学化是重要保障。按照这种“四位一体”的思路来实施，垄断性行业的改革就会进一步有所深化。

国有经济战略性调整和深化国企改革

周景勤*

以建立和完善社会主义市场经济体制为目标的经济体制改革过程中，从战略上调整国有经济布局和对国有企业实施改革重组，始终是最为关键的环节。经过30多年的改革探索，对国有经济在国民经济和社会发展中的作用和地位的认识不断深化，调整的方向和路径基本明确；与国有经济战略性调整相匹配，国有企业重组和改革，围绕建立现代企业制度和增强核心竞争力，呈现良好的发展态势。但国有经济战略性调整和国有企业改革正处在攻坚阶段，许多深层次问题在改革和发展中显现出来，必须加大力度，深入推进国有经济调整和国有企业改革。

一、进一步认识国有经济的作用

建立社会主义市场经济体制，本质上是把社会主义的基本制度和市场经济基本运行机制有机结合起来，是中国经济体制改革的特色所在，也是难点所在。中国特色社会主义的基本特征也在于此。社会主义和市场经济的兼容统一，社会主义市场经济理论最终确立起来，很大程度上要靠国有经济战略性调整和国有企业改革的实践成功来完成。国有经济战略调整和国有企业改革，就是要使整个社会的经济基础在公有制为主导的条件下，为市场经济创造有活力的微观经济主体，促进中国社会转型。

国有经济和国有企业的发展可以对本国的民营经济形成强大的拉动力。

* 作者为北京改革和发展研究会理事，北京经济管理干部学院副院长，教授，博士。

改革之初，我国民营经济比例很小。其改革的路径是大力发展民营经济和对国有经济实施改革二者并重。我国改革开放，调整国有经济布局，实施国有企业多元化产权改革，其过程也是利用国有经济拉动非国有经济发展的过程。因此，国有经济战略性调整和国有企业改革过程，也是一个集中国有经济优势，充分发挥国有经济对国民经济发展支撑作用的过程。改革和发展的实践证明，国有经济与民营经济都得到了巨大的发展。那种把发展国有经济和国有企业同发展民营经济对立的观点是不正确的，认为国有经济和国有企业发展会“国进民退”的观点是有害的。

二、深化改革，使国有企业发挥独特的作用

在我国建立社会主义市场经济体制的进程中，市场经济体制形成并发育成熟的不同阶段，国有企业承担着不同的职能，其职能也随着改革的不断深化随之转变，其作用的广度和深度也不是一成不变的。

改革的初期，国民经济的各个领域基本上是国有企业的组织形式，国有企业发挥着一统天下的作用，改革的基本任务是提高每一个或者是绝大多数国有企业的管理效率和经济效益。民营经济处于初生孕育阶段，处于国民经济和民生就业的补充地位，对整个国民经济的影响处于次要地位。随着改革的深化和民营经济的发展，以及引进外资规模的增加和进入领域的拓宽，非国有经济得到了迅速的发展，构成了国民经济的重要组成部分。国有经济在一部分领域不再具有优势发展地位，退出这些领域成为必然。随着国民经济总量的不断提高，和企业经营人才的大量涌现，非国有企业迅速发展，国有经济和国有企业的转型发展成为必然，国有企业从一些领域退出成为必然。国有企业在部分经济领域的退出，不会也没有对整个国民经济的发展造成大的波动。国有经济对非国有经济的发展起到了支持作用，非国有经济的发展为国有企业向优势领域集中，发挥独特作用提出了要求，也创造了条件。这是中国经济体制改革的基本经验。如果说有中国模式或中国改革模式的话，这也是这一模式的重要特征之一。

非国有经济的发展，为国有经济集中优势发挥独特作用创造了条件，国

有企业必然成为特殊的企业组织形式。国有企业的存在领域大体上可以根据国家的根本社会经济制度、国民经济发展的阶段及其不平衡性、国家经济国际竞争需要来考察。

从国家的根本社会经济制度来考察，国有企业必须为国家根本社会经济制度的完善和发展提供强大的基础支撑作用。我国实行社会主义政治制度，需要经济制度为社会主义政治制度提供基本保证。国有企业成为国家强化国家政治职能和调控经济运行的主要组织手段，国有企业就不是一般意义上的市场竞争主体，而是国家职能的主要体现。国有企业体现了国家意志和整个国家利益的需要。国有企业必须承担国家和人民赋予的责任。我国建设中国特色社会主义并使其成为成熟的制度，在人类历史上是探索新型社会制度的创造，需要一个较长的历史时期，需要一个较长的经济快速稳定发展的时期，在一些国民经济的关键领域，保留国有企业并使其长足发展是十分必要的。再者，我国疆域大，人口多，经常发生重大自然灾害和大面积疫情，国家需要国有企业发挥独特的作用，进行救灾等重大行动。汶川、玉树大地震、SARS疫情等救灾活动，国有企业发挥了骨干作用，证明了国有企业的不可替代作用。我国幅员辽阔，保卫国家和领土安全、维护统一的任务也十分繁重，也需要国有企业发挥重要的独特作用。

从国民经济发展的不同阶段及其不平衡性来考察，国有企业必须发挥独特作用。在国民经济发展的起飞阶段，尤其是在工业化的前中期，国家经济底子很薄，国家运用国有企业集中资金，建立大型企业和大项目，提供一般企业无力生产的产品和设备，装备国民经济的其他部门和企业。国有企业在这里的主要任务也不是竞争，而是完成国家任务。从我国区域经济考察，东部与西部之间，北部与南部之间发展条件很不平衡，国家需要国有企业进行资源配置，调节这种不平衡，寻求区域之间的发展协调。国有企业存在的领域和规模随着国民经济的发展会不断地发生变化。从现在起，国有经济和国有企业要逐步退出民营经济发展规模大、质量高、竞争性强度大的领域，集中优势发展为国民经济提供支撑的领域和平衡区域经济发展的地区。

从国家国际竞争来考察，国有经济和国有企业必须承担起独特的职能。

从国际经济来看，以国家形态进行的竞争会长期存在。虽然跨国公司在国家间构筑起自身的组织机构和生产经营系统，但其母国竞争性质没有根本改变。我们国家的发展，正在进入建立创新系统促进经济发展方式转变的阶段。国家创新的竞争压力非常大。国家需要运用国有企业，尤其是央企在高技术领域和关键行业技术领域，实施原始创新，打破发达国家对核心技术的垄断，提升我国经济的发展水平。同时，我国的经济发展需要新型产业的发展作为新的发展方向，需要投入巨资进行创新研发，这非一般民企能做到的，国家需要国企承担此重任，发挥独特的作用。

要使国有企业发挥独特的作用，必须深化改革。最根本的措施是集中国有经济优势，减少国有企业数量，充分发挥国有经济的保障、支撑和促进作用。所谓集中优势，就是国有经济要收缩战线，退出非国有经济已经充分发展、竞争力很强的领域，可以采取非国有经济参与国企改革，置换出这些领域的国有资本，国有资本进入发挥独特作用的上述三个领域，减少数量，主要是指通过并购、合并、控股等方式，充分发挥龙头和强势国有企业的作用，对国有企业进行纵向和横向整合，减少国有企业数量，在行业内打造少量具有国际竞争力的优势企业。充分发挥作用，就是通过资本集中和打造国际竞争力企业，充分发挥国有经济和国有企业对社会制度的保障作用，促进国民经济快速稳定发展的作用，支撑国家自主创新的作用。

在操作政策和方法上，集中优势和收缩战线二者要相互配合。要针对不同的行业和企业，采取引进战略投资者，包括境外战略投资者，参与国有企业，特别是央企的股份制改造，推进整体上市。要充分发挥民营经济参与国企改革的积极性，运营民资力量，置换国有资本，达到集中国有资本，发挥国有资本优势的目的。使国有经济和民营经济各自具备发展的空间，并相互融通，形成相互促进发展的新机制。真正实现以国有经济为主导，多种经济形式协调发展的社会主义市场经济制度。

三、进一步改革完善国有资产管理体制

要充分发挥国有经济和国有企业的独特作用，必须进一步改革和完善国有资产管理体制。

国有资产管理体制改革，是国有经济和国有企业改革的关键。国有资产的公共性，既决定了国有资产管理的特殊性，也决定了其改革的难度。主要表现在体制设计和运作的复杂性上。

2003年，国家实施国有资产监督管理体制改革，成立国家国资委和地方国资委，对经营性国有资产实施统一管理，实行“管人、管事、管资产”相统一，对国有企业实施管理。改变了过去对国有企业“九龙治水”的方式，做到了相对集中的管理。但在国有资产管理运作上，似乎主要放在对企业的管理上，比如实施企业之间的重组联合，审查企业的发展战略，对企业领导人实施考核，企业建设项目审批等，国资委成了国有企业的主管行政部门。国资委应该发挥的作为出资人的国有资本配置调整功能，集中优化功能及其运作体制，还没有建立起来。因此，国资管理体制改革亟须深化。

国有资产管理体制包括国有资产及其价值形态的国有资本的管理、运营和监督三个核心部分。深化改革，应该围绕这三个部分，组建不同的组织机构，建立起权责分明、相互制衡的运行体制。

完善国有资本的国家公共管理职能。现在的国有资本，划分为中央管理和地方政府管理两类。基本的管理模式是以国有企业为基本统计单元实施管理，缺乏统一的公共管理制度。要通过改革，在政府公共管理部门，如财政部门，建立统一的国有资本经营预算制度，建立资产负债总表，明确产权界定、会计、统计、评估制度，实施国有资本战略布局和结构调整。

建立和完善国有资本运营机构。中央和地方政府要按照《公司法》分别设立国有资本运营机构，即国有资本投资控股公司（国投公司），国家将国有企业的国有资本注入其中。国投公司进行工商注册，具有独立法人财产和法律地位，建立起公司治理组织，承担经济和法律责任。在财政部门和国投公司建立资产负债表，形成可以量化评价和可追溯责任的体制和机制。国投

公司按照国家政策和政府意志，建立国有资本的投入和退出机制，使国有资本充分发挥独特的作用。

完善国有资本运营监督。政府授权的国资监管部门对国投公司实施经营监督。国投公司要向同级政府报告工作，政府财政、审计等部门对受托国有资本运营状况、运作合规性进行审计监督。

深化国有资产管理体制改革，通过建立国有资本公共管理机制，实现政资分开；通过设立国家投资控股公司，使国有资本运营层面实现所有权和经营权分离；国有资本投资或持股的企业自主经营、自负盈亏，为独立的法人实体和市场主体。最终国家不再直接管理国有企业，转变为持有和运作国有资本，使国有资本处于不断良性循环的状态，充分发挥应有的作用。

四、转变国有企业发展方式

国际金融危机使世界政治经济格局发生了重大变化，我国在国际政治经济的地位越来越重要。这一地位的提升，必然要求一批具有国际竞争力的大企业大集团与之匹配和支撑。一年多来，西方国家对中国的崛起采取了许多复杂反应措施，预示着中国的崛起面临的国际环境将会更加复杂，为了增加我国经济运行的安全性，提升国家经济竞争力，打造具有国际竞争力的国有企业是我国的必然的选择。

集中国有经济优势，发挥国有企业独特作用，必然要打造一批大而强的国有企业。

第一，国有企业要实现战略转型，推进产业布局向高端产业链发展，充分发挥主导作用。国有经济要发挥对国民经济的主导作用，国有企业就必须在产业组织和产业集群里面发挥主体作用，运用高端价值链地位，获取高端价值竞争优势，带动产业从产品功能结构和生产工艺结构的组织分布转型，促进一大批供应链和营销链上企业的发展，可以避开所谓“国退民进”的挤出效应。同时国有企业向高端产业链发展，通过研发、生产制造和后续服务体系的产业组织建设，可以充分利用我国地域上的资源和要素优势，带动地区经济协调发展。

第二，国有企业要着力科技自主创新，为打造国家核心竞争力奠定基础。要加大研发投入，建立健全自主创新体系和运行机制，在一些关键领域打破跨国公司和发达国家的技术垄断，着眼于未来发展，创新一些行业顶端技术，培养一批高附加值的尖端产品，打造一批国际知名品牌。

第三，着力企业管理创新，提升国有企业国际化经营能力和水平。随着国有企业的发展，必然要成为跨国公司，企业内部管理和外部经营迫切需要管理创新。要充分运用信息化技术，建立管理平台，集成管理要素，提高企业运营效率；加强管理评估，实现有效的风险管控；要着力提高跨国经营和跨国合作的能力，增强企业国际竞争力。

第四，要实现国企绿色发展。国有企业在一些能源、化工、钢铁等高能耗、高污染的行业，国企发展必须适应时代的要求，走绿色发展道路，实现节能环保，为转变发展方式作出表率。

第五，国有企业要切实履行社会责任，实现和谐发展。国有企业要做到依法经营，以人为本，实现企业各有关利益主体的利益均衡，为构建和谐社会作出表率和贡献。

让农民工成为历史

迟福林*

“十二五”期间，无论是城市化还是城乡一体化，都绕不过“农民工”这个坎。“让农民工成为历史”，实现农民工市民化，既是推进城市化进程的重头戏，也是推进城乡一体化的突破口。

一、发展导向变化与农民工市民化

“十二五”，我国将处在以公平与可持续发展为目标的第二次转型与改革的历史性转变的关键点。在这个特定背景下，“十二五”经济发展方式转变的实质是由经济总量导向国民收入导向。我们需要从这个大背景来讨论农民工市民化问题。

1. 我国发展导向处在历史转折时期。“九五”期间就提出了生产方式由粗放型向集约型转变。随着历史环境的不断变化，今天的发展方式转变的基本要求，已超出“九五”时期提出的目标。

改革开放30多年，我国发展阶段发生了历史性变化——从生存型阶段进入到发展型新阶段，发展阶段变化引起社会突出矛盾的变化——公共产品短缺替代私人产品短缺，我国开始进入公共产品短缺时代。在我国发展阶段和社会突出矛盾发生重大变化的背景下，我国过去以总量为目标的发展方式难以为继。发展是硬道理，同时也要看到经济增长“一俊遮百丑”的时代已成为历史。我国的发展导向逐渐从经济总量转为国民收入导向。具体说有三大转变：由国富优先转向民富优先；由投资主导转向消费主导；由工业主导转

* 作者为中国经济体制改革研究会副会长，全国政协委员，海南综合改革研究院院长，研究员。

向城市主导。

从发展导向转变和现实情况看，我国应当把有条件的农民工市民化作为“十二五”改革发展的重要任务和政府的约束性指标。

2. 消费主导趋势与农民工市民化。我国进入消费主导时代。发展方式转变，首要问题是在“十二五”时期初步形成消费主导的基本格局。首先，国际金融危机引起我国外部环境发生变化，并正处在历史的节点。外部市场的变化、全球气候的变化和世界政治经济格局这三大变化迫使我国要做出战略性选择。从内部环境看，我国现行的发展方式造成了粗放型增长和资源环境压力不断增大等一系列现实问题。只有形成以消费为主导的格局，才能主动适应内外环境变化的新形势。其次，我国形成消费主导格局条件具备，关键在于体制与政策创新。按照国际经验，人均GDP 3000—4000美元是形成消费主导的基础条件。2010年我国人均GDP可达到4000美元。按照8%左右的增长，“十二五”时期我国人均GDP将超过5000美元；按照7%左右的增长，“十三五”时期人均GDP将超过7000美元。当我国的人均GDP超过4000美元的时候，改革的关键在于通过相关的政策和制度安排，扩大内需，刺激消费，使居民消费率从现在35%的历史最低点恢复到50%左右。

农民工市民化在消费主导格局中的角色定位。例如：第一，拉动农村消费，缩小城乡消费差距。农民工不实现市民化，城市和农村的消费差距会越来越大。现在城市和农村人均消费差距大概有三倍左右。农村的消费潜力巨大，因为农民工在城里的收入大都是返回农村消费的。第二，拉动城市消费，促进我国形成消费主导的大格局。农民工市民化以后，其消费开始往城市里集中。比如，麦肯锡曾提出，2005—2008年，中国2.4亿流动人口的消费量相当于创造一个德国2007年的消费总量。一般情况下（按照大中城市的标准），中国每增加一个市民，固定资产投资至少增加50万元。如果“十二五”期间能够实现60%左右的农民工市民化，我国在城市固定资产投资至少有7万亿元人民币。农民工市民化对消费主导大格局的形成，扮演着一个非常特殊的角色。

我国应该从投资和生产大国逐步转为消费大国，在扩大内需的过程中重视农民工的作用，重视农民工市民化对区域消费的影响。例如，通过实现有保障的社会福利制度，改变农民工的消费预期；通过大力发展中小金融服务、农村信贷金融，扩大农民工信贷渠道，改善农民工消费环境。

3. 城市化的进程与农民工市民。根据同类发展水平国家的标准，我国的城市化率至少滞后工业化率15个百分点。城市化既是解决国内消费需求的一个主要载体，又是调整经济结构的一个重要约束条件。未来5—10年，我国的城市化率达到60%左右是完全有可能的，从而形成城市化主导的一个新的格局。加快城市化进程关键在于农民工市民化。即以农民工市民化来带动城乡一体化。但在推进城市化进程当中，以土地换社保、换户口等做法是值得商榷的。

二、“让农民工成为历史”应当成为“十二五”经济社会发展的目标之一

农民工是我国经济社会转型时期形成的一个规模庞大的特殊群体。30年来，这个“特殊群体”在为工业化、城市化做出历史性巨大贡献的同时，却难以公平分享改革发展成果。当前，我国已进入城市化、城乡一体化加快推进的重要时期。无论是从现实需求还是从发展趋势看，都需要在“十二五”中实现农民工市民化，让“农民工”成为历史。

1. 农民工融入城市是一个客观现实。虽然农民工尚未纳入城市保障性住房范畴、尚未享有与城市居民一样的基本公共服务，但这并没有妨碍事实上形成的农村人口不断融入城市的趋势。首先，农民工已经成为城市产业工人的主体。2009年农民工总量达2.3亿人。其中在第二产业从业的农民工占57.6%，在加工制造业从业的占68%，在建筑业从业的占80%。其次，农民工是城市新增人口的主要来源。2.3亿农民工，在城市务工的约有1.5亿人。这些年城市新增人口主要靠农民工数量的增加。“十二五”实现农民工市民化，城市人口将突破7亿，城市化率有望达到52%—55%。

2. 农民工群体结构正在发生重大变化。“十二五”时期，“80后”、

"90后"等新生代农民工将成为产业工人的主体。从近几年的情况看，新生代农民工大量进入城市劳动力市场，他们不再是为了生存而进城，而是为了谋求发展而进城，其利益诉求也开始多元化和现实化。

3. "十二五"全面解决农民工市民化问题的时机成熟，条件具备。不久前，海南综合改革研究院组织了"十二五"农村改革问卷调查。结果显示，近80%的专家认为，"十二五"全面解决农民工问题的条件已经具备或初步具备。我的基本看法是，"十二五"实现农民工市民化既有很强的需求，又有现实条件。

第一，从需求来看，农民工市民化有利于扩大社会总需求，有利于加快城市化进程。农民工市民化可以将2.3亿大群体的潜在消费变成现实需求。为此，建议把"农民工市民化"纳入国家"十二五"发展规划中。第二，从条件来看，2011年国家财政收入将突破8万亿元，客观上已具备一定的财政能力来推动并最终解决农民工市民化的问题。第三，从政策展望看，"十一五"时期，城乡基本公共服务均等化有了明显进展。预计"十二五"时期，无论是在政策创新上，还是在均等化程度提高上，都会有重要突破。这将为实现农民工市民化提供重要的基础条件。第四，从实践来看，发达地区有望率先取得突破。长三角、珠三角是农民工最集中的地区，这些地区已经开始着手解决农民工问题，估计在2—3年内会有一定的突破。

4. 首先让有条件的农民工市民化。什么是"有条件的农民工"？一是有相对稳定的工作，例如，有半年到一年相对稳定的工作，2005年有57.8%的农民工有稳定工作；二是有固定居所，包括租住房或单位安排的宿舍，这样的农民工现在至少占80%左右；三是有留在城市的意愿。预计不愿意返乡的农民工，尤其是80后的农民工将达到1亿左右。按照这个分析，"十二五"有60%左右的农民工是有条件实现市民化的。从实践层面看，农民工市民化已经取得一定进展。目前，嘉兴市建立了新居民事务管理局，本市所有人口都纳入居民管理，基本实现农民工市民化；无锡把流动人口的服务同本地的经济社会发展联系起来，基本解决了这方面的问题。这两个地方农民工的人数等同于本地户口居民人数的1.7—2倍。长沙流动人口占50%左右，现在当地政府也开始把农民工市民化纳入到城市的整体发展规划当中；北京教委负责人也对外宣布，三年之内将100%解决农民工子女的义务教育问题。

总的看法是："十二五"解决农民工市民化应当做得到，也有条件做得到。"农民工"三个字应当成为历史。

三、"让农民工成为历史"应当作为"十二五"城乡一体化的重大突破

农民工既涉及农村，又联系城市。解决农民工市民化，既是城乡一体化的焦点，也是统筹城乡发展的重点。"十二五"推进城乡一体化应当把"让农民工成为历史"作为重要的突破口，着力破解城乡二元的户籍制度、基本公共服务制度和土地制度。

1. 以落实农民工就业落户政策为突破口，放开城乡二元的户籍限制。建议"十二五"时期分两步走：第一步，"十二五"的前三年实现中小城镇户籍制度全面放开；第二步，"十二五"的后两年实现大城市户籍制度基本放开。"十二五"末期，把农民工"暂住证"改为"居住证"，实现农民工在全国范围内的自由流动和统一管理。

2. 以农民工市民化为突破口，推进城乡基本公共服务均等化进程。当前，如何有效保障农民工群体的基本公共服务是一个突出的问题。2006年农民工享有的基本社会保障水平只有城镇居民的25%。近两年，尽管这一差距的程度有所减小，但是仍然比较悬殊，尤其是制度还未对接。"十二五"实现农民工市民化，重在推进农民工基本公共服务的市民化，这样才能为未来10年实现城乡基本公共服务均等化奠定重要的基础。当务之急是解决两大问题：第一，全面解决农民工子女的义务教育问题。建议尽快实行义务教育全国通用的教育券制度。国家为每位义务教育阶段的学生发放教育券，农民工子女可以凭教育券在全国任何一个地区就学，国家按照学校提供的教育券进行财政拨款支持。或者按照近年当地义务教育实际入学学生数对地方进行专

项财政转移支付。第二，抓紧建立包括基本医疗保险在内的农民工基本社会保障制度。在解决农民工基本医疗保障的同时，探索衔接新型农村合作医疗制度和城镇基本医疗制度的有效途径。现在已经到了出台这样一些政策的时候了。

3. 以创新农民工土地制度安排为突破口，统筹推进城乡土地一体化。城乡二元土地制度安排，尤其是农村土地长期承载的基本社会保障功能，是农民工被排斥在诸多城市基本公共服务保障范围之外的深层因素。建议"十二五"创新农民工土地制度安排：

一是尽快剥离土地社会保障功能。"十二五"的土地政策调整，要把剥离附加在土地上的社会保障功能作为重点之一，使农民工能实际获得与城镇居民平等享受基本公共服务的权利。应当叫停诸如"土地换社保"等各种不合理做法。尤其是在农村土地得不到物权保障、不能抵押贷款的情况下，不能硬性要求农民工以放弃土地权利为代价来获得城市的基本公共服务。

二是切实保障农民工的土地收益权。在符合城乡土地规划的前提下，统一建立完善农民工土地使用权的转让、出租、抵押、入股的相关制度安排。

四、"让农民工成为历史"应当作为"十二五"政府转型的约束指标

"让农民工成为历史"，既关系城市化进程，又关系和谐社会建设，牵动我国发展方式转型的全局。为此，应当明确把"让农民工成为历史"作为"十二五"改革发展的重要任务和政府转型的约束性指标。

1. 把农民工市民化作为政府的公共职责。农民工市民化需要明确中央与地方政府的职责分工，建立以中央和省级政府为责任主体、市县政府负责具体实施和管理的分工体系，为"十二五"农民工市民化提供财力保障和组织保障。

2. 把政府土地收益的一部分用于解决农民工基本住房保障问题。这里的主要建议是：第一，将农民工纳入居住地城镇居民住房保障范围，实现

“住有所居”的目标。第二，规定一定比例的土地收益用于改善农民工住房保障。当前，土地增值收益已经成为地方政府收入的重要组成部分，农村土地转换为城市土地的增值收益，理应让农民工参与分享。建议“十二五”时期明确规定50%的土地收益要用于包括农民工在内的住房保障。第三，建立符合农民工实际需求的住房公积金制度。将农民工纳入城市职工住房公积金制度范畴，探索符合农民工特点的住房公积金使用办法。

3. **保障农民工公共就业服务。**公共就业服务是当前农民工的迫切需求，对其生存和发展具有重要现实意义。建议尽快把农民工纳入所在城市的公共就业服务体系，建立农民工和所在城市户籍人口统一、平等竞争的劳动力市场。同时，完善由城市户籍人口与农民工共享的公共就业服务信息管理制度和机制，确保农民工通过所在城镇人力资源市场信息网络享受自助式公共就业服务。在此基础上，把农民工纳入所在城市就业、失业统计范围，建立包括农民工在内的劳动力资源及就业状况调查统计登记分析制度。

“十二五”时期，“让农民工成为历史”，实现农民工市民化，将大大加快城市化和城乡一体化进程；将对以公平与可持续发展为目标的发展方式转变产生重大而积极的影响。我们应当为此付出努力！

新时期促进区域协调发展的思路和政策*

张军扩　侯永志　宣晓伟**

促进区域协调发展既是贯彻落实科学发展观、构建和谐社会的内在要求，也是全面建设小康社会、推进现代化建设面临的重大任务。近年来，我国区域经济格局出现了一些积极的变化，但总体来看，区域差距大、发展不协调的问题没有根本解决，促进区域协调发展面临的任务依然十分艰巨。新时期促进区域协调发展，必须进行思路创新和政策创新。

一、我国区域发展面临的突出问题和新时期促进区域协调发展的新要求

（一）当前区域发展存在的突出问题

1. 区域差距大的问题依然比较突出

区域差距大，不仅表现为区域之间发展和收入水平差距大，更重要的是表现为区域之间居民的生活和福利水平差距大，尤其是表现为各地居民所享有的基本公共服务水平差距大。

2. 提高资源在区域空间上的配置效率面临不少障碍

这突出表现在三个方面：①要素流动不畅导致效率损失。由于地方保护主义行为的存在以及由于户籍、社保、基本公共服务等方面的制度性缺陷，

---

* 此文只代表作者观点，并不代表所供职单位观点。

** 张军扩 国务院发展研究中心办公厅主任，研究员；侯永志，国务院发展研究中心发展战略和区域经济研究部部长，研究员；宣晓伟，国务院发展研究中心发展战略和区域经济研究部研究员。

要素（特别是劳动力要素）在空间上的流动不畅，影响了资源配置效率的提高。②区域优惠政策“碎片化”导致价格信号失真，扭曲了资源的配置。由于区域倾斜性优惠政策名目繁多，使区域政策存在一定程度的碎片化倾向，加之各地为吸引投资竞相出台各种优惠政策，势必扭曲价格信号，导致资源难以真正按照效率最优的原则进行配置。③行政区划和管理体制限制要素合理配置。由于行政区划限制，使得区域之间在发展规划、基础设施和基础产业发展等方面往往缺乏必要的协调与合作，造成大量的重复建设和资源浪费现象。

3．生产力和人口空间布局与环境生态承载力存在不协调的问题

由于自然条件不同，各地承载经济活动和人口的能力也有所不同。适应各地生态环境承载力的不同，布局生产活动和人类活动，是促进人与自然和谐相处、促进可持续发展的重要途径。但在区域分割发展模式下，主要由各个地方自身来承担发展本地经济、提高当地居民生活水平和福利水平的重任，在区域规划协调不足、环保政策执行不力的情况下，势必造成生产力布局和各地环境承载力不匹配。一方面，有些环境承载力高的地区，经济活动聚集度不够高；另一方面，有些环境承载力弱的地区，却过多地承载了经济活动。

（二）新时期贯彻落实科学发展观对区域协调发展的新要求

1．对缩小区域差距、促进社会和谐稳定的要求更高、更紧迫

现阶段缩小区域差距，首先要立足于促进区域之间基本公共服务的均等化，缩小区域之间居民生活和福利水平之间的差距。其次要改善我国的收入分配状况，提高居民消费倾向，增强消费能力，扩大内需。我国居民消费不足，已经成为制约我国内需扩大和发展潜力充分释放的重大因素，通过缩小区域之间基本公共服务差距，能够有效增强落后地区居民的消费能力和消费倾向，从而有利于扩大其消费支出。

2．对优化资源在区域空间上的配置状况、提升我国经济整体效率和竞争力的要求更高、更紧迫

下一步发展面临的一个重大挑战，就是随着各类要素成本的上升，我国产品低成本优势将逐步减弱，迫切需要创造新的竞争优势，促进发展方式从主要依靠增加资源消耗向更多依靠效率提高转变。而要提高效率，除推进技术创新、提高管理水平、优化产业结构、提升人力资本质量等以外，优化资源空间配置格局、提高资源空间配置效率也是一条重要途径。

3．对加大环境生态保护力度的要求更高、更迫切

一方面，随着发展水平的提升，人民群众对清新的空气、干净的水资源、优美的环境提出了更高的要求。好的自然环境本身就是人类需要的组成部分，如果只是财富多了，物质享受多了，而环境质量遭到严重的破坏，那么发展的质量就要大打折扣。另一方面，加大环境和生态保护力度，也是促进人与自然和谐相处、实现可持续发展的必然要求。加大环境生态保护力度，最为关键的，就是要根据不同区域资源、环境和生态承载力的情况，合理确定该地区的发展方向、产业选择以及经济和人口承载规模。

二、对新时期促进区域协调发展几个重要问题的分析和认识

（一）如何看待工业化进程中经济活动空间布局的演变规律

长期以来，对区域协调发展战略的一个认识误区是将“区域协调发展”等同于“区域平衡发展”甚至是“区域同等增长”。但纵观各国特别是发达国家工业化进程的历史，空间格局演变最突出的特征之一，就是人口、要素和经济活动向部分地区集中；从发展水平来看，地区差距呈不断扩大之势。它不仅是市场竞争和提高效率的要求，也是保护资源环境、促进经济社会发展与自然相协调的要求。因此，试图通过平衡各地发展来缩小生活福利水平差距，不仅很难取得理想的效果，也与市场规律和环保要求相悖。

分析发达国家工业化的历史可以发现，工业化进程中区域空间格局演变

趋势有以下几个特点：

1. 经济在空间集聚是各国工业化、城市化过程中的普遍现象

根据世界银行的研究，世界上有一半的国家，其国民收入的1/3集中在不到5%的国土上；有1/4的国家，其国民收入的1/2来自不到5%的国土；只有1/10的国家，其最发达的5%地区的经济产出占国民收入的比重不到10%。

2. 经济的空间集聚呈现出先快后慢的阶段性特征

从国际经验来看，经济和人口在空间上的集聚速度并不是不变的，在一国经济发展的初期阶段，呈现加速集聚的特征，通常会形成某一个或几个增长极。当经济发展到一定程度使国家步入高收入国家行列时，经济和人口集中态势趋于缓和。

3. 经济活动聚集的空间是动态调整的

经济聚集的地区一旦形成，并不会永远固定不变。经济活动聚集的区域往往随着资源重要性、经济发展阶段、产业结构、技术水平等多种因素的变化而发生显著的改变。例如：在20世纪50年代，美国制造业主要集中在东北部的缅因州至中西北部的威斯康辛州。半个世纪后，伴随着美国经济向服务经济的转变，北部传统制造业聚集区域有所衰退，经济开始逐渐向南部和西部聚集。

（二）如何看待经济活动空间集聚与区域协调发展的关系

国际经验来看，由经济活动空间聚集所造成各地的经济不平衡增长与各地区之间和谐发展二者并不总是矛盾的，而是可以很好地协调一致。一方面，要素和经济活动在空间上的集中是经济发展的客观趋势和要求，不仅有利于提高效率和增强国家均衡各地福利水平的能力，也有利于节约资源（特别是土地资源）和保护环境；另一方面，通过人口的有效流动和政府合理的财政转移支付，可以保障在人口和经济活动不断集中的同时，各地居民享受到大体相当的生活水平和福利水平。由于长期以来我们对这二者的关系认识不到位，因而既没有采取重点措施推动各种要素特别是人口的合理集中，也难以采取有效政策平衡区域之间的福利水平。

发达国家的经验表明，通过实施适当的政策，经济活动的聚集与不同地区居民生活和福利水平的趋同可以并行不悖。美国在20世纪初，绝大多数制造业都逐渐聚集到东北部和中西部等相对较小的地区，但在此过程中美国各州的人均收入差距并未拉大，反而出现了缓慢的趋同。法国和德国也都在空间经济快速集中的过程中，实现了基本福利指标的趋同。巴黎以2%的土地生产了28%的国内生产总值，但是法国国内各地区之间的婴儿死亡率差距非常小。在德国，汉堡地区的经济密度（单位土地面积上的产出）是东北部落后地区梅克伦堡—前波莫瑞州（MecklenBurg-Vorpommern）的100多倍，但是两个地区基本福利的差异微乎其微。

（三）如何看待我国现行区域竞争模式的利与弊

从经济社会发展的现实来看，区域竞争极大地调动了各地发展的积极性，显著改善了各地投资的软硬环境，推动了各地经济和财政收入的增长，提高了各地城乡居民的生活水平，带动了了全国经济社会的发展，促进了中国国际竞争力的提高，成为改革开放30年来中国推动经济快速增长的重要力量。不仅如此，区域竞争还有力地推动了经济体制的改革和对外开放的扩大。

但现行区域竞争模式的负面影响也越来越明显。突出表现在以下几点：第一，地区间财力差距难以真正缩小，基本公共服务均等化难以真正实现。第二，导致地方政府，特别是发达地区政府只愿意外地人到本地打工，为本地贡献GDP和财政收入，而不愿将他们接收为本地居民，更不愿为其提供与本地居民同样的公共服务，甚至在企业投资、商品流动等方面，也时常出现各种形式的有碍统一市场的地方保护主义行为。第三，在很强的经济利益驱动下，节约资源、保护生态环境的任务往往难以切实落实。

我国发展水平还比较低，发展任务还十分繁重，现阶段我们还不能轻言放弃现行的也是被实践证明对于促进增长比较有效的区域竞争发展模式。但对于这种模式带来的问题及其消极影响，我们也不能低估，更不能忽视。正确的选择只能是，根据实际情况，采取针对性措施，扬区域竞争之长，抑区域竞争之弊。关键是要从理顺中央地方财权事权关系、完善中央对于地方政府的激励约束机制等方面采取切实措施，逐步消除导致现行区域竞争模式缺陷的体制根源。

（四）如何看待和正确发挥政府在促进区域协调发展中的作用

国际经验表明，促进区域协调发展，既离不开市场在资源和要素配置中的基础性作用，也离不开政府在克服外部性、纠正市场失灵等方面的重要作用。在我国现阶段的国情条件下，需要政府发挥好作用的领域主要包括以下四个方面。

首先，政府在区域增长极的培育中可以发挥重要作用。在任何一个区域大国，总有那么一些地方，资源禀赋条件优良，环境承载力较强，但是由于基础设施条件较差、人力资源不足等原因，而长期处于欠发达状态。在这种情况下，如果政府能够改善那里的生产生活条件，不仅那里能够较快发展起来，还可以辐射或带动其他地区发展。另外，还存在这样的情况：有些地方发展条件不错，发展基础也比较好，为了提高整个国家的国际竞争力，政府可以通过有意识的作为，加快这些地方的发展，增强这些地方在国际竞争中的“势能”。中国既存在类似前者的地区，也存在类似后者的地方，政府在培养增长极方面应当也能够有所作为。

其次，政府在扶持问题区域发展方面有着不可替代的作用。在任何一个大国，也总有那么一些地方，或者由于自然条件较差，或者由于长期过度开发，在发展方面面临严重困难。政府可以通过资金和政策支持，帮助那里发展或实现经济转型。中国有不少的老少边穷地区，也有许多资源枯竭型地区。这些地区的发展，需要政府的介入。

再次，政府在推动区际公共服务均等化方面有着不可或缺的作用。在任何一个大国，区域发展不平衡都是难以避免的。而为了保障每个人的基本生存权和发展权，为了社会的和谐和国家的统一，政府尤其是中央政府必须尽力推动公共服务的均等化，使各地区居民能够公平地享受到发展的成果。

最后，政府在保护生态环境、促进要素集聚与生态环境承载力相适应方面有着不可推卸的责任。在任何一个大国，各地资源环境承载力总是存在或大或小的差别。要实现人与自然的和谐，必须有效发挥政府在引导生产力空间布局方面的作用，使各地区的经济和人类活动与其资源环境承载力相适应。另外，生态环境问题也是个外部性很强的问题，也就是说，一个地区的污染排放常常会对其他地区的环境产生影响。解决环境问题，需要跨区域的统筹。中国各地的资源环境承载力不同，各地的生态环境状况相互关联密切，这从客观上要求必须发挥政府在相关领域的作用。

（五）如何看待政策统一性和制订特定区域发展规划和政策的关系

从理论上来说，政策在全部国土空间上的统一，有利于区域公平竞争，有利于资源和要素实现最优配置，有利于国家利益的最大化。从实践上来看，各主要发达市场经济国家都把政策统一作为其经济社会发展的基本原则。当然，在政策统一的前提下，各国也都有一些享受特殊政策的区域。

在改革开放之始及其以后的较长时期内，中国促进区域经济发展的一个基本思路是，给特定地区以特殊的优惠政策，使之成为聚集各类生产要素的高地，以加快特定地区的发展。这一思路在一定的历史时期具有很大的合理性。因为，在改革的初期及中期，无论是在制度建设方面，还是在经济发展方面，中国都缺乏相应的经验，需要创立经济特区、优先开放沿海城市、设立各种规模和类型的开发区，赋予这些地区改革开放的先行先试权和许许多多的优惠政策。应当承认，这一思路具有无比巨大的效力，取得了丰硕的积极成果。然而，也要看到，其也具有不容忽视的负面效应。最主要的是，它破坏了公平的发展环境，碎片化了区域政策，形成了较大的政策寻租空间，诱发了各地争取优惠政策的“竞赛”和各种各样的寻租行为，既损害了中央政策的权威性和有效性，又导致了国家整体利益的损失。

在新的历史时期，必须摈弃旧的思路，更加注重政策的统一性。30余年的改革和发展，既向政策的统一性提出了日益紧迫的现实需要，也为政策的统一性创造了日臻成熟的条件。

诚然，更加注重政策的统一性，并不否定制定和实施特定地区发展规划的必要性。中国各地发展的资源条件、区位条件等千差万别，不存在普遍地适用于各地区的发展模式。各地区有必要根据发展的外部环境和自身条件，制订发展规划，确定发展定位和方向，选择发展路径和战略。

更加注重政策的统一性，也不否定制定和实施特定地区特殊发展政策的必要性。只是这些政策应针对不同类型的地区（如生态保护区、资源枯竭型地区）来制订，而不是针对不同地域的地区（如沿海地区、内陆地区等）来制订。

三、新时期区域协调发展的思路和政策

（一）基本思路

顺应区域经济发展的一般规律，充分发挥市场配置资源的基础性作用，合理引导要素流动，优化生产要素在整个国土空间上的配置。积极发挥政府在培育经济增长极、扶持问题区域、保障区域公平、保护环境等方面的作用，在维护和保持各地积极性的同时，对现行区域竞争加以规范和引导，将偏重于效率的区域战略调整到兼顾“效率”、“公平”和“环境”的区域协调发展战略上来。以促进人口的流动和基本公共服务的均等化为突破口，在提高劳动要素配置效率、促进区域经济增长的同时，实现区际公平。

（二）政策建议

1. 加快培育经济新的增长极

区域经济增长极是我国经济发展最有潜力的地区，是国民经济的重要支撑。目前以大城市群为代表的区域增长极，以占全国1/10左右的土地面积，承载了1/3的人口，创造了1/2多的GDP。新时期要进一步发挥以大城市群为代表的区域增长极在国民经济和社会发展中的带动作用，同时，应更加注重培育新的增长极。要根据各地不同情况，选择有潜力的地区，为这些地区创造更好的基础设施和其他发展条件，加快其发展，并不断提高其带动周边地区发展的能力。

2．加大扶持问题区域发展的力度

对于“贫困落后地区”的扶持，应与中西部开发有机地结合起来，促进救济式扶贫向开发式和迁移式扶贫转变，对于那些有发展潜力的地区，充分挖掘其经济发展的潜力；对于那些开发潜力有限或没有任何发展潜力的地区，移其民于区外发展条件好的地区，使其更好地承担生态保护功能。随着国家整体经济实力的增强，不断提高贫困线标准、加大扶贫力度，扩大扶贫领域和范围。对于“资源枯竭型地区”的支持，应与东北老工业基地振兴结合起来，进一步推动技术改造和传统产品的更新换代；进一步改善发展的软环境，并针对改革的薄弱环节，加大改革工作力度。

3．着力促进要素流动尤其是人口的流动

要从法律上明令禁止地方政府，特别是大中型城市政府以各种方式、各种名义制定地方保护主义政策，比如在就业方面对外地居民和农村居民的歧视性政策，在市场准入方面对外地企业和外地产品的歧视性政策。明确禁止地方政府出台限制人口流动、歧视性就业和有损公平竞争环境的法规。要加强执法力度，对近年来各地政府采取的限制和妨碍要素和人口正常流动、违反公平竞争原则的地方性政策进行必要的清理。可以考虑设立较高层次的执法机构，专门负责维护统一市场、制止地方保护主义行为的执法工作。

4．积极推进基本公共服务均等化

推进基本公共服务均等化，第一，要明确界定基本公共服务的范围，并伴随经济社会发展水平提高而相应调整。要分轻重缓急，把保障公民的基本生存权、健康权、劳动权、发展权作为当前我国基本公共服务的主要内容。第二，要完善基本公共服务均等化的评价指标体系和标准及信息公开制度。短期内均等化评价的重点应该放在投入指标上；而从中长期看，测评的重点应该逐步向“产出”与“结果”转变，以促进公共服务均等化绩效的提高。要设立全国统一的各类基本公共服务的最低标准，并作为强制性标准在全国各地实行。第三，要明确划分各级政府提供基本公共服务方面的事权，保证责任归属清晰、合理。要摒弃过去那种仅仅按照事务隶属关系来划分的做法，转以基本公共服务受益范围及其特性为主要依据来确定各级政府的责任。第四，要合理调整政府间财权配置，扩大地方税基。应在保证税政统一的前提下，赋予地方政府更多的税权，将地方税的实施办法、政策解释、税目税率调整、税收减免等权限逐步下放给地方政府，以调动地方政府理财的积极性。第五，要按照基本公共服务均等化的要求，完善财政转移支付制度。要优化财政转移支付结构，减少税收返还、扩大一般性转移支付、清理合并专项转移支付。

5. 进一步完善环境生态等方面的社会性规制

建立科学的排放总量控制制度，根据各地在全国生态环境保护中承担的功能、资源环境承载力、污染排放状况等合理分配排放指标。各地制定区域经济和社会发展规划、土地利用规划、产业结构和生产力布局调整等重大决策时，应充分考虑污染排放总量指标的限制。建立生态环保保护跨区域利益补偿机制，对那些为承担生态保护功能而丧失部分乃至全部发展权的地区予以充分补偿。扩大区域间排污权交易制度的试点范围，为全面推行这一制度积累经验。

进一步巩固和完善有效的环境监管体系，可逐步建立全国从上到下的垂直管理体制，使环境监管机构在干部任用、资金使用等方面不再受制于地方，确保生态环境管制的法律法规和各项标准的贯彻执行。大力加强对环保监管的问责，鼓励社会特别是媒体对环境污染问题的监督。

资源税、价联动改革与民生

贾　康*

中国的资源开发和使用现在存在着明显的不合理和低效益。资源开发环节回采率很低。中国矿山的回采率，比世界平均水平要低一半。我们的生产消费理念上，不注重集约使用资源，对于初级产品、资源产品的挥霍与粗放使用这种行为，比比皆是。在企业生产过程中间，当事人关心的是直接的经济效益，而对于所谓负的外部性，对他们来说无关痛痒，而这样一些负的外部性变成了社会成本。在社会上，百姓生活中间，人们似乎又存在这样的一种认识误区，觉得我们很多的价格相对来说有低价的特点，是有利于民生的。但在这种有利于民生的幻象、假象后面，是我们对于资源产品低效率开发，粗放的甚至是挥霍的使用，实际上这是不可持续的。在新的战略机遇期，要深化资源的税价改革。这种改革是科学发展观贯彻落实势在必行的一个组成部分。

在这里，税收的作用是使社会成本内部化，使价格更好地反映资源的稀缺性、更好地反映市场上资源产品供求关系和应有的完全成本的一种经济手段。因为税收是依法制而形成的一种经济参数，能够以经济杠杆的方式在公平竞争发挥调节作用。

首先，在资源税这个税种方面，应该把我国资源税的税负向上调整。我们有资源税，是很多年前定的标准。但对于资源开发企业无关痛痒，实际的调节作用已经微乎其微，不能适应形势的发展。如果把这种资源税的税负往上调整，同时在从量的调节形式上面，加上较充分的从价因素，适应市场经济里面资源价格的上升与波动，加大调节的力度，必然要产生一个产业链

* 作者为全国政协委员，财政部财政科学研究所所长，研究员。

上的传导。这个传导表现在从产业的上游到中游，再到下游，一系列具体产品的价格上升表现。我们已经看到这样一种意见——有时候还会被各种媒体广泛传播、转载：说资源税改革很有必要，但是这个改革不应该增加社会成员和老百姓的税收负担。这听起来是很替民生着想，很替老百姓着想，也容易得到普遍的叫好。但这个说法是似是而非的“外行话”。因为资源税是流转税，不是直接税，税负提升了以后，必会有个传导过程。首先，在资源开发的环节，在矿山，市场中有一定竞争关系的生产者、开采者，他们感受到税负之后，会相应地调整生产经营行为——有了这个压力以后，他们首先是提高自己的回采率，不是只吃“白菜心”，还要把“白菜帮”一起采出来吃掉。这就是更好地利用了非常珍贵的自然资源。另外他们在竞争中，或多或少要承受一部分税收带来的涨价压力，但是一定会寻求把这个负担在市场里往中下游传导，也就是表现为资源产品、初级产品的价格要有上升变化。不可能想象这个税出台以后，就由开发环节完全消化掉了。完全消化掉，也不是这个税制改革设计的初衷。有往下的传导，我们就可以看到这个资源税负，从上游向中下游传导中产生的调整效益、总括起来值得肯定的正面效益。如果初级产品价格上升传导到中下游更多的生产厂家，那么他们感受到这样的经济压力以后，会在自己的生产中间更珍惜地、而不像过去那样粗放地甚至挥霍地使用产品，会刺激各种各样的主体，千方百计地去开发那些节能降耗、能够更有效更充分使用初级资源产品的工艺和技术。在这些方面具有优势的产品，就会扩大市场份额，那么总体的税价联动效应，就是从产业的上游到中下游，从开发环节到制造领域，促使大家普遍地提高自己生产的集约水平，减少粗放性，这不正是我们追求的资源节约、集约化转型升级吗？这也正是落实科学发展观的效应。这种经济压力之下资源产品价格上升，往后面的生产环节上传导，正是刺激我们各个方面和各个环节的市场主体，要争取自己在市场竞争中间可持续发展，就必须集中自己的努力向节能降耗的工艺、技术方面下功夫，这样来追求自己做大做强长期发展。少数企业不能适应新的压力而被淘汰出局，那么正是淘汰了“落后产能”，是经济杠杆作用下的合理结果。最后，这种传导还势必在一定程度上影响到最终的消费者。到了消费者那里的影响会是什么呢？一般的消费者一定会注意价格上升对他的制约作用，从而调整自己的消费行为和消费模式。当然比较少数的、特别富裕的阶层，可能无关痛痒，比如我们的燃油税改革如果影响到燃油价格往上涨，但是有些富人觉得这个影响对自己可以忽略不计，照样开大排量的汽车，这是相对少数的、特别有钱人的反应。更多的人，低收入阶层，中等收入阶层，他们会适当调整自己的消费，适当调整在既定收入约束之下的消费行为。比如说水更贵了，电更贵了，就会更注意节水，更注意节电，更精打细算地使用资源类产品。这样所有的生产、消费行为综合在一起，就是要追求的发展方式转变，就是走向可持续的发展，贯彻落实科学发展观。所以我觉得这样的一种传导所产生的正面效应，必然要求不把资源税的实际影响只局限在资源开发这一个环节上。现实生活中这也是做不到的，因为并没有行政手段和其他手段，可以把这样的影响局限在一个环节上面。

进一步考虑，资源税的改革应该和以资源、能源价格形成机制为重点的价格改革联动。中国现在很多产品的价格已有比较充分的市场化。但在资源产品方面存在着明显的不同，特别是最主要的能源——电力方面，电价虽然曾有所调整，但调的幅度相当小。为什么电价一定要仍然简单地强调特别谨慎，而不考虑相关配套改革可能的合理的潜在空间，把这个空间打开呢？直率地讲，这里面有一个既得利益的阻碍问题。长期以来在电力的整个体系里面，形成了一种特许权和垄断权。所有称为电力行业的企业，实际上应该有合理的区别对待，在发电环节，大的方向上，恐怕不能否定要争取最后走到竞价入网的状态。可以通过竞价入网而减少过度的垄断，使资源配置效率提高。实际上在电力行业里边，没有办法改变垄断性质的部分，主要就是电网。由于电网的自然垄断性，要单独处理。到了后面配电、零售服务的环节，又可以加入一些竞争的因素，甚至以后可以发展政府采购式的外包，让市场的主体在竞争中间改进服务质量。这套改革，如果从道理上来讲没有什么玄奥，难就难在怎么化解既得利益阻碍，使改革能够逐渐形成一个可有效推动的发展态势。

综合考虑科学发展观的要求，在资源领域里最主要的能源、电力领域里，相关的注意力，不能只放在技术性的事项上，比如说智能电网建设，发展风电、太阳能发电等，还必须充分地考虑和新能源发展相配套的体制机制，首先考虑怎么样通过配套改革破解体制“瓶颈”障碍。如果没有这样的一个体制机制改革的配套，光伏电池发展得再多，在国内很难解决入网问题，这些产品也就都不得不卖给国外，等于是把生产过程中实际上产生的资源消耗和一些污染等负面效应留在了中国国内，却把清洁的可再生能源产品全送到国际市场上去。这样的一种配置显然是不合理的配置。那么，就必须解决在中国，在技术上努力发展数字化配电站、智能电网的同时的制度“瓶颈”问题，首先在体制机制上要破除阻碍这些往往相对小型分散的太阳能电、风电入网的人为障碍——当然，还要配上明确、可行的政策支持条件。如果改革真正能够配套动起来，我认为电价对新的可再生能源的包容性及其合理化，就有了向前推进的条件。

应当通盘考虑的方案，是在引入多主体竞争的情况下，发电厂竞价入网的情况下，电价应该跟着整个经济社会发展与体制转轨，有一个什么样的可控的、合理的向上调整。这样的调整势在必行，那么对于民生的影响如何？——很多同志马上要问这个问题。确实价格上升以后会影响民生，怎样掌握这个事情，我觉得其实相对简单，到了居民消费这个环节，在电价和消费品价格上升的情况下，政府要做的主要事情，就是要相应合理提高低保收入标准。我们现在城镇已经做到了低收入阶层“应保尽保”，农村也在迅速推行低保制度。随着这种资源税的税价配套改革联动引起的价格上涨，要合理地及时掌握好把低保标准往上提。我们的公共财政已有这个能力，只要把低保标准合理提升，使低收入阶层实际生活水平不下降，那么整个社会就稳定了。中等收入阶层以上人员，他们会自动消化这样一个价格上升，其效应包括调整他们自己的消费方式和模式。一般而言人们会注意更加节能节电，更节约使用比较多包含资源、初级产品的制成品，整个社会的“科学发展”特征会更加鲜明。总之，我们的政策效应会真正体现出来，而与此同时又可以避免对民生的短期冲击，助益于增加长远的可持续的民生福祉。

为了实现最高决策层已经清晰勾画出来的长期可持续的科学发展和可持

续的改进民生，要破除一些认识的误区和既得利益的阻碍，充分利用资源税价联动的调节杠杆。这个事项需要包含破除不当垄断因素的配套改革。当然，应让各个方面都充分地发表意见，采纳不同意见中的各种合理成分，形成一个尽量周全的、可操作的改革方案，来推进资源税收、价格和相关价格形成机制与管理体制配套改革。在这个配套推进中间，中国过去改革的经验就是，基本方案是允许优化微调的。我们谁都不可能先知先觉，把所有东西都设计得非常完美。但是只要方向正确，总体方案的可行性达到一定程度，就应当抓住时机，把它往前推进，并且在推进过程中，根据情况做动态微调和优化。

资源税的改革曾经几次提上决策日程，但是最后都没有下决心。我认为，现在是一个非常值得珍惜的、应当抓住的推进资源税改革的时间窗口。前不久，在新疆配套支持发展的政策方面，包含了新疆资源税改革先行启动的信息。我们知道，这样一个改革一旦启动，对于像新疆这样的西部欠发达而资源富集的地区，正面的效应会非常可观。不光是前面说到的所有对于中国经济发展中加快转变方式的正面效应，而且对于加快欠发达西部地区的发展，可以提供其地方税体系里的支柱财源。房地产税在那里，以后也可以作为税源之一，但是丰度很低，和沿海东部地区不可等量齐观。但恰恰是这些西部欠发达地区，虽然工商业活动不发达，但是自然资源是富集区。新疆此项改革先行，一年可能要增加50亿元以上这个数量级的本地收入，十分有利于支持新疆的发展。

我们应该通盘考虑在贯彻落实科学发展观的新时期，在资源税价联动改革和配套改革方面，掌握好基本方案合理设计和通盘深化改革的战略策略。

城市内部新二元结构的体制性屏障与改革路径选择

姚俭建*

一、问题的提出

长期以来，由于城市收入水平较高、就业机会较多，在城市化进程的带动下，大量农业人口离开农村涌入城市。来自农村的务工人员在为城市发展做出巨大贡献的同时，由于在身份上与城市居民存在差异，再加之文化素质相对较低、流动性相对较强，在就业、社区融入、社会保障、教育、计划生育等诸多方面与城市居民的差异日益显现。这种由市场主导所带来的社会阶层的变动在承继和固化旧有的城乡二元结构的同时，在城市内部萌生了以农民工为主体的群体与城市市民之间新的二元结构。

一方面，城市内部的新二元结构延续着旧有的城乡二元结构。历史地看，中国的社会结构是以二元户籍制度为内核铸造出来的城市社会与农村社会，在就业、福利保障、教育乃至公共事业投入等制度上各成体系。当农民带着孩子进城打拼时，他们获得了比以往更多的自由空间，城乡壁垒也显示出前所未有的松动。但是，城乡二元结构的烙印依然十分明显，出于“农民”抑或“农民工”的身份，他们在城市中仍然是另类一族。由于居住环境、子女就读学校、福利待遇、就业状况与城市市民存在明显差异，于是通过在城市依赖的同乡、亲戚关系，这一特殊群体在城市里编织起了一个由农民关系网络构成的生存空间，与市民生活空间截然不同，延续了旧有的城乡

* 作者为上海市社会主义学院副院长，教授，社会学专业法学博士。

二元结构，构成了城市新的或潜在的二元结构。可见，城市内部的新二元结构问题是我国城镇化、工业化和城乡二元经济社会结构下，政治、经济、社会体制等多种因素的综合性产物，是与农民工现象相伴生并不断凸显的社会问题。

另一方面，城市内部的新二元结构又不完全等同于以往的城乡二元结构。有学者认为，我国的“农民工”实质上构成了二元户籍之外的“第三种户籍”，即户籍制度构成了“农民”、“市民”和“农民工”三元结构（见表1）。*

表1　三种户籍的比较

职业	身份	从事劳动	收入来源	归属地
农民	农民	农业	土地	农村
农民工人	农民	非农业	工资	家庭居住于农村 生活工作于城市
工人	工人	非农业	工资	城市

以养老为例，这种新二元结构具体表现为，在实行市场经济之前的城乡二元结构中，农民一旦进入城市并找到工作，不仅取得工资薪酬，而且享有城市的福利、养老金等；在市场经济逐步发育的今天，在城市内部的新二元结构中，除极少部分优秀农村青年可以融入城市外，进入城市的大多数农村青壮劳动力的人群，除了得到远少于其付出的工资外，没能享受其他福利待遇。一旦损失了劳动能力，只能回到原籍养老。进入城市的农民工不仅在工作期间承担大距离、跨地区的流动成本，而且面临着承担失去工作或养老时的经济风险。

当前，在一些较发达的大中城市由新二元结构引发了一系列的社会矛盾和问题。城市内部新二元结构问题已经成为社会关注的焦点，也是摆在政

* 岳澎、黄解宇：[J]《从“二元结构”到“三元结构”——中国“农民工”的户籍演变路径及其解决方案》，《农业现代化研究》2008年第2期，第134–137页。

府决策者和管理者面前亟待解决的课题。尤其是随着农民工代际更替，出生于20世纪80年代以后，年龄在16岁以上，在异地以非农就业为主的农业户籍人口已经成为农民工的主体。据全国总工会《关于新生代农民工问题的研究报告》推算，2009年外出新生代农民工数量在8900万左右，如果将8445万就地转移农民工中的新生代群体考虑进来，我国现阶段新生代农民工总数约在1亿人左右。新生代农民工群体与上一代农民工相比，在理想追求、受教育程度、职业选择等方面又有很大的不同。这一群体对解决城市内部的新二元结构问题有着更迫切的期待和要求。因此，2010年中央一号文件《关于加大统筹城乡发展力度进一步夯实农业农村发展基础的若干意见》明确要求，采取有针对性的措施，着力解决新生代农民工问题。可见，城市内部的新二元结构问题，不是一个简单的社会问题，而是一个复杂的政治问题。它迫切需要政府决策者和管理者立足构建和谐社会的高度，深化改革，从体制改革入手，建立和完善相应管理机制，制定相应对策措施，以有效缓解城市内部新二元结构问题。从这个意义上说，解决城市内部“新二元结构”问题，考验着政府决策者和管理者的政治智慧、决策能力和公共政策的供给力。

二、体制性屏障与原因分析

历史上，我国城乡二元体制是由多种制度性和结构性因素交织构成的复杂体制。刘易斯（1954）在《 无限劳动力供给下的经济发展 》中指出，二元经济是发展中国家普遍存在的情况，在具有二元经济结构特征的社会里，由于传统农业部门存在着大量低收入的劳动力，所以劳动供给具有完全的弹性， 工业部门可以获得无限供给的劳动力而只支付在农业部门中维持生存所需的工资，就促使农业劳动力源源不断地从农村流向城市，直到农村剩余劳动力被城市完全吸收、农村工资和城市资趋向一致、城乡差别逐步消失、国民经济实现现代化为止。*客观地看，我国的工业化及相关的社会机制存

* [美] 阿瑟 · ∃. 刘易斯：[M]《二元经济论》，施炜译，北京经济学院出版社，1989年版。

在着先天不足的弊端。以工业为标志的第二产业在达到相对应的西方工业化历史中某一阶段的时候，与此相适应的配套体制没有及时建立并完善起来。于是，在城市和工业有能力且有需求反哺农业的时候，农村的大部分地区尚停留在对应于前工业化时期的状态，并没有进入到城市和先进地区工业发展相对应的阶段。需要指出的是，财政反哺农业是发达国家经验的总结。作为工业化国家的一种惯例，我国在产业结构转型的过程中也呈现着这一趋势。鉴于我国的具体国情和区域发展之间的不平衡，如何稳妥地解决在这个过程前农村已为工业化程度较高地区提供的源源不断的劳动力成本分摊问题、福利问题，已成为我国“十二五”时期改革，特别是建立稳固社会结构的一个“瓶颈”。

随着社会转型、经济转型，在新旧体制之间、城乡之间、区域之间、产业之间、贫富群体之间，极有可能发生程度不同的摩擦和碰撞。这种摩擦和碰撞，又必然地表现出思想多元、文化冲突和利益分化等特质。其中，由市场经济体制带来的利益分化，是固化已有社会结构二元性差异和对立，并形成新的二元矛盾的主要诱因。毋庸置疑，新二元结构就实质而言，是社会转型过程中阶层分化、利益分化的表现形式。

现实表明，二元结构的演进，强势与弱势的分化，部分是由于体制中的传统因素以及不公平的政策供给造成的。从表层上考察，城市内部的新二元结构部分是由于“外来人员、农民工”与“城市人”在生活方式、文化水平、个体素质的差异性带来的，但从深层原因上分析，更主要的还是由二元户籍制度、二元就业制度、二元社会保障制度、二元教育制度、二元医疗制度、二元土地制度、二元公共产品分配制度等造成的。同时，市场经济是一把双刃剑，它既可能使得资源配置实现最优化，也可能会造成社会分配不公平的弊端。以义务教育为例，我国义务教育阶段实行的“分级办学、分级管理”的教育体制呈现过度分权的弊端。《义务教育法》第八条规定：义务教育事业，在国务院领导下，实行地方负责、分级管理；第十二条规定：实施义务教育所需事业费和基本建设投资，由国务院和地方各级人民政府负责筹措，予以保证。这个教育法则明确了流入地政府对流动人口学龄儿童的入学并没有法律上的责任，作为城市边缘人口，农民工子女无法享受流出地政府带给他们的教育补助。因此，义务教育的过度分权是造成农民工子女上学难的主要原因，同时也造成不同区域发展的不平衡。据教育部2008年发布的一项研究报告：农民工随迁子女在公办小学就读的比例，北京为63%，上海为49%，广州仅为34.6%。学龄儿童中未上学的比例，北京为3.81%，上海为3.56%，广州高达7.19%。*

分析城市内部新二元结构的产生过程，我们不难发现体制性屏障是导致旧二元结构不断固化和新二元结构不断衍生的重要原因。从观念深处分析，历史上构成城乡二元体制的结构性因素导源于人们重城市、轻农村的认识观念和重稳定、轻流动的管理理念。受重城市、轻农村认识观念的支配，长期以来人们的思维方式、行为方式、行政方式把城乡分隔和城乡差别视为理所当然之事；受重稳定、轻流动管理理念的影响，管理者在追求社会稳定时总是试图将城市居民和农民分别固定在一个地方，认为人的固定有助于实现稳定。由思想观念带来的这种制度安排、体制保障和政策供给的弱对称性、弱协调性、弱均衡性是构成城市内部新二元结构体制性屏障的重要因素。正是在这个意义上，诺思（D.North）认为，有必要把意识形态对个人和集体关于公平性观念的影响纳入到制度变迁的动态考察之中。**

三、改革路径选择

实证分析告诉我们，城市内部新二元结构直接导源于现有的制度安排，如户籍制度、土地制度、教育制度和社会保障制度等。而现实经验又表明，缓解并最终解决城市内部的二元结构，无论是坚持以市场为主，还是坚持以行政方式为主，都远比在理念上指望市场化而行动上却遵循行政化可操作性强，且不可预测的后果更少。因此，从内在逻辑上，我们不妨做如下的假

---

* 全国总工会新生代农民工问题课题组：《关于新生代农民工问题的研究报告》，《工人日报》2010年6月21日。

** 诺思：[M]《经济史中的结构与变迁》，陈郁译，三联书店，1994年版，第64页。

设：假设我们在未来的经济发展中，逐步改革户籍制度，代之以就业和稳定居住地为基础的居住证制度；假设农业的土地使用权界定到家庭或个人，并让它们充分流转，或一次性处置换取社会保障基金，或入股享受土地的收益权；假设农民的宅基地和住房如果能像城市居民的住房一样通过使用权界定而获得出售、银行抵押的权利，并且通过土地指标的跨省交易而获得城市土地开发的级差地租的利益；假设通过制度安排能使城乡的教育差距缩小，政府公共服务品的覆盖率能够提高，那么高效和现代的农业就可能出现，更多的农民就可以转移到城市，农民工也就可以成为正式意义上的工人。*

严格说来，以中国如此广阔的幅员，指望均质发展无疑是一种奢望。按照公共管理学的基本原理，体制改革以及公共政策供给的目标取向之一，就是协调社会发展过程中新出现的利益矛盾。城市内部新二元结构问题的凸显以及解决呼声的高涨表明，解决新二元结构问题无疑是一项涉及深层次、全局性的社会问题，不是单一体制突进或政策创新所能奏效的。它涉及土地制度、劳动就业制度、社会保障制度、教育制度、医疗卫生制度、户籍制度、住房制度、城市管理制度、公共产品分配等多方面改革。党的十七大提出“建立以工促农、以城带乡长效机制，形成城乡经济社会发展一体化新格局”战略目标，就迫切需要实现城乡之间政策供给和制度安排由非均衡供给向均衡供给、由孤立性安排向组合性安排的根本性转变。这就要求我们突破体制障碍、探索制度化路径，进行创造性的“超前”探索，统筹解决旧有的城乡二元结构和城市内部新的二元结构问题，最大限度地发展和保障民生。

为此，政府的决策者和管理者必须运用系统的思维，通过统筹的方法，提高体制改革的综合性。从这个意义上说，解决城市内部新二元结构问题的关键在于观念的转变和制度的综合创新。

首先是决策者和管理者观念的创新。从科学发展观的角度审视，体制改革或创新必须始终贯彻以人为本和民主的原则。“城市市民”与“农民工”

* 袁志刚：《三问“刘易斯拐点”——袁志刚教授在复旦大学的演讲》，《解放日报》2010年9月12日。

应当拥有平等表达利益诉求的权利，不能因为农民的组织化程度低而轻视他们的利益诉求。社会均衡发展主要体现是公共服务接受和公共设施等公共资源享受平等的机会。这就要求加大对农村地区的教育、医疗卫生、体育及基础设施等方面的投入，为农民发展提供与城市居民同等的机会。不断提高农民基本的公共资源和公共服务享受条件，推进城乡社会均衡发展，从而真正消除二元结构体制，协调城乡关系。

其次是制度的综合性创新。在社会主义市场经济条件下，统筹城乡的制度创新，要以保障农民的基本权利为核心，迫切需要实现城乡之间政策供给和制度安排由非均衡供给向均衡供给、由孤立性安排向组合性安排的根本性转变。这里关键是解决城市占优为主导的价值取向问题。城市占优为主导是当前我国各级政府在决策、管理上的通病，是造成城乡差距扩大、城乡公民发展权利不平等的深层次问题。同时，要将解决农民工问题纳入国家和地方经济社会发展规划。各级政府应以常住人口为基础，把农民工工作纳入国民经济和社会发展的中长期规划和年度计划，明确发展目标、细化阶段任务、保障资源和措施、落实领导和机构分工、完善人员配备。从这个角度看，最要紧的是两个层面的制度综合创新。

第一层面是基础性制度的创新。一是改革户籍制度，彻底为农民松绑。户籍制度是城乡二元体制最牢固的制度基础。因此，要消除城乡二元体制壁垒，首先就必须改革现行户籍制度，建立可以自由流动、城乡统一、迁徙自由、有利发展的新的户籍管理制度，从法律地位上确立城乡平等关系。有学者提出，积极促进新生代农民工市民化，既符合统筹城乡发展的现实需要，又利于大量减少农民的长远发展战略，应该是我们科学破解城乡二元结构的最佳契入点。具体说，先以发展潜力大的中小城市和建制镇为主进行户籍制度的改革，对那些在中小城市和建制镇中有比较固定的工作、且有一定工作年限、文化技能水平较高的新生代农民工，只要他们放弃农村的宅基地和耕地承包经营权，当地政府可以通过资助的方式，帮助这些新生代农民工在城市购房和加入城市社会保障体系，使他们完全融入城市。这些新生代农民工放弃的农村宅基地须由村委会组织复垦为耕地，复垦耕地和原耕地划归其他村民承包经营，村委会不得收回自营。对其他新生代农民工，可以给予过渡性城市户口，在居住、就业、就医、子女入学等方面享有与城市居民同等的权利。一旦时机成熟，就把符合条件的新生代农民工依规有序地纳入城市社会。二是创新土地流转制度，破解土地制约。要在稳定农村土地承包制度的基础上，按照依法、自愿、有偿的原则，鼓励农民以转包、出租、互换、转让、股份合作等形式流转土地承包经营权，发展多种形式的适度规模经营，推动土地经营向集约化发展。三是改革劳动就业制度，让农民在城里留下来。要打破农村劳动力与城市劳动力在政策上、制度上的界限 ， 以劳动力素质作为就业的主要标准 ， 建立城乡统一就业制度 ， 健全统一、开放、竞争、有序的城乡一体化的劳动力市场。*

第二层面是城市内部的体制创新。城市应从自身利益出发，主动关注新二元结构及其衍生的一系列问题。历史地看，一些发达国家也面临我国目前所存在的农民工问题。以日本为例，其在现代化过程用20年的时间化解“农民工”问题。其户籍制度赋予“农民工”移动自由，没有城乡差别与限制；其住房制度让“农民工”居有其所；其教育制度让“农民工” 子女上学不难，其社会保障网络又解决了“农民工”的后顾之忧，有效地避免在公共服务方面歧视农民与农村的现象。借鉴国外的经验，城市内部的体制创新主要体现在：

一是城市内部公共服务体系的系统改革，全面推进教育、医疗、社会保障服务等公共服务的均等化。在“十二五”时期，要坚持公益性和普惠性的原则，推动资源整合，优化资源配置，采取有效措施，逐步解决历史欠账，根本消除“城乡二元化”和新的二元结构问题，让广大人民群众公平地享有基本的教育、卫生、文化、体育等公共服务。具体做到：①“十二五”期间要突出推动基础硬件设施的均衡化。加强农村地区以及城市中人口导入区域和财力困难地区的义务教育学校、公共文化中心、体育健身场所、医疗卫

---

* 赵强社：[J]《城乡二元体制改革必要性探析》，《西南农业大学学报 （ 社会科学版 ）》2010年第1期。

生机构的硬件设施建设，并完善管理机制，保障其有效运行；政府财政投入新增部分向薄弱地区倾斜；加强财政转移支付力度，提高财力困难地区的投入保障力度。②深入贯彻落实《义务教育法》，落实以输入地为主和以公办中小学为主的政策，加快将农民工随迁子女义务教育纳入公共教育体系，纳入城市发展总体规划和教育事业发展规划，保障农民工随迁子女接受义务教育权益的落实。③“十二五”规划要在肯定前期医疗卫生体制改革的基础上，进一步破解体制障碍，让更多的老百姓参与和享受医疗卫生事业的改革成果。一方面明确卫生事业财政投入的增长机制和经费占各个地方财政支出的最低比例要求，为深化医药卫生体制改革提供财力保证。另一方面对一些地区实行的城镇职工医保、居民医保、小城镇医保、新型农村合作医疗等多种医保制度进行适当简化和归并，提高医保城乡均衡化水平。改革医保资金分配办法，充分考虑人口流动、就医流向等因素，提高医保资金分配的公平性。同时进一步扶持社区卫生服务发展。亟待解决全科医生培养速度慢、乡村医生后继乏人等突出矛盾，切实落实“收支两条线”等财政扶持政策，完善分级医疗体系，不断提高社区卫生技术水平和居民满意度。④“十二五”期间要打破公共文化服务的所有制和地域界限，建立面向社会的公开采购机制，进一步丰富包括农民工在内的所有城市市民的文化生活。要正确处理好公益性和经营性之间的关系。文化产品不仅带有经济属性，也具有艺术属性、意识形态属性和民族文化属性；不仅具有经济功能，也具有宣传、教育、娱乐等功能。因此既不能简单地用行政手段来指导公益文化，也不能只重视文化产业的经济效益而忽视其社会责任。⑤“十二五”期间要通过加大政府投入，加强公共体育设施建设和管理，完善体育公共服务体系，进一步推动群众体育，增强全体市民体质。尤其要促进学校体育资源向包括广大农民工在内的全社会开放。这里关键是要有法律保证。

二是深化分配制度改革，切实提高劳动报酬在初次分配中的比重已经刻不容缓，进而提高农民工的工资水平和生活水平。打破就业壁垒，规范企业用工制度。在政府部门的监督下，规范各企业的用工制度，劳资双方签订正式劳动合同，将农民工纳入企业正式员工行列，工作期间及时为农民工缴纳相应的各类社会保险金（人身意外伤害险、养老保险和医疗保险等），按时发放农民工工资，给予农民工“同工同酬”、“带薪休假”和“休息日”等一系列公平待遇。建立按照常住人口配置土地、公共设施、预算等公共资源的制度，将农民工纳入常住地公共预算，并逐渐加大对农民工公共预算的存量和增量投入。建立农民工服务和管理工作的经费保障机制，各级财政应将涉及农民工的就业技能培训、社会保障、子女教育、计划生育、权益维护、治安管理和信息系统建设等有关经费，纳入本级财政预算，提交同级人民代表大会审议。并确保用于农民工的预算在存量和增量上逐年科学、合理地增长。将农民工纳入政府公共服务体系，使之享受与城镇职工同城化待遇，逐步实现公共服务统一政策、统一制度、统一管理和统一服务。多渠道多形式提供农民工居住场所，发展公共租赁住房，建设农民工公寓，鼓励和支持有条件的企业设置夫妻房，探索建立农民工住房公积金制度，鼓励有条件的城市将有稳定职业并在城市居住一定年限的农民工逐步纳入城镇住房保障体系，改善农民工居住条件。

第二次改革的重点是财政税收体制

周天勇*

财政税收体制改革，是中国体制改革改革的核心，它既涉及经济体制和机制，又与政治体制有关。而未来许多经济社会问题的解决，财政税收体制改革是一个前提。然而，财政税收体制改革又是一项艰难的改革，因为它关系到每个居民、各自阶层、党政及行政性事业机构等等各个方面的利益。因此，改革有理想的方案，但是最后在各个利益方面的博弈下，会妥协成什么样的方案，会妥协成什么样的结果，还是一个未知数。但是，可以确定地说，没有财政税收体制的改革，就没有中国改革的未来，中国也很难建设成一个公平、正义、善治的现代国家。

一、政府收入体制改革

目前来看，财政税收体制方面，支出方面的体制改革在逐步推进，比如财政支出结构正在向着公共服务型财政调整。但是，收入方面的体制改革进展不大。我认为，“十二五”期间，甚至到2020年，财税收入方面的体制改革包括这样几个方面。

1．万费归税，收费罚款养政府及行政性事业机构改革为财政拨款供养

2009年，进入预算内的收费罚款收入为8962.2亿元，有统计的预算外收费罚款收入大约为7900亿元左右，无统计的预算外收费罚款收入估计在5100亿元左右，共计约为21962亿元。规模巨大，为税收的1/3多。我认为，对于

* 作者为中共中央党校研究室副主任，教授。

政府各部门和各行政事业性机构的收费，包括一部分乱罚款，在“十二五”期间，需要有一个五年的清理规划，并且要有各部门配套的取消收费后的改革方案。

清理政府各部门及行政性事业机构收取的各种费项和罚款，废除目前实行的“设置收费项目、再收支两条线、潜规则中又超收奖励和罚款分成”的体制，将行政部门和行政性事业机构的经费向个体工商户、企业和居民收的来源体制，改革为纯粹的财政拨款。对此，“十二五”期间，应当有一个清理政府各部门和各行政性事业机构各种收费和罚款的硬性改革规划，并坚决予以实施。

若要真正彻底清理税外收费，这个规划要分轻重、分先后、分阶段、分步骤予以实施，扎扎实实推进清费减人方面的改革。

2. 应当形成完整的国家财政收入体系

2009年预算内的财政收入只有68476.9亿元，其中税收为59514.7亿元，其他收费等项目为8962.2亿元。实际上，还有预算外表内收费和表外收费12999.8亿元，社会保险金16116亿元，土地出让金收入15910.2亿元，探矿权和采矿权出让收入57.35亿元，发行彩票收入1324.79亿元，就这几项共计114885.04亿元，占当年GDP 337313.4亿元的34.06%。可以看出，中国目前的政府收入体系中，除了税收和一部分收费进入了预算外，相当部分收费罚款收入、社保资金收入、国有企业利润、土地出让收入、探矿权和采矿权出让收入、出售彩票收入、公共考试收费等项目，基本上没有进入政府的财政预算。我认为，应当逐步纳入预算统一管理。

笔者认为，每个部门都有收费权，并有不属于财政管理的“预算”，有小金库，这是一种财政管理上的分管领导割据和政府各部门割据制，是封建分封制的遗留，而不是现代国家的财政预算制度，影响国务院及其各级政府政治治理结构的统一。

一是应当将目前社保部门收取的社保费，改由税务部门征收，并随着经济的发展和体制的完善，逐步改革为中央税，纳入预算管理。

二是应当将各级国有企业的利润，纳入政府预算管理，先全部上缴，由于是全民资产，90%的利润应当缴财政，留成部分预算返还。

三是应当讨论央行的铸币收益是由央行自行支配，还是交国家财政预算的问题。央行的铸币收益，是中国人民共和国主权收益，是全民资产，应当交由中央财政预算管理。

四是其他如探矿权采矿权出让金、公共考试收费、彩票发行收入等，都是公共资源出让和公权力（或者公共权力特别许可）产生的收入，都应当纳入财政预算进行管理。

3. 调整和改革税收来源结构。

在计划经济体制下，国有企业向国家上缴利润。后来利改税，征税的对象主要是企业。谈税收结构，首先需要分析税源的分布。中国目前的税收结构，主要征税对象为企业，深究起来，我们实行的是一种鼓励依靠资产食利，鼓励污染和浪费性使用资源，而不鼓励创业和创造财富的税费政策。这种税费结构，从结果上看，与社会主义共同富裕价值理念，与科学发展观，根本上是相悖的。未来的税收源泉在哪里，决定于要素价格、资源和环境稀缺程度和财富的积累分布。并且，应当以此来进行调整和改革。

向企业收的税，加上烟酒消费税，占到总税收的75%以上。政府全部收入中，企业主要负担的有，增值税、所得税、营业税和城建维护税38143.05亿元，收费和罚款的80%，即17569.6亿元为企业所缴，从企业征收社会保险金13696.10亿元，共计从企业中征收69408.75亿元税费，占政府全部收入的60.42%，加上消费税，占全部收入的近65%；而个人所得税只占3.24%；资源税只占0.26%，房产税只占0.59%，环境收费没有进入政府收入的计算，没有体现出来，我估计至多也不超过0.5%；而且土地出让收入则是从农民手中和低收入者手中收钱的体制设计。显然，这样的政府收入结构，抑制投资与创业，对就业不利；而对财产积累、污染行为、浪费资源的行为等，轻税和不征税，实际上是对扩大就业设置障碍，促进两极分化，鼓励浪费资源和污染环境的税收机制。那么，怎么改革呢?

一是个税起征点不动，累进税率逐级下调，最高降低至30%。

二是开征财产税，主要征税对象和行为：房产和其他不动产，继承遗产和接受赠与行为及其额度。

三是开征资源和环境税，有重点地开征各种资源税，包括使用空间（如航空线路和无线频道等）资源税，将目前一些从量计征的资源税改革为从价计征，并提高资源税的税率；开征环境税，包括企业的各种排放税，家庭的排污水费和垃圾处理税等等。

四是改革目前地方政府的房地财政收入渠道。现在的收入流程为，从农民手中低价征地，或者从其他使用城市国有土地的法人和自然人手中拿地，再倒卖出去，推高地价和房价，政府从中获得收入，实际上是向低收入的农民和没有房子要买房子的个人手中筹集政府的收入，而不对已经买了房屋的有财产的人征税，是一种典型的“抽瘦补肥”的地方财政收入制度。这种体制的后果是，房屋因涨价趋势强劲，成为一种投资和投机品，住房的多套率和空置率上升，土地资源将形成极大的浪费；未来很可能形成15%的有房人，租房给85%的买不起房屋的人，在城市中形成出租食利、承租交利的两个阶级，铸就中国未来两极分化的格局。因此，废除目前的土地和房屋财政收入体系，将其替换为向土地和房屋交易征税，向房屋保有环节征税，开征房地交易增值税和房产税。

二、政府支出体制改革

财政体制在支出方面的改革任务是，要将政府党政公务和行政性事业支出的比例降低下来，按照现代国家预算体制将一般性预算与建设性预算分开，支出结构向公共服务型财政转变，并且将发票报销制改革为预算拨付及事务核销制。

1．要财政体制改革与编制体制改革联动，形成财政与编制双控制度

据我的计算，以2007年为例，政府党政公务和行政性事业支出的比例，已经达到政府实际全部支出的44%，高于许多国家行政公务开支比例一倍以上。问题在于，我们没有摆脱财政养人、养人收费、收费养更多的人这样一个恶性循环的怪圈。必须要将财政支出体制与编制体制改革联动；否则，单独的行政体制改革，或者财政体制改革，都会变成未来机构和人员的大膨

胀，最后还是陷入“精简→膨胀→更难的再精简→更大程度的再膨胀”的恶性循环之中。

2．必须要将财政支出体制与编制体制改革联动

首先，万费归税，行政、执法与收费罚款和部门利益相分离，党和政府的议事、行政、执行、执法等机构，一定是财政拨款供养；特别少量的处罚收入，直接进入国库，与行政、执行和执法机构和人员的办公、工资、福利等利益绝对无关；设置和建立机构和增加供养人员，事先应当征询人大财经委和财政部门的意见，无财政拨款的，党委不得动议研究建立机构和讨论任职领导，组织部不得提名和考察机构领导，编制部门不得给机构和人员编制，人事部门不得给公务员和事业单位人员岗位。政府不得供养无财政拨款的官员、公务员、事业单位职员和政府和事业临时雇员。

其次，按照现代财政预算体制，一般性预算与建设项目预算相分离。各级政府所有规定额度以上公共建设项目，都以发债的方式筹集资金；规范发债程序和机制；对于建设发债进行宏观控制；规定建设项目前置论证和核准的程序、机制和时间。

再次，将目前养人和建设特征较为明显的财政，转变为公共服务型财政。一是按照公共服务型财政和不同的预算确定预算科目。公共预算，应当以提供公共产品和公共服务为主，其项目的核心理念就是以人为本，注重民生。支出较大的项目应当是社会保障、教育、医疗卫生、低收入补助、生态环境保护和治理、消防、治安等方面。取消一些明显带有计划经济色彩的科目。对社会保障、国有资产预算（或者国有资本金预算）、建设项目预算，按其需要，进行特殊的分类和设置专门的收支科目。二是保证公共服务项目支出快速和稳定增长。向公共财政支出结构的调整为：继续提高教育支出在财政总支出中的比例；继续提高公共卫生总费用占财政总支出比重；财政收入增量的相当部分，包括国有资产经营和变现收益，用于补充社会保障资金缺口；增加财政对社会稳定的投入；增加对环保、科技和农业的投入比重。

最后，从发票依据报销制向预算事务发生费用核销制改革。财务报销制度改革的方向和思路：一是解放思想，财务报销观念上要从重名转变到重实，思路上要从重纸质证据转变到实际发生的事务和结果；二是对党务、行政、行政性事业、公益性事业、经营性事业、社团、国有企业、私营企业等等不同类型的单位，实行不同的财务管理制度；三是对于大学、医院、研究院所、部门研究机构、社会研究机构等单位的科研项目的报销，更应该重成果完成时间和质量，给科研人员以更多的处置费用的自由；四是报销制度的设立，应当以鼓励节约为原则；五是财务报销制度一定要以杜绝造假活动、减少监督事务和降低监管成本为原则进行设计和改革；六是为重实际事务、实际结果和实际交易的财务报销制度创造财政、税收、商业、银行、保险、所在单位财务等，包括个人纳税、收入、信用等信息的网络配套条件。

三、理顺中央与地方的财政税收关系

中央与地方的财税关系，既是一个经济问题，也是一个涉及国家治理结构及中央与地方利益分配的政治问题。如何设计二者的关系，理论界进行了争论；怎样改革，学界也进行了不同的设计。这里就此提出我们的看法和设计。

1. 划分中央与地方的事务和支出范围

一是中央政府的事务和主要支出项目应当为：国防、外交、社会保障、中央政权和政府的行政管理、全国性重大建设项目的付息、地区转移支付、国立教育、对居民社会保障的转移支付等。

二是省级政府的事权范围及支出项目包括社会保障支出及各种补贴支出，如支农支出，对市、县的转移支付支出；科教文卫支出，如省属高校、一般性文化公益事业、基础性研究；治安设备及警力支出；投资支出，如对省内交通、通信、能源、农业等基础设施和产业的投资；本级政府行政管理支出等。

三是县市级政府的事权范围及支出项目应当为本级政府行政管理支出、基础设施和基础产业投资支出、科教文卫支出、低收入人群保障支出、消防和警力支出、生态环境保护等等。从上述各自支出责任上看，财政总支出的大头应该在省以下的地方，市、县支出约占全国财政总支出的50%—55%，再加上省级的15%—20%，中央支出只能占全国财政总支出的25%—30%。因此，财政转移支付势必成为财政体制的重要组成部分。

2. 改革税制，划分各自的收入范围

一是中央政府收入以社会保障税为主，还包括关税、增值税和消费税、证券交易税、个人所得税、企业所得税、海洋石油资源税等属于涉及国家主权、公平市场环境、影响全局利益、关系国民经济稳定、维护统一秩序、调节收入分配以及流动性较强和分布不均的税种。其收入总量应控制在全国收入比重的50%以上。二是省政府收入以营业税为主，还包括一部分资源税、增值税、公司所得税、个人所得税中的地方分享比例等税种。其收入总量应控制在全国收入比重的15%左右。三是县市政府以房地产税为主，还包括契税、土地增值税、遗产税、排污税、城市建设维护税、车船牌照税等流动性较低、信息要求较细、适宜由基层掌握的税种，以及其他国税、省税以外的较小税种。其收入总量应保持在全国收入比重的30%左右。

3. 改革和规范县市级政府的房地产税收

一是征收土地长期使用权交易增值税。无论是企业长期使用的国有土地，还是农民使用的集体土地，如果出让，在土地交易所集中挂拍交易，政府在交易过程中收取土地交易增值税。二是土地使用税。即用地法人对其所占有长期使用权的土地，按照面积和区域级差，每年或者每月向政府缴纳一定水平的税收。三是对企业、行政、事业和社团等法人，对城乡自然人，按照所拥有房产的价值征收一定水平的房产税。四是对拥有土地长期使用权的占有者，如果其按照年月分期出租土地，或者将土地入股于企业，则按照出租和入股的所得征收土地资产收益所得税。五是允许地方政府发债并科学控制。为了适应地方政府从生产建设和行政管制型政府向公共服务型政府转型，并且将目前混乱的地方政府举债行为控制住，应当在规范的前提下，允许地方政府发债进行公共设施项目的建设。六是配套改革：减少政府层级。应当按照建立效率政府和公共财政框架的方向，在适当简化政府层级的前提下，按照“一级政权、一级事权、一级财权、一级税基、一级预算、一级产权、一级举债权”的原则，经过改革，构造和最终形成中央、省、市县三级政权和财政体制。七是建立科学、公正和公开的转移支付。将我国现行的“混合型”转移支付制度，整合成两种形式，即一般性转移支付和有条件的转移支付。以标准收支和公式作为转移支付分配的基础，建立地方一般性转移支付制度，加快政府间转移支付制度的法制化建设。

中央、省和县市财政分配结构逐步形成两头大、中间小的分配格局：即巩固和维护中央财政收入的比重，保持在50%—55%左右；扩大和提高县乡财政收入比重，上升到30%—35%左右；调控和压缩省财政收入比重，控制在10%—20%范围。

四、推进财政民主化

目前中国的财政税收制衡体制方面的问题是，收费方面，各种部门法律、法规和条例中收费罚款项目太多太滥；政府各部门，甚至行政性事业单位发个文件，就可以收费。税收方面，政府财政税收部门的决定权较大，不能体现纳税人与政府之间的制衡关系。支出方面，财政供养的公务员、事业单位职员、临时和协助人员太多；报给人大的预算，粗糙难懂；相当多的政府收入没有纳入预算进行管理，不报人大审批；强力部门得到的预算数额多，公共服务部门争取预算的能力较弱；转移支付不透明和不公正。

财政体制改革的制度转变，核心是推进财政收入与支出的民主化。财政民主化，就是要公开、公正和透明，就是限制政府本身在财政收支方面的过度权力，限制党政事业本身对财政的消耗，将其转变为为人民提供公共服务的财政。因此，财政体制改革，既是经济体制改革的一部分，也是中国政治体制改革的一个方面。

1．人大和政协体制改革与财政体制改革联动。

一是人大和政协中应当分别设立筹款和预算委员会，下设专门的办事机构——筹款委员会办公室和预算委员会办公室。二是人大代表应当从目前的会议制改革为专职常任制，过渡时期逐步减少会议代表的数量，增加专职常任代表的数量；人大代表和政协委员构成中减少直至取消政府和两院的会议代表（不在政府和两院兼职的中共领导代表不在其列）。三是将政协设置为“多党+省级区域”的代表构成结构，不论党派和民族其人口及党员多少，不论地区大小，平均分配代表名额；政协委员也与人大代表一样，减少数量，逐步从目前的会议制改变为专职常任制，减少直到取消政府和两院的官员和公务员委员，授予政协对筹款、预算法案的讨论、审议和批准等方面的立法权力。四是在人大与政协之间，建立筹款和预算讨论和议事的联席会议制度。五是从立法方面看，要加快《预算法》的修改进程，并与预算改革方案相协调；加快“转移支付法”、“政府部门收费许可法”、“社会保障预算法”、“国有资产预算法”、“公共建设项目预算法”等具体法律的起草、讨论和颁布；《预算法》等要与《会计法》、《审计法》、《刑法》等之间进行衔接和配套，使其成为能真正实施和违法后能追究责任的法律。

2．立法规定政府财政收入和支出的两个比例

一是考虑中国还是一个生产力并不发达的发展中国家，考虑收入在政府、居民和企业中的合理分配，特别是改善居民分配比率过低的状况，政府在中国还没有进入发达国家行列之前，其全部收入不得超过GDP的30%。在这样一个严格的法律指标限定下，处理好财政收入增长与GDP增长速度的关系，处理好国家收入增长与居民收入增长的关系。财政年收入增长速度，在财政收入不得超过GDP 30%的红线下进行安排。二是修改《预算法》，将党政公务及行政性事业开支比例不得超过15%作为一项法律规定确定下来；并且，还需要制定和颁布一部“国家政权和事业人民供养法”，使国家政权机构和人员的无限膨胀受到法律的约束。

3．中央财政一级预算编制和执行分开

在中国，由于人口众多，事务繁杂，为了形成制衡，中央一级财政预算编制和执行应当分开。分开有几种方案：一是财政部内编制预算与执行预算分开，优点是有专门的编制人才；缺点是部门内编制与执行分离，起不到制约作用。二是单独设置总理预算编制办公室，优点是独立和超脱，直接归总理领导，没有部门利益；缺点是需要调进人才，熟悉工作，与宏观的规划可能脱离。三是在国家发展和改革委员会内部设总理预算编制办公室，由总理直接领导。优点是预算可以与国家的中长发展规划，与煤电油运平衡相协调；缺点是其他部门可能会认为发改委权力过大，集中度过高。

4．改革预算编制和审批时间

参考其他国家的做法，结合我国的实际，年度预算编制、审查和批准时间程序定有两种方案选择：①每年2—5月编制部门预算，6—8月由中央预算编制办公室和地方财政部门汇编预算，8—9月由各级人大预算委员会讨论、辩论、预审查预算，10—11月内召开各级人民代表大会审查批准预算，预算执行年度时间不变；②将预算编制、讨论和审批时间顺延四个月，将预算执行年度改为4月1日至第二年3月31日。通过立法明确规定有审查或者审批预算议程的人民代表大会会议，应当自下而上逐级提前召开，保证按照上级政府汇编预算所需要的时间，提交经过本级人大审批通过的本级预算和本级总预算，从根本上解决部门或者财政部门代编代定预算的问题。

5．建立和完善人大和政协对预算的审查和批准体制

将一切决定税收、收费和罚款的权力授予人大，取消政府和政府各部门决定税收、收费和罚款的权力。政府与人大、政协以及国家元首之间具体制衡程序和过程为：①税收和预算议案的提交和听证。总理预算管理办公室提出预算方案，或者政府及政府部门，或者社会上提出要设立新的税收、收费和罚款法案，包括修改以往税收、收费和罚款的动议，人大筹款委员会和预算委员会就此进行听证会。②议案审议通过或者被否决的程序。税收、收费、罚款，或者预算方案在人大和政协先后辩论，否决或者通过；报国家主席，同意或者否决；重新表决，通过形成法律或者议案作废。政府财政和国有资产是公共财产，除了涉及军事和国家安全的，全部预算和国有资产经营信息必须向公众公开。③公开性规定。一切税法、税收，收费和罚款法律条款，预算法及各级政府的预算法定方案，其全部和详细内容，除受安全保密法特殊限制的，必须通过出版物、政府公告、政府网站等方式和途径向公众公开。同时，也要建立各级政府对人大的财务报告制度。一是编制政府财务报告，每年定期向同级人大报告，并向社会公开披露。二是制衡、规范和约束各级政府及部门，特别是地方政府及部门借债的行为。

6. 国家审计体制应向人大归属过渡

审计是人大对政府最有效的监督。从公共受托责任的角度来看，作为具有鉴定政府对人民和人民代表大会所承担的公共受托责任履行情况功能的审计机关，应该设立于政府之外。审计机关朝人大归属方向改革，更能体现出中国人大制度的优越性，人民不仅直接管理政府及财政行为，而且应当直接监督财政预算。其本源或实质是政府如何向人民负责，这就是我们看问题的出发点。有学者提出一种过渡方案，我们认为中期内可以选择，即在加强人大预算监督的同时，又继续保留和发扬现行政府体制下审计监督在政府经济监管职能中的优势和作用，在政府继续保留现行审计机关的同时，把现行审计机关中的预算审计职责和工作体系转移到人大系统，在人大系统重新建立主要从事预算审计工作的审计组织的“双轨制”下，隶属于全国人大的审计组织应该成为中国最高审计机关，而隶属于国务院的审计组织仍同目前审计署的性质一样，属于政府的一个专门承担政府经济监管工作的职能部门。但是，国家审计体制，从长远看，最终要完全设置在人大之中，归人大领导，才能真正体现人民当家作主的宪法思想。

第三部分
政治法律体制改革

在新的历史起点加快推进法治建设

袁曙宏*

改革开放32年来，我国的社会主义法治建设取得了丰硕的成果。站在新的历史起点上，我们不仅要认真总结30多年来法治建设的重大成就和宝贵经验，更要从新的历史高度出发，更加高扬中国特色社会主义法治的旗帜，全面谋划和加快推进今后较长一段时期的社会主义法治建设，全面落实依法治国基本方略，努力创造无愧于我们民族和时代的中国特色社会主义法治建设的更大成就。

一、在新的历史起点谋划和推进法治建设，就要从全面建设小康社会的奋斗目标出发，把法治放在更加重要、更加突出的全局性、基础性和战略性地位，加快建设社会主义法治国家和法治政府

总结改革开放32年来的经验，最基本的一条就是我们一往无前、一以贯之地进行了经济、政治、文化、社会等各个方面的体制、机制和制度的改革与创新。改革本质上就是自我革命，就是“变法”，就是旧制度的革除和新制度的建立。没有30多年来的制度重塑和创新，社会主义中国就不可能迸发出空前的活力，中国特色社会主义就不可能显示出强大的生命力，中国人民就不可能创造出经济社会发展的奇迹！

* 作者为国务院法制办副主任，法学博士，教授。

邓小平同志在改革开放初期就已经极其深刻地指出：制度“更带有根本性、全局性、稳定性和长期性”。客观分析我国法治发展的现状，我们虽然取得了辉煌的成就，但面对新形势新任务，从总体上看，法治建设在力度和措施上与制度所具有的根本性、全局性地位还不相适应；制度供给在质量和数量上与党的理论创新步伐和经济社会发展速度还不相适应；制度执行在公正和高效上与人民群众的要求和期望还不相适应；制度遵守在自觉和普遍上与制度所应有的权威性和公信力还不相适应。小平同志早在1992年初视察南方的谈话中就曾经断言：“恐怕再有三十年的时间，我们才会在各方面形成一整套更加成熟、更加定型的制度。在这个制度下的方针政策，也将更加定型化。”这是一个十分重大、十分有预见性的全局性和战略性判断。按照党的十七大的要求，我们到2020年要全面建成惠及十几亿人口的更高水平的小康社会，届时不仅经济要更加发展，而且民主要更加健全，各方面制度要更加完善，依法治国方略要深入落实。这与小平同志断言的时间基本吻合。任务紧迫而艰巨。制度的核心是法治，制度建设的重点是法治建设。这就要求我们必须进一步解放思想，与时俱进，继往开来，把思想认识从重经济建设、轻法治建设的观念中转变过来；把法治建设从重立法、重形式、重宣传，轻执法、轻落实、轻效果的倾向中转变过来；把法治工作从重治民、重处罚、重管理，轻治官、轻教育、轻服务的方式中转变过来。要始终牢牢抓住制度建设这个根本建设，把法治放在更加重要、更加突出的全局性、基础性、战略性地位来谋划和推进，像注重经济建设那样注重法治建设，像规划部署经济工作那样规划部署法治工作，像考核评价经济发展成绩那样考核评价法治发展成绩，在重视程度、领导力度和推进速度上都要进一步增强紧迫感与责任感，努力开创中国特色社会主义法治建设的新局面，不断把建设社会主义法治国家和法治政府推进到新水平和新阶段。

二、在新的历史起点谋划和推进法治建设，就要把法治作为深入贯彻落实科学发展观的基本方式，既要重视科学发展的观念转变，更要重视科学发展的制度供给和制度保障

深入贯彻落实科学发展观，既是一场深刻的观念变革，更是一次全面的制度创新。我们要勇于把自己的思想从各种不符合、不适应科学发展的观念中解放出来，但观念的变革容易受到旧体制、机制和制度的影响与束缚，容易反复、停顿甚至逆转；因而，我们更要勇于建立一整套支持、推动和保障科学发展的长效体制、机制和制度体系，把科学发展建立在制度化的基础上，纳入法治化的轨道内。

科学发展观的第一要义是发展，这就要求必须进一步完善社会主义市场经济体制，坚决革除各种不利于发展的机制和制度弊端，让发展的活力竞相迸发，让创新的源泉充分涌流。科学发展观的核心是以人为本，这就要求必须加快完善以人为本、保障人权、公共服务等方面的法律法规和制度体系，使人的尊严、价值和利益得到充分保障，使人民群众在经济社会发展中的主体地位和主人翁作用得到完全确立。科学发展观的基本要求是全面协调可持续，这就要求必须以科学合理的体制、机制和制度促进生产关系与生产力、上层建筑与经济基础相适应，促进现代化建设各个环节、各个方面相协调，促进速度与结构质量效益相统一。科学发展观的根本方法是统筹兼顾，这就要求必须通过经济布局、发展规划、职能转变、财政支持、权责配置、评价标准、干部制度和奖惩机制等一整套法律法规和制度安排，来保证城乡、区域、经济社会、人与自然、国内国外的和谐协调发展，保证中央与地方关系、个人利益与集体利益、局部利益与整体利益、当前利益与长远利益的统筹兼顾。

总之，我们应当把法治作为深入贯彻落实科学发展观的基本方式和有效载体，通过制度供给、制度导向、制度创新来解决制约科学发展的制度空白、制度缺陷和制度冲突。

三、在新的历史起点谋划和推进法治建设，就要把法治作为发展社会主义民主政治的根本保障，既要重视领导干部在民主政治建设中的表率作用，更要重视推进社会主义民主政治的制度化、规范化和程序化

人民民主是社会主义的生命，而法治则是实现人民民主的根本保障。改革开放以来，我们坚定不移地走中国特色社会主义民主政治发展道路，把坚持党的领导、人民当家作主和依法治国有机统一起来，不断推进社会主义民主政治的制度化、规范化、程序化，保证了党和国家最高领导权的平稳交接，保证了党和国家领导集体的坚强有力，保证了党和国家的长治久安。

推进社会主义民主政治的制度化，就是把适应社会主义初级阶段民主政治要求的基本政治体制、政治原则、政治架构、政治组织等确认下来，使其定型化、体系化、权威化，成为发展社会主义民主政治的坚实制度基础；推进社会主义民主政治的规范化，就是把有利于扩大人民民主、保证人民当家作主的民主选举、民主协商、民主决策、民主管理、民主监督等固定下来，使其成为普遍遵循的行为准则，成为发展社会主义民主政治的具体实现方式；推进社会主义民主政治的程序化，就是把广大人民群众行使民主权利、进行民主监督的步骤、过程和方法等确定下来，使其得到严格遵守，成为发展社会主义民主政治的基本程序保障。

实现社会主义民主政治的制度化、规范化和程序化，这是我们党在对我国社会主义民主政治建设经验全面总结的基础上确立的一个重要目标，是对十年“文革”、“大民主”教训深刻反思之后得出的一个精辟结论，是中国特色社会主义民主政治发展的一个鲜明特征。毫无疑问，在中国这样一个民主传统薄弱、人治传统很深的国家，建设社会主义民主政治需要高度重视各级领导干部的身体力行和率先垂范作用，需要高度重视对他们民主精神的培育、民主作风的培养和民主能力的提高；但是，人与制度相比，制度的作用无疑更根本、更稳定、更长久、更有决定性意义。我们要继续坚持和完善人民代表大会制度、中国共产党领导的多党合作和政治协商制度、民族区域自治制度以及基层群众自治制度，这是中国特色社会主义民主政治的基本体制

和根本制度；要加快人民民主实现方式与程序方面的立法和制度建设，这是广大人民群众行使民主权利的具体规则保证；要建立健全决策权、执行权、监督权既相互制约又相互协调的权力结构和运行机制，这是保证人民赋予的权力始终用来为人民谋利益的有效权力架构。要把依法治国的基本方略、依法执政的基本方式和依法行政的基本准则真正落到实处，不断提高依靠制度治国、执政和行政的水平，努力开启建设社会主义政治文明的新时代。

四、在新的历史起点谋划和推进法治建设，就要把法治作为构建社会主义和谐社会的牢固基石，既要重视采取有力措施化解社会矛盾和纠纷，更要重视通过完善制度从源头上有效预防和减少社会矛盾和纠纷

经过30多年的改革开放，我国已进入改革发展稳定的关键时期。改革的难度在加大，复杂性在加深，利益冲突在加剧，各种矛盾的关联性、集聚性、突发性进一步增强，很容易引发群体性事件，造成社会动荡和局部危机。同时，人民群众的民主法治意识和权利保护意识不断增强，对公平正义和公共服务的要求越来越高。这些虽给我们推动科学发展、促进社会和谐带来了很大的压力，但也增添了内在的动力。

发展是政绩，稳定也是政绩。发展是第一要务，稳定是第一责任。近年来，我们高度重视化解各类社会矛盾和纠纷，努力维护社会稳定，营造了总体和谐的社会环境，取得了来之不易的可喜成绩。但化解矛盾纠纷是一项长期、复杂和艰巨的社会系统工程，旧的矛盾纠纷解决了，新的矛盾纠纷又会产生，过多依赖事后补救、末端治理的纠纷解决方式，很容易陷入盲目被动、疲于应付，甚至恶性循环的困境，无法从根本上解决问题。因而，我们不能仅仅停留在治标层面上去解决各种社会矛盾和纠纷，头痛治头，脚痛治脚，甚至本末倒置，而应当深入分析产生这些矛盾和纠纷的制度层面的原因，努力以制度防纠纷于未起，化矛盾于未发，把法治作为构建社会主义和谐社会的牢固基石，把以人为本、公平正义作为法治建设的核心和灵魂，通过整体、全面、合理的制度安排，来有效预防和减少社会矛盾与纠纷。

诚然，制度建设和制度创新的成效有一个从小到大、从隐性到显性的过程，难以立竿见影，快速见效。但是，制度的导向和预期作用却使其收益随着时间的推移呈现雪球效应，制度执行得越持久、越稳定，其成效就越成倍放大；而如果我们现在在制度建设上稍有松懈，未来出现的问题却可能是全局性、长期性，甚至是灾难性的，解决起来事倍功半，积重难返。这方面的正面例证不胜枚举，负面教训也极其深刻。当前，我们要特别重视进一步健全和完善保护公民权益类法律制度、公共服务体系类法律制度、社会管理类法律制度、制约公共权力类法律制度、化解社会纠纷类法律制度。在每类法律制度下，均应包括若干子制度，如在保护公民权益类法律制度下，应至少包括维护公民权益表达、实现公民权益协调、提供公民权益保障、确保公民权益补偿等子制度。要使上述五类法律制度相互依存、紧密配合，共同构成促进全社会和睦相处、和衷共济、和谐发展的法律制度体系。

改革促发展　逐步推进社会转型

沈宝祥*

关于社会转型，是指社会阶段性的演进，如农业社会向工业社会转变、专制社会向民主社会转变、人治社会向法治社会转变等，这是重大的历史现象。中国的社会具有很大的特殊性，中国社会的转型具有自己的特点。

一、新中国三个历史发展阶段和两次社会转型

从新中国成立到目前，已经经历了三个大的发展阶段、两次社会转型。

1．三个历史发展阶段

对于新中国的历史，邓小平作过概括和评价。他在1988年说过："我们建国三十九年，头八年好，后十年也好，当中那些年受到'左'的干扰，情况不大好。我们对近十年的发展是比较满意的，现在看来，这十年搞对头了。"[①]我认为，邓小平把新中国的历史分为三个大的阶段，是符合历史实际的。用规范的语言讲，这三个历史阶段就是：新民主主义、中国传统模式社会主义、中国特色社会主义。头八年好，就是新民主主义那一段。近十年，就是建设有中国特色社会主义的一段，现在已经是32年了。他说"搞对头了"，是肯定我们走出了一条正确的道路。邓小平说的"当中那些年"，就是传统模式社会主义的21年。"情况不大好"，这是政治家的语言，实际是很不好。那一段为什么"情况不大好"，因为没有搞对头，就是走的道路不对头。

* 作者为中共中央党校教授，著名的党建专家。

2. 两次社会转型

第一次是随着民主革命的胜利和中华人民共和国的成立，中国社会从半殖民地半封建社会转型为新民主主义社会，实质上是从农业社会转向工业社会、从专制社会向民主社会转变。第二次是目前正在进行的社会转型，从中国传统模式社会主义转向中国特色社会主义，实质上是从农业社会转向工业化和现代化社会、从人治转向法治社会。

下面分别对这两次社会转型作一些历史的考察。

二、第一次社会转型

1949年9月29日，承担筹建新中国神圣历史使命的中国人民政治协商会议全体会议，通过了一个历史性的文件，即起临时宪法作用的《中国人民政治协商会议共同纲领》。《共同纲领》第一条规定："中华人民共和国为新民主主义即人民民主主义的国家。"《共同纲领》全面体现了我们党一再宣布和阐明的新民主主义的建国思想和主张，并得到了全面实施。

新中国成立后，在全国范围内建立了人民民主的政治制度。1949年10月1日，中央人民政府宣告成立；经过一年的努力，在全国28个省成立了省人民政府，成立了9个相当于省一级的行政区人民行政公署（比如，江苏省分设苏南、苏北两个行政公署，四川省分设川南、川北、川东、川西四个行政公署），成立了12个中央或大行政区直辖的市人民政府，67个省辖的市人民政府，成立了2087个县人民政府。[②]在此期间，所有的市以及1707个县、36个蒙古旗，召开了各界人民代表会议（笔者是江苏省无锡县的各界人民代表会议的代表，还被选为常务委员），全国大部分的区乡和村都召开了人民代表大会、人民代表会议或农民代表会议。在新中国成立后，逐步地形成了包括人民代表大会制度、民族区域自治制度、共产党和各民主党派长期共存、互相监督的政党制度。这个政权，以工人阶级为领导、工农联盟为基础，包括了民主党派、民族工商业者，体现了新民主主义的性质。

经济方面，到1949年底，共没收官僚资本主义企业2858家，将这些企业改变成了国营经济。从1951年底开始，对这些企业进行民主改革，使社会主义的新型生产关系在这些企业中进一步确立。与此同时，人民政府制定一系列政策，采取许多措施，扶持和保护民族工商业。从1950年到1953年，在占全国人口一半多的新解放地区实行了土地改革（老解放区早已实行了土改），实现了耕者有其田。这样，就在全国范围内建立了以社会主义性质的国营经济为领导的、包括多种经济成分的新民主主义经济制度。

以上这些表明，在我国实现了一次深刻的社会转型，从半殖民地半封建社会转变为新民主主义社会，政治上，从专制社会转向民主社会；经济上，在新政权的领导下，开始了从农业国向工业国的转变。

在新民主主义制度下，我国的国民经济迅速恢复。从1953年开始，实行经济建设的第一个五年计划，到1957年胜利完成。这一时期，我国的国民经济得到较快的恢复和发展。特别是，在此期间建设的156项大型工程，为新成立的共和国奠定了相当坚实的物质基础。

当时的实践证明，新民主主义的社会制度，适合我国的基本国情，有利于促进社会生产力的发展。这一次社会转型是成功的，但还是初步的，不巩固的。这个社会转型，无论是在政治方面，还是在经济方面、文化方面，都要经历一个相当长的历史时期才能完成。

1953年，毛泽东将中华人民共和国成立到社会主义改造基本完成这一时期，称为“过渡时期”，放弃了“新民主主义”的提法。

从1953年起，领导思想上改变了实行较长时期新民主主义的政治主张，提前向社会主义过渡，实行对农业、手工业和资本主义工商业的社会主义改造，并在反右的氛围中加速推进。从1957年开始，中国进入了社会主义时期。现在看来，只能称为中国传统模式的社会主义。这就是说，在第一次社会转型远没有完全实现的时候，新中国的社会发展就进入了第二个阶段。

中国的社会主义，开始时是照搬苏联模式，主要是两种所有制（全民所有制和集体所有制）、高度集中统一的计划经济体制，其他各个方面（突出的如高等教育），也照搬了苏联的一套。

照搬苏联，实际上新中国成立时已经开始。毛泽东早就对苏联的一套不满意。1955年，他在《论十大关系》中提出 “以苏为鉴”，走自己的路。

在此后的年代里，毛泽东搞了高级农业合作社、人民公社、“大跃进”、“阶级斗争为纲”（包括一系列政治运动）、“文化大革命”（包括整“走资派”、横扫一切牛鬼蛇神、全面夺权、清理阶级队伍、“斗私批修”、整党内资产阶级、反对资产阶级法权、“反击右倾翻案风”等）、革命委员会，等等。这一套东西，并不是从外国搬来的，是“中国制造”。这样的社会主义，是“苏联模式+中国制造”，我称之为中国传统模式的社会主义。

这样的社会主义，搞了整整20年。

纵观毛泽东主政的社会主义20年，主要是在前十年，在发展工业、教育、科技等方面，取得了相当的成就，为以后的发展，奠定了一定的物质基础。

但从社会转型的角度来说，不但进展缓慢，而且有扭曲，有逆转，以致陷入难以自拔的困境。

在经济方面，搞了纯而又纯的所有制，高度集中、“吃大锅饭”的计划经济体制，严重束缚了生产者和管理者的积极性和创造力。从农业社会向工业社会的转型，必然伴随着商品经济的发展。中国传统模式的社会主义背离了这个客观规律，其结果，只能是延缓社会的转型。

在政治方面，在新中国成立时，在全国范围内，从中央到地方，建立了一套人民民主的政治制度，运作也比较正常。1954年，制定了新中国第一部宪法，这个宪法体现了民主原则。《中华人民共和国宪法》规定：“中华人民共和国的一切权力属于人民。”宪法还规定了全国人民代表大会和地方各级人民代表大会的职权。以后，宪法几次修改，但这个最基本的原则没有改掉。从宪法和法律条文看，我国是社会主义性质的民主政治制度。但从实际看，进入社会主义时期以后，通过反右派、“反右倾”等一系列的政治运动和政治斗争，实现了高度集权和个人专断。邓小平在《党和国家领导制度的改革》一文中说：“从一九五八年批评反冒进、一九五九年‘反右倾’以来，党和国家的民主生活逐渐不正常，一言堂、个人决定重大问题、个人崇拜、个人凌驾于组织之上一类家长制现象，不断滋长。林彪鼓吹‘顶峰’论，说毛主席的话是最高指示，这种说法在全党全军全国广为流传。”[3]在这一时期，集中体现人民当家做主的全国人民代表大会，在1964年开会以后，直到1974年才开会，竟有九年之久没有开会，不能行使其神圣职权。“文化大革命”的十年，在中国大地上，民主和法制荡然无存。有虚无主义的历史观，但历史没有真空。民主政治制度既不存在，必然生出另一种政治制度。在此期间，中国建立了一种适应纯而又纯的公有制、高度集中统一的计划经济体制需要，以推行“阶级斗争为纲”、发动和推进“文化大革命”为其主要职能的另一种政治制度和体制。其主要标志是，遵从“最高指示”、从省级到基层的革命委员会体制。这也是“破字当头，立在其中”吧！从性质上看，这样的政治只能说是专制政治，是人治。观察我国的政治制度和体制，研究政治转型，应当注意到这一点。

出现这样的政治制度和体制绝非偶然，有着深刻的历史根源和社会根源。正如邓小平所说，这种现象，同我国历史上封建专制主义的影响有关。我国从秦汉以来，封建专制主义延续2000多年，从中央到地方，在社会生活的各个方面，封建专制主义有完备的一套东西，久而久之，成为“天经地义”，成为人们的习惯，更重要的，成为一种文化，同人们的思想感情相融合。十年“文革”，也是封建主义大泛滥的时期。

到“文化大革命”结束时，我国的国民经济濒临崩溃的边缘，没有解决温饱的人口竟达2.5亿（全国总人口约九亿）；政治上天下大乱，冤假错案遍城乡；文化方面一片荒漠。这是我国第一次社会转型的大逆转。

评价一种社会制度，主要看两条，一是看是否能持续促进社会生产力的发展，二是看是否能持续改善人的生存状况（过去，笔者和许多学者一样，强调生产力标准，这是正确的，但不够全面）。历史证明：传统模式的社会主义不但不能发展中国，而且使人民吃了很大的苦头：一是普遍贫穷，饿死了许多许多人；二是乱批乱斗，斗死了许多许多人。邓小平说：“社会主义是一个好的名词，但是如果搞不好，不能正确理解，不能采取正确的政策，那就体现原出社会主义的本质。”[4]这段话，实际上是对中国传统模式社会主义的总结和概括。“文革”后期，我国传统模式的社会主义已经走到了自己的尽头。邓小平说，再不进行改革，就要葬送现代化事业和社会主义事业。这里包含了社会转型的要求。

1954年，毛泽东在第一届全国人民代表大会第一次会议的开幕词中提出：为建设一个伟大的社会主义国家而奋斗。1956年，党的八大提出：全国人民的主要任务是集中力量发展社会生产力，实现国家工业化，满足人民的经济文化需要。1964年12月21日，周恩来总理在三届全国人大第一次会议上提出："要在不太长的历史时期内，把我国建设成为一个具有现代农业、现代工业、现代国防和现代科学技术的社会主义强国。"[⑤]这就是四个现代化。以上这些，包含了社会转型的内涵，但在中国传统模式的社会主义下，社会转型不可能实现。

三、第二次社会转型

党的十一届三中全会实现了历史的转折。历史转折意味着社会转型的重新开始。但是，主观上对社会转型的认识，有一个过程。

实现四个现代化，这是总的目标。对此，全党全国有高度的共识。实现这个总目标，实际就是实现社会的转型。邓小平当时的概括，是三个转变："从以阶级斗争为纲转到以发展生产力为中心，从封闭转到开放，从固守成规转到各方面的改革。"[⑥]实际上，还有一个从人治到法治的转变。但当时邓小平没有明说。这是当时全党对社会转型的总体认识。

1987年党的十三大，对我国社会作了比较全面深入的分析。

党的十三大报告指出，我国突出的景象是：10亿多人口，8亿在农村，基本上还是用手工工具搞饭吃；一部分现代化工业，同落后于现代水平几十年甚至上百年的工业，同时存在；一部分经济比较发达的地区，同广大不发达地区和贫困地区，同时存在；少量具有世界先进水平的科学技术，同普遍的科技水平不高，文盲半文盲还占人口近1/4的状况，同时存在。生产力的落后，决定了在生产关系方面，发展社会主义公有制所必需的生产社会化程度还很低，商品经济和国内市场很不发达，自然经济和半自然经济占相当比重，社会主义经济制度还不成熟不完善；在上层建筑方面，建设高度社会主义民主政治所必需的一系列经济文化条件很不充分，封建主义、资本主义腐朽思想和小生产习惯势力在社会上还有广泛影响，并且经常侵袭党的干部和国家公务员队伍。[7]十三大报告肯定，我国还是一个落后的农业国，生产社会化程度很低，民主政治水平也低，文化落后，并科学地表述为“社会主义初级阶段”。这就是社会转型的起点。但十三大提出的任务却是现代化，没有提工业化，显然越过了社会发展必经的阶段。十年以后，1997年召开的十五大，对此作了进一步阐述。十五大报告提出：“社会主义初级阶段，是逐步摆脱不发达状态，基本实现社会主义现代化的历史阶段；是由农业人口占很大比重、主要依靠手工劳动的农业国，逐步转变为非农业人口占多数、包含现代农业和现代服务业的工业化国家的历史阶段；……”[8]这里，在现代化中间又加了一个工业化。这就明确了，我国的社会转型，是由农业国转向工业化和现代化。当然，我们是后发国家，不可能也不必要像先发国家那样，从农业国到工业化再到现代化，按部就班地前进，而是从农业国向工业化和现代化同步推进。

在改革开放的历史进程中，我国的学者提出了社会转型的概念，并成为共识。社会转型概念的提出，大大加深了人们对改革开放实质和意义的认识。原来，改革开放不只是改变旧的体制，也不只是实现农业、工业、国防和科学技术的四个现代化，而是整个社会形态的转型，从我国落后的农业国经过工业化转型为现代化，是社会从经济基础到上展建筑的各个方面的深刻变化。

改革开放以来，我国的经济以年均9.7%的速度增长，保持了连续较快增长的势头。1978年，GDP只有3645亿元，到现在，已经超过33万亿元，增加了近百倍，在世界的排名跃升到第二位。我国的综合国力明显增强，人民生活普遍得到改善。国家的面貌，社会的面貌，人的精神面貌，都发生了深刻的变化。

从社会转型角度看，已向前迈出了相当大的一步。

经济学家习惯用数字来说明问题，他们设计了多种测算现代化的指标体系。[9]有的经济学家将现代化过程分成以传统工业化为主的第一次现代化和以知识经济为主的第二次现代化两大阶段。他们认为，到2008年，中国已完成第一次现代化进程的68.5%（经过两年，到2010年应当在70%以上），已进入了工业化的后期。[10]经济学家的研究包括了经济发展水平、经济结构性指标、社会结构性指标、社会发展水平（大学普及、社会保障、平均预期寿命等），是比较全面的，很能说明社会转型的进展状况。唯独没有民主政治发展方面的统计和估量。

30多年来，我国社会主义民主政治发展（包括转型）的状况如何呢？

粉碎“四人帮”，经过揭、批、查，经过拨乱反正，“文革”期间那样的政治上层建筑已经被推翻、被打碎，但其碎片和影响还存在。改革开放以来，我国的社会主义民主政治已经有了相当程度的发展。体现人民当家作主的全国和地方各级人民代表大会，能够如期召开，而且议事水平有所提高（比如，一些人大代表对政府工作报告的态度从“学习”到“审议”）；制定了一系列法律，民主制度化和法律化有了长足进步；人民的民主意识、参与意识明显增强；政务公开逐步推行；等等。特别值得提出的是，互联网政治发展迅猛，成为我国社会主义民主政治的一大亮点。

但总的说来，我国社会主义民主政治的发展还处在一个较低的水平线上。这种状况，同我国还处在社会主义初级阶段、还是一个发展中国家的实际是相符合的。

从领导来说，这些年来陆续提出了不少发展民主政治的主张，作出了承诺。党的十六大提出：发展社会主义民主政治，最根本的是要把坚持党的领导、人民当家作主和依法治国有机统一起来。但直到今天，没有进一步阐明，也没有制度化、法律化，基本上还是一个原则、一个理念，因而难以具体实施。党的十七大提出，要建立决策权、执行权、监督权既相互制约又相互协调的权力结构和运行机制，但至今在实践上还没有破题。十七大还提出，要保障人民的知情权、参与权、表达权、监督权，虽然采取了一些措施，但还没有制定法律和具体办法。以上这些，都是发展社会主义民主政治的主要标志。从这些方面来看，发展社会主义民主政治的任务还很重。我国的社会转型在经济政治文化等各个方面，发展是不平行的。这种不平衡，既表现在宏观，也表现在微观。我到一些先进单位考察时发现，那里的经济实力很强，居民很富裕，但民主政治发展很滞后，明显地存在一言堂，个人说了算，盲目服从，甚至个人迷信现象。

在一个社会中，这种政治与经济发展的不平衡、不同步，应视作一种常态。

马克思在讲历史唯物主义基本原理时说："随着经济基础的变更，全部庞大的上层建筑也或慢或快地发生变革。"[11]上层建筑要适应运经济基础、政治要适应于经济的发展，但二者不可能总是同步的，上层建筑、政治的发展，往往存在"或慢或快"的现象。改革开放以来，我们改变了纯而又纯的公有制，实行以公有制为主体、多种所有制经济共同发展的基本经济制度，改变了计划经济体制，实行市场经济体制，打破了封闭状态，实行对外开放，既"请进来"，又"走出去"，经济基础发生如此深刻的变化，政治上层建筑必然也要发生深刻的变化。但这种变化不可能一蹴而就，发生滞后的现象不足为怪。在我们现实的政治生活中，集中表现为邓小平所概括的五大弊端的存在（"官僚主义现象，权力过分集中的现象，家长制现象，干部领导职务终身制现象和形形色色的特权现象"），具体表现在政治体制机制和一些具体制度上，也反映在政治生活中的习惯、作风、行为方式、思想观念、心理状态等方面。这些，只有随着社会主义市场经济的发展、随着公民教育程度的提高，才能逐步地较为彻底地克服。加快政治体制的改革，无疑会起有力的促进作用。

关于社会主义民主政治，邓小平提出的以下三点特别重要：

（一）"党的工作的核心，是支持和领导人民当家作主。整个国家是这样，各级党的组织也是这样。"[12]

（二）进行社会主义现代化建设，要"在政治上创造比资本主义国家的民主更高更切实的民主"。[13]

（三）"必须使民主制度化、法律化，使这种制度和法律不因领导人的改变而改变，不因领导人的看法和注意力的改变而改变"。[14]

以上三条，是发展社会主义民主政治的总要求，也是衡量社会主义民主政治发展程度的标准。邓小平强调发展民主政治要讲"切实"，这个切实，要得到人民的认可，任何走形式、装潢门面的民主，都是不可取的，不受人民欢迎的。

结语

通过改革，促进发展，逐步推进社会转型，这就是这30多年的历史进程。

我国的改革是渐进式的改革，但渐进中要有突进，如果只讲渐进，否认突进，就是形而上学。目前，我国的改革，包括经济体制改革、政治体制改革，都需要突进，这是改革逻辑的要求，也是人民的愿望。

注释：

①《邓小平文选》第3卷，第260页。

②见《周恩来选集》下卷，第38页。

③《邓小平文选》第2卷，第330页。

④《邓小平文选》第2卷，第313页。

⑤《周恩来选集》下卷，第439页。

⑥《邓小平文选》第3卷，第269页。

⑦《中国共产党第十三次代表大会文件汇编》，人民出版社出版，第9—10页。

⑧《中国共产党第十五次代表大会文件汇编》，人民出版社出版，第16页。

⑨《江苏行政学院学报》2010年第6期。

⑩《经济参考报》2009年4月1日。

⑪《马克思恩格斯选集》第2版第2卷，第33页。

⑫《邓小平年谱》（上），第685页。

⑬《邓小平文选》第2卷，第322页。

⑭《邓小平文选》第2卷，第146页。

从“政府预算”到公共预算

——关于浙江省温岭市参与式预算的实践与思考

张学明*

公共预算是指政府在每一财政年度经法定程序批准的全部公共收支计划，是存在于市场经济中并且与公共财政相适应的国家预算。预算是政府管理社会经济事务，实现宏观调控的重要手段。审查批准本级预决算并监督其执行，是宪法和法律赋予人大及其常委会的一项重要职权，也是人民行使管理地方国家事务权力的具体体现**。长期以来，由于一些制度没有落实，公民缺乏参与预算编制和监督的途径和载体；人大对政府预算的法律审议和监督，也局限于有限的时间审议，缺乏合适的方式和方法。这就造成了预算成了“政府预算”而不是“公共预算”。因此，公共预算改革构成了中国民主政治进程中的重要组成部分，增强对公共预算的监督，是实现社会公平的主要途径之一。

一、政府预算：温岭参与式预算的改革实践

温岭的“参与式预算”，是指公民以民主恳谈为主要形式参与政府年度预算方案编制，人大代表审议政府财政预算并决定预算的修正和调整，实现实质性参与的预算审查监督。

从2005年开始，温岭市在新河、泽国两镇率先“试水”公共预算改革，

---

* 作者为北京改革和发展研究会理事，浙江省温岭市人大常委会主任。

** 第九十九条规定“县级以上的地方各级人民代表大会审查和批准本行政区域内的国民经济和社会发展计划、预算以及它们的执行情况的报告。”《中华人民共和国宪法》（1982年12月4日中华人民共和国第五届全国人民代表大会第五次会议通过）。

积极运用民主恳谈为基层人代会审查预算服务，不断强化对预算的审查和监督，形成了对预算进行实质性审查监督的“参与式预算”。其后，温岭市人大常委会按照“由点到面”、“由下而上”、“由表及里”、“由软变硬”的路径有序推进，将参与式预算从2个镇逐步推广至6个镇，直至今年的全市所有镇（街道）；并从镇一级提升到市一级，相继推动了部门预算民主恳谈、人代会代表团“一对一”审议部门预算、预算公开等探索，进一步将参与式预算引向深入。

1．试点坚持与成熟阶段（2005年至2007年）

——新河做法。其特点主要体现在会前初审、大会审议和会后监督。一是会前初审。在人代会召开之前，由镇人大主席团领导下的人大财经小组组织召开预算初审民主恳谈会，分工业、农业、社会事业三个专门小组进行讨论，参与者除人大代表外，各协会、社会团体、各界代表和公民自愿参与，会后各小组形成预算初审报告。二是大会审议。在人代会召开期间，人大主席团组织代表进行预算报告集中审议，镇政府负责人回答代表提出的询问。随后，镇人大主席团和镇政府召开联席会议，根据代表提出的意见形成预算修改方案。联席会议之后，大会通报预算修改方案，代表进行分组审议。在这个阶段，5名以上代表联名可以提出预算修正案。最后，大会投票表决预算修正案和已经修改的预算草案，代表联名提出的修正案若获得全体代表半数以上支持，则通过成为预算的一部分。三是会后监督。人代会闭会期间，由镇人大财经小组作为财经监督常设机构，对政府预算执行情况实行监督，并参与下一年的财政预算编制。

——泽国做法。泽国镇建立了参与式预算的民众协商模式，由民众直接参与城镇建设项目资金预算安排决策过程。主要做法为：政府首先选出一批属于本级行政区域范围且事关民生问题的城建项目（譬如30个），由专业人员组成专家组对这些项目的可行性方案进行研究，同时提出每个项目的资金预算，形成预算项目民意调查问卷。采用乒乓球摇号的随机抽样方式，按照千分之二的比例，从全镇18岁以上的人群中随机产生民众代表，参与预算民主恳谈。参加恳谈活动的民意代表还要就这些项目的重要程度填写民意调查问卷，对优先投入的项目进行排序，表明自己的意见。通过数轮分大小组讨论和协商的方式不断地交流后，民意代表再次填写排序的调查问卷。之后，镇政府召开办公会议，讨论恳谈会上民意代表提出的建议和第二次调查问卷的预选结果，根据财力情况按顺序形成一份优先方案。在随后召开的镇人代会上，镇政府将上述方案提交大会审查讨论并票决通过。

2. 稳步扩面阶段（2008年至2009年）

新河、泽国两镇的试点都坚持了3年以上，两种做法不断得到完善和成熟。在此基础上，2008年开始，温岭市将参与式预算改革进一步引向深入。一方面，从两个镇推广到六个镇，即在新河、泽国、箬横、滨海、大溪、松门等地相继开展（这些都是温岭的大镇，人口8万—15万，财政收入一般都在1亿以上）；另一方面，从镇一级延伸到市一级，坚持市人代会前民主恳谈与大会期间专题审议部门预算相结合，开展交通局、水利局预算民主恳谈，对建设、科技、计生3个部门预算开展人代会专题审议。

2008年年初的镇人代会上，新河、泽国、箬横、滨海、大溪相继开展了参与式预算。各个镇在开展的时候，并不是一个模式，而是各有侧重、各有创新、各有特色。如新河镇在原有基础上进一步深化，在大会最后一次全体会议票决预算修正案前，增加了大会辩论程序，让人大代表围绕两件预算修正案开展充分辩论，然后进行票决。泽国镇将以往的城建预算项目拓展为整个财政预算，第一次围绕全镇年度预算进行会前民主恳谈。为便于代表审议，泽国镇还首次编制长达48页的《泽国镇2008年财政预算支出测算表》，对泽国镇24852.3万元的财政预算列出极为详细的预算开支清单，完全透明地呈现给代表。箬横镇“三审预算”，先是在人代会召开之前，邀请人大代表和公众代表搞了两次预算初审会，第一次是按地域为单位进行分片审议；第二次是在组织代表进行财政预算审议和人大代表履职知识培训后，按功能分经济、社会、城镇建设三个专门小组进行初审民主恳谈会。两次初审间隔开来，让代表和公众有充分时间熟悉和讨论预算。最后在镇人代会上进行第三次审议，并在二次全体会议上进行集中会审。

温岭市率先在市交通局探索实施2008年部门预算民主恳谈，让部门预算审查监督逐步进入实质性监督轨道。民主恳谈之前，由市政府有关部门编制交通局2008年部门预算草案（总额为7.6亿），市人大常委会财经工委对此进行初审。随后在2008年1月13日，市人大常委会举行共80余人参加的恳谈活动。与会人员先集中听取市发改、财政、交通部门有关情况和财经工委初审情况的汇报，然后采取分组恳谈与集中恳谈相结合的方式，就交通局2008年部门预算进行深入恳谈，充分发表意见和建议。分组恳谈活动根据与会人员的身份、地域分布状况分成四组进行；集中恳谈活动先由各组组长汇报分组恳谈情况，再让部门与代表、公众进行面对面恳谈，市政府领导最后作表态发言。恳谈结束后，常委会及时跟踪督促政府部门落实恳谈意见，完善预算编制工作，并提交人代会审查批准。半年度时再举行部门（交通）预算执行民主恳谈，确保部门预算民主恳谈的质量和效果。同时，以电视专栏、报纸专版、温岭人大网专题的形式，对恳谈活动进行公开深入报道，让公众了解部门预算民主恳谈的全过程。8月28日，温岭市人大就交通部门1至7月份预算执行情况再次举行民主恳谈，跟踪监督年初部门预算民主恳谈的落实情况。

2009年2月，温岭市人大在交通、水利两个部门再度举行部门预算民主恳谈，继续探索和深化民主恳谈与部门预算审查监督的结合。参加两个部门预算民主恳谈的对象类型大体与去年相同，其中交通组人员为去年原班人马，水利组还增邀了4名来自镇（街道）的分管水利负责人。之所以这样安排，是考虑原班人马对部门预算有比较熟悉了解的优势。

2009年3月5日，首次举行人代会分组专题审议部门预算。出席温岭市十四届人大三次会议的139名市人大代表和82名列席人员分成三组，分别对建设、科技、计生三个部门预算开展专题审议。代表们对三个部门预算在认真审议的基础上，提出了大量中肯的审议意见，后经集中梳理为30多条修改意见，有关部门认真研究吸纳并修改了相关预算。

3．全面推开阶段（2010年）

步入2010年，温岭市人大进一步全面完善、规范和创新参与式预算的做法，不断巩固和扩大参与式预算的影响力和示范效应。通过修订完善2009年

1月出台的《关于开展预算初审民主恳谈，加强镇级预算审查监督的指导意见》，将镇级预算民主恳谈正式导入规范化、制度化、法制化轨道。《指导意见》从会前初审、大会审查、会后监督三个环节对预算审查监督的程序和做法进行了规范，着重围绕组织培训、提交预算草案、召开预算初审民主恳谈会等会前初审的各个环节，分组审查预算草案、集中审查预算草案、修改预算草案、批准预算、预算公开等大会审查的各个环节以及会后监督的各个环节，提出了明确而具体的指导性意见。

2010年，全市各镇（街道）全面推行参与式预算，不少地方亮点频现。如温峤镇，由镇政府召集就财政预算安排面向全镇45个村（居）和工量刃具行业协会开展了46场民主恳谈活动，直接听取收集各方的意见建议，形成预算初步方案，从而使预算安排更加贴近基层、贴近群众。之后再由镇人大主席团召集，分经济发展、城镇建设、社会事业、性别预算等四个专题进行预算初审民主恳谈，可使与会者的意见建议更具针对性。全镇45个村（居）都对财政预算有发言权，真正把政府财政预算的主导权交到了百姓的手中。从人大代表在人代会程序上审预算、“改预算”，到普通民众参与“编预算”，增强了政府预算的民主化和科学化水平。财政预算在编制前，有与之切身相关的当地民众参与，财政预算编制后，又经由人大代表审议，形成了一套比较完整的参与式公共预算模式。

2010年度市级预算民主恳谈的范围和参加人数都有了进一步的扩展。建设部门首次加入到预算恳谈行列。参加每场恳谈的对象扩充到了市人大常委会成员、相关部门负责人、镇（街道）人大和政府（办事处）负责人、市人大代表、人大财经工委议事委员会成员、老干部，以及自愿报名、组织推荐、邀请参加的中介机构、行业协会、社团组织和群众代表等，平均每场80多人，参与的代表性和广泛性进一步体现。

温岭市人大首次在本市各大主流媒体上发布公告，面向社会公开邀请公民参加部门预算民主恳谈，不管是个人还是组织，本市公民还是市外人士，都可以报名参加，表达意见建议，反映利益诉求。报名参加的组织和个人，将纳入市人大常委会参与式预算监督人才库，今后共同参与部门预算跟踪监督。共有18个组织和个人报名参加了恳谈，其中包括四名“新温岭人”。另外，为了更全面地收集民众意见，进一步体现预算恳谈的效果，温岭市人大还专门制发了《温岭市2010年水利建设重点项目民意调查问卷》，在水利部门预算民主恳谈前和恳谈后，分别请代表们对水利重点工程按其重要性和紧迫性打分。通过恳谈前后数据上的对比，了解大家的想法有哪些改变和调整，也为人大下一步的监督提供依据。

开展代表团“一对一”审议部门预算。为进一步提高代表审查预算的深度和实效，温岭市十四届人大四次会议期间，对2009年预算执行情况和2010年预算草案的报告，从往年的书面审查恢复为大会听取并审查。全体市人大代表分入12个代表团，“一对一”专题审议市卫生局、人事劳动社会保障局、科技局、教育局、工业经济局、人口与计生局、农林局、环保局、海洋与渔业局、文化广播电视新闻出版局、民政局、残联等12个部门预算。加上会前开展预算民主恳谈的三个部门，提请本次人代会审查实际共有15个部门预算，总额达17.64亿元，占温岭市2010年财政预算支出的70.26%。人代会闭会后，温岭市人大办公室将专题审议会上代表们提出的119条意见梳理反馈给财政局。在市级部门预算民主恳谈与专题审议的基础上，市人大召开主任会议，就代表与公民提出的意见落实情况，专题听取市财政部门有关调整完善情况的汇报。

据统计，今年温岭市人代会各代表团专题审议12个部门预算提出的119条意见，促进政府调整了42个预算项目（其中教育部门就调整了16个项目）。通过交通、城建、水利3个部门预算民主恳谈，调整了2亿余元的预算资金。在建设规划部门预算民主恳谈中，梳理后代表和公众提出的19条意见，通过温岭市人大常委会两次听取财政局、建设规划局关于意见研究处理情况汇报，最终这19条意见有16条意见得到了落实。如建设规划部门原计划要安排15160万元的“移山工程三期”项目、1000万元的“湖心公园至锦屏公园沿河两侧征地及绿化亮化工程”项目等被取消或重新论证，增加了东月河防洪老街拆迁预算资金665万元、镇规划区范围内村级污水管网建设补助预算资金500万元等。水利部门也取消了3500万元的温岭市防灾避灾教育中心建设项目和总投资约9.35亿元的大港洋围垦前期工程项目。

预算公开不断推进。今年，温岭市人大常委会又首次在5月7日的《温岭日报》上，整版刊登温岭市建设规划局2010年部门预算（总额5.7亿）。继2009年首次在温岭人大网和温岭新闻网上公布人代会审查的8个部门预算之后，2010年，将20个部门预算在网上全面公开，总额约占全市财政预算的80%。在温岭人大网站还可查到全市每个镇（街道）的预算，总额为17亿元。

温岭参与式预算成为台州市2010年度县（市、区）特色创优自选目标。在中共温岭市委出台的《2010年度镇（街道）党建工作责任制考核办法》中，首次将“参与式预算”纳入对各镇（街道）党建工作考核内容，为参与式预算的改革推进提供了有力保障。

二、公共预算：温岭参与式预算的创新性变革

公共预算具有的特点是：①计划性；②透明性；③全面性；④法律权威性；⑤政治程序性。温岭市通过人大制度的功能发挥，在人大代表和公众代表的预算审核基础上，通过参与式预算恳谈的载体，把公共预算的上述几个特点深刻地体现出来。

温岭参与式预算改革的实践，在中国属于体制内的改革，它有效地利用了民主恳谈的形式，把这一新的载体应用到政府预算当中。参与式预算改革在制度性上，具有以下几个方面的典型特征：

1．基层政府：执政理念的转变

对于一个政府的创新而言，理念的转变是决定性的进步。政府的预算从少数人编、少数人审、少数人决定使用、少数人监督到多数人参与编制、审查、决定使用，这是一个艰难的转变过程，也是一次历史性的进步，体现了60年来科学执政、民主执政、依法执政的历史必然。实践证明，大多数人参与的预算编制的讨论和审查不仅能够搞好，而且远比少数人想得周到，使我们的预算编制更加完善，更加符合本区域的实际，更加有利于科学发展观的

践行，真正体现了人民当家作主。

对政府而言，参与式预算实际上是一个接受人大代表和公民参与决策的过程，是一个汇聚民众利益诉求的过程，是一个决策得到民众认同的过程。它在人大、政府、代表、公众之间建立起了有效的对话机制，为公民自由、广泛、直接、真切地参与社会公共事务决策、管理和监督提供了新的渠道，增强了民意的表达和公民在决策过程中的影响力。通过充分的讨论和比较，推动政府将有限的资金用在社会事业发展急需投入的项目上，用在人民群众密切关注需要解决的项目上，使市、镇基层政府花钱更加向民生倾斜。如箬横镇今年有70%以上的财政用于民生。

2. 人大制度：激活与功能发挥

从制度设计上看，乡镇人民代表大会是基层国家权力机关，基层人大代表是基层国家权力机关的组成人员。但长期以来，人民代表大会作为国家权力机关的职能和基层人大代表的作用发挥都不够，法律赋予的人大职权特别是乡镇人大的职权好多并没有真正到位，尤其是审查和批准本乡镇财政预算和执行情况往往流于形式。现在，从参与式预算的实践来看，人大预算审查与监督中既有公众的参与，又从制度上完善了人大审查批准预算与监督预算的执行，使人大在公共预算中发挥越来越重要的作用。无论是增加人代会的会期和会次，设立人大财经小组，还是对代表进行履职能力培训，代表可以提出预算修正议案等，都是围绕着预算而展开，不仅极大地丰富了人大和代表工作内容，而且也使得人大及人大代表在监督预算时行使职权更加到位，人大代表的履职能力也不断得到提升。

从参与式预算实践来看，扩大了公民有序政治参与，赋予了人大代表和民众充分的知情权、参与权、表达权和监督权，处处绽放出民主的光彩。各个层面围绕预算进行公开的、面对面的、有理有据的恳谈，为公民自由、广泛、直接、真切地参与社会公共事务决策、管理和监督提供了新的渠道，也为公民监督政府预算的权力行使提供了新的方式，增强了民意的表达和公民在决策过程中的影响力。一定意义上来说，参与式预算在丰富民主形式、拓宽民主渠道上提供了很好的样板。

同时，参与式预算也是一所基层社会的“民主学校”，通过这样一种民主操练，培育了公民意识，使公民的民主意识和民主观念不断增强、民主习惯不断形成、行使民主权利的能力不断提高，有利于形成一种更加民主的政治文明。

3．公共预算：形成与发展

公共预算的形成与发展需要有一个改革的过程，需要有一个目标和平台。公共预算的核心点在于人大能否代表人民进行预算审核，公民能否有效地参与对政府预算的监督，否则“公共预算”就找不到具体的落脚点和实践平台。人大的预算审核是法律赋予的职责，这和党的领导相辅相成，二者并不构成冲突。在某种意义上讲，恰恰是人大制度的功能发挥，才使得预算的科学化、合理化、公开化得以保证。

通过温岭这几年的参与式预算改革，促使政府预算编制更为详细、更为科学、更为合理，也让财政资金使用更加有效。几年前，不同层级政府及其部门的预算草案都还只是个粗略的框架，仅列出十几个没有具体内容的支出大项，而没有将这些支出项目细化、具体化，代表能看到的只是预算数字的汇总或堆砌，往往造成“外行人看不懂，内行人搞不清”的结果。因此，在审查和表决预算时，只能是形式上的表决通过，缺乏实质性的审查。现在，参与式预算的基本要求是政府制定预算时必须要详细，为人大代表和公众代表提供更清晰、更明了的预算草案，与会者方能理解并提出意见。这样就促使政府投入更多的时间和精力去编制预算，进一步提高预算编制水平。如泽国镇为便于代表审议，每年编制的《财政预算支出测算表》，大多在40页以上。另一方面，促使预算进一步走向公共化，为公民搭建一个了解预算、监督预算的有效平台。通过邀请社会各界民众广泛参与预算讨论，体现了公众参与预算的广泛性和有效性，也进一步促进了预算的公开化。从参与式预算实践来看，不仅详细公开了预算报告和草案，使得公众对政府在本年度怎么花钱、钱花在哪里都清清楚楚，而且还公开了预算审议过程，无论是对每一个预算项目的审议，还是审议的每一个环节，都是在完全公开、透明的状态下进行。另外，通过代表和民众参与监督，约束了政府的行政行为与财政资金的投向，促进了政府及部门依法理财、科学理财和民主理财，制约花钱的随意性，达到控制和削减财政赤字的目的，有效化解了政府性债务风险，促进了节约型政府的建设。如新河镇2004年财政赤字达5800万元，实施参与式预算以来，共修改、调整和新增了40个预算项目，增减和调整预算资金990万元，财政赤字每年以800万到1000万元的幅度削减，至2009年年底已降至1500万元；泽国镇在无赤字的情况下，账面结余从2004年的2935.3万元，增加到2009年的6814.5万元。

三、参与式预算的制度性延续

中国共产党十七大报告提出要完善公共财政体系，深化预算制度改革，强化预算管理与监督，同时强调要“保障人民的知情权、参与权、表达权、监督权。支持人民代表大会依法履行职能”等。这些方面，不仅为中国公共财政体系的建设和预算制度改革设立了目标，也为加强和完善人大预算审查监督指明了方向。温岭参与式预算，围绕着人大制度的功能发挥，搭建公民广泛参与的平台，在制度上进行了延续性的创新和激活，从而为国内的政治改革提供了一个基层实践的鲜活案例。

1．党的领导：坚持与创新

不断推进参与式预算改革，增强预算监督效果，是提高党的执政能力的一个重要方面，也是党领导人民进行社会主义民主政治建设的重大课题，更是党领导人民当家作主和依法治国有机统一在预算领域的生动实践。民主恳谈是中共温岭市委直接领导下的原创性基层民主形式，参与式预算自始至终得到市委的高度重视和全力支持。改革的实践充分证明，正是始终坚持党的领导，人大工作创新才能始终保持正确的政治方向，才能与时俱进，充满活力。

参与式预算的深化完善，更要始终坚持党委的总揽全局、协调各方的核心领导作用，“合心、合力、合拍”地有序推进预算的深化。在温岭参与式预算推进完善的制度发展中，地方党政领导和机构都十分支持，形成了一个良好的改革氛围。《中共温岭市委关于加强和改进新形势下人大工作的意见》指出："全面推广参与式公共财政预算，推进基层民主政治建设。""总结深化民主恳谈与人大工作的有机结合，提高公民参与程度，不断加大代表对部门预算的审议力度，建立财政预算执行人大在线监督系统，加强对预算执行的动态监督，促进部门预算编制科学和执行到位。"省人大常委会党组副书记、副主任王永明专题听取工作汇报后指出："温岭的参与式预算工作要进一步完善巩固，在现有基础上做深做细，稳步推开。"2010年6月，浙江省委书记、省人大常委会主任赵洪祝作出重要批示，指出："温岭市实施参与式预算的做法，是扩大公众有序政治参与、推进公共财政规范化建设的有益探索，对于加强基层民主政治建设、促进政府职能转变、构建和谐社会具有积极意义"，并对总结完善深化推广提出了明确要求。台州市委全会工作报告和台州市政府上半年工作通报均明确提出"总结推广温岭参与式预算做法"。

2. 人大预算监督职能：强化与建设

管好政府预算的"钱袋子"*是人大工作应有的题中之义。人大要有坚持完善人民代表大会制度的决心和信心，做到在坚持中完善，在完善中创新，发挥人大应有的职责，并在体制内发力。在参与式预算的改革当中，要有积极性、主动性、坚定性，做到善于探索、精心设计、对策周全、指导到位、有序推进。要积极寻求参与式预算与法律、法规和现行人大制度的有效对接，由人大常委会制定出台具体的办法意见，用制度形式将参与式预算固定下来，让参与式预算成为人大预算审查监督的常态。同时，注重统一性与灵活性的有效结合，对各地的一些创新性做法，制度中可以不作硬性规定，保留各个地方的特色，或者待时机成熟后再予以统一，对诸如会前适当增加初审次数、拉长初审时间，会中增加辩论、强化询问环节，预算实行票决，会后设立人大财经小组等行之有效的做法，必须在制度中作出硬性规定并予

* Budget一词本来的含义就是财政部长的"皮包"，在向议会汇报的时候，议员会询问他的钱袋子有多少钱可以花，从而"Budget"一词就变成了预算。

以统一。另外，还要对参与式预算的改革走向作出规划，保证参与式预算稳步向前推进。

在预算的编制审查监督程序中，应充分运用法律赋予的职责和权利，强化人大及其常委会对预算全过程的审查监督，不断注重监督实效。在当前县一级人大常委会没有预算专门工作机构的情况下，探索一些方式和方法，弥补预算监督工作的不足。如在市一级建立人大财经工委议事委员会的基础上，聘请熟悉预算审查监督业务的有关专家或专业人士，专门从事人大预算审查监督工作。在镇一级，探索建立了人大财经小组，要进一步加强力量，优化人员结构，使其真正担负起预算监督的责任。除此之外，还要强化预算刚性监督措施，真正发挥人大监督预算的有效作用。如督促政府改革预算编制，细化预算项目和深化部门预算；及时掌握财政运行情况，建立政府重要财经情况报告备案制度和重大支出行为的审查批准制度，增强预算的约束力等。只有人大的强力监督，参与式预算的成效才能真正体现。

同时，人大代表的参与能力和水平急需提升和强化。一般而言，人大代表对预算方面的知识相对比较缺乏，理解和掌握预算草案、政府财政收支报告等有一定的困难，这就需要我们加强对人大代表的预算知识培训，以提高参与式预算的质量和效果。特别要采取有效的方法措施，加强对人大代表如何撰写预算修正案、怎样合理争取自己所代表的民众利益等方面的培训引导。通过预算培训和实践，使人大代表能掌握某些技巧，有效解决看不懂预算草案、听不懂财政报告、监督无从下手等问题，又能立足本地、放眼全局，从全局来把握预算。

3．公众参与：广泛与透明

继续探索有效的途径和方法，提供更多的机会和渠道，吸纳更多的公众参与到预算改革过程中来，进一步扩大公众的参与面，激发公众的民主参与热情。设计一定的程序，如建立预算监督的“人才库”和“参与库”，引导社会中介组织、行业协会、社会团体等一些非政府组织参与，或者邀请社会各界中对政府预算感兴趣、懂预算的人参与，表达意见建议，反映利益诉求，使人大审查批准预算具有更加坚实广泛的民意基础。

公开透明是公共财政的本质要求，也是预算改革的必由之路。当前，预算的透明度十分不足，无论是乡镇一级还是县市一级以及更高层级的，都存在着公开的范围、程度上的不足，这就严重削弱了公众对预算的监督。因此要使公共财政不断走向科学合理，就必须大力推进预算的公开透明，让民众在第一时间了解预算与关心预算，从而有动力和机制能监督预算。按照“取之于民、用之于民、告之于民”的要求，最终实现基层本级预算全面公开。

四、问题与前瞻

温岭参与式预算改革的探索和实践，是中国地方人大设立常委会30周年来人大不断强化预算监督的一个生动案例，对新形势下地方人大如何激活人大作用，推进民主进程与促进公共预算有着积极的样板意义，也为进一步完善人民代表大会制度提供了很好的实践参考。其核心的功能之一就是，通过预算的参与，通过原有的人大制度功能发挥，使得“政府预算”拥有了其原有的“公共预算”的本质含义。

公众参与下的公开透明的预算编制、审查和监督，参与式预算增强了预算的刚性，有效克服了政府随意性花钱和预算“软约束”问题，代表了公共预算改革的方向。但是，作为一项新的制度创新，这一参与式预算面临着很多问题，从体制上到机制上，都面临着一系列的问题，这也深刻反映了中国政府创新面临的持续问题 。

从进一步推进的实践来看，还面临着一些问题。如，政府的预算编制水平及公开化程度仍需进一步提高；参与式预算尚未与制度框架进一步整合；后续监督环节需要进一步加强；参与者的素质特别是人大代表的素质有待进一步提高；公众参与的广泛性不够；干部的引导和协调能力如何增强等，尚需进一步推进完善。

参考文献：

1. 俞可平：公民参与的几个理论问题，http：//www.governance.cn/governance_ceshi/。

2. 何包钢："协商民主恳谈与现代社会科学方法"，《学习时报》，2007年5月22日。

3. 陈剩勇："协商民主理论与中国"，协同治理网站，http：//www.governance.cn/governance_ceshi/。

4. 陈家刚："协商民主研究在东西方的兴起与发展"，《毛泽东邓小平理论研究》，2008年第7期。

5. 蒋招华、何包钢："协商民主恳谈：参与式重大公共事项的决策机制——温岭市泽国镇公共参与2005年城镇建设资金使用安排决策过程的个案报告"，《学习时报》，第308期。

6. 何包钢：《协商民主：理论、方法和实践》，中国社会科学出版社，2008年。

7. 陈家刚：《协商民主与当代中国政治》，中国人民大学出版社，2009年。

8. [美]詹姆斯·菲什金（James Fishkin）、[英]彼得·拉斯莱特（Peter Lasleft）：《协商民主论争》，中央编译出版社，2009年。

9. 韩福国、瞿帅伟："创新持续力与中国地方政府改革：基于多案例样本的分析"，《香港社会科学学报》，2009年第37期。

10. 温岭市人大常委会参与式预算有关文件和材料（2005-2010）。

11. 温岭市泽国镇、新河镇的民主恳谈有关文件和材料（2005-2010）。

中国法制变革及未来展望*

许浩明**

一．法制建设各领域未来变革展望

十一届三中全会以来，伴随着改革开放事业的全面展开，我国的法制建设事业也不断向前推进，并取得了举世瞩目的成就。从各领域相继颁布的法律法规状况来看，其未来变革有以下一些内容。

（一）宪法与行政法领域未来变革展望

1．宪法未来变革展望

改革开放以来我国宪法作为“改革宪法”在中国共产党自觉推动下积极地适应着社会变革的需要，为改革开放保驾护航，有力地促进了社会发展。宪法发展的高级类型是“宪政宪法”。实现我国宪法从“改革宪法”向“宪政宪法”的过渡，核心是对人权的尊重与保障，改革开放的不断深化就是一个不断保障人权，促进人的全面发展的进程。同时，需要从市场经济、民主政治、公民社会三个方面予以完善：第一，推进社会主义市场经济体制不断完善，进一步强调公民的私有财产权利保护。私人财产权利对于保障个人权利、限制政府权力具有重要意义，随着市场经济不断发展，以现代产权制度为基础、统一开放竞争有序的现代市场体系必将推进我国私有财产权利保

* 本文写作过程中特别是相关统计资料的搜集过程中，得到了我的学生姚媛媛、张玉鹏的大力支持，顺表谢意。

** 作者系北京改革和发展研究会理事，德国明斯特大学博士学位获得者、中国政法大学欧盟法研究中心主任、博士生导师、德国弗莱堡大学法学院、明斯特大学法学院以及法兰克福大学法学院客座教授。

护制度的不断完善，为实现“宪政宪法”打下坚实的基础。第二，发展社会主义民主政治，促进公民政治权利的发展。通过民主制度的健全、民主形式的丰富、民主渠道的拓宽、民主管理的实践，不断保障公民的知情权、参与权、表达权、监督权，这必将有助于发展公民的政治权利，实现“宪政宪法”所要求的人民主权与权力制约原则。第三，推进以改善民生为重点的社会建设，完善公民的社会权利体系。社会建设的目标实际上就是围绕着公民社会权利建设和谐社会，更好地满足人民的受教育权、劳动权、社会保障权、健康权、安全权、环境权等基本人权的需要，不断地发展和完善公民的社会权利体系。同时，要努力实现政府职能的转变，只有不断强化政府社会管理和公共服务职能，才能保证社会建设的目标和成效。

2. 行政法未来变革展望

我国行政法的发展有可能呈现以下四个趋势。第一，逐步从形式法治向实质法治跨越。实现实质法治，就要求法治不仅必须具有必要的形式要求，更要符合时代的价值追求，符合时代对自由、公平、正义等价值的普遍共识，不仅重视秩序和效率，更要重视自由和活力，不仅要求整体公正、形式公正，还要求个体公正、实质公正等。第二，逐步从国家行政法向公共行政法转变。目前，我国行政法主要调整国家行政机关的行政行为，这是与我国长期以来形成的 “全能政府”的理念紧密相联的，随着行政国家逐步向法治国家转变，过去许多由政府管理的公共事务正越来越多地转由社会通过各种行业协会、事业单位、非营利组织依法管理，因此，把这些纳入行政法调整范围，将是今后行政法发展的一个重要趋势。第三，逐步从单项行政程序立法向行政程序法典化发展。制定一部统一的行政程序法是一个完善的行政法体系必不可少的内容。2001 年全国人大常委会法制工作委员会就委托行政立法研究组着手研究起草行政程序法，十届全国人大常委会将行政程序法列入了五年立法规划。相信在可见的将来，行政程序法典化终将得到实现。第四，逐步从建立基本的行政救济制度向建立更加完善的行政救济制度努力。目前我国已经初步形成了行政诉讼、行政复议、国家赔偿等行政救济制度，但受各种条件制约，这些制度还存在许多缺陷，实践中实施的有效性受到很大影响，因此，进一步完善行政救济方面的法律制度，也是今后行政法发展的一个重点。

（二）刑法领域未来变革展望

刑法是社会秩序的最后保护手段，但如果刑罚过于严厉，只注重打击犯罪而忽略了社会关系的恢复，有时候甚至会加剧社会关系的恶化。在构建社会主义和谐社会的背景下，刑法作为人类文明的重要组成部分，走向和谐也应是其发展趋势，这种趋势应当主要体现在：第一，罪刑均衡、罚当其罪。刑罚作为专门为犯罪设计的一种体现阶级统治的制度性工具，其目的在于预防和惩罚犯罪，但通过观察刑法实践可以发现，刑罚的严峻程度与对犯罪的遏止程度并非正相关，相反，重刑主义不仅会造成司法资源的浪费，还会一定程度破坏社会和谐。因此，刑罚的发展必须摈弃重刑主义思想，树立罪刑均衡、罚当其罪的刑罚理念。第二，刑罚逐渐趋向轻缓化。人道主义是和谐的底蕴，刑法轻缓化是人道主义的需要。随着时代的发展，刑法的人道化已经成为历史发展的必然趋势，其基本精神体现了刑罚谦抑的思想，并逐步成为国际社会的共识。此外，刑罚轻缓化有利于培养人们对刑法的信仰。刑罚通过排除违反规范的行为，确证规范的有效性，使人学会对法律的忠诚。在这种情况下，服从法律不再是外在强制的产物，而是内心信仰的结果，刑法也不再是强迫的工具。

（三）民商法领域未来变革展望

1. 民法领域未来变革展望

随着社会生活的不断变动，我国民法的发展也体现着新的趋势。第一，多元社会价值呈现，原则与规则疏离。当代民法的价值日益出现多元化的趋势，对我国民法而言，其既应涉及市场基本理念的确立，也应涉及到社会利益的平衡，还应涉及人的基本价值的维护。鉴于民法的基本原则更为抽象，民法价值的多元趋势将使其与具体制度和规则之间产生某种程度上的疏离，而这种疏离将强化原则的效用。考虑到我国民法的传统价值体系过于单一，在提炼多元价值时，应当从社会整体利益、长远利益和积淀的良性价值观等方面予以考虑。第二，民法单行立法和综合立法兴起。我国社会正处于变革时期，民法规则尚处于过渡性和趋向成熟的阶段，这要求立法应更多地注重法律的目的和利益关系的平衡，来制定切合实际需要的单行法，防止法律规范过于僵化而不适于社会变动。与单行立法相应的是综合立法的兴起。在财产法领域，私法公法化的现象日益彰显，这一方面体现为当代财产更多地为国家的授予和直接调控，另一方面体现为国家对于日益稀缺的自然资源利用的调控。除了对资源进行综合立法保护以外，传统民法的一些领域也正在实现由形式立法向目的立法的转变。第三，民法更多地服务于裁判，权利边界的模糊及其界定。裁判过程越来越涉及民法的所有元素，包括成文法、习惯、判例以及法律原则的适用等，民法的诸多不足都会在此环节体现出来。在裁判中吸收本土一些合理的元素，以充实民法法源、缓解法律技术和社会经验的紧张关系是十分必要的。同时，我国民法上存在大量权利边界模糊的现象，其结果是权利冲突的大量出现，通过行使裁判权来对社会进行反向调整或将越来越多地出现在审判实践中。

2. 商法未来变革展望

目前来看，虽然商事单行法能对某一领域的社会问题进行详细的规定，但随着社会分工越来越细，商事主体之间的联系越来越紧密，彼此间的依赖日趋增强，就会出现不属于任何领域的商事法律规制的商事纠纷，而这种法律问题很可能成为各单行法之间没有交叉的空白区，而这个空白区则需要原则性的规定来弥补，这就对商事通则的制定提出了要求，以满足商事法律关系整体调整和个别调整的一致与协调要求，同时避免单行法律制度彼此之间的冲突，弥补法律空白。同时，我国的商事立法要注重移植与本土化的结合。法律移植普遍体现在我国商事立法的发展过程中，但制度终将要为社会服务，适合一个国家发展的需求。因此商事领域内法律的移植要注重本土化，将移植来的法律经过合理处理使其能渗入到本国的法律中，并与本国的法律环境有机整合在一起。此外，随着我国市场经济的发展，会出现各种形式的经济现象需要法律去调整，国家还会制定和修订各种形式的单行商事立法，因此，后制定和修订的商事立法一定要与现存的商事法规结合，彼此兼顾、衔接，最终构建出具有中国特色的商事法律体系。

（四）经济法领域未来变革展望

经济法律制度的发展主要体现在市场监管法和宏观调控法两个方面。今后加强市场监管立法的重点是进一步加强竞争立法，完善竞争法体系，如《反不正当竞争法》的修改首先就要划清与《反垄断法》的界限，同时，扩大《反不正当竞争法》调整的主体范围，由原来规定的经营者扩大到一切从事市场交易活动的主体。在修改《反不正当竞争法》的同时，也要对《反垄断法》进行调整，要特别关注对行政垄断的规制、反垄断主管机构的设置、反垄断法豁免制度的适用及违反反垄断法应承担的法律责任等方面的法律规定。在宏观调控立法方面，主要体现在：增加规制政府权限的内容。在修订有关经济立法时，削减行政审批项目，减少或放弃政府对市场的某些规制权限，保证《预算法》、《政府采购法》的有效实施；完善税收法律制度。抓紧制定税收基本法和各税种的单行法，不断提高《企业所得税法》和《个人所得税法》合理合法调整贫富差距、调节收入分配的能力；完善金融业监管机制。科学借鉴国际惯例，逐步创造公平、统一、透明的监管环境，加快外资银行与中资银行监管标准的统一，加快国内监管与国际监管标准的统一，进一步提高监管效率和监管透明度，不断提高对金融业的监管水平。

（五）诉讼法领域未来变革展望

1. 刑事诉讼法未来变革展望

我国的刑事诉讼制度虽在发展中不断完善，但仍存在不少问题，如限制侦查权力与保持社会稳定的背离，对抗制方向与现有司法资源的矛盾以及诉讼价值问题的选择，这些问题若得不到妥善解决，将会直接影响我国刑事诉讼制度的发展进程。考虑到制度本身的特点和现实的需要，我国应从以下几方面实现刑事诉讼法的改革与发展：第一，继续增强司法独立性，提升司法公信度。为使社会主义法治国家能尽快实现，司法独立性的强调与继续增强必不可少。另外，司法公信度的提升也尤为重要。要法治，不要人治，就应当加强人民对司法的信任度，从司法体系内部来讲，则要严肃执法、严格守法。通过落实《刑事诉讼法》的修改，缓和部门法间的矛盾。这就势必需要《刑事诉讼法》对其进行统一规定，实现与部门法之协调统一。第三，科学调研，合理配置司法资源的分配，减缓审判压力，促进案件分流。第四，进一步落实辩护权。增强对辩护人在侦查阶段的调查取证权、会见权和阅卷权的保障。第五，完善证据制度，尤其是对非法证据排除制度、证明标准、证据开示制度的确立。

2. 民事诉讼法未来变革展望

随着我国市场进一步开放，含有涉外因素的民商事案件将会大量增加，为方便各国当事人诉讼，减少国际争端的产生，我国应对现行《民事诉讼法》作进一步的发展和完善。第一，对我国民事诉讼中调解制度的完善。限定调解在民事诉讼中适用的阶段、案件和前提，废除对调解协议的反悔制度，同时增设调解程序的保密制度。第二，对先予执行制度的完善。考虑到相关案件的紧迫性，可以拓展先予执行申请的期限至起诉前，同时明确先予执行的裁定及执行期限，以及将诉前先予执行申请人提供担保作为先予执行裁定的必要条件，以保护当事人的利益。第三，对涉外民事诉讼管辖的完善。我国《民事诉讼法》对涉外民事诉讼管辖部分只规定了涉外合同纠纷及其他财产权益纠纷的管辖，对涉外人身权益纠纷案件的管辖未作规定，由此看来，对涉外人身权益纠纷案件的管辖只能适用《民事诉讼法》第二章的有关规定，而该章是对国内民事诉讼案件管辖的规定，直接适用不利于保护我国当事人的合法权益。因此，完善涉外民事诉讼案件的管辖，已成为立法急需解决的问题。

（六）劳动与社会保障法领域未来变革展望

相对于已经取得长足发展的劳动法律制度，我国社会保障法律制度的发展相对滞后，因此，加快我国《社会保障法》的制定应当是建立可持续的社会保障制度的基础，这需要平衡好效率与公平、经济社会发展水平与社会保障水平的关系。第一，要持续扩大社会保障制度的覆盖面，重新界定城镇“劳动力”的外延。在完善职工基本养老保险制度的同时，要切实研究扩大养老保障体系覆盖面的问题，只有建立城镇劳动力参加的、可持续的、低门槛的、多形式的社会保险制度，才能对目前没有加入社保的劳动者具有足够的吸引力。第二，要以全新视角推进失业、工伤与疾病保障制度的完善。随着经济的发展，应当加大对基本医疗尤其是预防方面的投入，同时要加强失业保险基金的使用管理，将一部分用于培训、职业介绍，实施积极的劳动力市场政策。第三，进一步完善社会救助体系。要以建立农村最低生活保障为重点，逐步完善农村医疗救助、教育救助、住房救助等社会救助制度，为贫困人口提供最基本的生活保障，使其成为防范社会风险的一道坚实的防线。第四，强化社会保险基金管理，加强和完善相关法律法规，理顺社会保险费征管体制，逐步实现法制化管理。

（七）环境与资源保护法领域未来变革展望

要实现我国环境与资源保护法的持续发展，应当以现行的基本法律制度为基础，强化有关自然资源保护和生态保护的内容，增强法律的可操作性，同时，要根据需要制定新的环境与资源保护单行法律，使综合性的环境基本法和各单行法相互协调，主要方向应当体现在以下几个方面：第一，在立法宗旨中全面体现可持续发展的要求，并在具体原则的设定和具体制度的设计上使该思想得到贯彻。第二，依据现代环境伦理价值观确定环境与资源保护法律制度的目的，谋求人与自然相和谐，衡平既得利益和长远利益的关系。第三，确立环境、资源与生态融合的整体环境观，体现对环境与自然资源进行综合保护、管理和开发利用的精神。第四，在制度运行机制的设计上，要注重行政强制实施与经济刺激型环境行政制度相结合，提高政府环境管理的效率、降低管理成本。第五，强化政府的环保职能，建立政府环境保护责任制度，克服政府环境行政上的不足，真正有效地实现各级政府对环境质量负责的目的。第六，要注重环境行政指导机制与公众参与环境保护机制相结合，积极落实环境民主原则。

（八）国际法与区域法领域未来变革展望

由于科学技术的进步，人类的生存空间极大地拓宽。可以说，国际法的范围已非常宽广，从外层空间的探测到大洋洋底的划分再到人权国际的保护，其所涉领域已从以维护和平为主扩大到包括当代国际生活的所有方面。除了传统国际法的一些领域，新的问题也层出不穷，如跨国疾病控制的国际法问题、能源安全的国际法问题、国际安全体制的国际法问题、“社会责任运动”中的国际法问题等，这都需要我国予以积极参与和关注。在和平发展过程中，中国不仅要关注和参与国际政治外交法律规则的制订和实施， 也要在全面分析现有国际经济法规则的特点和作用方式的基础上，探讨中国和其他后起国家如何与现有强国进行合作以完善现有的国际经济法规则。近年来，我国签订区域贸易协定的步伐明显加快，但与欧盟、北美相比，仍需做出更大的努力。此外，在国际商事交易不断发展的背景下，以调整国际货物买卖、国际货物运输及保险、国际支付、国际知识产权交易、国际投资、国际借贷等私人行为为内容的国际商法无论作为学科体系还是部门体系都应得到更多的重视。随着立法机关对国际私法立法问题的关注以及《民事诉讼法》、《仲裁法》修订呼声的增高，国际私法程序法的发展将会取得重要成果。《涉外民事法律关系适用法》在实践中的运用，以及区际法律冲突和解决等方面也将会得到进一步的重视，同时，电子信息、生物工程、商事关系等新兴领域的国际私法问题将日益受到关注。

二、健全完善中国特色社会主义法律体系

改革开放30多年来我国立法工作取得了巨大成就，中国特色社会主义法律体系已经从起步到基本形成。但也应清楚地看到，中国特色社会主义法律体系目前还不完善，已经制定与认可的法律法规还未能完全顺畅地在全国范围内公平、公正地执行。因此，切实加强立法工作、提高立法质量、完善中国特色社会主义法律体系，以及公平与公正地切实执行法律、依法办事，仍然是一项紧迫而艰巨的任务。这就需要我们进一步做好以下工作：

（一） 要抓紧制定在法律体系中起支架作用的法律，填补我国现行立法的空白点

虽然目前我国的政治、经济、文化和社会等方面基本实现了有法可依，但尚不完善，仍有一些法律亟需制定，尤其是在法律体系中起支架作用的法律。具体体现在：

其一，在经济领域，应适应发展社会主义市场经济的客观需要，进一步突出经济立法，着眼于确立制度、规范权责和保障权益，全面推进经济法制建设，不断完善社会主义市场经济法律制度，解决改革、发展、稳定面临的突出问题。

其二，在社会领域，应按照构建社会主义和谐社会的要求，以改善民生为重点加强社会领域立法，在立法中解决好人民群众最关心、最直接、最现实的利益问题，充分发挥法律在推动科学发展、促进社会和谐中的规范、引导和保障作用。

其三，在文化领域，应按照推动社会主义先进文化大发展大繁荣的要求，加强文化领域立法，以促进文化的发展和文化事业的建设。目前，我国的文化立法还处于初级阶段，文化法律机制尚不健全，相较于政治、经济、社会领域而言，文化领域的立法相对滞后，还不能适应当前和今后我国文化事业快速发展的需要。为此，我们要坚持重点突破、先易后难、整体推进的原则，制定文化立法规划，尽快制订文化领域方面的各项法律、法规。

其四，在政治领域，应按照发展社会主义民主政治的要求，坚持社会主义政治制度的特点和优势，抓紧制定发展社会主义民主政治及保障公民权利的法律规范，推进社会主义民主政治的制度化、规范化、程序化，为党和国家的长治久安提供政治和法律制度保障。

（二） 要及时修改与经济社会发展不相适应的法律，以适应经济社会发展的要求

当前，我国已进入改革开放的关键阶段，正处于全面建设小康社会的新时期，中国特色社会主义制度和社会主义市场经济不断发展和完善。因此，

我国的立法工作必须体现与时俱进的精神，处理好法律的普遍性和特殊性、稳定性和变动性、阶段性和前瞻性的关系，把修改法律与制定法律并重。在修改法律过程中，一切从实际出发，把握经济社会发展规律，深刻认识当前我国经济社会发展的阶段性特征，根据我国经济社会发展中出现的新情况、新问题，适时地对相应的法律作出修改、补充和完善，增强法律的针对性、实效性和操作性，做到法律变动与形势发展同步，充分发挥法律在推动科学发展、促进社会和谐中的规范、引导和保障作用，使中国特色社会主义法律体系随着我国经济社会发展的需要而逐步完善。

当前，我们应适应人民民主不断扩大的趋势，及时修改全国人大组织法以及地方组织法，加强人大自身建设，更好地发挥人大在体察民情、反映民意、集中民智、珍惜民力方面的优势和作用，促进社会主义民主的发展。此外，还要加快修改消防法、防震减灾法、邮政法、兵役法、统计法等等，以适应我国经济社会不断发展的要求。

（三）要尽快制定和修改与法律相配套的法律法规

立法是一项立足全局、统筹兼顾、适当安排的活动，这就决定了其所制定的法律必然具有原则性，其内容往往只是提供一个大致的框架，而不可能面面俱到、对一切问题进行详尽规定。特别是我国正处于社会转型期，各种新情况、新问题层出不穷，再加上我国幅员辽阔，各地发展极不平衡，法律更不可能对一切问题和情况做出规定。这就导致法律在实施过程中，往往无所适从，难以发挥应有作用。目前，虽然我国法律实施情况不尽如人意的原因很多，但一个重要原因就在于，我国法律体系中缺少与现有法律相配套的法律法规，缺少与之相配套的具体实施细则。可喜的是，全国人大及其常委会已认识到这一问题的症结之所在，在今年的立法计划中首次强调，必须有相应法规配套的法律，要督促有关方面制定和修改与法律相配套的法规，发挥法律体系的整体功能。全国人大常委会还要求，现行法律需要制定配套法规的，有关方面应尽快制定。正在起草和审议的法律草案，有关方面应同时落实起草相关配套法规，在法律通过后及时出台，保证法律得到全面准确地实施。因此，现阶段我们必须从各地、各部门实际出发，因地、因时制宜，尽快制定和修改与法律相配套的法律法规，增强法律的针对性和实效性，完善中国特色社会主义法律体系，保证法律的良好实施。

（四） 要大力促进对于国家已经制定与认可的法律法规的公平、公正的适用

我国的司法实践表明：仅仅具有相对完善的法律法规体系，还不足以对这些法律法规进行正确的适用。这就需要我们不仅要在立法的完善性方面大做文章，而且甚至更为重要的是：我们必须迅速提高对于法律法规正确使用方面的能力。只有这样，我们才能够真正做到对于现行法律法规的公平、公正的适用。

中国维稳：治标与治本之策

张 荆*

“维稳”是近十年来中国出现的新词汇，使用频率越来越高。所谓“维稳”主要是指维持社会稳定或社会秩序的稳定。从相关的资料和文件分析看，中国的“维稳”主要包括两大部分的内容：一是打击和控制犯罪；二是排查化解社会矛盾和纠纷。

2010年是“维稳”之年，有两个重要的标志，一是政府对维稳的经费投入大幅增加。据《2009年预算执行情况及今年预算草案报告》显示，公共安全财政支出在2009年增加16%的基础上，2010年将再增8.9%，增幅超过军费（7.5%），表明了政府的维稳力度。二是以“2010年维稳”进行“百度”检索，相关网页文章达到1200余万件，比2009年增加了近1倍，表明各级党和政府及民众对维稳工作的重视和关注。

一、2010年中国维稳面临的问题与挑战

2010年，中国在维持社会稳定方面投入了大量人力、物力和资金，确保上海世博会、广州亚运会的成功举办，令世界瞩目。社会稳定保障中国经济的可持续发展，2010年中国的GDP增长10.3%，年度经济总量首次超过日本，成为世界第二经济体。但是，经济发展与社会建设的不协调，维稳的社会结构问题进一步凸显，亟待寻找治本之良策。

* 张荆：北京工业大学人文学院教授，团中央中国预防青少年犯罪研究会常务理事。日本一桥大学法学博士。著作《来日外国人犯罪》获2005年第6届日本菊田犯罪学奖。

（一）寻求有效控制犯罪增长的长效机制

改革初期的1978年中国刑事立案数为53.6万起，2009年刑事立案数达557.99万，是31年前的10.4倍，30余年中，我国先后进行过1983年、1996年、2001年、2004年四次大规模的、针对刑事犯罪的严厉打击活动（简称“严打”），“严打”的效果表现为犯罪率经过1—2年的短暂下降后迅速反弹，继续保持上升势头。历史的经验告诉我们，“严打”具有震慑犯罪的功能，但不是抑制犯罪增长的治本之策，我们必须转变“严打”的治理模式，寻找控制犯罪增长的长效机制。

1．流动人口与流动人口的犯罪问题

据国家统计局2009年统计，全国流动人口已高达2.11亿人，外出从业6个月以上农民工1.45亿人，约占流动人口总数的68.7%*，若加上6个月以下外出农民工，约占流动人口的90%左右。如此大规模的人口从农村流入城市，从一个城市流动到另一个城市可谓“史无前例”。实际上，从20世纪90年代中期我国就已经面对大规模流动人口所带来的两大社会问题的挑战。一是流动人口的犯罪问题；二是留守儿童问题。

大量农村人口流入城市为城市建设和繁荣做出贡献的同时，农民工的犯罪问题也日渐凸显。由于一直缺乏对流动人口有效管理和服务的有效对策，流动人口的犯罪数量持续上升，2009年的犯罪继续大幅上升与城市化加速、流动人口增加，以及城市管理无良策等有着逻辑上的联系。

关于留守儿童问题，也是大规模人口迁移的产物，因城市生活成本高，孩子就学难、就医难等问题的普遍存在，农民工让孩子们留守农村，由老人和亲属抚养。从2009年的统计看，全国农村留守儿童达5800万人**，与留守儿童问题相伴随的还有流浪儿童的大量产生，民政部每年救济流浪儿童51万人

---

* 申兵：《“十二五”时期如何促进农民工市民化》，2010年7月21日《中国经济时报》。

** 李小菲：《全国农村留守儿童约5800万人 沟通基本只靠电话》，搜狐新闻网，http：//news.sohu.com/20101007/n275454104.shtml

以上，推算全国有100万—150万的流浪儿童*。留守儿童和流浪儿童生活在缺少父爱和母爱、缺少良好家庭教育的环境中，社会化过程严重受阻，其中一部分人将成为未来犯罪的后备军。2010年初，广州大学发展研究院“新生代农民工罪犯”课题组的研究报告已初显此问题，该调查报告指出：“有犯罪记录的新生代农民工中，80%在幼年时期被留守家乡无人看管，犯罪原因主要为成长环境不利、家庭教育缺失 。”**

解决流动人口的管理与服务是控制流动人口犯罪，进而有效控制全国犯罪增长的治本之策。

2．“相对贫困”与财产犯罪

中国改革开放30多年，社会富裕起来了，但是贫富差别迅速拉大，特别20世纪90年代的企业改制和承包；股票期货市场的建立与迅速膨胀；城镇住房体制和房地产业改革等，使贫富之间的差距变得不可逾越。如果说改革开放初期的农村联产承包责任制和城市“个体户”创造出了“万元户”，那么，企业改制和承包创造了“十万元户”和“百万元户”，房地产业的改革又创造了“百万元户”和“亿万富翁”。“一夜暴富”，以及巨大财富的诱惑从两个方面刺激着中国犯罪的增长。一是经济领域的犯罪迅速增长，涉及县处级以上领导干部的人数不断刷新，贪污、贿赂、挪用公款的数额不断报出新高。二是经济差别迅速拉大带来的超前消费及“示范效应”，以及巨额资金和财物的流动，刺激着具有犯罪人格者的“攀比”和“暴富”心理，以巨额现金为目标的杀人、抢劫银行运钞车、绑架勒索等恶性案件频繁发生。

2009年，全国的刑事立案数继续以14%的速度增长，其中以获得财产为中心的犯罪上升最快，盗窃上升了14.4%，诈骗上升了39.3%，拐卖人口上升了153.8%，伪造货币上升了253.8%***。而当年的基尼系数为0.47，而改革开放初期的基尼系数仅为0.29。另外，10%的高收入人群与10%的低收入人群的收

---

* 鞠青：《中国流浪儿童研究报告》，人民出版社 2008年 第一版，第3页。

** 张小磊：《新生代农民工幼年留守家乡占八成》，腾讯新闻网，http: //news.qq.com/a/20110109/000645.htm

*** 国家统计局：《2010年中国统计年鉴》，中国统计出版社 2010年 第一版，第889页。

入差距，从1988年的7.3倍上升到2007年的23倍，收入差距迅速扩大。因此，与其说人均GDP从1000美元－3000美元是社会风险的“高发期”，不如说是贫富差别的不断扩大是犯罪率持续上升的重要原因，改革开放使中国社会富裕起来了，人们从中受益，但是，贫富两极分化严重，使人们感到“相对贫困”，更多的人容易陷入犯罪，这就是“富裕社会中的贫困”的真正含义。

采取有效措施，逐渐消灭贫富差距是有效控制犯罪，特别财产犯罪持续增长的治本之策。

3．恶性暴力犯罪与社会冲突

2010年初，连续在一些地区发生的以小学校、幼儿园为攻击对象的“屠童惨案”，由于媒体的报道而让社会震惊。目前，“屠童惨案”的犯罪者已伏法，小学、幼儿园已增设保安，安装视频监控系统，警察在放学时段在校门口巡逻防控。似乎事件已经“尘埃落定”，但是它留给社会的思考却并没有“尘埃落定”。

从犯罪者的犯罪动机、成长经历、家庭背景、精神病史等因素分析，至少留给我们三点思考：一是这些人大多生活在社会底层，生活比较艰辛，如何在激烈的社会竞争中，给竞争的弱者和失败者以生存机会，同时，通过社会福祉的惠及，避免他们走上暴力犯罪的绝路。二是这些人大多是社会竞争中的弱者，在生活中遇到过挫折，如失业、失恋、家庭纠纷、拆迁补偿等，他们将愤怒、仇恨迁移至社会，并残忍地指向最弱势的群体——儿童，以杀害最多的人，造成民间最大的痛苦和恐慌，达到报复社会的目的，这类犯罪无法宽恕！但社会必须思考如何化解矛盾，积极开展心理咨询、司法援助，防止愤怒、仇恨迁至社会。另外，在和平建设时期，我们的学校教育和社会教育应当适度减少仇恨教育，加强“珍惜生命”、“关爱他人”和“博爱”教育，弱化“挫折与复仇”的心理定势。三是系列“屠童惨案”也使精神病人的社会管理问题凸显，竞争社会使人的紧张感和挫折感增强，精神病的患病率增加，如何防止他们危害社会安全，政府的药物投入及良好的社会支持系统的建立是至关重要的。据了解全国有8300万精神病患者，许多地区的精神病人处于失控失管的状态，甚至一些地方政府对精神病人医疗投入为零。

北京市海淀区在精神病人管理上是做得比较好的区县，每位精神病人的药物投入每年仅为0.8元，实际需要投入1000元，治疗资金缺口很大。我们必须尽快完善精神病人的治疗和管理体制，做到政府资金投入到位，治疗到位，生活保障到位，并将精神病人的社会支持系统放置于社区。

（二）化解基层矛盾与维稳机制建设

从2004年起中国的信访总量持续下降，表明各省市对信访工作的重视，机关干部下基层化解社会矛盾已见成效。但并不等于大量的社会矛盾已经解决，化解社会矛盾的机制已经建立和完善。2010年北京工业大学人文学院“社会建设课题组”以北京郊区试点进行了百日调研，笔者作为课题组成员参与调研，研究分析表明至少有4类社会矛盾在基层聚集，如不能从源头予以解决，“维稳”只能是治标之举。

1. “拆迁”中的干群冲突

面对“国际金融风暴”，2009年，中央财政投入4万亿以缓解“金融风暴”对国内的影响，由此带动了各地基础设施建设、城市扩张的加速，同时，在土地增值成为地方财政收入重要来源的刺激下，新一轮“土地置换”也形成热潮，全国有20多个省市出台了撤并村庄的规划和政策，要求农民进城上楼，以宅基地换取市民权和社会保障，由此带来了2010年“征地补偿”、“暴力拆迁”，恶性案件、群体事件频发，干群冲突、农民与政府的冲突愈演愈烈*。

从2009年11月13日成都市天回乡金华村妇女唐福珍因城管强拆，在楼顶天台自焚之后，2010年3月25日，河南睢县农民因非法征用，补偿三年未兑现找乡长说理并发生肢体冲撞后被拘留；3月31日，新郑市一农村妇女因不满征地补偿拒绝丈量土地被拘留；3月27日，江苏东海县陶惠西父子被劝配合310国道施工拆迁，不服，点燃屋内汽油自焚；4月13日辽宁庄河市千名村民因征地补偿和村干部涉嫌腐败问题，到市政府门前下跪；4月21日，河北

---

* 汝信等：《2011年中国社会形势分析与预测》社会科学文献出版社 2011年 第一版，第11页。

邢台村民孟建芬拆迁中被铲车碾压受伤死亡；10月17日，广西北海市白虎头村委会主任带队集体抵抗政府低价强征土地；10月9日抚顺市大乡小瓦村16岁少年抗拒征地上访，杀死截访者，900名村民签名为“凶手”求情。

信访是各级人民政府同人民群众密切联系的桥梁*，当一些民众试图通过信访中的“走访”方式解决矛盾时，而一些地方政府官员以“维稳是第一责任”，或在维稳“一票否决制”的压力下，“截访”、“堵访”，甚至违反《宪法》私设公堂，关押上访者，或轻率地将警力推到解决干群冲突的第一线，进一步激化了干群冲突，造成警民对立。比如，一些地方政府雇佣北京的“安元鼎保安公司”非法羁押和“遣送”本地区上访人员**。

2．劳资冲突

从2010年网络舆论调查显示，在各种社会冲突中，“劳资冲突”仅次于“官民冲突”居舆论关注第二位。2008年中国进入《劳动合同法》实施元年，2009年企业职工维权意识和加薪意识高涨，由政府介入的劳资纠纷达到60余万起。2010年，发生较大规模的罢工分为两种类型，一是传统产业的罢工，如，平顶山集团的工人罢工；二是外资或合资企业的罢工，如广东佛山本田公司的罢工，罢工主要表现薪酬、五险等利益博弈。劳资纠纷的主体是“农民工二代”，被称为“比他们父辈更具权利保护意识的新生代”。不过，笔者在对中小企业负责人访谈时也了解到，2010年一些中小企业继续受到“金融风暴”的影响，订单减少，同时，国家大力推进《劳动合同法》执行使许多中小企业不堪重负，这些企业多以初加工为主，处于产业链的末端，靠廉价劳动力获取利润，为职工上“五险”，使许多企业无利可图，甚至大幅亏损，一些老板丢下企业跑掉，工人工资发不出、失业，他们反过来找政府。劳资矛盾、工人与政府矛盾复杂化和尖锐化。

3．村民换届选举中的势力冲突

《村民委员会组织法》已实施了12年，2010年是村民委员会第三届换届

---

* 参见《国务院信访条例》第一条。

** 警方调查安元鼎 京华网：http：//epaper.jinghua.cn/html/2010-09/26/content_589345.htm

选举年。村民选举中的问题进一步显露，调查表明，一些地区村民委员会的换届选举存在贿选，以及家族势力对选举的控制，甚至地方黑势力的介入，带来村落内部不同势力群体之间的冲突加剧。一些指导村民委员会换届选举的地方政府对选举违规行为放任不管，甚至参与其中，导致了村民与政府的矛盾。村民选举中的主要问题是选举文化落后、选举程序欠科学，选举的公平性受到质疑，加之一些村委会的财务不透明、不公开，加剧了村干部与村民，以及村落不同势力之间的冲突。

我们需要进一步完善村民选举的程序和规则，强调候选人公开讲演竞选，要向选民阐述自己服务于村民的执政理念及基本承诺，严格禁止候选人的“暗箱”操作，对承诺兑现的情况进行民主监督，以及对任职者不作为的罢免。村民选举程序的法制化和科学化至关重要，严格执行法定的选举程序，并实行有效的监督，才能有效地防止贿选、地方家族势力和黑势力对村民选举的操纵，缓解村落家族势力冲突，缓解干群关系的紧张。

4．家庭伦理与家庭结构性冲突

中国目前的家庭结构以“核心型家庭”为主体，与传统的几世同堂的“扩大型家庭结构”相比，稳定性大大降低。近年来，家庭结构的进一步小型化的趋势明显。以北京为例，每户的家庭人数每年以1.6%的速度继续在减少。主要原因是丁克家族、离婚家庭、独身家庭、空巢家庭的数量在增加。家庭结构的进一步小型化加剧了家庭结构的不稳定性，据民政部统计，2003—2009年中国连续七年离婚人数递增，2009年，全国的离婚夫妇为246.8万对，比上一年增加了19.9万对*，达历史最高。离婚家庭的大量产生致使“破损家庭”（Broken Home）的数量大幅增加，孩子抚养与家庭教育问题突出，近年来，笔者对未成年犯管教所的调研中深感“破损家庭”教育功能的缺失对未成年人成长的不良影响。

20世纪90年代之前，房产为国家所有，家庭的财产分割问题并不突出，

---

* 《中国离婚人数连续7年递增 婚外情系原因之一》，青岛新闻网：http：//www.qingdaonews.com/gb/content/2010-10/04/content_8508805.htm

1991年开始的住房改革，以及近年来房产价格飞速攀升，使家庭财产的分割矛盾日益突出。“文化大革命”时期的“亲不亲阶级分”被“亲不亲金钱分”所替代，传统家庭伦理遭遇第二次重创。因对房产分割不满，兄妹之间反目为仇，不履行对老人“精神慰藉”的“家庭冷暴力”现象增加。2009年以来全国发生的多起“杀亲灭门”案和“屠童案”，分析犯罪者生长环境和成长经历多与家庭教育、婚姻的不幸、家庭财产纠纷，以及家庭伦理混乱相关联。这些案件和现象迫使我们去思考，“是不是我们社会细胞——家庭出了问题”。家庭细胞的病变会带来整个社会机体的病变，家庭的不稳定会导致社会的不稳定。

“拆迁”中的干群冲突，《劳动合同法》实施中的劳资冲突，村民换届选举中的势力冲突，家庭伦理与家庭结构性冲突在基层聚集，使2010年的维稳问题突出，认真地研究社会矛盾的治本之策并采取措施逐一解决，才能保障社会的长治久安。

三、2011年中国维稳展望与对策建议

2011年是中国“十二五”规划的开局之年，是新一轮改革的“破冰之年”，经济发展方式转变，社会管理创新，政府职能转变等都将进入攻坚阶段。各级政府应当从“以经济建设为中心”逐渐过渡到“以社会建设为中心”，通过中国社会建设与社会管理创新构筑社会稳定的长效机制。

2011年，随着中国经济进一步向好，跨地域流动的劳动力人口数量仍会保持稳中有升，在政府尚未出台对流动人口有效服务和管理重大措施的状态下，流动人口的犯罪仍会成为拉动整体犯罪数量上升的重要因素。同时由于北京等一线城市将出台人口调控新政，加之一线城市房价高腾，使流动人口的劳动收益降低，大量的劳动力人口会流向二线城市，而许多二线城市对流动人口安置，以及治安管理水平要低于一线城市，由此也会影响整体犯罪数量增加。贫富差距的缩小有赖于收入分配制度的改革，如果收入分配制度的改革没有重大举措，以财产为中心的犯罪仍将成为拉动整体犯罪率上升的要素。

我们注意到许多省市在制定“十二五规划”中，调低GDP增长比例，准备将更多的资金和精力投入社会建设，如果能够通过二次分配等方式使社会的弱势群体获得更多的福利和利益，推动收入分配制度改革将会有效缓解社会冲突，减少群体性事件的发生数量。2011年1月19日，温家宝总理主持召开国务院常务会议，审议并原则通过《国有土地上房屋征收与补偿条例（草案）》，新草案明确规定“取消行政强制拆迁”。2011年由行政强拆所引发的上访、群体性事件会随着新草案的执行有所减少，不过，土地财政的巨大诱惑仍会对“禁止行政强拆”执行构成阻力。

“维稳”需要以推动社会建设为基础，需要社会管理创新，“头痛医头脚痛医脚”只能是治标之策，“维稳”必须考虑不稳定现象背后的社会原因，并下气力解决这些社会问题，建立了可持续维稳的制度机制，才是“维稳”的治本之策。

（一）科学调控城市化发展速度

城市化也成为都市化，具体表现为城市人口在总人口中所占比重增加，城市规模扩大和数量增加。科学地调控城市化发展速度会促进社会稳定，有效地降低犯罪率。比如，“强拆”问题除了土地财政的诱惑、领导干部管理水平低下等原因外，城市化推进速度过快也是重要的原因。由于城市化推进速度过快，政府与村民、企业与村民缺少协商博弈的时间，政府以行政命令压服，企业以非法手段治服，使得民怨四起。香港的经验值得借鉴，香港市建局确定建设目标后大约用6年—6年半的时间完成一个项目，其中规划、协商、收地、清场工作需要3年半的时间，充分协商是人权的尊重，也减少社会冲突的重要手段。

根据笔者对城市化与犯罪关系的研究，在中国城市化的发展速度与犯罪率的变化有着密切的相关性，1992—2006年城市化与犯罪率的相关分析显示，两者为0.935的正相关。将城市化的发展速度控制在0.5%–1%之间能有效地控制犯罪、环境污染、道路拥堵等“城市病”。

（二）加快收入分配制度改革

现阶段收入差距的持续扩大正成为影响中国社会稳定，包括财产犯罪持续走高的重大问题，历史经验告诉我们，市场经济不可能自发地调整和根本解决贫富差距扩大的问题，需要政府痛下决心，调整和逐步理顺利益分配格局，从鼓励一部分人先富迈向共同富裕。贫富差距缩小会消减社会的“相对贫困感”，以及由此带来的仇富仇官心理，达到官民和谐、商民和谐、企业主与工人和谐、富有阶层与其他阶层的和谐，减少阶层之间的冲突，降低社会的犯罪率。

（三）改革现有户籍制度

在户籍改革方面，我们可以借鉴一些国家的成功经验，户籍管理逐渐与公安的治安防控相分离，与政府服务于百姓的福利制度相结合，与居民和流动人口的权益和福利保障相结合。使流动人口的户籍申报由现在的被迫转变为主动积极申报，因为申报的目的不是为了接受“管控”，而是让自己和家庭享受所在地区的更多社会服务。逐渐实现户籍管理由公安机关过渡到市区政府内设的户籍管理部门，这一管理机制的转变一方面容易实现户籍与区域社会福利和社会教育的联动，有利于密切政府和民众的联系，也使户籍管理更加人性化，另一方面，户籍管理与警察治安管理分离，更有利于公安系统集中精力做好犯罪的预防和治理。

（四）改善流动人口的生存环境

流动人口或农民工的犯罪比例高的原因错综复杂，但有两个至关重要的原因不容忽视。一是城市和农村是两种不同的“文化板块”，农村人口向城市迁移会遇到城市繁华的诱惑，城市的匿名性、竞争性、非血缘的业缘文化的冲击，带来心理上的不适应。应当建立相应的社会服务组织帮助他们摆脱各种困境。二是城市的歧视性政策使农民工在收入分配、住房、子女教育、医疗、社会福利等方面低人一等，城市化过程中的“城中村”，以及“贫民窟”式的生活环境和生活方式容易导致其产生与城市主流文化相抗衡的亚文化，加大农民工融入城市的难度，滋生犯罪价值观，带来区域性犯罪的增加。因此，我们必须加快“同城待遇”的改革步伐，通过政府和企业建设、发展廉租房等手段，帮助农民工改善居住条件，摆脱“贫民窟”式的生活环境。城市应当积极地接纳农民工子女就近入学，享受城市义务教育，让农民工能够安心地把妻子和孩子接到城市，过上正常的家庭生活，这既是一种人本主义的关怀，也是抑制和预防流动人口犯罪的重要途径。

（五）扩大社会福利的辐射的力度和范围

从国外的经验看，现代社会的福利制度既有扶助贫困，缩小经济差别的功能，也有控制由于“绝对贫困”和“相对贫困”而引发犯罪的功能。改革30多年来，中国经济实力大增，适时适度地扩大社会福利的辐射力度和范围，让更多的社会群体受益，并会促进对犯罪的预防。这比投入大量的人财物进行“严打”或建造监狱更具有稳定社会的长远功效。

（六）构建新型的警民关系

2004年9月公安部发出通知，用三年的时间将实施了40年的“治安联防”制度取消，传统的“治安联防”逐渐被保安公司提供的专职治安保卫所替代。随着社会治安管理专业化和职业化程度的提高，以及群众“自我保护”意识的增强，群众与警察，群众与治安管理机构的关系在疏远，群众参与犯罪治理和预防的积极性在降低。其中最明显的变化是群众对犯罪的举报率降低，并带来破案率的下降。

在维持社会稳定的过程中，警察的力量不可忽视。但是，为了警民和谐和社会冲突良性化解，我们应当用法规约束警察的出警行为，在官民的利益博弈中，在企业主和工人的利益博弈中应建立起谈判协商机制，并且慎用警力。我们需要探索21世纪中国新型的警民关系，首先必须让群众更多地了解警察及其他执法人员的工作性质、工作流程。如果治安的专业化和职业化变成了神秘化，变成了普通百姓无法接近的东西，我们的社会治安就会脱离群众，检举率无法提高，犯罪率难以控制，警民之间隔阂加大，将无法达到综合治理的最佳效果。

（七）强化社区和家庭建设

社区是现代都市的重要载体，是缓解社会矛盾、促进家庭建设的基础平台。在新型社区建设上要通过社区服务、社区咨询、社区讲座、社区培训、社区庆典等多种方式改善社区的人文环境，鼓励社区组织积极参与社会管理，参与邻里关系和家庭关系的和解，参与青少年教育指导，推进家庭教育的改善，预防社区青少年犯罪。在激烈竞争的社会中，压力与犯罪、社会冲突的关系紧密，需要建立社会的缓压系统，以社区为中心建立起行为疏导、心理咨询体系，及时发现、治疗、管理心理疾病和精神疾病。我们的社会必须强化家庭建设，要使社会的细胞——家庭健康起来，倡导中国传统的家庭美德，强调长幼有序、尊老爱幼、孝敬父母，强调婚姻家庭社会责任。用家庭和社区的健康发展促进和保障社会的稳定。

推进集体土地房屋拆迁安置补偿制度的改革

刘森　蒋恺恺*

最近几年，城市化的步伐不断加快，各地项目开发如火如荼，随之而来的是集体土地的征收和房屋等的拆迁补偿安置工作。可以说，集体土地的一级开发到哪个村，哪个村都会有大批量的关于拆迁的各类纠纷。这些抵抗拆迁的手段逐步升级，达到“以命相搏”的地步。究其原因，虽然表面上看是地方政府急功近利、征地步伐加快、没有做好善后工作所致；其实，真正原因是我国法律法规对集体土地的征收和拆迁的规制不完善，对拆迁安置补偿的标准和办法不统一，地方政府随意性太大，开发商随意挤压被拆迁人利益，法律不能作为最后的“救济”手段所致。

涉及集体土地的征用和其上房屋的拆迁补偿，除了我国《宪法》第13条**以外，主要在《土地管理法》及《土地管理法实施条例》中予以规定，例如《土地管理法》第四十三—第五十一条对耕地的征收补偿及安置进行了统一规定，而对于其他集体土地的征收补偿安置授权省级政府做出规定；

* 刘森为北京改革和发展研究会法律顾问，中国产业安全研究中心博士后、北京汉衡律师事务所合伙人、律师；蒋恺恺，法学硕士、律师。

** 《中华人民共和国宪法》第十三条：公民的合法的私有财产不受侵犯。
国家依照法律规定保护公民的私有财产权和继承权。
国家为了公共利益的需要，可以依照法律规定对公民的私有财产实行征收或者征用并给予补偿。

《物权法》第四十二条*也对集体土地的拆迁安置做出了原则性的规定。这些宏观性的规定，在操作中往往有这样那样的问题出现，拆迁人的权利无法在程序上得到保证；集体土地的征用和地上房屋的拆迁补偿方案由地方政府出台的一些规范性文件加以规定。但是，这些地方性的规范性文件，因为制定单位的局限性，使这些文件存在公平、公正、严谨方面的问题，最终，导致出现了拆迁到哪，哪个地方就发生密集的上访、诉讼和频频出现的其他不安定事件。所有这些，激起我们对现行的拆迁补偿制度的反思，现有的集体土地拆迁补偿安置制度，已经到了不改革不行的地步，只有改革才能有出路，只有改革才能适应国家的全面发展，才能促进我国的现代化建设。本文就集体土地的拆迁补偿安置问题，提出如下改革建议，以期为法制改革献言献策的目的。

一、集体土地拆迁与城市房屋拆迁的区别

集体土地拆迁问题与城市房屋拆迁问题不一样，城市房屋的拆迁涉及的是城市居民，拆迁对城市居民的工作和生存不会带来根本的改变；而集体土地的拆迁问题涉及的是农民，拆迁后失地农民可能要转变为城市居民，涉及身份的转变；对农民不但需要对其进行经济方面的补偿，更重要的是对失地农民的安置，解决失地农民的长期生存问题。集体土地拆迁与城市房屋拆迁主要有如下区别：

（1）集体土地的拆迁涉及土地性质的改变，即土地性质由农民集体所有向国家所有转变；而城市房屋拆迁，不涉及土地性质的改变，只是土地使用权的转移或回收。

---

* 《中华人民共和国物权法》第四十二条：为了公共利益的需要，依照法律规定的权限和程序可以征收集体所有的土地和单位、个人的房屋及其他不动产。

征收集体所有的土地，应当依法足额支付土地补偿费、安置补助费、地上附着物和青苗补偿费等费用，安排被征地农民的社会保障费用，保障被征地农民的生活，维护被征地农民的合法权益。

征收单位、个人的房屋及其他不动产，应当依法给予拆迁补偿，维护被征收人的合法权益；征收个人住宅的，还应当保障被征收人的居住条件。

任何单位和个人不得贪污、挪用、私分、截留、拖欠征收补偿费等费用。

（2）集体土地的拆迁可能会涉及被拆迁人身份的置换，即失地农民由农村村民向城市居民的转变；而城市房屋的拆迁不涉及被拆迁人身份置换问题。

（3）集体土地拆迁涉及失地农民的就业安置问题，而城市房屋拆迁大多不涉及被拆迁人的就业安置问题。

（4）集体土地拆迁与城市房屋拆迁相比，在法律制度方面，更为不健全；在实际操作中，随意性太大，更易使社会矛盾激化。城市房屋的拆迁补偿，早在2001年就出台《城市房屋拆迁管理条例》，最近正在酝酿的修订问题已经成为专家、学者、民众的热议话题。*集体土地的拆迁问题，没有引起这么广泛的关注。特别是我国对失地农民的司法救助体系缺失，尽管土地征用中出现了诸多问题，但真正上升到法律层面的并不多。这种法律制度的缺失，更易激起极端抵抗行为的发生。可以说，村民的"以命抗争"催生了城市房地产拆迁条例的修改，而对于集体土地的拆迁在立法方面却没有明显推动。

可以看出，集体土地的拆迁补偿安置问题较城市房屋拆迁补偿问题复杂，对被拆迁人——失地农民的安置问题是困扰集体土地拆迁的大事，据统计，每征收一亩集体土地，就会产生14位失地农民。**集体土地拆迁的重点应当把失地农民的安置放在首位，处理不好失地农民的安置问题，将直接影响到构建和谐社会的进程，影响到大局的稳定。

二、改革之一：代表国家的政府应当作为拆迁人，承担拆迁人的义务

在农村集体土地的征用拆迁时，拆迁人往往是有一定背景的开发商，这些开发商出于自身利益，随意压低补偿标准，占用补偿款，通过操纵政府工作人员，对被拆迁人的利益进行任意挤压，是导致拆迁矛盾纠纷频现的主要原因。

---

* 2011年1月21日，国务院公布了《国有土地上房屋征收与补偿条例》。

** 王政：《失地农民社会保障的做法与经验调查》，《农民日报》2005年12月13日。

（一）开发商成为政府的“遮羞布”、“挡箭牌”

农村集体土地拆迁，原则上应当是政府行为，我国《土地管理法》第四十三条规定，“任何单位和个人进行建设，需要使用土地的，必须依法申请使用国有土地”，“国有土地包括国家所有的土地和国家征收的原属于农民集体所有的土地。”该法第四十六条规定“国家征收土地的，依照法定程序批准后，由县级以上地方人民政府予以公告并组织实施。”《城市房地产管理法》第九条规定，“城市规划区内的集体所有的土地，经依法征用转为国有土地后，该幅国有土地的使用权方可有偿出让。”《土地管理法》第六十三条规定：“农民集体所有的土地的使用权不得出让、转让或者出租用于非农业建设。”可见，农村集体土地要进行开发建设就必须先变为国家所有的土地，经过征收（用），集体土地就变成国家所有的土地，房地产开发商从国家手中获得土地的使用权后，才可以在上面搞建设。集体土地拆迁的第一目的，是国家获得该集体土地的所有权，国家就应当作为拆迁人直接面对被拆迁人——失地农民；而不应当将拆迁人的主体资格赋予一家以盈利为目的的公司。

（二）拆迁人的逐利性，是拆迁矛盾产生的渊源；拆迁人与政府的良好关系是拆迁矛盾升级的主要原因

开发商作为拆迁人，无非为了商业利益的目的。虽然根据国土部有关规定，一级开发企业的利润率不得超过8%，但“不少开发商希望借助土地一级开发，帮助企业在二级市场上获得开发资格”。*拆迁人在拆迁过程中，往往由于资金的问题导致经常拖延支付拆迁费用，甚至出现拆迁费被非法挪用的情况；北京市曾采取将拆迁款直接发放给被拆迁人的办法，就是为了防止拆迁费被开发商挪用或拖延支付。**开发商为了加快开发，降低开发成本，就会

---

* 见http：//news.hfhouse.com/html/091223/BT191091223084221.html《国务院完善拆迁条例 土地一级开发利润率不超过8%》作者：于萍。

** 见http：//news.qq.com/a/20101030/000096.htm高晨《北京南城改造农民拆迁款将直交拆迁户》，载于2010年10月30日《京华时报》。

采取挤压被拆迁人利益的办法，不可避免地与被拆迁人的利益发生冲突。

《北京市集体土地房屋拆迁管理办法》（2003年8月1日起施行）第三条规定："拆迁人"就是将来的"用地单位"。"用地单位"为了控制土地的开发成本，最终到达控制总的开发成本的目的，自然会尽量挤压被拆迁人的利益，这就形成了拆迁人与被拆迁人的矛盾。为了避免拆迁人成为二级开发的开发商（即一、二级开发联动），《北京市土地储备和一级开发暂行办法》（2005年8月3日颁布）在选择拆迁人时作出了调整，对一、二级开发的拆迁人分别采取招标的方法选择开发企业，并控制开发利润。但是这种做法，在拆迁人的逐利性没有改变的情况下，仍然无法避免拆迁人与被拆迁人的利益冲突。

在拆迁人（拥有经济实力的开发商）与被拆迁人（失地农民）发生冲突时，政府为了尽快拿到土地所有权，尽快进行开发建设，为了政绩工程需要，并且拆迁人不是政府本身，政府往往会站在拆迁人的立场处理拆迁纠纷，借拆迁人之手进行强拆，一旦出事就将责任推到开发商身上。*

（三）农民对政府的信赖是政府作为拆迁人的基础

从我国的实际情况来看，农民对政府的信赖程度和服从程度较高，我们党和政府也十分重视农民问题，因此，政府直接作为拆迁人具有良好的群众基础。

（四）农民维权能力较弱，也呼唤政府直接作为拆迁人

因为历史原因，农民的受教育程度和法律意识均比普通城市市民要低，其维权能力和意识均不强。完全靠农民自身的认识来决定拆迁补偿安置问题，恐怕无法做出正确的、经得起历史考验的决定，这就呼唤政府应当从公益的角度考虑农民的安置补偿问题，政府只有作为拆迁人才能更好地保护农民的合法权益，也是政府执政为民的理念所在。

---

* http://www.chinaref.cn/Article/Class301/yeneidongtai/200607/184539.html《政府不能沦为开发商的"打手"——代表委员为拆迁问题把脉》

（五）政府作为拆迁人，承担起拆迁人的义务的优势

在农村集体土地的征地拆迁补偿过程中，代表国家的政府，是拆迁土地的直接受益者——拆迁后土地的所有者、土地出让金的收取者，政府就应当理所当然地以拆迁人的角色出现，名正言顺地承担起拆迁人的义务。政府作为拆迁人，在面对被拆迁人时，能够充分发挥人民政府的亲民、为民属性，能充分为被拆迁人考虑。当出现拆迁纠纷时，作为拆迁人的政府作为民法意义上的当事人，与被拆迁人一样接受法院或上级政府部门的裁决，这就提高了拆迁人的自律性和责任心。

政府作为拆迁人，在出现强拆的情况下，有利于责任主体的界定，避免出现替罪羊等干扰因素；同时，在调查强拆事件工程中，作为拆迁人的一级政府应当回避，由上级政府或其他政府部门进行调查，有利于查清真相，有利于对责任者进行依法处理。

三、改革之二：应当重安置，合理补偿，从农民的长远利益着想

现在的集体土地征用补偿，往往借鉴城市房屋的拆迁补偿办法，将农民的房屋等地上物、宅基地折合成货币的方式给予补偿，农村居民采取住房置换的办法解决农民的安置工作，对于农民的就业问题，考虑的不多，且没有形成法律制度。

（一）现行的补偿安置方式过于单一，重补偿、轻安置

现在的土地拆迁补偿方式通常有两种：货币补偿和房屋安置。货币补偿标准过低，房屋安置也存在着很多不足。大部分地方都是先拆迁后安置，建成安置房少则一两年，多则两三年，在此期间，很多被拆迁人处于居无定所的状态，虽然开发商也会给予一定的周转费，但是周转费的数额通常远远低于租房费，这无形中加重了农民的负担。

此外，开发商的所谓“安置”集中于分配给被拆迁人房屋，却忘了农民

这一主体的特殊性。农民祖祖辈辈生活在土地上，与土地有着深厚的感情，一旦失去土地，心中会有十分大的落差。同时，集体土地被征用，这些农民的农村户口转为城镇户口，但是他们还不是完全意义上的城市人，他们暂时无法适应城市快节奏的生活方式，有些农民无一技之长，便成为社会的闲散人员，有可能成为社会潜在的不稳定因素。所以，所谓的“安置”应该包含着比安置房更多的内容。

作为被拆迁人往往也希望多拿些钱，常在安置方面让步，这就造成了目前的重补偿轻安置的局面。

（二）应当把农民就业安置放在首位，搞好农民的身份转换工作

失地农民成为城镇居民后，可能会有很长一段时间无法融入城市生活，实践证明，失地农民在城市就业是融入城市生活的捷径。教育和培训是失地农民就业的必不可少的前置条件，有不少地方政府采取对失地农民再教育和职业技能培训，提高失地农民的就业率，使拆迁安置得到了较好的社会效果。

四、改革之三：适当加大补偿标准，放宽补偿对象

（一）现行的补偿标准过低

我国现行法律没有对集体土地耕地以外的拆迁补偿标准作出明确规定，补偿标准由地方政府制定，大多采用“适当补偿”原则。由于农村宅基地都是以户为单位，一块宅基地上居住着祖孙三代人是很平常的事，一旦征收和拆迁，不多的补偿款还要在几个家庭中分配，农民真正得到的补偿款就更少。正是因为补偿标准过低，被拆迁人获得了货币补偿之后，很难用补偿款重建或购置到同等质量、同等居住条件的房屋，结果农民的住房条件不但没有改善，有时反而下降了。

更重要的是，除了《北京市集体土地房屋拆迁管理办法》等少数规章

外，很多地方政府在考虑集体土地上的拆迁补偿时，忽略了被拆迁房屋的区位补偿。而在城市房屋拆迁中，区位补偿是影响补偿款多少的决定性因素，农村的集体土地同样可以用于生产经营，具有增值的潜力，给予区位补偿无可厚非。一些地方政府忽视了区位补偿，是造成农民宅基地价值被低估的重要因素。

农民只收到了较少的补偿款，可是看着自己的土地变为国有土地后，政府一转手出让，它的价格就几百倍地增长。农民的心里难免会产生极大的不平衡，而这种不平衡心态可能就会成为社会的不安定因素。

（二）补偿的对象过于狭隘

根据相关法律法规的规定，我国实行的是房地二元主义立法，即土地和房屋是两项独立的财产。但是，实践中国家实行土地征收时，却没有坚持和沿用我国关于房屋与土地关系问题的二元主义立法模式。征收土地时，土地所有权人是农民集体经济组织，而房屋所有权人是公民个人，征收土地过程中“顺带处分”房屋所有权人的私有财产权，公民在房屋上的权利没有得到很好的保护和尊重。更不用说那些在私下交易中获得宅基地上房屋的城镇居民或外来居民了。

现行的一些集体土地拆迁管理办法中，被拆迁人的认定往往被定义为“在拆迁范围内具有宅基地使用权，并在宅基地上具有房产的人员”。这就意味着私下交易中获得宅基地上房屋的城镇居民或外来居民无法获得拆迁补偿。即使寻求司法救济，所获得的补偿也远远低于拆迁补偿和他们在宅基地上投入的金钱。

在承认宅基地使用权集体所有的前提下，保护这些城镇居民或外来居民的财产权益，是集体土地房屋拆迁过程中应当注意的问题，也是宅基地确权流转方面遇到的问题。

（三）提高补偿标准，适当放宽补偿对象

集体土地是集体所有，法律禁止宅基地使用权转让给城镇居民或外来居

民，但是如今，对宅基地的确权流转已是普遍共识，2008年11月下发《关于认真学习贯彻党的十七届三中全会精神的通知》中，国土部规定，进入有形市场交易的经营性集体建设用地使用权，必须经过确权登记，做到产权明晰、没有纠纷。目前我国部分省份已经开始陆续启动农村集体建设用地的确权工作，并将宅基地作为确权的重点。在这一政策的大背景下，既然城镇居民或外来居民已经投入资金在宅基地上建造了房屋，那么，他们也应该就房屋得到应有的拆迁补偿。

综上所述，我们应当对集体土地的拆迁制度进行改革，从法律层面上将政府确定为拆迁人，把失地农民的安置放在首位，并提高补偿标准，扩大补偿范围；对农民多些人文关怀与经济扶持，赋予农民与城市居民一样共享社会发展成果的机会；我们期待集体土地拆迁能够顺利进行，少一些拆迁“牛人”，杜绝出现与构建和谐社会相悖的——“自焚”、“自杀”等极端维权现象。

第四部分

社会文化体制改革

中华文化：贡献世界与立足现实

叶小文*

我这篇文章，主要谈两个问题：在振兴中华的过程中，我们拿什么为世界作出文化贡献？在有了ECFA（《海峡两岸经济合作框架协议》）之后，如何进一步推进海峡两岸的文化交流？

一、在振兴中华的过程中，我们拿什么为世界作出文化贡献？

“振兴中华”是孙中山的遗愿，是大陆正在进行的努力，也正在成为两岸的共识，马英九先生的元旦致辞就以此为题。

振兴的中华，拿什么贡献于世界？台湾文化总会会长刘兆玄先生说，中华文化要为世界创造新的普世价值。如果说20世纪是“经济的世纪”，大国是靠“霸道”崛起的；21世纪则是“人文的世纪”，大国要靠“王道”崛起——这是从来没有过的崭新的崛起，这是真正能够包括经济发展，环境保护，特别是社会公平正义的，可持续发展的崛起。

循着这个思路，我想说，人文的世纪、中华的崛起、民族的振兴，都离不开文化的振兴和文化的贡献。

悠久绚烂的中华文化，内容丰富，意蕴深厚。有春秋战国时代的诸子哲学，有汉魏各家的伟经事业，有姹紫嫣红的唐诗宋词，有绮丽清新的元曲小令，有气象万千的明清小说，有老庄孔墨的道德，有韩柳欧苏的文章，有左

* 作者为全国政协常委、中央社会主义学院党组书记（正部级），第一副院长，著名的文化学者。

班司马的史学，有程朱陆王的义理，有屈原杜甫的忧叹，有岳飞、文天祥的报国丹心，有秦皇汉武、唐宗宋祖的文治武功，有令世人骄傲的四大发明，有五彩缤纷的琴棋书画，有使人神往的茶酒文化，这一切造就了中华民族文化的无穷魅力，为人类文明增添了色彩。虽然其中也难免鱼龙混杂。如王蒙先生所说的，我们的文化也不尽然都是好东西。但是，我们毕竟有、或者说更多的是优秀的文化传统。尽管我们的“精英文化情怀”，有泛道德论的传统，容易把政治生活道德化，充满了道德的激情却缺乏法制的操作（王蒙先生如是说）；但也正如台湾王邦雄教授所指出的，其实传统文化中也并不缺乏操作性。今天我们解决法治操作问题，可以“中学为用”，从孔、孟，走向老、庄，再走向荀、韩。

中国传统文化，如何取其精华，去其糟粕；如何去粗取精、去伪存真；如何与现代化对接，为现实社会所用？这些都是需要深入研究的大问题。

数百年前，西欧历史上发生了一场持续200余年的文艺复兴。文艺复兴是“黑暗时代”的中世纪和近代的分水岭，是使欧洲摆脱腐朽的封建宗教束缚、向全世界扩张的前奏曲。文艺复兴把“人”从“神”的束缚中解放出来，把生产力从封建社会的束缚中解放出来。但解放了的“人”又过度膨胀了。今天我们看到的是，“人”对自然过度开发，环境污染破坏；“人”对社会为所欲为，单边主义和恐怖主义的争斗愈演愈烈；“人”对“人”损人利己、尔虞我诈，次贷危机引爆席卷全球的金融危机，造成全球范围的经济衰退和恐慌。

如果说文艺复兴使“人”从神的束缚中被解放出来，之后人又被神化、异化，走向自身的反动，时代就呼唤着一场新的文艺复兴，必须把过度膨胀的人还原为一个“和谐”的人，必须建设一个人与自然和谐、人与社会和谐、人与人和谐的新的“和谐世界”。

中华民族的文化传统，因应着这个时代要求。英国历史学家汤因比说过：“避免人类自杀之路，在这点上现在各民族中具有最充分准备的，是两千年来培育了独特思维方法的中华民族。”什么“独特思维方法”？是天人合一，中和中庸，仁者爱人，以和为贵，和而不同，众缘和合。

我们应该将中华民族有代代相传的“天下情怀”与“和谐理念”推向世界。

西方也讲“胸怀天下”，但西方盛行的“天下观”是全球的同质化的单边主义；中国的“天下观”则是提倡多极均势世界中的文化差异多元主义。

西方也讲“文化输出”，但西方推行的是“三片文化”——大片、薯片、芯片，美国大片控制人们的视觉娱乐，炸薯片控制人们的胃，电脑芯片控制人们的创造性和文化安全；是“三争文明”——人际之间竞争，群体之间斗争，国际之间战争。

而中国传统的“天下情怀”和“和谐理念”截然不同。

（一）天下情怀。中华文化的基因里，总有一股“君子以天下为己任”的情怀

“天下”何在？古人的观察是“天圆地方”。君子立于天地之间，就要“天行健，君子以自强不息；地势坤，君子以厚德载物”。这一度是世界上最先进的文化理念，因而中华文明也一度成为率先崛起的先进文明。可惜，由于认识的局限，“天圆”的理念一度局限于“地方”的眼界，只看到了看得见的黄土，只看到了自己的大地。封闭就要落后，落后只能挨打。中国在GDP处于世界第一位的时候，却愚昧地实行“海禁”，从此走向衰败。

而近代西方则发现，不仅“天圆”，地球也是圆的，地球70%是水，是大洋，顺着大洋走出去，走下去，从而也就发现了整个世界，从此也就步入了辉煌。

中国在这种先进的文化观之前战败了、沉沦了。

但中华文明毕竟有“天下情怀”的文化基因。今天，当中华民族重新自立于世界民族之林，不仅早就走向海洋看世界，也开始走向月球看地球；当全球化的浪潮席卷而来，当卫星通信、数字传输、卫星定位、远程教育、远程医疗等深刻影响和改变着社会生活，当数字化、信息化使地球成为“智慧地球”、中国成为“感知中国”、人类进入太空时代的时候，人们又需要重新认识“天圆”了。整个人类的“天下意识”逐渐强烈起来，中国文化的

“天下情怀”可以充实更新，放射出新的时代光芒！

（二）和谐理念。中国传统文化的精髓是“贵和”。在世界三个比较突出的文明中，西方文明崇尚自由，伊斯兰文明崇尚公平，中华文明则崇尚包容，并由此形成了和谐至上的价值观

中国的儒、释、道思想中都含有“和”。“和”的精神，是一种承认，一种尊重，一种感恩，一种圆融。“和”的基础，是和而不同，互相包容，求同存异，共生共长。“和”的途径，是以对话求理解，和睦相处；以共识求团结，和衷共济；以包容求和谐，和谐发展。“和”的哲学，是“会通”，既有包容，更有择优；既有融合，更有贯通；既有继承，更有创新；是一以贯之，食而化之，从善如流，美而趋之。“和”的佳境，是各美其美，美人之美，美美与共，天下和美。

英国哲学家罗素说，“中国至高无上的伦理品质中的一些东西，现代世界极为需要。这些品质中我认为和气是第一位的”，这种品质“若能够被全世界采纳，地球上肯定比现在有更多的欢乐祥和”。

“天下情怀”是至高无上的，是从上到下的东西；“和谐理念”是无处不在的，是自下而上的东西。二者简明扼要，通晓畅达，相辅相成。可以既站得高，高屋建瓴；又落得实，家喻户晓。

二、ECFA后，如何进一步推进两岸文化交流？

中华文化在两岸隔绝的60年中，有传承，有变异，各自发展。两岸价值观念、生活方式、社会制度、运作实践不同，各有辉煌成就，得意之笔；也都有难言之痛、难言之隐。这就难免见仁见智，需要求同存异。不妨在“异”的方面相依相存相敬，从“同”的方面多想多说多做。多去“美人之美，美美与共”，何必“揭人之短，笑人之丑”？何必去争辩谁是主体，谁是先进，谁当代表，谁去领航?

悠久绚烂的中华文化绵延数千年不曾中断，在漫漫的历史长河里，溶合了中华各民族、各地域的文化特色，接受了外来文化的影响，形成了多元共

生和兼容并蓄的优良传统。她生生不息、枝繁叶茂、百花齐放，有多元一体之“体”，和而不同之“同”，美美与共之“共”。这些优秀品格和卓越智慧、这种深厚的文化底蕴和生生不息的民族精神，融入海峡两岸人民的血液中，镌刻在我们的生命历程中，根植于我们的精神生活和物质生活中，是两岸和平发展的文化价值支撑。

中华文化的浩瀚大海，无疑也容纳了台湾文化的滚滚川流。地理上，台湾与大陆曾紧密相接，桑田沧海的变化，使台湾成为大陆边缘的一个岛屿。文化上，考古学的研究证明，台湾文化的源头在大陆。回顾台湾文化的历史发展演变， 昙石山文化、闽南文化、妈祖文化、客家文化、船政文化……可以很清楚地发现，从台湾文化发展伊始，中华文化便是台湾文化的根与魂，并一直贯穿于台湾文化发展的血脉之中。千百年来，随着大陆居民不断迁徙台湾，中华民族的语言、文字、价值观念、思维方式、生活习俗、节日礼仪、民间信仰、宗教礼俗、生活习惯等早已传播至整个宝岛，使中华文化深植台湾，茁壮成长。两岸同胞同属中华民族，血同缘、书同文、语同声，亘古未变。台湾文化虽历经外来文明的冲击，并发展出不同于中华文化的特殊形态，但剥离中华文化后的台湾文化将一无所有。“问渠哪得清如许，为有源头活水来”。多元一体的中华文化包含了台湾文化，汇聚了包括台湾文化在内的不同个性、各具特色的各地域、各民族文化，形成了兼收并蓄、有容乃大，美人之美、美美与共的特质。

马英九先生说：“在台湾，中华文化依旧是根本，渗透到我们生活的每一个层面中。……我们如果‘去中国化’，我们根本就不知如何定义‘我们’”。

刘兆玄先生说，中华文化不但是两岸共同的文化根柢，也是两岸最大公约数。

许嘉璐先生说：两岸之间最主要的、金刚不坏的纽带——中华文化，让我们把这个纽带扭得更紧。

他们谈到的都是求同存异。

文化是一个民族特有的历史创造积累和精神记忆。两岸文化始终是一家，在两岸的政治、经济和社会生活中发挥着重要影响。在两岸打破60年隔绝后的今天，让两岸消除误解、打破僵局、增进亲近感，在于中华文化；两岸的相互融合、相互促进、通过加强交往合作，达到互利共赢，实现中华民族的共同发展也在于中华文化。因此，有了ECFA后，当然应该水到渠成地商签两岸文化交流协议。中国人毕竟不大欣赏“重利轻义”。第五届两岸经贸文化论坛的“共同建议”所涉及的六个方面29项，就几乎涵盖了文化交流合作的所有重要领域。

当然，相对而言，经济合作互利共赢的标准较为分明，而文化交流是非曲直的共识则较难形成。文化交流更需要求同存异的气度，和而不同的大度，美人之美的风度。商签两岸文化交流协议，或许要比ECFA费更多的周折。但是，只要大家都真心诚意地“求同存异”，无论是否签署协议，两岸文化交流都是可以操作的，都可以“从我做起”。只要“求同存异”，不必等着签署协议，两岸的文化交流就在此时此刻，可以“从现在做起”。

（一）只要求同存异，两岸文化交流是可以操作的，可以“从我做起”

文化，其实就是三个字：人，从，众。“人”是一个人；“从”是两个人；“众”是三个人。文化，也就是“人从众”，共同遵循的礼仪习俗、价值观念、生活方式，甚至理想信念、精神支柱。

人，一个人。“人”字要大写，要“以人为本”。这是当年文艺复兴的主题，也是今天大陆科学发展观的基本要求。

从，两个人。万事开头难，“从”哪里开始？从心开始。第一届世界佛教论坛的主题：和谐世界，从心开始。

众，三个人。众缘和合。第二届世界佛教论坛的主题：和谐世界，众缘和合。

第一届世界佛教论坛，西子湖畔，普陀山下，万语千言，众口一辞：心平则天下平，先启六愿达天下：

愿培植善心，发乎善行，则人心和善。

愿亲情稳固，爱心充满，则家庭和乐。

愿真诚沟通，平等互助，则人际和顺。

愿各得其所，相安互敬，则社会和睦。

愿彼此欣赏，尊重包容，则文明和谐。

愿将心比心，化怨为友，则世界和平。

——和谐世界，从心开始

第二届世界佛教论坛，太湖之滨，阿里山下，十六分坛，一个共识：和合必显生机，再以六愿聚人心：

愿善缘广结，求同存异，以包容解仇怨。

愿亲缘珍惜，平等互谅，以协商化对抗。

愿法缘殊胜，相互赞叹，以尊重断争斗。

愿顺缘具足，增进希望，以勇气担责任。

愿助缘相资，共克时艰，以和合聚力量。

愿良缘即至，转危为安，以信心渡危机。

——和谐世界，众缘和合

这两届佛教论坛已过去多时，人们还常常提起。时间长了，淡化的是宗教色彩，留下的是文化记忆。

推动两岸共同发展繁荣，实现真正意义上的全民族的伟大复兴，希望在青少年。正如梁启超先生所言：今日之责任，不在他人，而全在我少年。少年智则国智，少年富则国富，少年强则国强。少年胜于欧洲，则国胜于欧洲，少年雄于地球，则国雄于地球。实现祖国的完全统一，我们寄希望于后代。

（二）只要求同存异，两岸的文化交流就在此时此刻，可以“从现在做起”

现在又到回家过年时。此时此刻，请到大陆车站、码头、机场看看，人头攒动，熙熙攘攘，川流不息。

临近过年，中国所有的城市乡村，都变成了情感磁场，把出门在外的人吸引回家。今年春运客流预计将达28.53亿人次，也就是说，要把地球上将近一半的人搬运一次！望着人满为患的机场、车站和排成长龙的购票队伍，会为“年文化”在中国人身上的这种刻骨铭心而感动。春运的人潮所洋溢的，不正是“年文化”的精神核心——合家团聚吗？还有哪一种文化能够一年一度调动起如此浩大的千军万马？能够凸显故乡和家庭如此强大的亲和力？春节，是中国人文化认同的象征，是对自己文化记忆的顽强保留，也是对家庭、亲情等重要文化价值的坚定守候。

一部世界史，四大古文明，为何唯有中华文明延续到今不曾中断，历经蹉跎不掩辉煌？我想原因之一，就因为中华民族有着这种最为顽强的文化记忆，最为深沉的文化认同。这是树根对泥土的眷恋，是水滴对大海的皈依。这种文化记忆和文化认同，一到过年就浓烈释放，年复一年可代代相传。尽管全球化进程使许多东西化解，但回家过年的执著，显示着中国人眷念家人故土之情的永不化解。

尽管市场经济的发展与许多传统决裂，但一到过年，“家和万事兴”又重新开张，“和合”文化又大放异彩。

又到回家过年时。顶风冒雪、星夜兼程往家里赶的游子们，心中缠绕着怎样的一番情结？

——回家过年，家，是为我们心灵“给力”的、浓得化不开的“情感结”；

——回家过年，年，是为我们民族的年轮增添缜密和厚度的、生生不息的“同心结”；

——回家过年，“年文化”，牵动着为我们的大“家”、包括两岸在内的中华民族的伟大复兴，同心同德同奋斗的“中国结”。

群众化和民主化：中国工会改革的必然取向

盛明富*

2010年，中国工会在中国的工运史上又迈出了新的步伐：召开五年一次的全国劳模表彰大会；推动各类企业特别是外商投资企业和非公企业切实开展“两个普遍”——普遍建立工会组织，普遍建立工资集体协商机制、正常增长机制和支付保障机制，推动区域性行业性工资集体协商，突出维护职工的合法权益，尤其是收入分配权益；抓住影响职工队伍和劳动关系稳定的突出问题，加强工会的维权与维稳工作……

回首历数，成绩斐然。但展望未来，相对于大局发展的需要，相对于广大职工的诉求，中国的工会工作依然任重道远。

一、工会改革是时代发展的需要

任何改革其必然性都发端于时代的需求，工会自身的改革也不例外。就当前和今后一个时期来说，以下几个因素将在客观上对中国工会自身的改革和建设起着加速推动的作用。

一是后金融危机的特点要求中国工会发挥积极的建设性作用，展示对资本拥有方的吸引力。

所谓的后金融危机特点 ，主要指经济复苏的脆弱性和不稳定性，再加上中国正处于经济起飞和社会转型的特殊历史阶段，客观上要求企业资方和劳方共同努力，加强合作，推动共赢，而工会就是要在追求共赢过程中协调

* 作者为北京改革和发展研究会顾问，全国政协委员、中国农林水利工会全国委员会主席。

劳动关系，在展示建设性特征中增强自身吸引力。

所谓的建设性特征是相对于西方工会的破坏性特征而言的。就企业内部劳动关系而言，中西方工会有区别：中国工会既要维护劳方也就是职工的合法权益，又要使这种维护与企业的长远发展相一致，而西方工会所注重的往往比较单一，只是劳方的权益；就维权手段而言，中西方工会也有区别：中国工会始终以协调为手段，而西方工会则以罢工和斗争为手段；就社会角色而言，中西方工会也不相同：中国工会参政者的角色决定了它对社会发展的推动作用而不同于西方工会作为对立者对社会发展的制衡作用。这些区别决定了中国企业内部对立的劳资双方未必一定具有对抗的性质，管理角度上的对立双方是否会转化为对抗性质的钥匙则掌握在工会手里——工会发挥什么样的作用，怎样发挥作用？这种作用怎样为党政所支持、为资方所认同、为社会所认知？回答了这个问题，中国工会才能真正实现工作领域的实质性大拓展：从国有企业拓展到外资和非公企业，普遍建立工会也就顺其自然，水到渠成。

二是不断出现的罢工潮要求中国工会在维护职工合法权益尤其是收入分配权上发挥主导作用，以增强广大职工的认同感。

中国工会向来以服务大局为己任，在维权问题上也坚持以党政为主导的维权格局。从宏观上来说，这有利于社会的转型和发展，但从微观上来看，如果一些地方政府出于招商引资和发展GDP的需要更多地向资方妥协的话，那么在政府、资方、劳方三者之间的三角就不等边了，劳方的利益就必然受损，一旦这种受损超过了职工的忍受程度，就必然引发职工的自发罢工，而自发罢工实际上就是直接拷问工会对罢工的态度、工会维权的最后手段、工会对两个维护的取舍问题、工会有用与有牙的关系等一系列的问题，如何回答并在实际生活中解决这些问题，已经成了中国工会改革的重要课题。

实际上，党政为主导的维权格局主要应当体现在宏观政策、路线方针和执政理念上，一旦涉及企业尤其是外商投资企业和非公企业，利益博弈的是企业内部的劳资双方，党政就很难从上面、从外部去主导了。这时候职工合法权益维护的主导权只能掌握在工会的手里，而工会如果没有维权的最后威慑手段，则主导就只能流于形式。

因此，如何在实际工作中解决好工会维权的最后威慑手段，处理好有用和有牙的关系，确立工会在企业职工维权上的主导格局，就成为增强中国工会的凝聚力、增强广大职工认同感、提高维权有效性的关键所在。这个问题解决了，维护职工收入分配权就变得简单而容易操作了。

三是富士康的“十三跳”客观上要求中国工会在农民工融入城市问题上发挥孵化作用，以增强工会在新一代工人中的感召力和认可度。

随着社会主义市场经济的发展和农村城镇化进程的加速，农民工已经成了工人阶级队伍的主体。但与此相对应的城市和社会并没有做好接纳他们的准备，今天的城市缺少了工业化初期对新中国第一代工人形成时的大度与包容，多了一份冷漠与隔阂。当一个国家产业工人的主体被城市冷漠和拒绝时，必然会产生相应的抗争与反应，必然会对劳动关系和社会的稳定形成冲击。尽管这个身处中国城市化进程主体地位的群体还处于自发状态而非自觉的集合体，但他们实际上将左右着城市化的进程，左右着中国劳动关系的走向。

虽然中国工会经过几十年的探索已经建立了一套完整的工作机制和工作方式，但从客观现实来看都出现了错位：就工作领域来看，我们熟悉的和过去的工作重点是国有企事业，而现在需要重点关注的是外商投资企业和非公企业；就工作对象来看，过去的主体是生活在城市并为城市接纳和尊重的老一代工人，而现在需要关注的主体则是从田埂上走过来的、还未被城市接纳的、并将影响中国城市化进程的新生代农民工。在这里，我们所熟悉的和我们应当关注的就像两个相切而又不重合的圆，一个属于过去式，一个属于未来式，两种制式的重点、内容、方式和运行轨迹都不一样，都有着各自的特点和要求，这就要求中国工会真正走进这个群体，融入这个群体，在这个群体与城市之间架起桥梁，孵去冷漠，化掉隔阂，融为一体，真正找到一条符合这个群体特点，为这个群体所认可的工作内容和工作方式，探索一条以维护他们合法权益为重点，以增强他们对企业和城市归属感为核心的工会工作的新路子，从而把这个中国未来城市化和现代化建设的主体队伍紧紧地团结在自己的周围。因为只有得到他们的认可，工会工作才会有美好的明天。

四是社会主义新农村建设和基层产行业经济的发展，对工会工作领域和组织体制提出了新挑战，要求中国工会实现全覆盖，从而构建城乡一体化的维权新格局。

社会主义新农村建设的过程，就是农村城镇化、农业产业化、农民居民化的过程，就是从一家一户的劳动关系走向群体的和集约的劳动关系的过程，就是农村劳资双方逐渐形成的过程。在这个过程中工会的作用不可替代：农民走向居民需要工会去引导、组织和提高，从自然的劳动关系走向契约化的劳动关系需要工会去指导、规范和帮助，从农村的产品收益走向劳动收入需要工会与资方去商谈、去协调和维护，而所有这一切又给中国工会的工作领域带来了第二次大拓展：如果说第一次拓展是从国企向非国企拓展的话，那么第二次则是从城市向农村拓展。而这个拓展绝非仅仅是工会工作外延的延伸，它对中国工会工作的内容和方式甚至是组织体制等都提出了一系列新问题，比如维权的重点和方式将要求更有针对性，组织体制上将要求重心下移，村镇一级总工会建设被迫提上日程，工会编制、人员、经费上的“头重脚轻”将不得不改变，基层不同产行业的兴起将要求工资集体协商更多地以行业为主，否则，在一个有着十几个乃至几十个行业的地区搞一个普遍的工资集体协商模式，既无针对性又无可操作性，只能流于形式，而产行业的工资集体协商又要求工会的组织体制真正回归产业与地方相结合的本来意义，地方工会回归真正意义上的联合制、代表制而不是类行政机构……

领域的拓展必然带来内涵的升华，而内涵的升华又取决于自身的改革，中国工会正面临着历史上从未有过的机遇：在改革中升华、在发展中壮大；同样，中国工会也面临着前所未有的挑战：不同的工作主体、不同的工作领域、不同的维权要求、不同的工作方式，火中取栗的取胜之道只能是加强自身改革和建设。

二、坚持以群众化、民主化为取向是工会改革必须坚持的原则

尽管加强工会自身改革和建设是时代发展的需要，是广大职工的企盼，

也是工会工作服务于大局的需要，但工会自身改革究竟改什么、怎么改则有着诸多的可选择性。到底改革的突破口在哪里？改革坚持一条什么样的底线，站在不同立场的人观点会截然不同。我认为虽然工会改革的头绪很多，但有一个基本原则必须坚持，即坚持以群众化、民主化为取向。

所谓的群众化、民主化是相对于行政化、官僚化而言的。由于行政级别在中国的泛滥和固化，也由于行政机关对市场经济的推动和影响，几乎所有的企事业单位或民间社团都带有一定的行政化、官僚化的味道。工会主席按照同级副职配备，是党中央为工会更好地参政议政和维护职工合法权益而搭建的平台，但它在给工会带来工作方便的同时，也像一把双刃剑，使工会组织充斥着行政化、工会干部充斥着官僚化：遇事讲行政级别、官衔大小；处处争个人待遇、行政职务；办事打太极拳、当二传手；说话讲大话、官话、套话、长话甚至假话，就是不说自己心里话和有针对性的话。虽然这样的工会组织和工会干部是少数，但它对工会这个群众组织与广大职工群众之间的天然联系则有着很大的伤害；虽然这样的工会组织也未必像有的权力部门那样门难进、事难办、脸难看，但要办成事也确实难，因而，脱离职工群众已是不争的事实。这也是当前中国工会面临的最大危险和所要解决的主要问题。

所谓以群众化、民主化为取向，就是实行工会组织群众化、工会干部民主化，以职工认可为基本准则，以职工选举为授权方式，从而使工会组织真正成为职工情绪的第一知情人、职工权益的第一维护人、职工困难的第一帮扶人、职工热点的第一引导人和解惑人，成为名副其实的职工之家，使工会与职工的关系不再是领导与被领导的关系，也不再是油水分离的关系，而是水乳交融的关系，这样才能起到真正团结职工、教育职工、引导职工、服务职工、维护职工的目的，以完成中国工会所肩负的神圣使命。

坚持以群众化、民主化为取向的工会自身改革与坚持党对工会的领导和党管干部的原则是一致的。中国工会是在中国共产党的领导下登上政治舞台的，自始至终带有母体特征；中国的工会干部是在中国共产党的培养和教育下成长起来的，党的领导本身就是工会工作的重大优势所在；再加上工会干部的乌纱帽仍然掌握在各级党组织手里，这三个方面因素就基本决定了中国工会不存在脱离党的领导的危险，但却实实在在地存在着脱离职工群众的危险；由于工会干部形式上的选举与事实上的委派并存，广大职工授权在名誉上的表现和党政任命在事实上的存在，导致相当一部分工会干部只对上负责，不对职工负责，只对自己的仕途负责，不对自己的服务主体负责，只在意领导高兴不高兴，不在意职工满意不满意，久而久之，这部分人必然脱离职工并为广大职工所抛弃，而一个不能团结广大职工并为职工所认可的工会干部，除了自己的利益之外，也就谈不上对党负责的问题，只有损害党群关系。而坚持群众化和民主化，坚持以职工认可的基本准则，以职工选举为基本授权方式，既可以使群众组织按照群众规律去工作，又可以把党管干部的原则构筑在坚实的民意基础之上：只要对工会干部的候选人把好关，让广大职工在几个候选人中进行选择即可达到上下意见一致的效果，在这方面，基层已经探索和积累了很多很好的经验，只要我们善于总结和借鉴，就可以由点到面、由上而下地扎实推进中国工会的民主化进程。

坚持以群众化和民主化为取向的工会自身改革，是解决渗透与反渗透、维权与维稳矛盾的必然要求。敌对势力的渗透，不外一是利用中国工会存在官僚化、行政化的倾向来否定其代表性和合法性；二是利用一些地方工作不到位导致部分职工合法权益受损的事例来攻击中国工会不作为和脱离职工。如果我们坚持以群众化和民主化为取向的自身改革，工会的代表性和合法性问题得到了很好的解决，工会坚实地扎根于广大职工之中，敌对势力攻击我们的理由就不复存在，渗透的土壤就被彻底铲除。同样的道理，如果工会把维护职工的合法权益作为维稳的出发点和落脚点，就可以推动维权与维稳的良性循环：通过维权促进维稳，通过维稳为更好地维权创造良好的环境。

坚持以群众化和民主化为取向的工会自身改革，既是中国工会政治体制改革的重要内容，又是加强社会主义民主政治建设的必然要求。民主是社会主义的重要内容，也是社会主义建设所追求的目标之一。但民主权利的行使需要民主意识的培育，民主程序的建立，民主渠道的畅通，民主机制的健全，民主平台的搭建，这样才能把民主纳入有序的轨道造福人类。中国是一个发展不平衡而又处于经济转型和起飞阶段的人口众多的大国，民主和秩序相辅相成，缺一不可，否则，就会带来混乱。就像原子弹一样，只有纳入可掌控范围内，才能形成核反应堆造福人类，反之，则会毁灭人类。民主如果没有引导和规范，形成无政府状态的大民主，同样会给社会的稳定发展以及人民的合法权利带来危害。工会进行以群众化和民主化为取向的自身改革，既是对基层民主的推动，对职工民主意识的培育，对企业民主平台的搭建，同时也为党内民主积累经验，为社会民主提供参照系。因此，与社会主义政治体制改革的要求是一致的。

当然，群众化和民主化是工会自身改革必须坚持的一个原则，但不等于是工会自身改革的全部内容。只要坚持这一原则，积极举措，稳步推进，就一定能激发工会的活力与特性。

三、坚持打造一支职业的工会活动家队伍为主体

工会工作归根结底是群众工作，是千百万劳动群众的工作。因此，在客观上需要一大批热爱群众工作、懂得群众工作、献身群众工作的职业的工会活动家队伍。

打造一支职业的工会活动家队伍是社会主义市场经济发展的必然要求。企业是市场经济的主体和细胞。企业不仅需要资本和技术，更需要大量掌握科学技术知识的劳动者。企业内部的劳动关系，归根到底是劳资关系，劳资双方互相联系、互相需要而又互相博弈。在发展市场经济的起步和快速发展阶段，劳方是弱势一方，而能把劳方团结在一起与资方博弈的绝大多数情况下只能是工会（主要针对外资企业和民营企业而言），只有当工会代表劳方与资方处于力量均衡状态时，企业内部的劳动关系才能稳定，否则，强资本弱劳动就必然会带来对劳动者权益的损害，劳动关系就必然出现倾斜，当倾斜到一定程度就必然带来群体性事件，对劳动关系形成破坏性颠覆。因此，市场经济的发展必然需要一个职业的企业家队伍，因为一大批企业家的背后就是一大批生机勃勃的企业，而企业充满生机和活力市场经济才能健康发展，但同样需要一大批职业的工会活动家队伍，这样才能保证企业内部劳动关系的平衡，只有企业内部劳动关系平衡了，企业的发展才能有良好的内部

软环境，社会的和谐稳定才有坚实的基础。

打造一支职业的工会活动家队伍也是确保党的领导的必然要求。在发展社会主义市场经济的条件下，企业的党政工都有一个重新定位的要求，从宏观上来说包括对国有企业而言，党的领导就好像社会主义市场经济这列高速列车的车头，看路线、管方向；而地方政府就是在推动当地经济可持续发展的同时，确保党的执政理念的贯彻落实，国有企业的行政则是对企业资产的保值增值负责；工会活动家则是对企业劳动关系的协调负责，这样两个车轮一起转市场经济的列车才能平稳运行，否则，如果只有企业家阶层而没有职业的工会活动家阶层，两个车轮一强一弱，或是只有一个轮子，时间长了就会翻车，到那时，代价也就大了。对民营企业和外商投资企业而言，党政都不存在直接领导关系，只要企业经营合法合规，地方党政和企业内部党组织（如果有的话）都不能进行干预，在这种情况下，党的领导主要应体现在党对工会干部的领导，即通过工会团结广大职工跟党走，否则，党的领导就空壳化了。而要真正做到团结带领广大职工跟党走，客观上就要求有一支熟悉群众工作而又善于做群众工作的职业的工会活动家队伍。

打造一支职业的工会活动家队伍必须以群众化和民主化为前提和基础。工会本来就是群众组织，工会活动家必须是从群众中涌现的、为群众所认可的、得到群众授权的、懂得群众工作规律的、愿意献身群众工作的工会积极分子。只有职工群众认可而又热忱于工会工作的人，才能得到职工群众的支持，也只有广大职工群众的支持，工会干部的腰杆才能硬得起来；只有得到广大职工授权而又肯对职工负责的人，才能把党的决策与广大职工的诉求相结合，实现对上负责与对下负责的统一，才真正算得上群众领袖。大凡成“家”者，必须是群众公认和社会实践的结果，而绝不可能是自封或者他封的。因此，现有的基层工会主席尤其是企业工会主席事实上的任命制必须改变，只有当民主程序真正代替了民主形式，才能培育出职业的工会活动家队伍的土壤。

打造一支职业的工会活动家队伍必须以工会的社会化为条件。所谓的社会化就是工会要走向社会，社会要了解工会，工会干部要成为社会活动家，而社会活动家有志于工会工作的要把他们吸收到工会干部队伍中来，以此来实现工会与社会的良性互动，从而真正形成一种社会化的维权格局。在职业的工会活动家产生的来源上，除了职工群众选举产生之外，招聘社会专业人士和有志之士也是一条行之有效的途径。这些年来，北京、上海、辽宁、河北等不少省市在这方面进行了探索并取得了不少成功的经验。实际上从市场经济条件下调解劳动关系所需和广大职工所求来看，未来从事工会工作队伍的主体不应该是大量吃“公务员”饭的行政化的工作人员，而应当是社会化条件下形成的从市场招聘的工会积极分子队伍，因为只有这样的队伍才能符合以外资和民营企业为主体的占80%以上职工的维权需求，在这些企业没有也不可能安排那么多吃“皇粮”的工会干部，而未来这一块又将是中国工会工作的重点领域。所有这一切都在客观上呼唤着职业的工会活动家阶层的形成。当然，工会干部的社会化以及社会化的维权格局的形成除了干部产生的来源方式之外，对工会经费的来源和使用、基层和外商投资企业及民营企业工会工作人员的工资来源等都提出了一系列的新课题，需要通过工会自身的改革来寻找解决问题的办法和出路，从而趟出一条工会工作社会化的新路。

工会干部的职业化问题既是为了解决工会行政化、官僚化以及与广大职工群众的关系问题，也是为了解决工会敢于维权和善于维权的问题，同时，它也必然带来维权思路的变化。现在，国有企事业单位职工的维权工作，基本上都是以本级工会协调为主，协调不了再请企业的党政领导出面，或是由上级领导与企业的上级主管部门交涉以推动问题的解决。这种维权模式既不适合国资委管辖的大的集团公司，又不适合占企业总数80%的外商投资企业和民营企业。对国有大的企业集团公司来说，收入分配权和劳动保障等都是由总公司说了算，基层企业工会连谈判的权力都没有，工资集体协商更是无从谈起，而总公司大多数没有建立工会，即便是建立了工会，也都在党政领导下，在中国这个非常讲究行政级别的大环境里，工会主席很难和集团公司的董事长或者总经理平等协商，职工收入分配权的维护还是不能落地；对外商投资企业和民营企业来说，企业的工会主席大都是老板的亲信或是由老板所委派，很难真正代表和维护职工的合法权益，尤其是在工会没有罢工权的情况下，即便工会主席是职工直接选举产生的，他也有可能在维护职工权益的同时丢掉自己的饭碗，这就要求中国工会转变维权模式：在工会干部职业化的基础上，实行“上代下”维权、同级以服务为主。所谓的“上代下”既是指上级工会出面维护职工合法权益，与企业老板谈判协商职工的收入分配等问题，又包括由上级工会指派职业化的工会干部到这些外资企业和民营企业任职，这样就既使企业工会真正在维护企业职工权益上发挥作用，又避免了工会主席维权丢掉饭碗、不维权脱离职工的尴尬。至于大的国有集团公司的职工权益维护问题，同样可以实行“上代下”的模式：由对应的全国性的产行业工会出面，与企业谈判协商职工收入等问题，这样的维护往往更有针对性和可操作性，更符合市场经济条件下工人运动的规律。当然，这要以赋予产业工会更多的资源和手段为条件，否则，捆住手脚是不可能产生维权效应的。

从长远发展的角度看，以工会干部职业化为基础、实行“上代下”的维权模式将是大势所趋：民营企业和外商投资企业大多数都规模较小，行业性趋势明显，不同企业之间的关联度较高，“集群职代会”将因此而取代单个企业的职代会，行业性的工资集体协商将取代单个企业的工资谈判，在今天的江浙一带，类似的情况已不少见，假以时日这种维权模式必将能在更大的空间拓展并为广大职工所接受。

当然，工会组织的群众化、工会主席的民主化、工会干部的职业化、维权模式的社会化是一个改革的取向，是一个渐进的过程，不可能一蹴而就，但加强这方面的研究和探索已是时不我待。

驭车者知地险，操舟者观水势。社会转型，经济转型，游戏规则转变，工作方式与维权方式岂能一成不变？政与时革则兴，政循法古则衰，执政如此，工会工作也当如此，只有驭大势、谋全局、求变革、争主动，方能迎来中国工会工作的美好明天！

长期低生育率对我国社会经济发展的影响

杨建华*

经过20世纪70年代以来的计划生育工作，我国已实现了生育率长期持续稳定的下降，人口过快增长的势头得到扭转，人口出生率、自然增长率和妇女总和生育率有了明显下降，从根本上改变了人口的年龄结构，完成了由年轻型向成年型和由成年型向老年型的转变，人口增长势能和增长惯性大为减轻，人口再生产实现了向低出生、低死亡、低增长的历史性转变，从而为我国的经济腾飞和持续发展创造了有利的人口环境。2009年末，全国总人口为13.35亿，比上年末增加672万人。全年出生人口1615万人，出生率为12.13‰；死亡人口943万人，死亡率为7.08‰；自然增长率为5.05‰**。在我国当前人口发展的新形势下，全面认识长期低生育率对我国当前和今后社会经济发展的影响，增强对人口发展过程中已经出现或即将出现问题的预见性和认识，早为之谋，采取有针对性的策略，合理解决人口与资源、环境发展的新问题，为实现可持续发展创造更为有利的人口环境就成为一个关键性的问题。本文关注的即是持续低生育率对我国当前和今后一段时期社会经济发展产生的影响。

一、我国未来的人口发展

自20世纪70年代末以来，由于我国社会经济的持续发展和计划生育工作

---

* 作者为北京改革和发展研究会理事，北京华夏人口与社会发展研究所所长，博士。

** 国家人口计生委办公厅，《2009年全国人口和计划生育事业发展公报》2010年5月25日印发。

的开展，我国人口增长呈现出了有计划和人为控制的特点，实现了由高出生率、低死亡率和高自然增长率向低出生率、低死亡率和低自然增长率的人口转变，使我国成为在世界范围内率先实现人口转变的发展中国家。人口过快增长的势头得到了有效遏制，为社会经济发展创造了有利的人口环境，对抑制世界人口的过快增长也做出了突出的贡献。

表1　实行计划生育以来我国的总人口数、人口出生率、死亡率和自然增长率　（万人，‰）

年份	总人口数	出生率	死亡率	自然增长率
1978	96259	18.25	6.25	12.00
1979	97542	17.82	6.21	11.61
1980	98705	18.21	6.34	11.87
1981	100072	20.91	6.36	14.55
1982	101654	22.28	6.60	15.68
1983	103008	20.19	6.90	13.29
1984	104357	19.90	6.82	13.08
1985	105851	21.04	6.78	14.26
1986	107507	22.43	6.86	15.57
1987	109300	23.33	6.72	16.61
1988	111026	22.37	6.64	15.73
1989	112704	21.58	6.54	15.04
1990	114333	21.06	6.67	14.39
1991	115823	19.68	6.70	12.98
1992	117171	18.24	6.64	11.60
1993	118517	18.09	6.64	11.45
1994	119850	17.70	6.49	11.21
1995	121121	17.12	6.57	10.55
1996	122389	16.98	6.56	10.42
1997	123626	16.57	6.51	10.06

续表

年份	总人口数	出生率	死亡率	自然增长率
1998	124761	15.64	6.50	9.14
1999	125786	14.64	6.46	8.18
2000	126743	14.03	6.54	7.58
2001	127627	13.38	6.43	6.95
2002	128453	12.86	6.41	6.45
2003	129227	12.41	6.40	6.01
2004	129988	12.29	6.42	5.87
2005	130756	12.40	6.51	5.89
2006	131448	12.09	6.81	5.28
2007	132129	12.10	6.93	5.17
2008	132802	12.14	7.05	5.08

资料来源：《2009中国人口和就业统计年鉴》。

从表1中，我们不难发现，自1990年以来，中国人口的增长率稳步持续地下降，20世纪80年代出现的那种波动与反复已不复存在。在人口基数不断增大的条件下，每年净增人口数却逐年下降。很明显，这种增长率和增长人数的平稳下降，构成了20世纪90年代以来中国人口增长的特点*。它同时表明：虽然我国人口依然在增长，但是这种增长只是一种惯性增长，是最终走向人口负增长的一个过渡阶段。这种增长既是不可避免的过程，也是实现零增长的必经阶段。

对我国未来的人口增长的态势和人口数量，很多专家都给出了预测。在这里，我们以第五次人口普查、2005年1%人口抽样调查和2006年以后国家统计局公布的各年出生人数的资料为基础，构造出2010年分性别分年龄人口数；以第五次人口普查分性别分年龄死亡率为死亡参数；以总和生育率分别保持为1.5、1.8、2.1三种水平对我国人口在21世纪的发展状况进行测算，结

* 翟振武，《中国人口增长与人口再生产类型转变》，人民网-人口频道

果见表2、表3。其中1.5方案反映了总和生育率长期保持在1.5水平时的人口发展状况。以此推算，21世纪末人口规模将减少到7亿多，老年人口比重大幅度升高，未来劳动年龄人口短缺，抚养负担过重，人口发展不可持续。1.8方案反映了总和生育率保持在1.8水平时的人口发展状况：到21世纪末人口规模将减少到10亿多，老年人口比重将上升到比较高的水平，劳动年龄人口不足6亿，抚养负担比较重，人口发展面临许多问题。2.1方案反映了总和生育率维持在更替水平的人口发展状况：到21世纪末，人口规模将稳定在15亿左右，老年人口比重适宜，劳动力资源充足，抚养系数正常，人口处于可持续发展状态*。根据我国的具体实际，我们把总和生育率在1.8以上并在更替水平附近波动当作是比较理想的选择，以此预测到21世纪末中国人口的发展情况。据此推断，我国人口总量将会在2027年前后达到峰值的14.31亿左右，之后开始减少：2050年将下降到13.58亿左右，到2100年人口减少到10.49亿左右。

从对中国21世纪人口发展的预测中，我们可以清楚地看到：我国人口增长的态势并未完成，在今后相当长的一段时期内，我国的人口总量仍将持续增长，人口与经济社会资源环境之间将仍然存在着比较尖锐的矛盾。未来20年我国每年出生人口仍接近1600万，特别是2010-2014年，出生人口每年可能都将超过1800万**。同时，随着未来一个时期劳动年龄人口和随之而来的老年人口高峰的相继到来，人口与社会经济发展的关系将愈加复杂。如何在继续稳定低生育水平的同时，正视人口发展过程中不断出现的新问题和新趋势，全面认识低生育水平在不同时期对我国经济社会发展所带来的影响，寻求有效的对策，不断发展完善人口调控体系，这是我国当前研究人口与社会经济和环境可持续发展必须回答的问题。在此情形下，确保生育率不大幅度波动就成为我们实行新的生育政策必须首先考虑的问题。测算结果表明，2012年是本世纪出生高峰年份，2015年又适逢中国农历的“羊年”，很多人

* 陈胜利：《艰难的抉择 深远的影响——关于中共中央〈公开信〉暨计划生育效果评估》，未定稿。

** 田雪原、王国强主编：《全面建设小康社会中的人口与发展》，中国人口出版社 2003年。

表2　2010—2100年人口总数及出生峰值测算

	人口总数（亿人）					人口峰值		出生峰值	
	2020年	2030年	2040年	2050年	2100年	年份	数量（亿人）	年份	数量（万人）
1.5方案	13.82	13.73	13.19	12.26	7.10	2023	13.86	2012	1557
1.8方案	14.15	14.30	14.11	13.58	10.49	2027	14.31	2012	1868
2.1方案	14.47	14.86	15.07	15.02	15.03	2044	15.11	2012	2178

表3　2010—2100年部分人口指数测算

	老年人数（亿人）			老年比（%）			劳动年龄人数（亿人）			总抚养比（%）		
	2020年	2050年	2100年	2020年	2050年	2100年	2020年	2050年	2100年	2020年	2050年	2100年
1.5方案	1.73	3.23	2.53	12.52	26.35	35.63	9.87	7.56	3.82	40.08	62.15	85.97
1.8方案	1.73	3.23	3.03	12.23	23.78	28.89	9.87	8.27	5.97	43.33	64.13	75.89
2.1方案	1.73	3.23	3.55	11.96	21.50	23.62	9.87	9.00	8.79	46.58	66.81	70.96

不愿意在羊年生孩子，加之1991年以来低出生率的周期性影响，导致2015年出生率将比较低，给生育率波动留下允许空间。因此，一个比较可行的考虑就是自2013年可以开始实行新的生育政策。

二、持续的低生育率对我国经济社会发展的影响

我国自20世纪90年代开始延续至今的持续的低生育率不仅使我国的人口再生产呈现良性的发展态势，对我国社会经济发展也产生了广泛而持续的积极影响。具体来说，这些积极影响主要体现在：

一是人口增长数量的减少，为我国当前和今后一段时期内的社会经济快速发展创造了有利的条件。根据国家计生委“计划生育投入与效益研究”课题组的研究显示，由于计划生育的实施，20年我国共少生2.5亿个孩子。若从70年代算起，至少少生3亿人口。人口规模的净增量也逐年缩小。把1982年与2008年比较，全国0-14岁少年人口由33.6%下降到19.0%，15-64岁成年人口比例由61.5%上升到72.7%，65岁以上老年人口由4.9%上升到8.3%。少儿扶养比由54.6%下降到26.0%，老年扶养比由8.0%上升到11.3%，总扶养比由62.6%下降到37.4%*。从表面上看，中国人口的规模现在乃至今后一段时间仍在继续增长，人口自然增长率仍为正值，但只要中国的总和生育率继续维持在更替水平以下（即每个育龄妇女只生育2.1个孩子以下），人口增长就会先达到零增长，然后达到负增长。有效控制人口过快增长速度有利于劳动年龄人口比例的增加和总扶养系数下降，有利于社会经济发展，这也成为中国经济腾飞和社会发展的重要条件，其意义是十分深远的。

二是人口再生产类型的转变和人口过快增长得到有效控制为中国的可持续发展创造了客观条件。由于计划生育工作的实行，中国人口增长的速度得以放缓，既大幅度减轻了中国现代化建设过程中的人口压力，又有效地加快了人文发展并提高了中国年轻一代人均教育和资源的占有量。人口爆炸的引信的成功拆除为我国实现人口与经济社会资源环境的可持续发展创造了极为

* 国家统计局人口和就业统计司：《2009中国人口和就业统计年鉴》，中国统计。

有利的客观条件，奠定了坚实的基础。

三是中国人口增长转变的历史过程，为世界人口转变提供了新的模式和经验，也为缓解世界人口过快增长的局面作出了重大的贡献。

在肯定我国实行计划生育所取得的伟大成就的同时，我们也不能忘记这些成绩的取得是以对生育的人为干预和控制为前提来实现的。在今后相当长的一段时间，我国的人口发展仍必须保持低生育率。具体来说，持续的低生育率对我国经济社会发展的影响主要体现在以下几方面：

1．劳动年龄人口增长趋缓，将在2014年左右达到峰值后逐渐减少

我国从20世纪80年代开始进入劳动力增长高峰期，劳动年龄人口的数量由1980年的6.44亿上升到2000年的8.67亿。据有关专家估计，我国劳动力增长将在2014年左右达到顶峰（9.97亿），其后呈逐渐减少之势。我们所采用的人口发展预测也表明我国劳动年龄人群在2020年后呈逐渐减少之势。考察我国自20世纪80年代以来社会经济高速发展的历史可以证明：充足的劳动力供给和实行改革开放的经济政策所造就的经济环境是我国经济腾飞的重要条件，相对廉价的劳动力成本是我国参与国际分工和竞争最大的优势。生育率下降所造成的低生育率使得劳动力扶养比得以快速下降，与此同时，原有的人口结构又为社会经济的高速发展提供了充沛的劳动力供给。这也就形成为人口学家和经济学家所称的“人口红利”。但是，正如同现实金融交易中获取的红利一样，在获取利益的同时，我们也必须承担与这一“红利”相伴随的成本，即随之而来的各种消极的后果。今后的几年是我国劳动力存量最为丰富的时期。通过采取必要的制度和技术创新和新的产业布局，如不断提高技术水平和把劳动密集型产业从东部地区向中西部地区转移等，实现对劳动力的充分利用，可以延长人口红利。目前，对我们最大的挑战则是如何在近期即将到来的劳动人口减少前，完成产业和技术的创新，在国际化的竞争中形成新的优势，使我国的经济增长持续发展下去。

在讨论长期低生育率对我国劳动力未来供给造成的短缺影响时，我们一定要把劳动力增长趋缓同我国目前一些大城市出现的用工紧张区别开来。从表面上看来，二者都表现为出现了劳动力短缺，但实际上，目前的劳工短缺主要是部分地区出现的农民工短缺。当前，我国5亿农村劳动力转入非农产业的只有2亿，在现有水平下专家预计农村只需要1.8亿劳动力，还有1亿多剩余。造成农民工现在就业困难的关键是农村技能型劳动力少、农村劳动力进城打工工资低，生活成本高和用工企业不愿意全面承担公平合理的雇工报酬等。这种情况的出现同我们在此讨论的我国劳动力供给的减少有很大的区别。

2．生育率的迅速下降使中国人口的老龄化进程呈现了前所未有的态势

人口老龄化本是人口转变过程中必然出现的现象之一，但由于中国生育率下降较快及随之出现的较长期的低生育率，老龄化的来临也相应比较迅速并快速发展。这是中国的人口老龄化过程区别于欧洲传统的人口转变模式的重要特征。人口老龄化的加速对未来的中国社会经济发展是严峻的挑战。而且，人口数量控制与人口老龄化还是一对矛盾。人口数量控制越严格，人口老龄化速度越快，老龄化状况越严重。生育率的迅速下降和人口的快速老龄化是我国实行计划生育、减少人口出生、实现人口与社会经济可持续发展所必然面对的选择。

我国虽然整体上在1999年开始进入老龄化阶段，但局部地区在更早的时间已进入老龄化社会。如上海和北京分别在1979年和1988年就已经进入到老龄化社会，而青海、宁夏等西北地区则要到2010年左右才进入到老龄化阶段。需要指出的是，我国自2009年开始进入老龄化快速发展阶段，老年人口将平均每年增加800万至900万，到2020年，老年人口将达2.48亿，较目前增长约为1亿。预计到2050年，我国将进入重度老龄化阶段，老年人口将达4.37亿，约占总人口的30%*。届时，我国老年人口占总人口的比例之高将进入世界的前列。老年人口规模的增加对社会保障和经济发展将产生巨大的压力，特别是在我国经济仍不十分发达的条件下，医疗保障资金不足、养老设施短缺等问题比较突出。如何利用好人口老龄化高峰时期到来之前的这二三十年

* 杨建华：《关于北京人口老龄化问题的几点思考》，见《2010北京人口论坛—北京人口总量调控论文集》，2010年11月27日，北京。

时间，促进社会经济的全面发展和资金积累，完善社会保障制度，建立起完备的社会保障体系，形成完整的老年化服务体系以应对老龄化的挑战已经成为摆在我们面前必须加以解决的现实问题。

3. 人口出生性别比持续和大幅度偏高

人口出生性别比是指一定时间内（一般为一年）活产男女婴之比，即每100个活产女婴所对应活产男婴数，正常值在103至107之间。我们知道，偏重男孩是中国家庭，特别是农村家庭的传统。形成这种对男孩的偏好包括很深层次的经济、社会和文化原因。随着家庭生育孩子的数量不断下降，家庭的规模也随之不断缩小，特别是在生育率下降的过程中，为了实现有男孩的愿望，在有限的生育数量下要对所生育的孩子的性别进行选择，这就必然造成人口出生性别比的升高，成为我国在今后人口发展和社会和谐稳定的巨大隐患。

根据我国人口调查的结果，自“六五”时期（1981-1985年）开始，我国出生人口性别比就开始偏高，并在“十五”（2001-2005年）期间达到了122.66，较“九五”期间上升了2.49%，达到了前所未有的水平。较高的人口出生性别比在我国的城镇人口和农村人口中，在1胎和多胎生育中都不同程度地存在，随胎次的升高而愈演愈烈。从区域分布来看，2000年出生性别比基本正常的有7个省区；而到2005年，全国除西藏自治区外，其余省区都出现了高出正常水平的出生性别比。出生性别比重度或中度失衡（即出生性别比在110以上）的省区占全国总人口92.82%*。虽然学者和专家对出生人口性别比的产生原因、分布范围和条件有不同的看法，但无论如何，它一定程度上反映出我国人口控制工作和现实生活中性别平等观念的缺失。这既反映出我国长期以来存在的重男轻女的文化传统，也是在现实生产力水平条件下严格控制人口出生而带来的结果。虽然，最近的人口调查显示人口出生性别比有下降的趋势，如2009年数据显示我国出生性别比从前一年的120.5下降到

* 陈胜利、顾法明、蔡菲：《2005年1%人口抽样调查对综合治理出生性别比工作的启示》，《人口研究》2008年第1期。

119.45，说明政府有关部门的干预发挥了影响，但应该看到它依然是在相当高的水平运行。出生人口性别比问题对今后我国社会经济发展的长期性影响是我们今后必须关注的问题，必须采取有效措施，对其负面影响进行有效的规避。

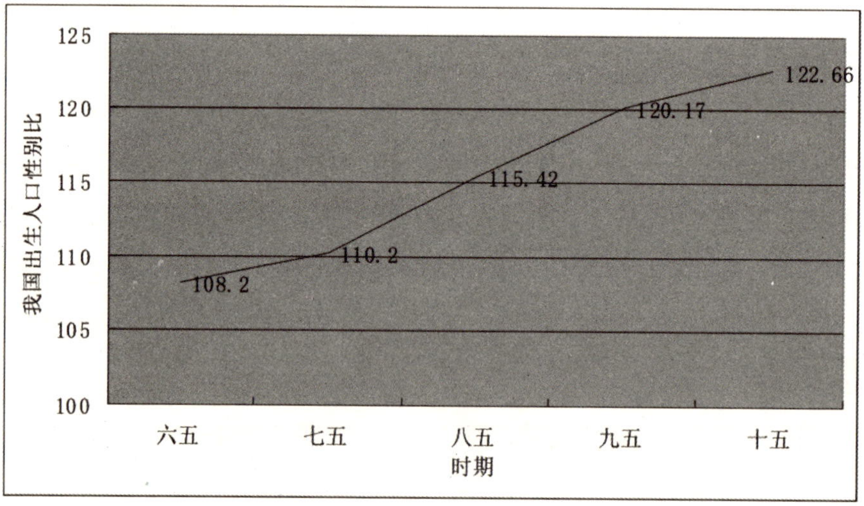

图 1 “六五”至“十五”期间我国出生人口性别比变化情况

资料来源：人口普查数据。

4．对各地不同的生育率水平和进入低生育率的时间对人口与经济社会发展的影响应给以足够的重视

考察长期低生育率对我国社会经济发展的影响，一定还要对我国当前的低生育率存在的地域性和城乡间差别进行考量，并对造成这种差别的原因有清醒的认识。虽然目前我国很多地方的生育水平已长期处于更替水平以下，但从全国来说，存在着大量的生育堆积的现象，生育率随时都有反弹的可能，支持低生育率的环境还比较脆弱。就全国而言，处于生育旺盛期的育龄妇女人数在近期处于回升态势，育龄妇女的总数将在今后几年达到峰值，这必将增加稳定低生育水平的难度。在就业人口、老龄人口和人口总量高峰接踵而来的情形下，我们还将在面对资源环境短缺和保持生态环境的压力持续增长的同时，应对低生育率和高增长量的现实。因此，保持全国低生育水平并根据不同地区的人口控制工作水平、实现“东稳西降”（即在东部地区的战略重点是稳定低生育水平，在中西部地区的战略重点是继续降低生育水平）的人口发展战略就显得尤为重要*。此外，我国人口和计划生育统计中长期存在的统计质量不高、存有大量的漏报和瞒报现象也不时在影响着我们对我国人口发展的认识和判断**。这些都提醒我们对当前的低生育率和生育政策必须持谨慎和务实的态度。目前充斥网络的那些不顾任何条件完全放开生育2胎，甚至是取消计划生育的想法和建议，都是在认识上存在问题、在实践上非常危险的，对此，我们必须有清醒的认识。

三、结论

实行计划生育的几十年来，伴随我国经济社会的飞速发展，我国的人口发展实现并保持了比较稳定的低生育水平，为我国社会经济的快速发展和实现人口与资源环境的可持续发展创造了有利的条件。2011年及随后几年将是我国人口与经济社会发展的关键时期，也是中国经济结构转型深化的关键时期。全面、及时考察我国人口政策和社会经济发展、资源环境互动的情景、对现行生育政策进行适时调整和完善、从着重控制人口的过快增长转向对人口问题的全面综合治理和优化发展是当前乃至今后一段时间我国人口发展战略调整的重要任务。因此，我们必须对长期的低生育率对我国经济与社会发展所带来的影响有清醒的认识，克服“头痛医头、脚痛医脚”的片面治理模式，对低生育水平下所掩盖的人口与计划生育工作深层次的问题抓紧研究，未雨绸缪，防患于未然，从而尽可能化解长期低生育率对我国经济社会发展和人民群众的生活带来的负面影响。

---

* 国家计划生育委员会“中国未来人口发展与生育政策研究”课题组：《中国未来人口发展与生育政策研究》，《人口研究》2000年第3期。

** 曾毅：《我国1991-1992年生育水平是否大大低于替代水平？》，见蒋正华主编《1992年中国生育率抽样调查论文集》，中国人口出版社1995年。

加快中国人口政策从非常态向常态过渡*

——纪念《中共中央关于控制我国人口增长问题致全体共产党员、共青团员的公开信》发表30周年

陈　剑

1980年9月25日，中共中央发表了《关于控制我国人口增长问题致全体共产党员、共青团员的公开信》（以下简称“公开信”）。今年是公开信发表30周年。30年来，中国推行改革开放，经济连续30多年奇迹般的增长，使整个中国社会发生了历史性的变革。与此同时，人口生育环境也发生了重大变化。公开信提出“到三十年以后，目前特别紧张的人口增长问题就可以缓和，也就可以采取不同的人口政策了”。现在看来，公开信提出的这一推断与现实状况十分吻合，中国的人口政策，也应当从非常态向常态化转移，从以严格限定每对夫妇只生育一个孩子为主要内容的生育政策向允许每对夫妇生育两个孩子的生育政策过渡。

一、中国人口生育环境已经发生的重大改变

30年来，中国人口生育环境发生了重大变化。这种变化，主要体现在以下两个方面：

1. 中国经济社会的全面发展

中国人口生育环境发生重大变化的基本因素是中国社会在这30年发生

---

* 此文原载2010年9月10日中共中央党校《理论动态》旬刊1862期。

了历史性的变化。30年前，中国人均GDP不足300美元，人民受教育水平较低，是当时世界上最贫穷国家之一，绝对贫困人数超过几亿人口。贫穷导致多育，这是一个普遍适用的人口规律。经过30年的迅速发展，中国经济增长连续30年保持9.8%的增长速度，2009年人均GDP水平达到了3700美元；人口城市水平也由30年前的18%提高到目前的47%，考虑1.5亿新一代农民工长年居住在城市，中国人口城市化的实际水平已经超过50%，即中国目前已经有近7亿人口居住在城市；人们的文化程度也比30年前有了较大幅度提高，特别是女性育龄人群受教育水平的提高，更是对生育率下降起着至关重要的作用。

“发展是最好的避孕药”，这是已经被人类历史反复证明的真理性认识。越是富裕地区，教育程度越高，越不愿多生育。由于导致多生育的经济社会环境有了重大变化，目前的生育人群正是在改革开放30年期间出生长大的人群，他们的生育观念较之30年前他们的父辈已经有了根本的改变。少生优生已经成为普遍意识。

正是中国社会环境促使人们的生育意愿发生了重大变化，人们的生育意愿与生育政策要求已十分接近，完全依靠行政力对人们生育行为进行干预的时代已经结束或基本结束，计划生育工作已经告别“天下第一难”的工作。

2．中国妇女的低生育率状态已经持续了20年

总和生育率是指每对夫妇终身生育子女数的一个近似测量指标。当总和生育率稳定在2.1时，可近似理解平均每对夫妇生育2.1个孩子数，人口趋势就会处于代际人口数量不增不减的状态，这在人口学被称为代际更替水平。中国从20世纪70年代开始在全国范围内实行以晚育、间隔、少生为主的计划生育政策，中国妇女的生育水平出现了世所罕见的空前的下降。公开信发表以后，中国采取了人类历史上最为严格的生育政策，即“一孩化”生育政策。虽然从严格意义上分析，这一说法并不确切，还有一些人群因各种原因可以生育两个甚至更多的孩子，但对大多数中国育龄人群来说，一对夫妇只允许生育一个孩子。虽然生育政策在其后的一个阶段进行了微调，但全国的政策生育率仍达到了1.47，即三分之二的家庭只能允许生育一个孩子。

公开信发表之时，即1980年，中国妇女的总和生育率为2.24，已接近2.1代际更替水平。自20世纪90年代初以后，中国妇女的总和生育率持续下降，已降到更替水平以下，进入了低生育率时代。从20世纪90年代中期以来，中国妇女总和生育率进一步下降，已降到1.5以下，并且大体稳定。也就是说，中国妇女生育率的持续下降已有20年历史。

人口发展有其内在的规律，中国目前的人口增长完全是人口惯性使然。这种惯性的力量已呈愈益减弱的迹象。因此，清醒地认识中国目前人口增长的态势和成因十分重要。

人口学研究表明，生育率如果长期低于代际更替水平，人口总量也将进入快速萎缩阶段。有几个数字可以说明这个问题，一是20至29岁的育龄妇女人数持续下降。20世纪90年代，中国20至29岁的育龄妇女人数达1.25亿人（1993年），而到了2009年，这一数字已经下降到9000万；由于妇女生育率持续下降和育龄妇女人数的减少，中国人口自然增长率也在不断下降。1990年，中国人口自然增长率为14.39‰，而到2009年，这一数字已降到5.05‰。每年净增人口的绝对数也从20世纪90年代的1000万左右，降低到目前每年的600万至700万，2009年净增人口为672万。二是由于生育水平的持续走低，低生育率的效应愈益显现，最突出的就是人口年龄中位数持续上移，以及近年来高考报名人数的锐减和人口老龄化愈益严重。 0至14岁人口比重从1980年的33.59%下降到2008年的19%， 65岁及以上老龄人口比重则从1980年的4.9%上升到2009年的8.5%。如果中国继续维持这一低生育水平，中国人口总量将在今后15年左右达到峰值，然后出现持续下降，开始长期的人口负增长阶段。问题的严重性在于，如果中国生育水平越低，持续的时间越长，累积的负增长的惯性也就越大，未来人口负增长和人口老龄化的代价也就越大，长期的低生育率将对中国社会各方面产生深刻的影响。

二、计划生育成功的实践

生育政策从非常态走向常态，即允许一对夫妇生育两个孩子，是否意味着人口出生率会在短期内有较大幅度增长。从计划生育的实践看，这个担心是多余的。20世纪80年代中期，国家人口和计划生育委员会在全国一些地区进行“二胎政策”的试点，这些地区包括甘肃省酒泉地区、山西省翼城县、河北省承德地区、湖北省恩施城区，虽然这些地区总体发展水平较为落后，但20多年的试点说明，这些地区由于生育政策符合绝大多数群众的生育意愿，多年来人口保持低增长，三孩生育微乎其微，不存在“允许生育二孩，就会引发多孩生育”的推断。此外，20多年的实践，这些地区的人口结构相对合理，特别是人口出生时性别结构都处于正常或接近正常水平。

另一个实例是，2003年至2004年，经湖北省人大批准，该省的长阳、五峰两县，属于老少边穷地区，也分别推出了允许普遍生育两孩的政策。几年的实践说明，这两个县的生育水平持续平稳，人口自然增长率接近为零。也就是说，即使在欠发达地区，符合绝大多数育龄人群的生育政策同样可以稳定低生育水平。

从世界各国推行计划生育的实践看，印度尼西亚的做法值得关注。印度尼西亚是一个信仰穆斯林的国家，作为一个人口大国，政府推行计划生育与穆斯林教规相结合，长期以来推行和鼓励一对夫妇生育两个孩子的政策。从实行效果看，由于这一政策得到绝大多数人的理解，印度尼西亚的人口自然增长率长期保持较低的水平。

那种认为，一旦生育政策放宽，就会出现生育率的反弹的观点，没有看到中国经济社会快速发展对人们生育观念的巨大影响，这种担忧也缺乏实例和数据支撑。国内和国际成功的案例恰恰说明，生育政策的适度放宽，即允许一对夫妇生育两个孩了有利于低生育水平的可持续和人口结构的合理性。

从各国的实践看，一旦人们的生育意愿发生改变，即转向少生优生，即使采取鼓励生育的政策也很难奏效。德国、俄罗斯，包括我国台湾在内的实例说明，即使采取鼓励生育的政策，在人们的生育观念已经转变的情况下，也难以遏制生育率持续下降对人口总量持续减少的影响。

三、生育政策回归常态，既是形势要求，也是诚信使然

中国目前采取的以严格限定一对夫妇生育一个孩子为主要内容的生育政

策，是一种非常态、社会政治成本高昂的且在一定时期采取的特殊政策。之所以说非常态，是因为，迄今为止，全世界还没有哪一个国采取过这样的政策；之所以说是一定时期，是因为这种政策不可能长期实施，而只是一定阶段不得已而为之的政策，过了一定时期，就应当回归常态；之所以政策特殊，是因为这种政策严格限制了公民的生育权力，并将这种生育权力限定在一个十分狭小的空间。因此，在公开信30年之际，在中国人口生育环境已经发生重大变化、人口增长的严峻形势大为减缓的情况下，将这种特殊的人口政策从非常态回归常态，就应当看作一个十分自然的过程。其必要性至少有以下几方面：

一是形势要求。这在前文已经做了详尽分析。回归常态，即允许一对夫妇生育两个孩子，不仅人口增长不会出现较大震荡，还会进一步遏制人口增长，使低生育率更具有可持续性。20世纪80年代，国家在全国进行一些二胎政策试点时就发现这一规律性特征，但由于决策者对这一规律性特征缺乏认识，也使得这一规律性特征至今仍缺乏普遍认同。20多年计划生育的国际国内的实践，有必要加深人们对这一规律性认识。也就是说，生育政策的口径适度放宽，反而更有利于人口增长的控制，有利于人口的协调发展，这样一个充满辩证法的命题，我们至今还缺乏深刻认识。

二是诚信使然。中国共产党是一个讲究诚信的政党，言必行、行必果，在人口形势发生变化的今天，兑现公开信的庄严承诺，既是一个负责任的政党的庄重选择，也有利于中国社会诚信的回归。

三是科学发展观的要求。科学发展观的核心是以人为本，尊重公民的生育权利，赋予公民自主决定生育、避孕、生育时间的权利，也是科学发展观在生育政策上的体现。

在纪念公开信发表30周年之际，今年4月也是计划生育先驱玛格丽特桑格提出口服避孕药并正式在临床上使用50年，这是两件对中国生育水平下降都具有重要影响的事件。调整目前的生育政策，将中国生育政策调整到一对夫妇生育两个孩子的常态发展轨道，这是我们对这两个事件的最好纪念。

探索有中国特色的社会组织发展新模式

连玉明*

一、我国社会组织发展中存在的主要问题

改革开放30年来，我国社会组织获得了长足发展，但总体发展水平严重滞后于经济社会发展。社会组织的发展还面临着诸多的困境和阻碍。

（一）认识性偏差

党的十七大报告强调："重视社会组织建设和管理，发挥社会组织在扩大群众参与、反映群众诉求方面的积极作用，增强社会自治功能。"十七届五中全会也提出"发挥社会组织作用，提高城乡社区自治和服务功能，形成社会管理和服务合力"。从现实的角度看，对社会组织的认识与党的十七大和十七届五中全会的要求还有一定差距。

缺乏政府的信任与合作。各级党政机关，包括领导干部，对社会组织的认识是复杂的、矛盾的、敏感的和慎重的。既有培育、鼓励和支持的愿望，也有担忧、防范和限制的心理，导致对社会组织的发展政策实际上是内紧外松，社会组织缺乏来自政府的信任与合作。导致社会组织社会公信程度、民主自治程度、政府参与程度均较低。社会组织既缺乏利益诉求渠道，更缺乏话语权和影响力。

缺乏公众认同。从社会层面，包括公众的看法，对社会组织的认识是陌生的、不理解的、偏差的甚至是歧视的。虽然公民社会理念在中国已经有所

* 作者为北京市朝阳区政协副主席，北京国际城市发展研究院院长，研究员。

发育，但大多数公众对公民社会理念还不熟悉不理解，社会组织的公益性活动很容易遭到社会公众的怀疑，一些社会组织的活动甚至经常被指责为“作秀”。

（二）结构性缺陷

主要表现为社会组织相对政府组织和企业数量偏少，实力偏小，资金缺乏，能力不强，效率不高，内部管理不规范等。在我国的社会结构中，政府组织是最强有力的一方，对市场组织和社会组织发挥着领导、主导或制约的作用。企业作为市场主体已得到充分发育并对经济发展起着不可或缺的重要作用。而社会组织的发展还处于“婴幼期”，不仅处于政府权力的笼罩之下，其与市场的力量对比也相当失衡，主要表现为社会组织的数量总体偏少，实力偏小。我国目前万人拥有的社会组织数量仅为2.7个，实力较强、影响广泛的社会组织尚不多见，社会组织的公益活动规模、吸纳就业能力和国民经济贡献度不大。

（三）体制性障碍

法律法规不健全。虽然我国已有关于社会组织的法律、法规和规章，具备了依法对社会组织进行引导、监督和管理的法制基础，但总体看来，法律的供给与需求差距较大。缺乏全面规范的社会组织的法律，境外非政府组织在华活动，也无登记、管理的法律法规，造成一些地方采取“不承认、不接触、不取缔”的三不政策。

配套政策滞后。社会组织获取政府补贴或政府购买社会组织服务还没有法定渠道和制度，政府职能中哪些职能可以转移给社会组织，缺乏明确的政策和措施，导致行政管理部门向社会组织转移的职能不够。社会组织的财政税收、劳动保险、人事工资等还不配套，政策保障不足，尤其是对社会组织的税收优惠还没有形成统一的政策体系。

管理体制制约。我国现行的社会组织管理体制，概要地说是“双重管理”，体制重心偏于约束和管制，促进和引导的功能体现不充分，同时存在多头管理、职能交叉、各自为政、管理有缝隙等问题。最突出的表现是社会组织注册困难。除注册门槛高、准入成本高外，社会组织很难找到主管部门，发展空间狭小。政府部门作为主管单位对社会组织的可选择性而非法定性，导致大量社会组织游离于法律监管之外，大部分处于有主管无登记或有登记无主管的灰色状态。

（四）发展性困境

一是注册困惑。除了社会组织注册门槛高、准入成本高外，主要困惑是找主管单位难。这种“难”就难在社会组织主管部门的非法定性上。也就是说，并不是符合条件的所有社会组织政府必须作为主管部门，而是主管部门对社会组织的可选择性，或者说，对主管部门来说，即使符合条件，既可以同意成为主管部门，也可以不同意成为主管部门。这种可选择性而非法定性，导致大量社会组织游离于法律监管之外，大部分成为有主管无登记或有登记无主管的非法组织。

二是定位困惑。多数社会组织不完全具备组织性、非政府性、非营利性、自治性和志愿性等基本特征。有的演变为“二政府”、“三政府”，有的演变为商业组织。社会组织的行政化和商业化倾向明显。这是由于社会组织的身份不平等、地位不平等、政策不平等、机会不平等所被迫导致的。

二是资金困惑。由于社会组织的公益性和非营利性得不到政府认可，政府购买公共服务并不为政府普遍认同，甚至存在体制和政策上的障碍，致使政府与社会组织难以形成伙伴关系，政府的非公共职能无法转移给社会组织，社会组织也无法获得政府资金上的资助。但是另一方面，政府的税负政策却按照企业一样对待，更加剧了社会组织资金严重不足。

四是人才困惑。许多社会组织工资少、待遇低、办公条件差、职业发展前景不明，对优秀人才缺乏吸引力和凝聚力，特别是社会组织没有像政府机关、事业单位一样的工资制度、人事制度、户口制度、职称制度、外事制度等，从而影响社会组织的整体素质和能力。

二、推进社会组织发展的政策建议

探索中国特色的社会组织发展新模式，要确立社会组织主体意识，科学认识社会组织的发展规律，使社会组织在回应社会需求中发展、在与政府、企业的三方互动中发展。为此建议如下：

（一）进一步提高对社会组织的认识

进一步营造社会组织发展的舆论环境和社会环境。加大对社会组织的研究和宣传力度，形成全社会关注社会组织发展的良好氛围，提高社会组织的社会公信力和社会认同度。政府应动员各种舆论传媒，大力宣传社会组织在现代社会中的地位和作用，并及时总结推广优秀社会组织的成功经验，积极培育树立先进典型，为社会组织发展营造良好的舆论环境和社会环境。

（二）进一步加大政府对社会组织的支持力度

加大资源和资金支持。加大对社会组织的培育和扶持力度。加快公共财政体制改革，优化公共财政支出结构，把更多的财力投入到社会性公共服务领域。建立公共财政对社会组织的资助与奖励机制，国家及地方财政部门建立社会组织发展专项基金，对运作规范、服务能力强的社会组织给予一定的办公用房、办公设备、开展活动的资金支持。建立国家社会组织管理部门层面的社会组织发展基金和社会组织孵化基地。

加大政策支持。在社会组织成立、税收、发展政策等方面制定实质性优惠政策，优化社会组织发展的政策环境。对公益慈善组织的捐赠税收优惠实行普惠制，简化税收减免程序，鼓励个人对公益组织的捐赠，拓宽社会组织的经费来源；扩大社会组织税收优惠种类和范围，在财产税、商品税、房产税、车船使用税、城镇土地使用税等方面给予社会组织税收优惠。进一步完善培育和扶持社会组织发展的相关配套政策，建立健全社会组织工作人员工资、职称、保险、福利等方面政策法规。

推进政府向社会组织购买公共服务。健全政府购买公共服务的法律规定，修订《中华人民共和国政府采购法》，依法规范政府购买社会组织服务。加快制定《政府采购服务办法》，明确服务对象与购买内容，划定政府向社会组织购买服务的重点领域，采用公开招标的方式，建立规范的程序和制度。建立公共服务采购预算，购买公共服务的资金纳入公共财政预算体制。

（三）加快推进政府转型和社会创新

进一步转变政府职能，将更多的公共事务交给社会组织承担。确定转移的职能范围，鼓励社会组织承接教育、扶贫开发、社区医疗卫生、劳动就业培训、社区服务、福利服务、科研项目、公益事业、慈善活动、公益性体育和文化活动、法律救助等与社会发展和居民日常生活密切相关的服务事项。

深化社会管理体制改革，鼓励社会组织积极参与经济和社会管理事务。支持社会组织开展经济发展、城市管理、社会建设、人文科学方面的研究，充分利用社会组织发展决策咨询、信息服务、民间外交与国际交流，构建社情民意信息渠道和民间智力支持系统，推动决策的科学化和民主化进程。推进社会组织参与社区服务与管理。积极培育、扶持和完善社会组织特别是社会组织的社区服务体系，让社会组织在社区服务和社区管理中扮演更加重要的角色，更加注重政府公共服务和社会组织公共服务一体化建设。

（四）加强对社会组织的监督管理

加强党建工作。明确党组织在社会组织中的功能定位，转变党组织管理方式。按照“全覆盖、凝聚力和组织化”的要求，分级、分类加强社会组织党建工作。健全社会组织党建管理体制，明确工作职责，逐步理顺社会组织中党组织、党员的组织关系，不断完善社会组织党建工作体系；充实党建工作力量，培养一批善于做社会组织党务工作的职业党务工作者；创新党建工作方式，坚持组织覆盖与工作覆盖同步推进、党建工作与业务工作同步发展，实现社会组织党建全覆盖。

加强法制建设。尽快修订《社会团体登记管理条例》和《民办非企业单位登记管理暂行条例》，制定相关实施细则和配套政策规章。条件成熟时，可以考虑在现有法律法规的基础上制定一部基本法如《社会组织法》。加强公益财产的立法保护，完善社会组织产权制度与社会公益财产的监督机制。

推进管理体制改革。推动登记管理制度改革，降低社会组织尤其是社会组织的准入门槛，简化程序。贯彻平等准入、公平待遇原则，允许事业单位进入的行业和领域，也应该允许社会组织进入。改革双重管理体制，成立跨部门的统一的社会组织管理机构，统一组织、协调、管理与社会组织发展有关的各项工作。针对社会组织类别庞杂，逐步实行不同的管理体制，尤其是改进政府对社会组织的分类监管，根据不同特点制订不同的引导和促进政策，进一步规范社会组织的发展。

引导社会组织加强自身建设。明确社会组织的宗旨和社会使命，引导社会组织强化自律，树立良好的公共服务形象。建立科学合理的组织治理架构，加强组织内部管理，健全社会组织内部问责机制，实行民办民管、民主办公，逐步形成社会组织自我管理、自我约束、自我发展的机制。抓好人才培养与引进，推进社会组织人事管理和社会保障制度，维护职工的合法权益。强化业务能力和水平，建立健全社会动员机制，提高参政议政意识和能力，确立社会组织的代表性和公信力。

城市化背景下的土地与农村

戴星翼*

一、城市化是今后内需的基本动力

进入新世纪之后，我国的经济态势在不知不觉之中发生了重大变化。当前，中国的经济总量大致已超越日本，居世界第二。与此相应，我国的经济增长保持着很高的速度。改革开放以来，我国的GDP增速平均在9%以上。在30多年中保持如此快的速度，在各国的发展史上几乎找不到先例。特别需要注意的是两点。其一，任何正的增长速度，到一定的时点上，都会呈现爆炸性增长的态势。这是一个简单的数学问题，在增长的过程中，随着经济存量的增大，维持同样增长速度所需的增量也越大。其二，经济增长不是简单的数字游戏，同时也必然导致经济结构的变化。为了维持一种明显高于由内需拉动的增长速度，庞大的增量要求需要通过庞大的新项目来获得满足。于是在我国，各地政府越来越依赖大型建设项目，产业结构越来越趋于重型化。

在2008年全球经济危机中，我国政府为维持一种可接受的增长速度，刺激经济的手段依旧还是大项目，依旧是起吊机经济。当时的形势下如果不依靠“起吊机经济”，想在短期内逆转或缓和经济下滑的趋势有着很大的难度。但这也正是问题关键所在。自党的十四大提出“两个转变”以来，摆脱传统的粗放型经济增长模式一直是我们的奋斗目标，但迄今为止，这种转型不能说是成功的。

钢筋水泥的发展模式已经使我们付出了沉重代价，表现在能源消费总

* 作者为北京改革和发展研究会理事，复旦大学环境科学与工程系教授，复旦大学国土资源经济研究中心主任。

量和温室气体排放量的急速上升；耕地数量在招商引资和各地新城建设的浪潮中不断缩减，中央为此不得不提出了18亿亩红线的保护目标；各流域的水污染持续加剧，严重影响到生产以及人民群众的饮用水安全；我国不得不忍受昂贵的石油和铁矿石价格。从各方面看，资源环境因素对我国的经济发展形成了严厉的制约。虽然中央对环境保护和资源节约的重视达到了前所未有的程度，但如果继续以“起吊机经济”保增长，资源环境形势会因此出现反复。

梳理一下，当前我国一方面存在着今后的发展动力问题。而另一方面则面临碳减排，环境污染，耕地流失等资源环境因素的制约。随着我国经济规模的不断扩大，来自所有这些因素的压力会继续增大，其相互关系会更为纠结，也更有必要处理好这些关系。

大致是在20世纪末东南亚金融危机之际，我国开始注意到内需问题，并采取了许多措施刺激内需。在全球经济危机的背景下，内需的振作有着更强的现实意义。应该说，近年来我国各种刺激内需的举措有其积极作用，近几年我国消费的增速是相当快的，只是相比工业增速、出口增速和政府财政增速较慢而已。

但不能否认，过去刺激内需的种种措施有着浓烈的消费主义倾向。著名的“二套房”理论，以及“买房就是爱国”之类的奇谈怪论，不顾一切地鼓励私家车的种种政策，乃至放长假之类，无不是消费主义的体现。市场推动的追求奢侈豪华的浪潮于是有了正义性，甚至得到政府的呼应和学术界的推波助澜。但如此这般，中国人的生活方式问题又浮现了。我们真的要仿效美国人的生活方式吗？环境友好型和资源节约型社会与消费主义真的兼容吗？

能够为我国带来长远发展动力的内需，是人的发展带来的需求。“以人为本的发展”不是一句空话。其内涵包括提高民众的物质福利水平，以此为发展的终极目标。但这并不意味着消费主义和拜金主义。发展的目标，政府的责任，必须是人民群众生存和发展的基本需求。基本的，非歧视的和全覆盖的医疗服务、养老保障、教育和培训机会以及体面的工作和创业机会，这些才是社会目标和政府责任。而奢侈和挥霍，如果对实现社会发展目标无碍，则可以视为一种不值得提倡，但可以包容的市场行为。

作为人口众多，资源禀赋较差的我国，更主要的是使包括农村人口在内的中低收入阶层能够获得基本但有质量的营养、居住、医疗、教育和技能训练。从宏观上看，这不仅是社会主义公平正义的要求，也是资源节约、环境友好、摆脱资源要素对我国发展的制约所必需的。其次，不断提高国民的人力资本，提升人们的知识和技能水平，以不断提高的国民知识和技能水平获得更有效的资源认识、开发和利用，从而缓解资源与环境的约束。最后，通过完善的制度和政策体系激发全体国民的创业、创造和创新积极性，以此为发展的动力。

在这样的发展进程中，城市化应该在今后的几十年始终处于最为重要的地位，是内需动力的主引擎。但这里的城市化，不能仅仅被理解为人口从农村向城市的迁移，而是一种更为全面和系统的过程。至少，我国应该放弃自中央至乡村层层政府抓经济增长的固有模式，而以城市为经济发展的主战场，尽可能地使各类生产要素高度聚集于城市。

推动系统的和真实的城市化，对我国而言，至少在以下方面有着重大意义。首先是在发展的效率上。城市相比农村，有着更高的效率。中心城市有着更高的效率。如果弱化中心城市功能，理论上讲会造成资源配置范围的割裂，并由此造成效率的损失。显而易见，效率上的损失意味着创造同样的人类福利需要较多的资源，因而对可持续发展是不利的。推动城市化，能够使农民群众从根本上摆脱贫困。反之，国家在反贫困上的投入也会更有效率。由于城市化带来的效率提高，国家也会更有能力投入于农村，增强城市反哺的力度。

其次，工业化过程之所以对城市化产生要求，很大程度上是出于基础设施的规模效益。道路、通讯、上下水道、垃圾处置和污染治理，都要求工业和居住有一定程度的集中。否则，这些设施的投资会是无效的，而投资的无效本身又会抑制投资。之所以农村简单仿效城市的基础设施是不可行的，原因就在于此。小城镇之所以难以拥有中心城市的基础设施水平，也出于同样原因。

广义的基础设施包括医疗、教育、文化和体育方面的公共设施。它们向广大市民提供的公共服务，是散居于农村的群众不可能获得的。任何国家都不可能在广大农村，按照城市乃至中心城市的标准配备这些公共设施，效率上不允许这样做。但是，从社会主义公平正义的原则出发，给予农村群众以城市化的公共服务又应该是我们这个社会为之奋斗的重大目标。这一效率与公平之间的矛盾，只能通过城市化来消除。

最后，从第三产业的发展考虑，也应该尽可能地推进城市化。城市化过程不仅仅是居住和生产场所的移动，更为重要的是生活方式的转变。工业化过程提高了人们的收入水平，但收入增量并不必然或同步地使生活质量提高。在传统的农村社区，人们将“生产”的概念局限于物品生产，而服务主体上是通过家庭的自我供给和邻里亲缘网络的互助提供的。在就地工业化方式下，当富起来的农民仍居住在传统农村社区时，其观念、行为和亲缘网络依旧，因而生活方式的转变非常缓慢。在这样的条件下，商业性服务业是很难成长起来的。只有在城市化之后，原有家族和邻里关系淡化，自给自足的生活方式才会随之转向对社会化服务的依赖，这时，第三产业在国民经济所占的比重才会达到与国外类似的水平。

第三产业的发展总体上是有利于环境与自然资源保护的。这种生态效益来自各个方面。第三产业总体上以较小的投资、能耗和物耗创造较多的就业机会，进而有较强吸收剩余劳动力的能力。这对于提高城市的人口吸纳能力，缓解人口压力对国土系统的消极作用是有利的。第三产业以较低的能耗和物耗，以及较少的污染创造较大的GDP，从而能显著降低单位经济增量的产污系数，直接有利于污染控制。

真实的城市化拉动经济的路径错综复杂，不能简单地理解。直观上，城市化会导致大规模的城市建设，要求庞大的城市基础设施投入。但从内需角度看，这只是很有限的一部分。在整个城市化过程中，来自民间的拉动作用是巨大的。一般而言，迁移本身的消费会非常可观，每年数千万人由此造成的市场需求难以估量。迁入者与在原住地相比，生活方式会发生根本性变化，不仅包括物质消费水平的提高，还会导致对商业化服务的需求增加。部分迁入者会有在城市开业和创业的需求。

城市化的另一重要作用是为城市注入活力。当前，我国的“人口红利期”已步入晚期。随着我国人口老龄化进入加速期，城市人口的老化会是一个非常痛苦的过程。有效缓解其负面作用的基本途径，就是吸收农村相对年轻的人口进入城市，向城市补充劳动力，引入更为吃苦耐劳、发愤图强、野心勃勃的创业人口。当然，由此会导致农村的空心化和活力丧失。但我国城乡经济活动的效率差距大致在4倍以上，换言之，劳动力进入城市能够导致明显的效率改进。在此基础上，由城市反哺农村会优于二元结构下的情形。

在社会学视野中，城市化不仅是一种人口的空间移动，更是一种生活方式的改变和社会层次的垂直运动。较为贫困或社会地位较低的迁入者通过学习和艰苦奋斗，改善自己的境遇，实现自身社会地位的提高。纵观世界各国，所谓第一代移民几乎都是奋斗的一代。而从经济学的视野观察，由此产生的需求更为系统、深远和强大。其中包括了立身置业的需求，提高生活质量的需求，自我发展的需求。

在未来一段时期内，城市化应该以农民工的市民化为基调。农民工的根在农村。对其中的大多数人而言，他们只是城市的过客，一个用自己的青春年华换取收入的地方。许多人对所在城市没有归属感，这是工人队伍不稳定的重要原因。很多女工成家之后，就会待在老家不再复出，甚至男性也是如此。这种现象则造成了严重的人力资源浪费。要解决此类问题，最根本的手段就是让人们在城市成家立业，扎下根来。从根本上讲，这其实是通过工业化拉动城市化进程的基本方式。以产业工人为主，加上其他具有种种条件能够在城市立足的人们，构成了城市化的主力。

总之，城市化是我国未来几十年内最强大的，最可持续的发展动力。但该过程是否会受到资源环境因素的严厉制约，是需要认真对待的问题。

二、如何理解城市化进程中的土地和环境损益

对于城市化的资源环境影响，我国学术界向来存在两种倾向。或者是有意的忽视，或者是认为城市化的资源环境效应是消极的，对环境是有害的。有前一类倾向者通常为增长主义者，后者构成比较复杂，有环境主义者，但即便是增长主义者，往往也认为城市的环境影响是负面的。只是在增长至上的立场上，他们或故意忽视，或认为与增长的崇高目标相比，这样的负面影响是可以容忍的。这些观点都是片面的，或有其明显的局限性。之所以如此，是因为缺乏合理的分析架构。

人口在空间上的高度聚集，也就是城市化，常常成为人口压力论者的批评目标。有人会称城市为“寄生的”系统，因为城市需要外界输入的能源和物质，并依靠外界处理其废弃物。更多的人在列举环境生态问题时，总是将城市作为一种问题。诸多文章中会有“随着城市化”环境变得怎样怎样的陈述。人类的整个资源环境历史表明，这种过于简单化的观点对解决问题是毫无帮助的。

人类缓解与资源环境的基本出路正是城市化，这样说来自几方面理由。首先，为了保护土地和自然生态，保护生物多样性，人类必须将自己最大限度地集中起来。自然保护从根本上讲，就是要解决人类过度挤占野生生物生存空间的问题。将尽可能多的国土从人类经济活动范围划出去，不允许人口进入。而要实现这一点，城市化是唯一的出路。从生态上，城市化是对人的限制，是一种反向的自然保护过程。一般而言，城市在土地使用上比农村有效，大城市比小城镇有效。所以，各种逆城市化的，或主张发展小城镇的思路，至少从土地和生态保护的角度是不合理的。

城市化对缓解人口、资源和环境关系的益处其次来自城市经济活动相对于农村的高效率。城市相对农村的高效率是无须论证的经济学常识。而高效则意味着养活同样的人口，或提高人们的福利水平需要的自然资源较少。如果在遏制城市化过程的情况下实现经济发展，我们的环境代价不会是较小，而是更大，这些年我国农村地区普遍的环境污染、土地大量流失和生态退化

的事实已经证明了这一点。城市经济的高效率还意味着经济发展的成果中有可能有较大的蛋糕切给环境与生态保护，也有较大的蛋糕切给教育和科研，所有这些都是有利于可持续发展的。

城市化有利于缓解人口压力的机制还在于城市基础设施的效率较高。生活垃圾处置体系、纳污管网和污水处理设施因城市人口和经济活动高度聚集而变得有效。因为基础设施的有效，也因为城市经济活动的效率较高，城市能够建设并长期运行这些设施。也就是说，如果污染不可避免，那么，将污染集中起来加以治理显然优于分散治理。同样的生活垃圾，我国农村或城镇往往采取不处理或权宜处理的方式，这些方式其实只是分散污染与集中污染的差别。

所以从环境角度看，城市化有很大的积极效应。人口的高度聚集，有利于农村污染的治理，所以至少有利于水污染的控制。至于城市本身的水污染治理，其本质是一个基础设施问题。基础设施能力足够，同样的污染放在城市处理反而效率更高。生活垃圾也同样如此。

所以在理论上，城市化过程总体上是环境友好的。在空间上，城市的紧凑性导致大量土地被释放。乡村的居住和分散的非农产业活动是过度占据土地的。随着人口和其他生产要素向城市的集聚，这些被占据的土地至少部分地可以回归于农业，甚至回归于自然，也就是荒地。各发达国家基本上都经历了这一过程。韩国和日本由于工业化和城市化的同步，其耕地在城市化过程中是增加的，日本甚至出现了部分耕地弃耕抛荒为自然用地的现象。类似，美国在最近几十年中，其“荒地”的面积是增长的。

随着农村人口比重的下降，以及经济的成长，一个城市化社会反哺农业，反哺自然的能力随之加强。各发达国家在其城市化进程中，都能不断加大在国土资源整治，农业，村落建设和自然保护等领域的投入。工业化过程中受到破坏的生态系统得到有效的修复。农村整体上变得更加环境优美，基础设施健全。城市化的结果，不是消灭农村，而是产生了更广大、更富裕美丽的农村。换言之，发达国家优美的景观，浓郁的传统文化氛围，是城市化过程中不断对农村投入和保护的结果。各国的经历也表明，城市化全过程中始终注重农村的整治和建设，既是可行的，也是必须的。20世纪70年代初日本开展“日本列岛改造计划”时的人均GDP水平大致在3000美元。所以我们并没有理由拖延此类计划。

美好的农村会使城市更加美好。各发达国家大城市周边的农村基本上是城市居民的精神家园，甚至大量吸收着远方的游客；郊野的森林和湿地为城市提供涵养水源和净化环境的服务；农业因基础设施健全和科学技术的普及而变得环境友好，生活污染和农业面源污染得到有效的控制。这样，城市生存于高质量的环境，生存于大自然的怀抱之中，享受着高水平的生态服务，宜居性因此得到显著改善。这种城乡关系，是值得我们为之努力的。

三、追求健康的城市化

所谓健康的城市化，首先是城市不能以剥夺农村为手段发展自己。不幸的是，当前许多城市正是有这样的倾向。在很多人，无论是官员，学者还是商人的心目中，农村有价值的就是土地。而土地之所以有价值，也许就是工厂、商品房和道路等基础设施建设的备用地。于是在他们看来，所谓新农村，就是城市化的居民区和工业区；所谓农田，就是未来推土机轰然作响的地方；所谓农民，就是一群需要想办法予以妥善安置的人。城市代表了先进，农村意味着落后，工业区边界的推进和农田的退缩是天然正当的。

特别要指出的是，在效率，发展或城市化的名义下占用农村土地，其理由并不充分。如果单纯依据经济效率，则自然用地必然比不上农用地，而农用地又必然比不上工业和城市用地。与工业和第三产业相比，农业作为弱势产业的特征是不可改变的，否则我们就没有必要走工业化的道路。但所有这一切，只是自然和农业需要保护和反哺的理由，而不是城市无止境地侵蚀农村的理由。

一座城市如果富有效率，这是其扩张的理由。这里的效率，我们可以称之为城市的整体效率，它意味着该城市可以为人们带来较高的收入，较多的经济机会，较高的投资回报，以及较高的生活质量。其主要的标志是人口的净迁入，包括投资者，专业技术人员和其他谋求更好生活的人们。这种净迁入构成了城市扩张的基本原因。另一方面，以单位土地的产出效率而言，无论工业还是服务业都有巨大的提升空间。这种效率，我们可以称之为土地的技术效率。

不难发现，后一种效率是可以抵消前一种效率引发的城市空间扩张需求的。通过先进的理念，良好的规划，设计，管理，每一座城市都能够以尽可能少的土地来支持不断发展壮大的经济，向其居民提供所需要的生活和工作条件。

所以，要考察一座城市的发展是否健康，需要观察它与周边农村的关系。发达国家的经验证明，农村的价值会随着现代化的进程不断增加。一个城市越发达，对农村就越应该保护。其最重要的理由，一个在延续传统的基础上实现现代化的农村，是现代城市居民的精神家园。城市的生活快节奏，人们内心于是渴望舒缓；城市拥挤、空间狭隘，人们于是向往农村的广阔；城市繁华，农村的朴素于是变得重要；城市嘈杂热闹，农村的宁静因此变得诱人；城市过于人工化，农村的自然价值就越来越大。同时，一个洁净的农村，其实是城市的生态服务体系，能够以可持续方式提供净化服务、景观服务和其他宝贵的服务。各城市必须从圈地热中清醒过来，善待农村，反哺农村。

在城市化进程中，我国存在的与土地相关的问题主要是大量农业用地的不断流失。这种流失非但严重，而且被认为是天经地义。中央为防止耕地的进一步流失，确定了“18亿亩红线”。这一举措居然会受到不少学者及其背后利益集团的质疑：为什么是18亿，为什么不能是17亿，诸如此类的问题居然理直气壮。也有并不否认红线的必要性，但认为无法守住。

这些观点无一能够成立。我国耕地资源之所以大量流失，基本原因是两个。一是城市建设过程中的粗放和浪费。当前我国城市面积据保守的估计已经达到25万平方公里以上。按国家每平方公里1万人的标准，应该容纳25亿人。究竟浪费多少土地，由此可见一斑。我国工业用地，包括园区和园区外工业用地，总面积至少在10万平方公里以上。而日本以其同样庞大的制造业规模，全国工业用地规模仅1600平方公里。

我国城市建设用地的管理制度有诸多值得反思之处。当前一种普遍的现象是，一座城市的规划人口远远超出该地区城乡人口的总和。之所以普遍如此，其根本原因还是政府对用地指标近乎贪婪的渴求。于是，貌似科学的城市规划制度就成为了滥用土地的重要路径。又如新城的建设问题。不少地方新城空空荡荡，缺乏人气，造成土地资源的重大浪费。新城变成空城的原因是多方面的。地方领导好大喜功，导致用地过大而人口不足。人气不足导致商业服务业不愿进入，而商业服务业的不足又导致人口因缺乏就业机会和消费场所而进入缓慢，两者恶性循环。在部分城市，政府为了集聚人气，而首先推动政府机构进入新城。但也往往因此，相关区域道路过宽，广场过大，绿地过多。不言而喻，这样的区域是不适合发展商业服务业的。所以事与愿违。

还有所谓的生态建设用地。客观地说，当前存在一种生态教条主义，认为城市绿地或水面越大越好。于是，城市之间攀比绿地指标，竞相上马大型绿地，甚至在干旱缺水地区造人工湖。似乎这样就是生态城市了。学术界在其中也推波助澜。生态学会计算城市绿地产生的生态服务价值，规划学家会援引"世界一流"的城市绿化案例，而经济学家则为城市旧貌换新颜叫好。所有这些声音的背后，无人考虑由此引发的成本。

一座城市的绿地应以多大比例为宜，不应该是教条化的。例如，滨海城市由于可以享受到海洋的生态服务，绿地的比重就没有必要太高。在周边山地森林保持完好的情况下，山区城市的绿地比重也应该缩小。水田有着良好的，甚至高于绿地的生态服务功能，这一点已经为日本、韩国和我国台湾省的学者所证实，因此我国南方平原地区的城市，尤其是城镇，也没有必要拥有较高比例的绿地。我国江南水乡的那些著名古镇，历史上都林木甚少，是很有道理的。

另一原因是城市化带来的农村空心化这一大背景下，农村建设用地的大量闲置。据估计全国农村宅基地的总面积约2.5亿亩。按农村宅基地一人一分地的标准，显然已经严重过度占用。但更重要的是，当前农村空心化程度已相当严重。笔者本人甚至见过全村空无一人，房倒屋塌的村。向外迁出的农村人口中，有一些是季节性的外出打工，但也有相当部分已彻底融入迁入城市，多年甚至十几年未回家乡，他们以及他们的孩子已不可能再回到农村。但他们依然拥有自己的宅基地。

由于农村集体土地制度的复杂性，本文无法以较大的篇幅讨论如何有效配置已经并将进一步加剧的闲置的农村建设用地问题，同样也无法深入讨论城市建设过程中的土地浪费问题。至少可以看到的是，如果解决这两大问题，以我国未来16亿人口计，并假定城市化率达到70%，若严格执行城市每平方公里1万人和农村人均一分宅基地的标准，中国通过城市化最大限度可以将约4亿亩土地回归于耕地和自然用地。

当然，要实现这一目标是极为困难的，必须要解决的一些根本问题包括以下几点。一是政府和全社会要摈弃唯GDP主义，放弃速度至上的增长方式；二是解除地方政府对土地财政的依赖，走向税基稳定而透明的公共财政，从而消除地方政府剥夺农村土地的冲动；三是建立不以GDP和政府利益为导向，而是以整治国土和增加农业用地与自然用地为导向的土地储备制度，并且由于地方政府缺乏承担这一责任的动力，因此应由中央财政承担；四是推进农村土地制度的深化改革，让农民拥有自由选择权的前提下配置自己的土地权益。

总之，城市化有利于我国处理好发展与环境的关系，但并非任何城市化方式都是如此。推动城市朝资源节约与环境友好的方向发展，其潜力非常大。在土地上更是如此。至于什么是“健康的城市化”，我们认为也许不应该有什么绝对的标准，主要还是要遏制其过程中一切浪费。这些方面做得越好，城市化对缓解我国环境资源问题的贡献越大。

教育问题与问题教育

顾海兵*

正如对青年问题与问题青年的理解一样，一般来说，教育问题主要涉及的是改良，是在基本体制不动的条件下对教育做一些修补，是局部创新；问题教育则主要涉及的是改革，是对基本体制作不低于30%甚至50%以上的改造、再造，甚至是创造，是整体性创新。

对中国教育的研究可谓汗牛充栋，在百度上检索“教育研究”，可找到相关网页约2990万篇（2010-7-28），其中多数是改良性的，很少是改革性的。有人认为，教育与经济不同，教育不能产业化、商业化等等，经济需要改革，由计划经济转为市场经济，而教育由于其非经济、特殊，所以不能模仿经济改革。笔者以为，中国的教育已经不能用教育问题来涵盖，中国的教育就是问题教育。本文不打算讨论为什么中国教育是问题教育，只尝试从操作的角度，对中国教育的改革或转轨，提出若干创新性建议，期望引起讨论。

一、美国教育成功，原因之一是没有教育部

如果承认美国教育比较成功，则其原因究竟是什么呢？也许见仁见智。而我以为，原因之一是美国基本没有教育部。什么是基本没有教育部呢？

首先，它长时间没有专门的教育行政机构。据美国教育部网站资料，美国18世纪80年代建国后在将近100年的时间里没有联邦的教育机构，直到1867年才有专门的教育行政机构。

---

* 作者为北京改革和发展研究会理事，中国人民大学经济学院教授。

其次，从1867年到1980年，美国的这一专门的教育行政机构只是一个隶属于其他部门的二级机构，不是内阁的组成部门。

再次，从1980年开始，虽然美国的这一专门的教育行政机构或教育部成为联邦政府的内阁部门，但其权力非常有限。在百度上检索，可以看到这样的说明："美国宪法将管理教育的权利只授予州政府，而并没有规定联邦政府对教育的义务，这在相当程度上影响联邦教育部作用的发挥。美国大多数的教育政策不是由联邦政府而是由州政府及地方政府制定的，具体由各州教育部门及地方约15000个学区（School District）中的教育董事会（Board of Education）来负责实施。 在美国教育体系中，州和地方的重要作用从教育经费支出也可以得到充分体现。2000/2001年度，全国教育总经费为6500亿美元（约占美国GDP的7.3%），其中91%以上来自州、地方及私人捐赠，联邦政府拨款仅占9%，大约600亿美元。联邦政府的教育经费分由教育部、卫生部以及农业部掌握，其中教育部所掌握经费约为420亿美元，仅为教育总经费的6%。"

最后，从联邦教育局到联邦教育部，其职能一直存在争议，甚至几乎被砍掉。为防止其过多干预各州学校事务，它的权力一直受到很大的限制。比如，2009年总统奥巴马想对全美的中小学生作一个鼓励孩子们在学校努力完成学业的演讲都会由于其可能的误导学生、超越联邦政府对学校的管理权限而被争论、被抗议、被抵制。又比如，教育部于1980年5月4日正式开始工作，在其存在不到一年时，当选总统里根认为在美国联邦政府中没有必要设教育部，他向国会提议取消教育部，将教育部当时的7700雇员减少至1000人，其任务转交给其他部承办。虽然，里根的这一提议没有被国会接受，但教育部的工作还是受到相当的影响：雇员削减了1/3多，项目和经费也相对减少。

想一想，中国人口如此之多、地区差异如此之大，主要靠中央部门来管教育，是否管理半径太长了？或者说，有权管理的不了解情况，而了解情况的无权管理，中国的教育管理应该而且必须由集中走向分散，这是教育发展的大趋势。与此相适应，财政体制、人事体制等需要做同步的改革。

顺便说一句，在美国的总统继承法里，明确规定：当美国总统突然出现意外不能履行职务时，其总统继承的顺序名单大约有20多人，而最后一名恰恰就是教育部长，因为教育部是最年轻的部。

二、不保护创新者的权利或不保护知识产权，就没有真正的教育

美国总统林肯先生在19世纪说过，专利制度就是给天才之火浇上利益之油；马克思说过，人们奋斗所争取的一切都与他们的物质利益有关。为什么计划经济会破产、崩溃？根本原因是分配制度扭曲了，人的付出与回报不匹配，多付出者不能多得，敢于冒险者没有回报、不被宽容，由此，社会的生产力怎么能发展？市场经济则放开人的手脚，人往高处与险处走，各自选择最优或最合适的路线，权利与责任匹配。但市场经济必须首先是法治经济，要保护付出者的权利，尤其是创新者的权利。没有创新者，就没有创新；没有创新，就没有社会的发展进步。只有保护了创新者的权利，教育者与被教育者才有持久的动力与压力，教育才能服务于创新，教育才能成为创新的教育、真正的教育，社会才能有良性的发展。创新者的权利就是知识的产权，因此，保护创新者的权利就是保护知识产权。发达国家所以能发达，就在于大力保护知识产权，遏制惩罚仿冒、抄袭、窃取等行为。当然，这种保护为了社会整体利益是有时间限制的，一般不超过20年。特殊情况下，个别权利可以放弃，比如允许仿制治疗艾滋病的药等。总体我们可以说，知识产权保护的程度决定着经济的发达程度，决定着经济的竞争力。迪斯尼公司、梦工场、微软、IBM公司、英特尔等能够有今天的发展、能够有持久的发展，与政府对其知识产权的保护是分不开的。

这里首先要说的是，在中国这样一个官本位社会里，政府的知识产权行政机构只是所谓的副部级，更不是政府的组成部门，对知识产权的管理又分散于知识产权局（专利保护）、版权局（版权保护）、工商总局（商标权保护）等诸多机构，因此，中国的知识产权保护是很难有力度的。

其次，政府对所谓的负面信息向来是不公开的。比如，中国知识产权被侵害的情况我们无法得知，我们只能从所谓保护的角度从反向推测。比如，依据网络检索，从1985年至2009年，人民法院共审结知识产权民事一审案件近17万件；从1997年至2009年，共审结知识产权刑事一审案件1.5万件；从1997年至2009年，共审结知识产权刑事一审案件14509件。

再次，中国的行政机构的效能与廉洁程度是比较低的，地方保护程度是比较重的，创新者保护自己权利的成本是很高的，比如不久前，有媒体报道："新京报社于2008年将'浙江在线'网站诉至杭州中院，因该网站未经授权转载原告大量作品。原告要求赔偿损失200万元。随后，杭州中院因原告拒绝将7000余篇作品分拆立案，而驳回起诉。新京报不服上诉至浙江省高院。今年7月2日，浙江省高院做出维持杭州中院'分案起诉的匪夷所思的'裁定"。显然，在中国，被查处的也许只是冰山一角。

可以肯定的是，中国对创新者的保护或对知识产权侵权者的惩处力度在全世界应该是中下水平，甚至是最低水平之一。

顺便说一下，发达国家虽然总体经济增长速度不快，有时是零增长，但作为经济前导的其创意经济增长速度很快，据了解不低于5%。据不完全统计，全球文化创意产业每天创造200多亿美元产值。在一些国家创意产业增长得更快，美国、英国都超过10%。从1996年开始，版权产品首次超过汽车、农业与航天业等其他传统产业，成为美国最大宗的出口产品，其中核心版权产业的出口额已达千亿美元。特别是美国的影视业和软件业发展迅速，在国际市场中优势明显。美国是世界电影业最发达的国家，美国电影市场年销售总额高达数百亿美元，占全球85%的份额，仅米老鼠和史努比两个动画产品在全球范围内的收益每年就超过500亿美元。美国也是称雄世界的软件大国，其软件销售额约占全球软件销售额的2/3，据统计，在迪斯尼的全部收入中，电影发行加上后续的电影和电视收入只占30%，主题公园的收入占20%，其余的50%则全部来自品牌销售。美国等发达国家创意经济或版权产业已经占到总体经济的10%左右。在最能反映科技水平的国际发明专利上，美国始终占有40%的份额。

有时，面对像《花木兰》、《功夫熊猫》这样的电影，我真的无言、欲哭无泪。中国人智商低吗？绝不是。问题只能是制度层面的。

三、选修课比重达不到60%或至少一半，就没有真正的学校，也就没有真正的教育

真正的学校也许有很多标志与标准，比如设备与经费，比如教授教师数量，比如师生比例，比如发表论文，比如独立法人，等等。但我以为，就中国当下体制的学校而言，真正学校的首要标志应该是选修课比重的高低。如果一所学校的选修课比重达不到60%或至少一半，它是没有资格说自己是真正的学校的。这里只讨论大学，因为中小学有过之而无不及。

笔者选取中国大陆地区重点大学11所、海外（含香港）一流大学14所，它们是：吉林大学、东北财经大学、清华大学、中国人民大学、西南财经大学、中山大学、对外经贸大学、中央财经大学、复旦大学、北京大学、武汉大学；哈佛大学、斯坦福大学、加州大学伯克利分校和密歇根大学；伦敦大学学院和华威大学；澳大利亚国立大学和悉尼大学；加拿大麦吉尔大学；日本大阪大学；新加坡南洋理工大学；香港大学、香港科技大学和香港中文大学。通过各大学官方网站检索调查得到如下结果。

首先，海外大学经济学专业的选修课比例平均高于中国大学170%。通过计算得出中国大学选修课所占比例的均值仅为24.5%，最低的仅10%。而海外大学其选修课所占比例的平均值高达66.7%。中国大学与海外大学选修课比重之比为1∶2.7，即中国大学选修课比重不到海外大学均值的40%。

其次，海外大学的经济学专业的选修课中任意选修课所占比例平均水平高于中国大学40%。国内高校中任意选修课所占比例最高为66.7%，最低仅为5.1%，任意选修课所占比例均值为36.8%。在国内高校开设的选修课程中，约2/3的课程为限制性选修。而在海外高校中，任意选修课所占比例最高为75%，最低的为35%，任意选修课比例平均值为52.7%。海外高校的选修课中，限制性选修和任意选修的比例平均是各占一半，且任意选修所占比例高

于限制性选修。

那么，中国大学的选修课比重为什么如此之低呢？其直接原因是各个层次的必修课比重或强制的必修课（准必修课）比重太高。

首先，政府部门强制规定的思想政治类必修课程，其总学分大体在10分左右，都必须遵守统一的标准答案。如果笔者没有记错，邓小平先生曾经说过，社会主义还处在探索中。一个处在探索中的理论怎么会有标准答案呢？人类文化发展几千年，世界上的经典不可能不应该只有一家或任何某一独家，我们的学生与老师难道不可以选择吗？其实，对政治类课程（甚至所谓的考研政治）的民意，只要去调查一下我们的学生（与普通老师），尊重一下我们的学生（与普通老师），笔者相信答案自明。进一步可以说，教育部门规定大学的必修课无论从宪法还是从高等教育法来看，都是于法无据的。

其次，对于学生英语方面的硬性要求。很多学校（本科）普遍要求学生进行四个学期的英语学习，一般这四个学期的必修英语的学分普遍高达12–16分，约占高校总学分要求的10%。笔者认为，英语或外语的重要不等于对每一个人都重要，因为社会是有分工的。作为非母语的非法定的外语，英语是否重要本来就应该由市场说了算，决不应该政府说了算。作为工具，市场有需要，政府不管它也会发展；反之，市场不需要，政府强制去管，结果就一定是学生青春的浪费、社会资金的浪费、少数人暴利的获得。特别的，依据中国的法律，任何机构都无权强制任何人学习非母语，在中国的土地上任何机构都必须使用汉语作为公共语言（第一语言）。改革开放前我们曾经走极端禁止学习英语（有的改学俄语），而改革开放后我们又走极端必须学习英语或外语，所有这些都是有违法规的。为什么我们总是强制、走极端呢？在九年义务教育与基本普及的高中或中专阶段，学生已经学习了相当的公共英语，到了非义务教育阶段（缴纳学费）的高校还继续强制学习所谓的公共英语是需要反思的，而且，设置必修英语课程（包括政府主导的4、6级考试）的具体效果、政府考试经济的膨胀已经广受质疑，新东方的热就是质疑后的产物。因此，给予学生（也包括教师）更多的选择权，将公共英语类课程（及专业性英语）放入选修的名单中，甚至是任意性选修的名单中，一定是个利大于弊的办法。

再次，国内的高校中经济类专业一般（本质）都是新生入学就确定了专业（我国大学的院系现在越分越细，专业等价于2级或3级学科。转专业被控制在极小的比例，比如5%-10%。其理由是进校时各专业录取分数不同，或者是防止各学院太不均衡，所以不能转），各专业都自我扩张规定过多的专业必修课程，限制学生在经济不同领域的发展要求，更不用说跨专业、跨一级学科了。学校、院系在基础课、学科基础课以及专业必修课方面设置过多的必修科目（现在又称呼为学校通识课、学科门共同课、本专业必修课等），自然压缩了学生的选修课，压制了学生对教师的选择权（也减弱了教师之间的竞争），学生变成了上课的工具。学生的时间是有限的，大量的精力花费在必修课上，学生就没有充足的时间考虑自己真正偏好的领域或者方向，学生不能充分发挥自主性。横向对比，美国高校普遍采取的前两年通识教育、第三年分专业的教育模式（这当然不是唯美国教育马首是瞻。但美国教育的成功或相对成功大概是难以从实证角度怀疑的）。其实，人们公认的不仅是真大学而且是一流大学的1949年前的西南联合大学也是如此。虽然我国一些高校也在采取类似举措，比如全校通选课、大类通选课，但其学分数在总体学分中的所占比例与国外高校相比低的太多，以至可以忽略不计。

无论对什么是真正的学校、什么是一流学校如何理解，有一点应该是共识：必须给予学生（教师）充分的选择权，这种选择权既是学生作为教育需求者、学费缴纳者、个性差异者、学校管理参与者的应有权利（民主权利），也是教师作为教育供给者、学术决定者、个性差异者、学校管理参与者的应有权利（民主权利）。这种选择权首先表现在课程上。一所学校，如果所有课程不容选择、皆为必选或50%-60%的课程皆为必选或准必修，并且很多还必须是标准答案，这样的大学还是自由的学术共同体吗？这样的学校还能有自由的空间与充分的创新吗？一所学校的必修课超过50%-60%应该是不可思议的。学校应该有选修课，应该有任意选修课，应该有足够的选修课，应该有足够的任意选修课。但是，观察今日之中国学校，选修课与任意选修课所占的比重确实偏低了，甚至是太低了（一些大学的博士生其选修课更是低得可怜，此处不论）。在这样的条件下，是不可能造就真正的一流的大学、一流的学校的。

为什么真正的学校其选修课的比重必须是60%以上？除了世界一流大学实际如此，另一个非正式的、巧合的原因就是：考试考核中的百分制、五分制都是以60分或3分作为合格标准，更有意义的是，数学中的黄金分割线是0.618，基本相当于60%。天意乎？

需要补充的是，在如此多的必修课里，唯独缺少无比重要的生命的课程。具体的包括：死亡知识、宗教知识、急救知识、性知识、生育知识、游泳等。

四、不解决学校究竟是什么，就不可能有真正的教育。

唐贞元十八年（802年），韩愈在翰林院当教授。主讲儒学必修课中的四门。当时有个男同学叫李蟠。李蟠听韩愈讲课，总是第一个早起在教室第一排占座。上课时随时笔记，做认真读书状。韩教授很高兴，就写了一篇古文送给他，题目叫《师说》。

此文的研究众多，这里不予讨论。仅就“师者或学校，所以传道授业解惑也”做点分析。

学校究竟是什么？按照此文说法，学校是传道、授业、解惑的地方，是老师传道授业解惑的地方。笔者以为，这样的解释最多只对了一半。为什么？这要从学校的校这一汉字的解构寻找答案。

与其他文字不同，汉字是义、形、声的结合，初始的汉字以形为主，如人，后来的汉字以义为主，如人、从、众；每一个字都是一个细胞，都是一座可以挖掘的金矿。这里，笔者拟对学校的校字做一解构，从这一解构中我们就可以理解学校的本质究竟是什么。

校的结构：左边是木，右边是交。这样的组合是说：校是一个交流的地方，是在一个有木的地方交流。校的本质就是交流，是精神的沟通，这样的沟通在有花草树木的地方是最佳的，所以，学校是精神校园与物质校园的组合。学校的这种交流包括三种：学生之间的交流，老师之间的交流，老师与学生之间的交流。如果假定三种交流同等重要，则把学校理解为传道授业解惑，显然是太不够了，它只解释了学校的1/3功能。而据国外专家调查，学生在校所获取知识的70%并不是来自于老师，而是来自于同学。如此，把学校理解为老师对学生的传道授业解惑则连1/3都解释不了。学校有师生之形，无师生之实，学校之实就是交流，平等的交流。也许韩愈说的是对的，人人都是师，人人都是生，但后人将其断章取义了。

由校字的解构，把学校作为附属政府的地方，把校长作为有官级的人，其荒谬不值一驳；由校字的解构，自由之思想、独立之人格是学校的必然之土壤；由校字的解构，真正的学校一定不是“选拔”学生比分数，而是“选择”合适的学生做合适的事；真正的学校一定是充满灵感、碰撞、火花、辩论，一定是具有活力、创造力、创新力的；真正的学校一定不是问题学校，但一定存在学校问题。

五、传统文化的缺陷阻碍教育的创新，使教育不能成为真正的教育

传统文化的优点几乎不需要解释，因为它的存在、持续存在，说明了它的客观性、必然性，但笔者以为，传统文化一定存在问题，也许是问题传统，这些问题的存在阻碍了中国的发展与创新，阻碍了中国教育成为真正的教育。笔者以为，传统文化至少有三大问题：求全（所谓全面发展），不重视数据，不重视田野调查、喜欢闭门读书。

最后介绍一则刚看到的材料：2009年，教育进展国际评估组织对全球21个国家进行的调查显示，中国孩子的计算能力排名世界第一，但想象力却排名倒数第一，创造力排名倒数第五。

《国家中长期教育改革和发展规划纲要》中需要探讨的若干问题

王元丰*

历时两年多制定的，经过两次向社会公开征求意见，前后近20次修改完善之后研究制定形成的《国家中长期教育改革和发展规划纲要（2010—2020年）》（以下简称《规划纲要》），对于人民群众意见大、制约教育发展的多方面问题设计了改革内容。不久前召开的全国教育工作会议对《规划纲要》的实施进行了全面部署，将对我国教育事业的发展产生深远的影响。

尽管总体上《规划纲要》是一个改革创新的纲要，得到了教育系统以及社会的肯定，但其中仍有一些问题需要深入探讨。

一、教育改革与发展的理念

第一，关于战略主题。对于《规划纲要》的制定，中央领导要求要以改革为重点、处处体现改革。这十分切中我国教育问题的要害。体制机制问题是阻碍我国教育发展的主要问题，因此教育工作的主题应该是改革！但是，在《规划纲要》中，将“坚持以人为本、全面实施素质教育”定为教育改革发展的战略主题。素质教育是20世纪末针对我国应试教育问题提出的教育理念，侧重于强调学生的全面发展、侧重于培养学生的实践能力和创新精神。应该承认素质教育实施十多年来并不成功，应试教育的问题并未得到根本的解决。现在再提素质教育的战略主题，在教育理念上无创新性，如果不对制约素质教育实施的体制机制等主要因素进行改革，素质教育难以得到满意的结果。

---

* 作者为北京改革和发展研究会理事，九三学社中央委员，北京交通大学教授，博士生导师。

第二，关于政府的责任。教育作为国家发展的基石，事关民族兴旺、人民福祉和国家未来，发展教育是政府义不容辞的责任。然而，我国还是一个发展中国家，即使未来我国建成小康社会，政府也没有可能包办各级各类教育。办好义务阶段教育是政府的主要责任，而对其他非义务阶段教育，政府的主要职责是依据国家的有关法律法规进行社会管理。但是，在《规划纲要》中，我们对于非义务阶段的几类教育均要建立政府主导的机制：对学前教育要"建立政府主导、社会参与、公办民办并举的办园体制"，对于职业教育要"建立健全政府主导、行业和学校共同参与的办学机制"，对高等教育虽未有"政府主导"的文字，但通篇都是讲政府和公办学校的举措。未来中国非义务阶段教育，不但国家要加大投入，而且更加应该依靠社会的力量、靠市场的机制发展。有些非义务阶段教育即使以国家投入为主，也不能一定成为政府主导。因此，应该首先明确未来我国义务阶段教育的范围，是继续现在九年义务教育的模式，还是扩大为包括学前3年或高中3年的十二年义务教育，在此基础上研究非义务阶段教育的政府的责任。

第三，关于促进教育公平。教育公平是目前教育存在的突出问题，社会非常关注。《规划纲要》提出以合理配置公共资源、促进义务教育均衡发展为根本措施。对目前社会反映义务教育中优质教育资源分布不均衡的问题，教育主管部门要有正确的判断。政府促进义务教育均衡发展的工作方向是正确的，但是一定要认识到在城乡差别、地区差距还非常大，在历史上多种原因形成的同一城市优质学校和薄弱学校差别还非常显著的情况下，政府不可能提供完全均等化的教育，即使是在经济和社会发展水平都比我国高的一些发达国家，也提供不了完全均衡的义务教育。而人民群众接受优质教育的愿望将会始终存在。温家宝总理谈到义务教育问题时说"我非常赞同教育资金的多样化来源，在全社会崇文重教要利用全社会的资源，这项工作我们也可以列入规划"。因此，在《规划纲要》实施中，对促进义务教育公平问题，政府应努力提供均衡化的义务教育，鼓励社会力量举办差异化的教育满足人民群众接受不同质量教育的愿望。

第四，关于政府教育管理模式。长期以来我国的教育管理仍沿用计划经济管理的模式。一方面政府对教育的责任不到位，另一方面，也是更主要的，政府对学校管得过多过细、学校的办学自主权没有得到落实。这一问题在高等教育尤为突出，管理的行政化严重制约教育发展，社会反响强烈。《规划纲要》对这一问题较为重视，提出很多改革思路，在一定程度上回应了社会的关注。然而，《规划纲要》在2009-2012年近期工作计划中，又按照原有的模式，实施将导致行政化问题突出的多项重大工程。可以理解教育主管部门以项目方式争取资金，促进教育发展的由衷和苦衷，但希望即使是以项目方式争取的资金，教育主管部门也应改革管理模式，以新的方式实施重大工程促进教育发展。

上述这些问题涉及教育改革与发展的理念与思路，这些问题分析、讨论清楚，《规划纲要》的实施才能向正确的方向发展。

二、教育改革的重点与方向

按照中央领导的要求，这份最初为规划教育发展的纲要转变为教育改革与发展规划纲要，对于人民群众意见大、制约教育发展的多方面问题设计了改革内容。但是，必须充分认识到导致我国的教育还不适应全面建设小康社会的要求、与人民群众对教育的期盼差距较大的核心，是我国教育的体制与机制存在问题。必须靠改革创新，破除现行教育的体制机制障碍，才能使教育发展更符合时代发展的潮流，更符合国家对人才的需要，更符合人民对教育的期望。

对于教育改革，《规划纲要》的第三部分“体制改革”设计了从人才培养体制改革、考试招生制度改革到建设现代学校制度、办学体制改革和管理体制改革以及扩大教育开放的几乎涉及教育工作每个方面的全方位的改革内容。这些改革内容包括：更新人才培养观念、创新人才培养模式、改革教育质量评价和人才评价制度；推进考试招生制度改革、完善中等学校考试招生制度、完善高等学校考试招生制度、加强信息公开和社会监督；推进政校分开、管办分离、落实和扩大学校办学自主权、完善中国特色现代大学制度、完善中小学学校管理制度；深化办学体制改革、大力支持民办教育、依法管理民办教育；健全统筹有力、权责明确的教育管理体制、加强省级政府教育统筹、转变政府教育管理职能；加强国际交流与合作、引进优质教育资源、提高交流合作水平，共二十项的内容。

需要特别指出的是，中国教育当前确实存在多方面的问题，《规划纲要》提出的这些改革工作都是值得推进的。但是期望在到2020年十年的时间里，对我国教育进行全方位的改革是极其困难的。当前，人民群众及广大教育工作者对我国教育反映最强烈的问题是教育的管理体制问题。政府对学校管得过多过细、学校的办学自主权没有得到落实，教育的行政化严重等问题是比教学内容和教育方法、教育评价方式等更为制约教育发展的问题。必须旗帜鲜明地推进教育管理体制改革，将其作为教育改革的重点，才能切实推动教育改革，解决发展中存在的深层次矛盾和问题。

需要特别提醒的是：如果不明确将管理体制改革作为教育改革重点，那么，很可能会出现以人才培养体制改革或者扩大对外开放等作为教育改革的主要内容，从而回避管理体制改革的情况。现在一些地区和单位已经出现将改革教学内容和教育方法、教育评价方式作为教育改革的主要工作，大力宣传，而对于管理体制改革则极力淡化的趋向。应该清楚认识到当前教育改革的动力主要来自广大一线教育工作者对按教育规律工作和广大人民群众对提高教育水平和质量的期盼，而管理体制改革虽然回应了教育工作者和人民群众的期盼，但将会对教育管理部门和教育管理工作者的利益进行调整，其实施将面临巨大的挑战。尽管中央领导强调“要解放思想，实事求是，敢于冲破传统观念和体制机制的束缚”，但管理体制改革是教育改革的“深水区”，必须将其置于教育改革的中心位置，下定决心、集中精力、大力推进，才能使中国的教育向正确的方向发展。

此外，尽管《规划纲要》在教育管理体制改革中提出健全统筹有力、权责明确的教育管理体制以及加强省级政府教育统筹和转变政府教育管理职能三方面的内容。但是教育管理体制改革的重点，不仅仅是明确中央和地方政府管理教育的权力和责任以及中央政府向地方政府放权，更为重要的是政府向学校放权。要采取多方面切实有效的措施，落实《规划纲要》提出的“改变直接管理学校的单一方式，综合应用立法、拨款、规划、信息服务、政策指导和必要的行政措施，减少不必要的行政干预。”这是教育管理体制改革的核心！不转变政府对学校的管理模式，不但教育管理行政化倾向严重的问题不能够从根本上解决，“钱学森之问”所涉及的创新人才培养模式问题也是不能单纯由人才培养体制改革所解决的！

教育管理体制改革，关键是转变政府教育管理职能。而这正如教育部长袁贵仁同志指出的：“搞好教育改革，教育部自身改革至关重要。”只有教育部率先垂范按照中央的要求，切实转变管理职能、更新思想观念、改进工作作风，认真履行好统筹规划、政策引导、监督管理和提供公共服务的职责，教育管理体制改革才能真正向前推进，走上人们期待的轨道。

因此，应深刻认识教育管理体制改革的重要性，坚持解放思想，大胆突破，勇于创新，在正在制定的《国家教育体制改革试点总体方案》中，以教育管理体制改革为龙头，切实转变政府教育的模式，推进教育改革。

三、依法治教问题

尽管改革开放以来，全国人大及其常委会先后制定颁布了《学位条例》、《义务教育法》、《教师法》、《教育法》、《职业教育法》、《高等教育法》等教育专门法律，国务院制定了《扫除文盲工作条例》、《幼儿园管理条例》、《社会力量办学条例》等十几项教育行政法规与行政规章，各地制定了100余项地方性教育法规，教育从无法可依到初步形成了现在的有中国特色的社会主义教育法律法规体系。但是，我国现行教育法规，还远远没有形成能够充分反映教育规律、体现人民意志、符合人民利益、内容全面的教育法规体系，还难以满足保障、促进教育改革和发展的需要。如学前教育、高等职业教育、家庭教育和终身教育方面的事物，至今还缺乏法律规范。而各方面呼吁多年要求制定的《学校法》、《教育投入法》等，其立法进程还没有启动。而且随着社会的发展，一些已有的法律法规已不符合现实和发展要求，还迫切需要修订。同时，为使已颁布的教育法律具有可操作性、能够更好地贯彻施行，尚需政府和教育行政部门及时补充制定必要的配套法规、规章。

此外，在教育法制建设中最突出的问题是“有法不依、执法不严、违法不究”。教育相关主体政府部门、教育行政机构、学校教师，甚至学生家长，对国家有关教育法律法规缺乏尊重，致使“有法不依” 的现象非常普遍。《高等教育法》明确规定了大学自成立之日起就是独立的法人，并规定了若干方面的自主权，但是由于多方面的原因，90年代以来政府对大学的干预日趋严重。教育主管部门不但不落实高校的自主权，相反通过招生计划、学位点、工程立项审批等手段，不断强化对大学的行政干预。《义务教育法》规定“义务教育必须贯彻国家的教育方针，实施素质教育，提高教育质量，使适龄儿童、少年在品德、智力、体质等方面全面发展”。然而，各地中小学应试教育愈演愈烈，学生学习内容多，课业负担重，身心健康受到严重危害。而与“有法不依、执法不严”相比，“违法不究” 的问题更是引发教育系统和社会的强烈不满。《教育法》明确要求，“各级政府的教育财政拨款”必须做到“三个增长”，不少政府部门和人员虽然长期没有依法行事，甚至严重违法，却既不需要承担任何责任，也没有受到什么惩处。这方面更令人诟病的是学术不端行为得不到应有的处理问题。一些学术论文、著作抄袭、造假问题被发现后，相关学校和教育、科技主管部门，由于多方面的原因，不坚决及时处理、消除影响，却是要么对行为不端者采取包庇、袒护，要么久拖不决和避重就轻，严重危害了有关法律法规的公信力！

另外，尽管全国教育系统已开展了五轮五年法制宣传教育活动（即“五五”普法工作），在教育实践中，人们仍普遍欠缺必要的教育法律法规素养。在我国，不管是各级政府还是教育机构抑或社会大众，不管是组织还是个人，普遍存在着属法律禁止性行为，本不该为而为的“作为性违法”，以及放弃或漠视自己应尽职责或合法权益的行为，应为而不为的“不作为性违法”。这两类行为背后，都体现了人们教育法律意识的淡薄，表明教育法制建设的任务还非常艰巨。

依法治教是21世纪我国教育事业深化改革，加快发展的必然要求；全面推进素质教育，提高国民素质，培养和造就21世纪的一代新人，根本上要靠法治、靠制度保障；教育改革和发展中出现的新情况和新问题，必须更多地运用法律手段才能更好地解决。可以说，只有全面实行依法治教，我国教育改革顺利和健康发展才能得到保证。

然而，作为针对我国教育问题而全面设计的改革方案，规划我国未来教育十年发展的《国家中长期教育改革和发展规划纲要（2010—2020年）》（以下简称《纲要》），对教育法制建设却重视不够！不但在序言部分对于我国教育法制建设、依法治教问题和不足没有表述，在非常重要的第一章“指导思想和工作方针”和第二章“战略目标和战略主题”中也没有任何“依法治教”的文字，尤其是在战略目标的“健全充满活力的教育体制”部分，也没有依法治教或法制建设方面的表述，这不能不让人遗憾。《纲要》倒是有专门的第二十章“推进依法治教”，从完善教育法律法规、全面推进依法行政、大力推进依法治校和完善督导制度和监督问责机制，对依法治教工作做出了规划。但总体而言，依法治教工作在《纲要》中的高度不高，内容不多，对于如何运用法律手段，为《纲要》提出的从人才培养体制改革、考试招生制度改革到建设现代学校制度、办学体制改革和管理体制改革以及扩大教育开放的多方位的改革内容，予以调整、规范，从制度层面加以保证思考不深。

因此，应深刻认识依法治教的重要性，按照依法治国基本方略的要求，进行深刻的观念更新，在正在实施的《国家教育体制改革试点总体方案》中列入“依法治教”专门项目，制订有效的落实措施，不断推进教育法制建设，提高依法治教水平，开创教育事业改革和发展的新局面。

中国体育体制改革

易剑东*

一、中国体育体制改革的逻辑基点

2002年7月，《中共中央　国务院关于进一步加强和改进新时期体育工作的意见》提出要充分认识体育在经济、社会发展中的重要地位和作用，体育工作要以满足广大人民群众日益增长的体育文化需求为出发点，把增强人民体质、提高全民族整体素质作为根本目标。这是迄今为止我国对于体育发展目标和方向阐释最到位的一份文件。

从目前情势看，对于中国体育而言，“坚持和完善举国体制”具有政治正确的合法性和正当性。事实上，中国体育体制在过去的历史功绩和贡献，是任何人无法也不可能否定和抹杀的。

笔者以为，当前中国体育体制改革的逻辑基点主要体现在下述三个方面。

（一）维护和保障大众体育权利

联合国教科文组织的《体育运动国际宪章》第一条就是：参加体育运动是所有人的一项基本权利。该条还强调：每个人具有从事体育运动的基本权利，这是为充分发展其个性所必需的。每个人必须有充分的机会按照其民族运动传统从事体育运动，增进体质并获得与其天赋相适应的运动成就。必须为年轻人（包括学龄前儿童）、老年人和残废人提供特别的机会。 通过适合其需要的体育运动计划来充分发展他们的个性。在其他各条中，该宪章还

* 作者为北京改革和发展研究会理事，江西财经大学副校长，教授，博士。

提到了合格教练员、必要场馆和设备、正当的科学研究、积极的宣传等一切体育参与者应该享有的权利。*

这里所说的体育权利，绝不仅仅指普通大众参与体育锻炼的权利，也包括运动员和教练员等在内的所有体育工作人员的体育权利。目前中国体育发展中面临的体育设施和体育指导员不足、运动员文化教育欠缺等问题，都应该从体育权利的维度来重新认识，并进行制度上的改革。比如国家义务教育与运动员早期强化训练的矛盾、运动员享有社会交往自由和集中封闭训练的冲突、高水平运动员难以真正从高校产生（本应成为国家跳水队重要补充的清华大学跳水队的窘境发人深思）、大量民众身边缺乏基本的和必要的体育设施，这些问题如果嵌入到个体的体育权利框架内，势必获得新的解读，也必然对于现行某些不合理、不科学甚至不人道的管理规定造成冲击，从而使个体真正享有正当的、不打折扣的体育权利。

无论对于专业体育人士还是普通体育参与者而言，体育都是任何关涉一个个体一生一世幸福的事情。而保障和促进民众的健康，更是国家和政府的百年大计、社会的千秋大业、人类的万古长青的事业。这几个方面是并行不悖、紧密联系、相互联动的。

正因为如此，长期以来以“制度”或“体制”为统摄、以部门乃至领导人的利益为目标、对个人体育权利的忽视乃至排斥的现象应该得到梳理，当下中国体育体制改革应该以“维护和保障大众体育权利”作为逻辑基点之一，从而推进一系列相关制度的改革，为民众体育权利的实现扫清障碍，这也是当前建设“责任政府”的必然要求在体育领域的反映。

（二）顺应和满足社会体育需求

政府必须为公民提供基本公共服务，这不仅是因为公共产品和服务如果由市场提供则无法实现公平，也因为从国家起源看，为公民提供基本的公共服务是国家最主要的职能，甚至是政府存在的理由。

---

* 联合国教科文组织“体育运动国际宪章”[EB/OL]，2003年8月1日，http：//news.xinhuanet.com/ziliao/2003-08/01/content_1005245.htm。

必须承认，我国过去的体育体制是在很大程度上顺应和满足了社会的体育需求的。追求金牌很长时间里是广大民众的心理诉求和政府发展竞技体育的功能体现。这在经济学上甚至可以称为满足社会公共需求的“公共产品”或“准公共产品”。然而，随着我国体育自身的发展和社会的演进，民众的健康和生活质量、社会的和谐与活力等已经成为体现着个体强烈主体意识的社会的公共需求。换句话说，像赵瑜的《强国梦》中只关注我国在世界赛事中的金牌而丝毫不关心自己体质的老军人那样的人越来越少了，越来越多的民众关心的是自己的身体如何，自己有无参与锻炼的体育场所，能否享受到基本的体育服务。

当下，政府顺应和满足社会体育需求的基本方式可以有以下几种。

第一，法令的约束和政策的规制。在体育活动过程当中，很多其他部门、很多其他的领域、很多不同的市场主体都会在其中发挥不同的作用。有的可能是有良好的公益动机，有的可能有个人的利益动机，甚至还有可能借此去实现一些不可告人的目的。因此，我们要实现法令的约束。在这方面，很多国家为我们提供了经验，比如说在日本，《体育振兴法》、《地区健康法》就规定，进行高尔夫球场建设、滑雪场建设、儿童健身场建设可以获得政府提供的低息贷款。*

第二，权力调整与关系协调。现在有些地方借建体育公园的时机，脱离当地实际、脱离老百姓的需求，去建高尔夫球场，这种事情应该来说并不少见。而政府部门应该在类似问题涉及的权力和利益关系中充当一个很重要的调整和协调的角色，必要时还要借助强制性的法律手段。

第三，基础服务与公共管理。目前中国大约拥有100万个体育场馆，每万人拥有的体育场馆数不足7个，人均体育场地面积只有 1平方米多，这些数字都大大低于发达国家以至很多发展中国家。当然，这一情况正在逐步改善。经济发展情况较好的江苏已经完成了“万村健身工程”，大量农民在村

* 陈琳：《紧跟时代脚步的日本体育政策》，见：国家体育总局体育信息研究所编印：《市场经济条件下的各国体育政策》，1998年版，第164页。

官的带领下举行篮球赛、举行趣味运动会。必须注意的是，有了场地还不够，还需要有关部门在帮助百姓健身方面进行技术指导和相关服务，这也是对政府的体育基础服务与公共管理的要求。

主导和主管社会体育需求但不全盘包办，这是新时期“有限政府”理论与实践对于我国体育工作的现实要求，也是顺应群众接受更好体育服务、满足百姓更多体育需求的需要。

（三）评估和提升体育发展效益

与美国、日本、加拿大等国相比，我们留下了大量的需要安置的、没有接受足够文化教育的退役运动员，我们运动队的资源投入相对于很多社会领域可谓巨大，浪费情况也难以避免。整个体育体制发展到今天，如果从效益上衡量，至少存在下列三个需要解决的问题。

第一，体育事业和体育产业的关系有待理顺。中国的职业体育自1994年起步，始终难以取得理想效果，根本原因在于体育行政主管部门追求国际大赛的优异成绩，因而把国家队水平看得最高，时常以行政干预手段违背职业联赛自身的运作规律，使得本来应该以体育表演营利为目标的职业体育被扭曲，使得职业体育俱乐部的投资人从一开始就无法按照职业体育市场的营利目标来管理俱乐部。相反，吴敬琏等经济学家担忧的权贵资本家在其中攫取了大量利益，破坏了整个职业体育市场的健康发展。即便是被认为发展比较好的职业篮球联赛，也面临着大量引进外援以增强观赏性和竞争性与提高国家队水平二者之间的矛盾困惑，使得越搞职业化国家队水平越下降成为一个残酷现实。笔者以为，我们职业体育发展的乱象形成的原因不在于体育主管部门所说的官办不分，而在于没有理顺体育行政主管部门的事业目标和职业体育俱乐部投资人的产业目标的关系，或者没有解决二者之间的严重对立。

第二，竞技体育和群众体育的矛盾有待缓解。我国体育部门在大力发展竞技体育的同时并没有刻意忽视和排斥群众体育，但鲜明的事实是我们的体育资源和经费总量有限，向竞技体育倾斜势必造成对群众体育的剥夺。虽然民众健康和国民体质的改善并非体育部门一家的责任，但我们也不难看到，大量的体育系统内部的运动项目管理中心根本无暇关注项目的普及，而是把几乎所有精力放在“抓金牌”上去了。其实从体育发展的效益角度审视，相对于竞技体育，群众体育的投入边际效益高，外部性强。目前除中国之外，在奥运会上金牌数靠前的国家基本都实现了竞技体育和群众体育的同步发展，甚至一些发达国家政府的体育机构主要的管理重心在群众体育，体育社团性质的奥委会和职业俱乐部的主要任务才是竞技体育。美国实现了学校体育、社会体育与高水平竞技体育有机耦合的机制，即没有运动员安置的问题，也保证了群众体育和竞技体育的协调发展，是体育发展高效益的典范。今后，我国的各级政府对于体育部门工作业绩的考核应该增加群众体育的指标，而不是每年对于体育部门工作成绩的要求只关心金牌数量或等级运动员人数。关于群众体育的考核，可以借鉴西方国家的经验，不搞所谓的笼统的体育人口统计，而是依托运动项目来统计各项运动人口。

第三，集体球类和基础大项的发展有待加强。自1992年中国在奥运会上全面崛起到现在近20年，我们的集体球类和基础大项的水平始终难以提高，甚至在推进职业化以后与世界其他国家的水平还拉大了差距。笔者以为，这种状况形成的一个根本原因在于我们的体育体制。我们的国家和省市体育部门把追求奥运会、全运会等赛事的金牌总数作为目标，势必使得投入周期长、收益时间长的田径和游泳等基础大项不受重视，势必使得经济欠发达地区放弃投入大管理成本高的集体球类项目。无论是奥运会还是全运会，金牌总数的排名是体育行政管理部门业绩的晴雨表和温度计，再加上任期与政绩的密切关系，势必出现按照短期出成绩的要求去设置运动项目和考虑投入。我们在国家队层面上设立所有奥运会大项国家队的做法，就是典型的贪大求全不计效益和成本的体育发展理念。其实从经济学角度看，基础大项和集体球类项目的边际效应最高、外部性最强。基础大项对于其他项目的辐射性强，集体球类项目的社会影响力和市场效益好，理应是重点投入和倾斜发展的对象。现在的关键问题是，如果我们不改变以金牌总数作为体育部门政绩最重要标志的习惯，就无法改变项目发展上的短期行为和功利取向，就无法形成对于投入和收益周期长、管理成本高的基础大项和集体球类项目（其实也是收效期长和边际效益高的项目）的积极投入和倾斜发展。

以效益和效率作为衡量体育工作实际和绩效的基本维度，这是当前我国建设“有效政府”的理念对于体育体制改革的基本要求。

二、中国体育体制改革的价值取向

（一）竞技体育体制改革的价值取向

国家体育总局竞技体育的“十一五”规划涉及体制改革的目标主要是：优化项目布局结构和人才队伍结构，形成符合现代体育运动规律和中国实际的竞技体育体制，形成国家办与社会办相结合的竞技体育发展格局，可持续发展能力明显增强。*

应该说，这是符合科学发展观和顺应竞技体育发展规律的选择。当前的关键问题是：我们的竞技体育发展在价值取向上尚存在着一些模糊乃至错误认识，这些认识直接影响着竞技体育的体制改革。

比如从奥运争光的维度看，我们存在着过度高估奥运会金牌价值的取向，“千银不抵一金”的说法虽然从辩证法角度看并非完全错误，但在现实生活中就容易助长“成王败寇”思想，对于非金牌获得者带来普遍和无尽的烦恼甚至不公正对待。无限放大和抬高奥运金牌数量对于一国竞技体育实力的影响也是不客观的。而那种把全运会金牌数等同于省市区体育政绩乃至政府形象、百姓面子的狭隘观念，也是应该彻底抛弃的。

作为在经济、政治、文化上日渐强大的大国，竞技体育应该确立的价值取向可以从体育与综合实力、竞争力、软实力、文化力、外交力等的关系范畴来思考。相应地对于省市区县等而言，其竞技体育的价值取向也不应该继续把政府形象和百姓面子紧密地和竞技成绩挂钩。

在这种价值取向的引领下，我们就不难找到当前竞技体育体制改革的重点与难点。从全运会的改革来说，必须消除参赛成绩与地方政府体育政绩和

* 国家体育总局：《体育事业“十一五”规划》[EB/OL]，2007年6月8日，http：//www.sdpc.gov.cn/shfz/t20070608_140566.htm。

当地百姓面子的一一对应的关联，这是缓解各种全运会乱象的思想前提。而对于运动项目管理中心的改革来说，运动项目的发展不仅包括竞技水平的提高，而且包括群众参与的普及，各运动项目的发展业绩不能仅仅拿奥运会金牌来衡量，而要注意考察其社会影响力、国际影响力甚至民众满意度等指标。只有在这个基础上进行体制改革，才能真正在国家管与社会办有机结合的基础上推进运动项目的普及与提高，清华大学跳水队遭遇的尴尬可能就不会出现了。在足球、篮球、台球、高尔夫、网球、赛车等市场化程度很高的项目协会的体制改革中，如果引入广泛的社会和国际评价的要素，当前的一些体育部门资源垄断的情形也可能得到缓解。如果能将机关、事业、企业、社团四种法人的责权利在体育系统明晰，解决管办、政事、政企、政社、事企、事社不分的问题，相信就不会出现足球的七君子事件、篮球的凤铝事件、体育彩票管理的一些社会负面新闻了。而北京奥运会期间不少人关注甚至指责刘翔退赛，却很少有人关心其落选国际奥委会运动员委员会委员和国际奥委会委员对中国造成的影响，这也应该是新的竞技体育价值取向确立后应该避免的尴尬。

（二）群众体育体制改革的价值取向

2009年8月19日，国务院第77次常务会议通过《全民健身条例》，决定自2009年10月1日起施行。条例中开始明确各级政府发展群众体育的责任：县级以上地方人民政府应当将全民健身事业纳入本级国民经济和社会发展规划，有计划地建设公共体育设施，加大对农村地区和城市社区等基层公共体育设施建设的投入，促进全民健身事业均衡协调发展。

然而，条例毕竟没有强大的罚则，很多“必须”、“要”、“应当”的条款并不能确保得到有效实施。因此，在当前的现实条件下，高屋建瓴地确立群众体育的价值取向，是当前全民健身事业发展和群众体育体制改革的重要思想保障。根据笔者的调研，目前很多地方基层政府已经结合当地传统和优势、资源和环境条件等创设出了群众体育发展的新思路，其中就蕴涵着积极的价值取向。

在国家经济发展和文化繁荣的背景下，在建设和谐社会和全面小康社会的进程中，体育已经不仅是增强人民体质的手段了，其价值取向已经可以从体育与基本人权、平等权利、生活质量、国民健康、国家财富的关系等范畴来思考了。保障体育参与资格可以看成是基本人权的组成部分，提供体育参与条件，可以视为人人平等权利的基本要求，体育可以成为积极、健康、科学、文明的生活方式的应有之义，通过体育参与提升生活质量应该成为这种生活方式的内在要求，而群众体育关系到国民生命活力和社会活力，国民体质是国家财富和战略资源，理应逐渐成为共识。

在上述价值取向的引领下，我们就可以更加科学和合理地推进群众体育体制的改革。比如在推进体育基本服务均等化的问题上，我们就能保障每个公民获得基本体育服务的可能性不因为所处地区、天赋以及家庭背景等的不同而不平等，也能在实施过程中确保投入产出的均等。比如在新农村建设和新建小区进程中，为农民和市民提供必要的健身和娱乐设施就应该是强制性任务，而不是可有可无的要求。学校体育设施建设和体育课程条件保障就应该从体育权利角度来推进，而不可以因某种原因被其他建设和保障所替代甚至被取消。当前，不少城市的青少年体育中心、公园和广场成为群众健身场所，全民健身路径也吸引了大量健身人群，但政府提供的体育公共服务仍然十分有限，难以满足广大民众的需求。学校中存在体育设施不足、体育课被挤占、课外一小时体育锻炼难以保障等情况，也说明我们提供体育公共服务的能力、水平及制度保障、法治力度仍有待提高。比如，在西方国家社区乃至学校中普遍推行的业余体育俱乐部制度，在我国就始终难以得到广泛的普及。人均体育场地的严重不足、社会体育指导员数量的缺乏、干扰乃至破坏体育教育应有地位的情况层出不穷，青少年体质的持续下滑，都对群众体育体制改革提出了迫切要求。

（三）体育产业体制改革的价值取向

2010年3月发布的《国务院办公厅关于加快发展体育产业的指导意见》，提出了关于体育产业体制改革的一些思路和目标：建立以体育服务业为重点，门类齐全、结构合理的体育产业体系和规范有序、繁荣发展的体育市场；形成多种所有制并存，各种经济成分竞相参与、共同兴办体育产业的格局；形成与国际接轨、管理规范、充满生机活力的体育社会组织体系；形成体育公共服务与市场服务相互结合、体育事业与体育产业协调发展的良好局面。

反垄断及反垄断豁免是美国体育产业成长壮大的重要制度原因，当今中国的体育产业杀还存在着资源浪费和资源垄断的重要弊病，使得体育中介、体育传媒等产业难以充分有序竞争，体育公共服务提供领域尚未充分发挥资源配置的市场机制的作用，如体育场馆的公司合营模式始终难以坚定而有效地实施（2009年8月“鸟巢”经营权的转变就是一个例证）。另外，目前在体育系统还存在着利益集团的博弈、职业足球管理者的寻租和设租、裁判和俱乐部之间的黑幕交易等都是对相关利益集团的约束不够有力导致的。从有限政府的理念出发，体育系统内部，尤其是运动项目管理中心乃至体育彩票、体育器材管理部门下设的公司均必须得到法人治理结构明晰的制度安排，政企分开、官办分离的制度设计至少应该成为体育系统内事业和产业关系良性运行的保障。对于社会化程度很高的体育用品业以及大量的民营体育健身业，政府也应当发挥其服务大众体育需求和丰富群众精神生活的独特作用，争取在财政补贴、税收减免、金融支持等方面给予必要的扶持与倾斜，使体育产业真正成为解决就业、促进消费、拉动相关产业、完善产业结构的低碳和绿色产业。

注意培植体育文化也应该是体育产业体制改革的重要保障。将体育培育成为多数社会民众热衷的积极、健康、文明的生活方式，是活跃社会体育氛围、激活全民体育热情、推进体育产业发展的重要工作。美国职业体育产业的大发展、高校体育业的繁荣，就与每年超过三亿人次的现场观众、大量的拉拉队文化、球迷协会文化、体育旅游文化、体育巡游表演文化 、体育歌曲文化、体育纪念币（品）文化等密不可分。

三、中国体育机构改革的设想

在大部门体制成为机构改革的主题背景下，笔者认为：国家体育总局的机构改革应该首当其冲地进行职能和权限的划分，包括与中国奥委会、中华全国体育总会的关系，其下设的运动项目管理中心与单项运动协会的关系梳理等。一个核心问题就是要打破体育系统自身封闭运行的体系，努力实现与经济社会其他部门的融合，使体育责任、权力、利益在更加宽广的平台上运行，从而更加有效地发挥体育的综合功能和社会价值。

在体育机构改革问题上，中国竞技体育的举国体制其实是不纯粹的，相对于前民主德国而言，我们的举国体制还没有到动用全国资源来生产金牌的程度，但我们的体制特征是在体育系统内部高度自主和封闭运行。因此，2013年改革的预设应该是积极、广泛地融入经济社会发展的关键部门，全面、深刻地参与促进经济发展和社会进步的主要任务中。

在这种思想主导下，笔者为2013年国家体育总局的机构改革做了如下设想：

（一）将体育管理职能更多地赋予协会

由于教育部目前已经有体育卫生艺术司，考虑到目前我们的体育事业已经远不是一个教育可以涵盖，如果文化和教育部合并，国家体育总局目前现有的全部职能就可以覆盖，这样就可以将目前国家体育总局并入大的文化和教育部中。这种做法可能要更加凸显目前的中国奥委会、中华全国体育总会对于全国体育事务的管理职能，原有的体育总局大部分机构并入大的文化和教育部门后，依然作为国家的体育行政管理机构，但其不再是一个独立的部级政府机构，而是与中国奥委会和中华全国体育总会一同管理全国体育。如同日本的文部省体育局与日本体育协会、日本奥委会共同支撑全国的体育一样。

美国设有“总统健康及运动委员会”来管理部分体育事务，而美国的奥委会则主要依靠市场运作来获取资金（比如由于TOP计划赞助商多为美国企业，他们获得整个赞助款项的20%），中国的奥委会目前其实也具备了比较强的市场开发能力，2001年向企业出售中国奥委会会徽使用权就获利上亿元人民币，2009年和安踏等公司签署的2009—2012年合作伙伴计划的收益更高。只要逐步过渡，相信中国奥委会和中华全国体育总会也能在逐渐减少政府拨款的情况下担负起中国体育的最高管理职能。

这是一种相对比较积极和西化的管理模式，需要一系列配套条件来支持。从目前中国体育和社会乃至政治体制的现状看，一步到位地实现这种管理体制有很大难度，因为它造成的震荡比较大，恐怕会引起一定的社会反应，进而影响中国体育事业的持续发展。具体来说，最有可能使得2016年里约热内卢奥运会中国体育代表团的金牌数缩减，这恐怕是很多人不希望看到的结局。

（二）将国家体育管理职能进行拆分

现有的体育部门可以在职能拆分后取消。目前的国家体育总局对于除学校体育以外的全部体育事务都具有管理权，但着力最多的无疑是竞技体育。随着整个体育事业的发展，体育的多元化属性也越来越鲜明。而政府部门在竞技体育发展进程中的地位也会逐步淡出，至少要将管办分离。今后的竞技体育可能归入文化部门，运动员和教练员等成为与影视演员、歌手等一样的文化市场主体，而体育竞赛与文艺表演等一样纳入文化事业或产业来管理；至于社会体育，则可以归属卫生、人口甚至社会发展部来管理，也可让中华全国总工会和全国妇女联合会等承担更多的体育管理职能，而学校体育全权由教育部来进行管理。

这样一来，今后就可以用各类单项全国竞赛来取代全运会，高校竞技体育将获得更加广阔的发展空间。像清华大学这样的大学和于芬这样的教练员恐怕不会再有“为国争光不容易”的尴尬了，而田亮难以返回国家队的尴尬以及刘翔不能拥有自己聘任的经纪人团队这样的现象恐怕会减少很多，甚至丁俊晖在为自己打球还是为国家打球的两难选择面前也会坦然得多。同时，一些体育社会团体和体育企业对于无法获得市场体育资源的困惑和无奈也会逐步减轻。

被世界众多国际体育组织领导人认为体育管理体制最好的意大利就是这种做法。它们没有专门负责管理体育的政府部门，而是将全国体育的管理权限划分给四个政府机构：旅游部对意大利奥委会行使监督功能；公共教育与科学研究部分别负责中小学校和大学体育运动；国防部负责军事国防体育；公共健康部和公共劳动部负责监督卫生组织和工会组织的管理。当然，在这种体制以及政府给予的彩票支持政策下，意大利奥委会成为当今世界上最富有的非政府体育组织，经常达到年均10亿美元以上的运营经费。

对实施“冷却疗法”持谨慎态度的中央政府可能不会激进地将国家体育总局取消，还可能保持一个国家体育总局的牌子，但将其原先承担的大部分管理职能划分出去，主要保留部分公共管理和社会服务职能。事实上自2002年10月以来，中央就开始主要将体育置于健身、娱乐和文化的范畴内，如果在2013年党的十八大以后将体育产业管理职能划归文化部，也是顺理成章的事情。这样一来，中国体育产业的发展可能获得更多来自文化产业的启示和借鉴，而且体育文化产业的发展将迎来新的更大的发展机会。如体育教育培训、体育文化传播、体育影视制作等将获得越来越多的政策法规的支持。

（三）将现有体育部门整体合并到一个大部门中

国家体育总局也可能与其他部合并，比如成立文化、教育、体育部，国民健康与卫生部，国民体质与卫生部，甚至人口与社会发展部等。总之，将体育和与之关系密切的部门合并成立政府部门具有不少好处，目前国外就有相类似的做法。在1998年的国务院机构改革以后，很多地区、县市已经将文化、广播影视等机构和体育部门合并了，新的改革有一定的经验可以借鉴。

体育是一项具有很强辐射力和涵容性的活动，它与经济、政治、文化、社会有着千丝万缕的联系。同时，体育相对而言是需要借助其他社会力量来推进和发展的。在前述的世界各国，我们可以看到，青年、教育、旅游、卫生等各行业都可能与体育一并协调发展。从我国产业结构调整的趋向看，体育产业很可能与整个服务业更加紧密地结合起来，利用体育特殊的优势，结合其他行业的特点，建立更加协调有序和良性运行的产业体系。比如，一次国际武术节的举办可能使旅游、文化、体育等综合从中受益，也需要一个汇总这些行业的管理部门统一运作。

当然，这种体育产业与整个服务业的深度融合能推动经济社会的发展，但可能模糊体育产业与其他产业的界限。不过，站在整个社会发展的高度看，这种深度融合也是体育体现其精神文化和精神经济价值的一种必由之路。

如果中国能达成政府投入占小头的体育投入格局，形成管办分离和权责对应的体育管理机制，那么我们的体育机构改革就可以说成功了！从这个意义上说，不论国家体育总局放权、拆分还是合并，其对中国体育发展的积极意义都应该得到肯定。

改革与中国文化的发展繁荣

沈望舒*

一、改革，思想解放为存量文化机构注入蓬勃生机

文化体制改革，是解放文化生产力，推动经济、社会、政治、文化和谐发展，从而进军现代国家的一场革命。在当代中国大致可以分为三个阶段：

1. 1992年前的起步阶段。1980年，上海杂技团在全国率先组建一支"集体经营、自负盈亏"的魔术队，拉开改革的序幕。初为体制内的物理变动，基本是在国有文化系统的层层放权；中后期出现"以文养文"和多种经营的变动，特点是文化从几十年单纯意识形态化的公益型宣传文化，从只讲投入不计产出的行政模式，到开始建立粗疏的核算机制，产生基本的责任指标，形态为文化供应链的中下游部分开始在原有国家或省市系统中分解分化。

2. 2003年前的裂变阶段。1992年中共中央《关于加快发展第三产业的决定》，将一些重要的文化行业纳入第三产业；之后与"十四大"关于建立社会主义市场经济体制的决定相适应，党的十四届三中全会通过决议，指出"改革文化体制是文化事业繁荣和发展的根本出路"，论及文化体制改革的目标和要求："目的在于增强文化事业的活力，充分调动文化工作者的积极性，多出优秀作品，多出优秀人才。改革要符合精神文明建设的要求，遵循文化发展的内在规律，发挥市场机制的积极作用。文化产品具有不同于物质产品的特殊属性，对人们的思想道德和科学文化素质有重要影响。要坚持把社会效益放在首位，力求实现社会效益和经济效益的最佳结合……"以"经

* 作者为北京改革和发展研究会理事，北京社会科学院研究员。

营自主权”为特色的文化改革，大面积地在市场性较强的生产制作和发行销售环节展开，原有文化系统的“事业单位企业化管理”模式，预示着产业和事业的裂变开始。

3. 2003年后的实质推进阶段。这个时期又可分为以2003年6月底全国文化体制改革试点工作会确定35个试点单位和9个试点地区为标志的“开展试点、积极探索”阶段，从2005年12月到2009年8月“扩大试点、由点到面”阶段，此后至今的“加快推进、全面展开”阶段等组成部分。

党和国家陆续颁布一系列纲领性文件，如2005年的《国务院关于非公有资本进入文化产业的若干决定》，国务院办公厅《文化体制改革试点中支持文化产业发展和经营性文化事业转制为企业的两个规定》，表明文化市场和文化生产力所需要的体制环境与政策环境逐渐形成；中共中央、国务院《关于深化文化体制改革的若干意见》，体现全面贯彻“区别对待，分类指导，循序渐进，逐步推开”的原则；2006年的《“十一五”时期文化发展规划纲要》，国家首次明确提出“公共文化服务”的概念，并将加强“公共文化服务”列入文化建设的重要组成部分；中办、国办2007年21号文件《关于加强公共文化服务体系建设的若干意见》，提出文化建设具体目标，申明切实保障人民群众一系列基本文化权益；2009年国务院发布《文化产业振兴规划》，将“十五”前期出现在党和政府决策文件中的文化产业概念，首次用同类领域专项规划形式提升为国家战略。

文化体制改革起源于当初国内唯一的文化系统，所以中心环节是作为存量的国有文化企事业单位；改革率先在体制内、系统内发生引人注目的积极变化：

北京儿艺股份有限公司2004年初揭牌，由市场化程度较高、经济实力较强的媒体——《北京青年报》社控股，另有四家企业参股，解决了原有文化经济供应链要素环节缺失的问题。新企业新机制，使优秀作品与充沛资金与规模化的社会宣传营销相结合，《迷宫》、《Hi可爱》两部市场化剧目带火儿童剧演出市场，重排红色经典剧《红领巾》用18场商演，赢得强烈社会反响同时收入170万元。

中国出版集团经国务院批准转制为集团公司，成员是原为事业单位的12家出版发行单位；上海中国画院启动“课题画师制”，废除了数十年的国家画院画师终身制；浙江横店影视产业实验区挂牌，投资15亿元围绕影视产业链重点规划十大项目；中国对外文化集团公司成立，从此每年向世界数十个国家、200多个城市外派商业演出近百起，占到集团年度演出项目的60%以上，利润总额的80%左右。

2007年中宣部宣布，全国开展文化体制改革的地级市已达117个。前后有包括湖南广电、北京歌华有线等一批国有文化机构转制后成功上市，以现代企业强势生产力主体姿态搏击市场。

二、改革，惠文政策使增量文化生产力红红火火

改革带来的另一积极变化，是因政府综合性导向举措，社会各界有了参与文化建设的广阔空间，文化生产力开始走向浩浩荡荡：系统内、社会办，尤其是民营等多元增量，赋予中国文化发展以空前卓越的核心竞争力态势。

系统内增量的代表，可以2010年底刚运营3年的国家大剧院为例。它用成功实践，一扫当初“能否存活、能否活得专业”的舆论疑云，文化产业国家队的风范已露端倪：三年中共承接演出3807场，各类演出收入平均每年3亿元。其特点一是文化项目的高层面，“高品位、高水准的高雅艺术”是选择标准：有太多名家名团的“中国首演”、89193人次一流艺术家在大剧院亮相，由此确立顶级艺术殿堂口碑。二是社会文化服务的高频率、高效益：大剧院前两年接待了384.6万名观众（三年总计532.7万人次），场均1590余名观众，创造国内舞台艺术场所之最；通过低价票，让基层民众圆了见识高雅艺术的梦想：两年中组织2000余场面向全社会的艺术普及活动，参加者63.4万人次，既普惠大众文化福祉，还用培育和塑造优质从业者与消费者的业绩，诠释社会效益的真谛；收益自然包括经济，首年总票房即占到2008年北京演出市场6.2亿元总收入的51.2%，在国家仅负担其基本运营费用约1/4强的条件下，连续实现收支平衡。三是出队伍、出产品、出产业、出价值：

前两年形成由1700余位年青人为主的从业队伍，已收获以中老年人为主的国外同行的称赞；2009年组建大剧院自己的合唱团和管弦乐团，合计演出59台剧目、共204场，均获良好市场反馈。投资生产营销了有一定知识产权的剧目15部，涉及京剧、话剧、歌剧等表演艺术形式……以新机制、新业态运行的国家艺术殿堂，成了国际著名艺术经纪行业瞩目的世界艺术版图新亮点，而且国家大剧院没有停留在物化场所的低端，而是以国家文化产业枢纽、国家文化艺术中心的软实力和吸引力的高境界，开始自立于国内外经典艺术平台之林，从现代文化大国的角度彰显着价值。

社会办增量，可用国资“港中旅”下属北京天创国际演艺制作交流有限公司为例。它1999年成立，已创作十台拥有自主知识产权的舞台演艺剧目；采用“一个剧目、一个剧团、一个经营公司”的产业化模式，实现同一品牌剧目既长期在国内驻演、又同时去国外巡演的目标；代表性剧目《功夫传奇》自2004年已在京连续驻演六年，在美、加、日、俄、英等国巡演574场，铸成中国对外商演的驰名品牌。2009年12月，天创公司购置美国密苏里州布兰森市白宫剧院及秋溪旅馆，开创了中国文化企业于别国拥有演出剧场的先河，被视为中国文化“走出去”参与国际市场竞争的里程碑，如今已完成首期236场驻演。

民营等多种所有制增量，可分整体与“个体”两类描述。整体，作为最强劲、最多样的文化生产力量，于改革年代横空出世；在国家支持背景下，非国有资本虽然自20世纪80年代后期才开始进入文化领域，但所占比重急速攀升。

“个体”增量主要指专业佼佼者在各行各业的精彩。社会民营文化企业，很快充当起文化娱乐业领域、使用高新技术成果的时尚文化行业、光影艺术产业制作环节等的领衔主演。

社会最初是从传统优秀文化产品评选活动中的成分比重变化，注意到社会文化企业的崛起：例如获第十一届华表奖的五部北京影视制作单位的优秀故事片中，除一部为国有北京紫禁城影业出品外，《一轮明月》、《可可西里》四部均由民营机构投资拍摄；新画面、华谊兄弟等社会公司出品的《十面埋伏》、《天下无贼》还分获华表奖的“市场开拓奖”和“优秀对外合拍影片奖”；2004年荣获第二十五届电视剧“飞天奖”的五部电视剧作品，全为北京民营影视机构所出品。

后来文化消费者是从活跃于市场的焦点，感受到社会文化生产力的强势：2007年，它们作为数字、动漫、互联网的社会现代企业代表者，掀起中国境外上市潮，截至2007年11月1日巨人网络登陆纽约交易所，中国民营网游公司境外上市达到七家；其中2004年3月才成立的北京完美时空网络技术有限公司，不仅被称中国网游“上市最快”公司（在纳斯达克上市后一举融资1.8亿美元），且连年保持中国网游出口第一称号，曾以一己之力数载占全国网游外贸年度总额60%以上，预计2010年其外贸经营额将达上亿美元。北京的“洛可可”公司不仅因诺基亚手机外形设计荣获世界大奖、其他设计也倍受国内外评奖的青睐，2010年还迎来深圳分公司首年经营的全胜，被英国伦敦核心区相邀开办分支的光荣。约10年历史的北京“水晶石公司”，成长为拥有2000名员工，年可奉献约10亿元经营额的规模企业；并以“一代才俊”风采，2008年为北京奥运开幕式呈上惊艳环宇的“画轴”、2010年为上海世界博览会中国馆贡献镇馆之宝的“清明上河图”，并作为“网上世博”的唯一创意和内容制造商，带给首都和中国无尚的美誉……

三、改革，通过举国体制和品牌活动使文化精彩连连

2000年党的“十五届五中全会”决议在党的文件中率先使用文化产业的概念，标志中国文化产业合法化起点；2002年党的“十六大”正式将文化事业和文化产业并重，分类指导管理的新文化发展观浮出水面；2005年党的十六届五中全会将积极发展文化事业和文化产业，深化文化体制改革，完善文化产业政策作为“十一五”时期丰富人民精神文化生活、推进和谐社会建设的重大措施；关于“逐步形成覆盖全社会的比较完备的公共文化服务体系”的论断，是对文化事业单位改革历程的重大成果；关于“党委领导，政府管理，行业自律，企事业单位依法运营的文化管理体制和富有活力的文化

产品生产经营机制”的说明，是对文化改革目标、模式的提升；关于“民族文化为主体，吸收外来有益文化的文化市场”的表述，是对文化建设思路的经典总结。2010年党的十七届五中全会为文化建设“十二五”定调两大目标：“基本建成公共文化服务体系，推动文化产业成为国民经济支柱性产业。”改革思维引导下，社会文化喜讯常态化，虽然尚缺少科学的指标与统计体系，但仍可从分散的信息中感受文化大发展的脉动。

1. 文化投入节节高，是改革开放时期的一大亮点。“建国60年成就展”显示国家财政在文化部系统文化事业费投入上的变化：“一五”期间4.97亿元，“七五”期间62.45亿元，“九五”期间254.1亿元，“十一五”期间（截至2008年）603.6亿元。2009年292.32亿元，比2008年再增长17.9%（44.28亿元）。

2. 公共文化设施数量规模型增长，表现改革成果的物化形态。公共文化投资力度的递增，中国文化建筑迎来持续涌现的时代。所以有关方面敢于在目前2300座博物馆的基数上，宣布平均每年再增百家博物馆，2015年前净添上千座博物馆；所以首都北京的公共文化设施可作为“新地标型建筑”，能在短短一年中的数月间，让北京因不断的岁末信息而“星光闪烁”。

3. 文化活动异彩纷呈，佐证改革创新机制发展繁荣的激励功能。开放是改革的主要内容与形式，中国与世界文化的相互拥抱，是文化大发展大繁荣的前提。于是改革让多样化多层级的文化互动交流成为国家现代性的标志，充满“活动经济”韵味的丰富会展成为民族精神的熔炉与窗口。

北京奥运会、国庆60年大典、上海世界博览会——唯有改革进步的中国才能推出如此震撼辉煌的重大国际性主题文化活动。

2008年的北京奥运会是一次文化礼赞。“相约北京——2008奥运文化活动”，吸引80多个国家和地区的约万名艺术家，百余个文化艺术团队，上千场的演出、展览、研讨；后继的“2008北京奥林匹克文化节”，以“奥运文化、全民共享”为主题，2支港澳艺术团队、14支外国艺术团队、37支中国省区市团队、575支北京团队，在26个奥运文化广场共举办672场文艺演出，20多个主题文化展览，7个主题灯会；国内外157个专业表演团体，还在北京

21个主要剧院上演237台、共计2153场的中外文艺节目。北京奥运会为中国和世界留下浓墨重彩的文化财富。

2009年的新中国成立60周年庆典为民族合力的华夏之歌。大型音乐舞蹈史诗《复兴之路》选用八方人才，3200位演员在人民大会堂免费公演13场；国庆联欢晚会配置全国资源，5.7万人合作，以900平方米变幻无穷的光立方与历史上种类最多的烟花为亮点；国庆游行背景的8万人广场翻花，紧随长安街威武阅兵队伍的是18万人、36个方阵、60辆彩车的群众游行……一切都有创意团队一年以上的策划设计，参与者半年以上的培训演练，多次牵动城市生活节奏的彩排预演。宏大的国家资源，通过一次次在北京、向世界的精彩公共文化服务，让特色国家文化形象与时代同行。中宣部、文化部主办的“国庆献礼演出”，汇集港澳台、省区市、军队武警等113台剧目，从6月初到10月底，在北京舞台连演400场。

2010年的上海世界博览会拉开人类文明的炫目时代长卷。在184天中，用5.28平方公里的精彩园区，展示人类进步的最新形象。“城市，让生活更美好”的主题，330多个包括主题馆、国家馆、国际组织馆、产业馆、企业馆、实践案例馆的庞大展示阵容，最终参展方246个国家与国际组织的纪录，官方发布的286亿元总投资、吸引超出7000万人次游客的规模。在园区33个活动场地，世界上170多个国家、国际组织，中国各省区市、上海各区县的表演团队，进行了900多台节目、2万多场的演出活动，最终观众总量达到3000多万人次，与观博人次记录一样，也创造了历史之最。所以称文化艺术表演为世界博览会文化盛筵的另一道主菜，当之无愧。

除了顶级重大的文化活动，改革加速了国家与城市现代化、国际化的进程，还表现在新兴会展产业的跃进，地方与基层文化活动的日益频繁丰富。

综上所述，中国因改革而出现文化大发展大繁荣的气象。文化生产力主体、文化产品与文化服务、文化事业与文化产业，经历30余年改革开放大潮的洗礼，取得可喜的成就，站在了全新的起点。另外从已接触的20余项“十二五”前期工作文案，既看到延续辉煌的希望，也深感亟须文化建设的决策者、谋划者、管营者必须继续高举改革的精神旗帜：切忌一味对存量现象惯性运转，要有转变发展方式的战略性文化见识；切忌指导思想上的物化量化之风，要有尊重社会生产力主体的文化自觉；切忌“自己人”识别区的狭隘，要有包容“社会主义建设者”的文化自豪；切忌衷情于“做菜”的项目癖，要有统观价值链的文化经济运作能力；切忌心存好大喜功的形象诉求，要有创建强势产品与服务的文化自信。

期待诸方文化从业者用科学发展观和创新型工作能力，揭开中国文化建设新业态新活力的新篇章。

参考文献：

1.《中国文化文物统计年鉴》，国家图书馆出版社，2005—2010各卷。

2.《中国出版年鉴》中国出版年鉴社，2004—2010各卷。

3.《北京会展业发展报告2009》，对外经济贸易大学出版社，2010—8。

4.沈望舒：《文化首都》，光明日报出版社，2009—12。

5.北京市统计局、国家统计局北京调查总队：《数说北京·改革开放三十年》。

推动中医药健康发展的思考与对策

李俊峰*

中医药是中国传统文化遗产中重要组成部分，是中国古代文化的活化石。她是中华民族对人类文明的伟大贡献，为中华民族几千年繁衍生息、日益强盛发挥了十分重要的作用。

作为中医药发源地的中国，必须重新确立中医药产业的重大战略地位，全面振兴中医药，建立符合中国国情的中西医并重的新型医疗卫生保健体系。

一、国家应加大在政策、法规等方面对中医药的支持

中医药学博大精深，千百年来一直肩负着中华民族兴旺与繁衍的重任。党的十七大报告提出："健康是人的全面发展的基础，关系千家万户幸福。"强调要"扶持中医药和民族医药事业发展"。

发展中医药事业，应遵循中医药行业发展的基本规律，本着"扶持和促进中医药事业发展"、复兴中华文化的原则，制定出有利于突出中医药特色的政策法规和评价、评审体系，使中医医疗和中药产业能够健康地发展。

（一）制定符合中医药发展规律的法律、法规

现行医药管理法律、法规、政策中，很大部分是按照西医的方法来管中医，不但对中医药事业的发展不能起到支持的作用，相反还阻碍了中医药事业的发展。应针对现在法律、法规、政策中不符合中医药发展规律的方面进

* 作者为北京改革和发展研究会理事，中国农工民主党党员，北京博爱堂中医机构负责人。

行修订，使之完全符合中医药发展规律，适应中医药发展现状，能够对中医药事业的发展起到积极作用。

在制定中医药法律时，要严格按照中医药自身发展规律办事，使制定出的法律、法规能够有力保护和促进中医药事业的发展。而且，不只是制定一部中医药法律，要制定、形成具有中国特色，符合中医药自身发展规律的法律体系，真正规范、促进中医药发展。

中医药知识和技能体系是我国中医药产业发展的基础。目前，我国中医药知识权益受到极大的侵害，许多跨国医药企业都在通过“研究、改造、开发”等各种方法抢夺中医药知识权益。而国际上现行的知识产权法律不能很好地保护中医药知识权益。必须建立完善的中医药知识权益保护法律制度，积极开展中医药知识权益保护工作，来保护中华民族的“第一大发明”。

（二）建立和完善中医药评价体系，制定中医药国际标准

目前实行的中医药评价标准大多是参照西医药标准建立的，其中有许多不符合中医药发展规律的问题，而国际上通行的医疗和药品标准也是为西医药制定的，这极大地影响了中医药事业走向世界，进入国际市场。必须建立和完善符合中医药发展规律的评价体系，并努力推动其成为国际标准，为中医药参与国际医疗市场提供支持。

（三）加强中医药人才教育

1. 鼓励多种教育模式共同发展，培养真正掌握中医药理论和技术的人才

改变现行的以院校教育为主的中医药人才教育模式，鼓励多种教育模式共同发展，要注重中医药经典理论和专业技能的培养，培育真正掌握中医药理论和临床本事的人才。

2. 鼓励师承教育和民间办学，平等对待师承和民办学校培养出来的中医药人才

中医药发展数千年来，一直是以师承培养为主体。历史证明，这是一条符合中国国情的培养“真中医”之路。因此，应当鼓励师承教育，通过师带

徒的形式传承中医药理论流派和技能。同时，也应鼓励社会力量办学，培养各类具有相当中医药理论水平和技能的专门人才。对于由师承和社会办学培养的中医药人才，国家在政策上要不拘一格，平等对待，对于一些确实具有专长的人才要给予一定的政策扶持，要给予其行医资格，允许其执业。

3．着重培养一批研究开发、生产管理、国际交流等方面的人才

中医药产业化的发展需要依靠大量人才去实现和完成。因此，新型中医药人才的培养对于中医药产业化进程至关重要。重点在中医临床医生（争取在用中医基础理论培养中医临床人才方面获得大的突破——尤其是中医哲学）、研究开发、生产、经营、管理、国际贸易等方面培养一批掌握中医药理论和技能的中医药临床人才，包括具有较高经营管理能力的优秀人才。

（四）以多种经济手段推动中医药发展

1．针对国际医药产业的发展趋势，调整国内产业结构，发展规模经济，支持企业打破部门、行业和地区的界限，通过改组、联合、兼并、股份合作制、租赁制、承包经营和出售等多种形式，加快企业的优化组合，引导现有的大多数中小型企业走专业分工和集约化生产的道路。

2．在行业内选择骨干中成药企业给予大力支持，使之建设成为具有相当经济规模和技术实力的跨国企业集团，参与国际自然药、生物医药市场的竞争。鼓励这些集团在国外设立分公司、研究机构，兼并国外有新药注册经验的中小型草药公司或与之合作，以在当地进行研究开发，适应有关国家新药注册要求的有关规定，并在当地生产，打破贸易保护主义封锁。

3．对国际市场欢迎的中药品种，加强产品的营销策略研究，建立高效的市场网络，改进产品的包装，实行名牌战略，扩大市场份额。

4．加强对中药饮片产业的支持。引导中药饮片产业生产组织方式变革，形成种植、原料提取、制剂加工的专业化分工生产组织格局。有效调动地方配套、银行贷款和自筹资金大量注入中药饮片产业化示范工程，促使中药饮片产业成为吸引社会投资的热点和人才流向的磁场。

二、努力挖掘自身潜力，积极推进中医药产业化发展

（一）加强中医药理论研究，为中医药健康发展提供理论支持

中医药理论博大精深，并且经过了数千年的实践证明，中医药形成了许多先进的治病理论。而且，在中医药的发展历史中，出现过大量名医、名著，犹如中华文明史上的颗颗璀璨明星，熠熠生辉。因此，系统地整理中医药典籍，全面、深入、细致地研究中医药传统理论，挖掘中医药经典，对继承中医药、发展中医药有重大意义。

1．加强对中医药各流派学术思想的研究和继承

中医药经过数千年的发展，形成了众多学术流派，这些流派从不同角度阐释了中医药的理论，创造出了许多独特的治病方法。对不同流派的继承和实践，是造就特色中医的重要方式，也是繁荣中医学术的有力保障。因此，我们要发扬海纳百川、学术民主的精神，提倡中医流派百家争鸣，促进多种学派共同发展，真正做到百花齐放、流派纷呈，共同为振兴中医药事业做出贡献。

2．以多学科综合的方式研究中医药理论

中医药是一个动态的、发展的学科，历代的名医大家通过研究各门学科的理论和医疗实践，不断充实着中医药的理论体系。现代的物理、化学、生物学等自然学科的发展，都为中医药提供了良好的可供借鉴和吸收的成果，如果能将中医的辨证理论与现代科学进行有机结合，可以更好地推进中医药的发展。

3．认真整理近、现代名老中医经验

现在的名老中医一般都是经过了传统中医教育，掌握了中医药传统理论，并在自身几十年的医疗实践中，总结了大量的治疗理论及方法，整理这些名、老中医的经验，对传承中医药理论和技能，拓展中医药研究领域，培养中医药人才都有重要作用。国家命名的首批30名国医大师，是祖国的宝贵财富，应把整理他们的理论、经验列为“抢救工程”抓紧实施。

（二）积极推进中医药产业化发展

中医药目前不强大，不是中医药的学理和疗效本身不强大，而是中医药产业不强大，只有产业强大了，才能带动整个中医药事业的发展。只有产业化才能最大程度地彰显中医药的优势，为中医药的发展提供坚实强大的经济支撑，也才能有足够的资金再投入，从而使中医药产业不断发展、壮大乃至最终走向世界。中医药的产业化也将成为我国经济发展的新的重要的推动力量。

当前中医药产业面临前所未有的发展机遇：一是2009年4月国务院制定了《关于扶持和促进中医药事业发展的若干意见》，对中医药的发展提出了很多很好的政策支持。现代中医药产业作为高新技术产业在国家战略高度上被列入“十五”国家优先发展重点计划，并将以具有中国独立知识产权和比较优势的特色产业，与生物医药产业并列为21世纪中国健康产业发展的两大支柱。二是当今科学技术的迅猛发展尤其是生命科学的突破，为中医药产业化提供了重要技术支持和驱动力。三是中医药产业化有了一定的规模和发展基础。可以期待中医药产业化的大发展，必将为中医药事业发展开辟更加宽广的新天地。

1．设立“中医药产业发展基金”

以推动中医药产业化发展为目标，通过“中医药产业发展基金”积极融资，为中医药产业化提供资金保障，并通过基金的运作，不断增加中医药产业化的资本积累，使中医药产业化走上良性循环的道路。

争取国家的政策支持，以国家部门、研究机构及企业投资为基础，积极吸纳社会资金，建立良好的基金运营模式，对基金实行市场化运作，积极投资中医药产业化项目，为中医药产业化的健康发展提供资金支持。

2．发挥中医药学的传统特点与优势，普及中医医疗服务

省级、国家级公有制中医院应坚持以中医药为主导，积极开展中医药理论研究、临床研究、中药新药研究。借助其优势，在中医药理论研究、中医治疗疑难疾病、流行性传染病、重症疾病、中药新药研发、养生养老、康复保健方面争取获得大突破。

大力发展社会资本兴办的中医门诊部（中医馆），鼓励连锁经营模式，通过统一、标准化的经营，发展纯正中医医疗服务。组建中医医疗服务集团，对全国医疗服务市场进行整体规划，确定每个城市中医门诊部（中医馆）的建设数量，逐步建立全国连锁的中医门诊部（中医馆）。集团制定设立标准，所有中医门诊部（中医馆）的选址、装修、人员配备、药品采购等均采用统一标准。

3. 中医药保健、养生服务产业化

以中医药养生理论为基础，使用传统中医药保健方法，为群众提供优质的健康、保健服务。倡导环保、绿色的生活方式，提高群众的生活品质。大力发展连锁中医药养生、保健机构，通过统一、标准化的经营，为群众提供专业的养生、保健养生服务。

4. 中医药文化产业化

挖掘中医传统文化资源，打造中医药文化新品牌，创作具有国际影响力的中医药文化作品，为中国文化软实力的提升做出重要贡献。以大型中医药文化集团为先导，整合中医药文化资源，利用各类表现形式，通过多种渠道开发中医药文化资源，以中医药文化为基础，创造多种形式的文化产品。通过市场化运营，使中医药文化产生良好的经济效益和社会效益。

增强、提升中医药学、中医药文化在国内外的影响力，为中医药产业化的发展打开突破口。让更多的人知道中医药、了解中医药、认可中医药、相信中医药、使用中医药。

5. 推进中药产业化

这主要包括以下一些内容：

一是中药材种植产业：发展道地药材，建设区域化中药材种植、养殖、加工基地，建设绿色、生态的中药材种植、养殖、加工业；

二是中药饮片产业：以生产安全、有效、环保的中药饮片为目标，继承、研究传统炮制方法，利用现代科技提高中药饮片产业的科技含量；

三是中成药产业：以集约化、标准化、高科技、国际化为目标，建设中医药跨国企业集团，发展中成药产业；

四是做好药食两用类别的食品、饮品产业：大力发展相关中药品种的食品、饮品产业，促进产品日用化，为提高全民健康做贡献（国家已经明确区分药品、食品以及药食两用品，不能混杂）；

五是中药保健品产业：规范中药保健品市场，提高中药保健品的品质，争取在国内外市场获得更多的市场空间；

六是中药相关产业：发展中兽医药为主要防治手段的畜牧业产业，可以为群众提供更加营养、健康、绿色的食品来源。发展中药农药产业，以环保、健康、持续发展的理论开发高效、低毒、低残留的农药产品，保障中农医药种植产业和中兽医药畜牧业产业健康发展。发展中药制药机械产业，有利于中药产业的生产工艺提升、技术更新、产品升级。发展中药化妆品产业，提升该产业的科技水平，使中医药在美容行业发挥更大的作用。

6. 组建中医药产业集团

把中医药事业当成一个产业去发展经营，组建国家或地区性中医药产业集团，把中医药产业经营，为全人类提供简、便、廉、验的健康服务行业，这也可能是中国在各行业中在世界上最有优势、最有底气、最有后劲、最有特色、最具竞争力，并拥有独立自主知识产权的，也是最有可能做到世界第一的行业。而且是环保的、绿色的。

中医药产业集团前期主要工作是，在全国各药材主产区开发道地中药种植基地，大力发展中药种植业。规模化种植中草药，从种植、收割、炮制、加工、包装、保存、运输、销售等诸多环节提升中药药材品质，提供优质中药材。

（三）发挥中医药优势，提高中医临床水平

目前针对疑难疾病、流行性传染病的治疗，一般都采取西医的方法。但是，西医方法治疗这些疾病的效果有些并不明显，且副作用大，西医药的价格又极高，使患者付出了不菲的治疗费用。而中医药在治疗这类疾病方面拥有独特优势。因此，今后，要重点加强在艾滋病、肿瘤、糖尿病、心脑血管

疾病等方面的研究，发挥中医药优势，提高重大流行性传染病及重症疾病、疑难疾病的治疗成功率，降低治疗成本。

加强对中药新药的临床研究。注重中药新药的临床研究，加强对新药的药效、安全性的临床检验，总结临床应用的经验，为改进、提高新中药的疗效提供依据。

（四）提高中药研究开发水平，加强中药研制

中医药在许多疾病的治疗上有独特优势，应挑选一些具有代表性的疾病，深入研究中医药治疗此类疾病的方法，通过对重点疾病的研究，带动中药新药的研制。如艾滋病、肿瘤、癫痫、胃病、肝病、糖尿病、心脑血管疾病等。

以中医药理论为基础，针对现代疾病特点，加强中药副作用方面的研究，改进中药配方，运用现代科技手段提高传统中药疗效，争取研制出一批疗效显著、副作用低的中药新药。

注重中药新药的临床研究，加强对新药的药效、安全性的临床检验，总结临床应用的经验，为改进、提高新药的疗效提供依据。

（五）加强中医药文化建设

中医药除了她的医学属性和特征外，还具有鲜明的文化属性和特征，她蕴藏着中国传统文化的深厚基础，是在中国传统文化的深厚底蕴中形成和发展的。她是植根于中国这块传统文化沃土上的一枝奇葩。她的根本在于民族性，带有强烈的中华文化的特征，这一点也得到世界越来越多的人的承认。中医药之所以与书画、京剧并称为中国三大国粹是因为她有着自己独具的内涵，有着一系列由她本身界定的特征，这些特征使她成为一种独特的文化现象，具有她独特的文化个性，形成她自己特殊的文化体系。

研究中医药文化，就是以中国哲学、文学、史学为基础，以中医典籍、中医名家、中医文物、中医史迹为对象，研究中医理论与临证发展规律、中医名家学术思想、中医道德观念、价值取向、行为规范以及名家风范，为中

华民族文化复兴，为区域中医药文化发掘，为中医药院校、医院、企业文化建设，为中医药文化的国际交流和传播服务，从而推动中医药事业的发展。

建设中医药文化创意产业园，汇集各类文化创意机构，创建以中医药文化为核心的文化产业基地，完善产业链条，整合资源，形成策划、创意、设计、制作、宣传、运营的完整体系，在此基础上对中医药文化进行深度开发。

中医药文化创意产业园内建设：中医药博物馆、中药种植园、中医药学校、国医馆及养生馆（为各界人士及人民大众提供中医药防病、治病、保健、康复、养生、养老等高级优质服务）、中医药文化题材动漫游乐园（为青少年提供了解、学习、参与实践中医药文化及游乐于一体的主题乐园）、中医药药膳馆、药浴及天然温泉洗浴馆、中医药会展中心、中药标本馆等。

（六）重视民间中医的发展

在坚持以传承为基础、为重点的前提下，遵循中医药基本原理和自身发展规律的前提下，认真、谨慎地开展自主创新，也是中医药从业人员所面临的光荣而艰巨的历史使命。

1. 发掘民间具有特殊才能的中医人才，给予合法的行医资格

中医药已经拥有几千年的发展历史，在民间存在着许多拥有特殊才能的中医人才，这些人才经过师承学习、家学和自学，通过自身不断努力，掌握了中医药理论，并通过不断实践，掌握了一些独特的治病方法和技能，应积极发掘这些人才，在政策上给予相应的扶持，为其创造良好的发展环境，发挥自己的专长，更好地为民众服务。

2. 民间中医必须有开放包容、不断学习进取的态度和胸怀

作为“合格中医”，不仅是一个服务态度和医疗水平问题，还应具有中国文化的素养、求真务实的学风、良好的性格修养、严格的行为准则。此乃“合格中医”之风范。孙思邈在《大医精诚》中就明确提出了“精”和“诚”的要求。所谓“精”，就是中医医生要掌握丰富的中医理论知识和精湛的医疗技术。所谓“诚”，就是作为一名中医要有高尚的医德和良好的个人修养。作为医生要有“普救含灵之苦”的仁心，而不能以谋取钱财为治病的目的。同时不能炫耀自己，在作风上保持低调、朴素的态度，要讲话严谨、待人谦逊、心胸豁达。

在坚持正确运用传统中医药理论和技能的同时，勇于和善于结合临床实践谨慎创新；不但要做好医疗实践，也要学习经典著作不断提高自身理论素养，培养和发掘民间中医药的发展潜力；此外，还要提倡在善于学习他人长处包括西医药人员长处的同时要舍得传授、传播自己的心得体会，要相信中医药有足够广阔的天地为我们提供用武之地。

3. 整理、挖掘民间治疗疑难疾病、流行性传染病的独特方法

中医药是一门偏重实践的学科，民间中医经过长期的医疗实践，形成了一些治疗疑难疾病、流行性传染病的独特方法，整理、挖掘这些民间验方、秘方，将丰富中医药治疗此类疾病的理论，提高治疗效果。

（七）加强与其他学科的团结合作，促进中医药事业发展

中医药理论具有与时俱进、多元一体的特征，当今中医药理论与现代科学技术相结合，将在学科交叉中创新发展。

1. 与西医的配合

中医药学与西医药学是两个不同理论体系的医疗科学。它们之间，绝不能相互代替，但是可以相互借鉴。中西医只有各沿其道，各扬其长、各避其短，才能实现优势互补、双赢，造福人类健康的宗旨。中医要吸纳西医的医学成就，这样才能既保持中医整体综合的优越性，又引进西医微观实验和实证的分析方法，使分析与综合在更高层次上统一，才能不断发展。

2. 与科学技术的合作

多学科结合研究，是中医未来的发展方向。面对包括西医在内的更多的学科介入，中医应该有一个更科学和更积极的心理准备。中国的传统文化赋予了中医许多优秀的品质，中医海纳百川的胸怀不仅过去需求，现在更需要。谈中医发展我们需要从现实出发，不管哪一学科的技术和研究成果，只要有益于中医的发展，就应当积极吸收。

（八）继承和发展传统制剂，培养传统中药炮制继承人

传统制剂在中医药发展过程中有着不可或缺的作用。名老中医经验传承，将其经验方研发为制剂，这是一种有效的传承载体。基层中医院建设，专科建设是重点，而有特色的传统制剂是特色专科建设的支撑点。传统制剂的多品种化，更能充分体现中医辨证施治的特点，提高疗效，方便患者。传统制剂还是中医药临床科研的前提与基础，传统制剂来源于临床实践，好的品种还是新药研发的摇篮。

1．深入挖掘这些传统炮制方法，研究传统制剂工业化生产

在中医药的发展历史中，形成了许多传统中药饮片炮制方法，要深入挖掘这些传统炮制方法，寻找具有丰富经验的老药工，让他们传授自己的经验和方法。同时，利用现代科学技术研究传统炮制方法，提高炮制过程中的技术含量，实现中药饮片的产业化、工业化生产。

2．建立中药饮片炮制教育、传承、培训体系

通过多种形式开展中药饮片炮制教育，努力传承传统炮制方法，通过师承的方式增加药工的实际操作能力，培养一批能够掌握传统炮制方法的人才。

三、中医药的发展要与时俱进、勇于创新、敢于改革

国家中医药管理局是政府管理传统医药的机构，将现在分散于多个部门的管理职能集中到中医药管理局，使其充分发挥管理职能。改革主要涉及以下几个方面：

（一）中医医生执业资格的考试、考核和管理应归中医药管理局

应该将西医医生执业资格和中医医生执业资格的考试、考核和管理分开，中医医生执业资格的考试、考核和管理应由中医药管理局专门管理，建立符合中医医生自身发展规律的考试、考核和管理制度，保护和规范中医医生的行医。

（二）中药的研发和生产的注册、审批和管理应归中医药管理局

目前中药的管理主要还是依据西药的管理方式在进行，其中有许多方面不能体现中医药的发展规律，限制了中药的研发和生产，在一定程度上阻碍了传统中药的发展。因此亟须将有关中药的各项管理工作集中到中医药管理局，建立符合中医药自身发展规律的管理模式，通过中医药管理局对中药的研发、生产等进行统一管理，保护传统中药，开发新型中药。

（三）中医医疗机构的审批和管理职能应归中医药管理局

中医医疗机构是我国卫生体系的重要组成部分，在保障人民健康、提高生活质量方面起着重要作用。长期以来，中医医疗机构都受到了西医的影响，一些中医医疗机构丧失了中医特色，变得不中不西，要改变这种现状，需要有一个统一的、能对中医医疗机构的发展真正起到促进和规范作用的管理职能部门。因此，将中医医疗机构的审批和管理职能统一到中医药管理局，建立起一整套扶持和管理中医医疗的政策，认真落实各项鼓励政策，保护中医医疗机构的中医特色，推进中医医疗机构健康发展。

第五部分

北京改革

改革推动发展——新世纪北京十年

段柄仁*

时光荏苒，21世纪转眼已过了10年。其间，我们这个古老文明的东方大国，以充满生机活力的态势迅速向现代化迈进。特别是在应对2008年国际金融危机的严重冲击中，率先走出了阴影，为全球经济复苏做出了重大贡献，大大提高了国际地位。作为国家首都的北京， 10年变化之快、之大、之深刻，也是让人眼花缭乱，兴奋不已。回头审视，无论是进步还是缺失，是经验还是教训，都将成为历史的耀眼一页。

一、快速的发展、深刻的变化，欣欣向荣的态势

1．经济以求之难得的高增长、低通胀、结构优化、布局改善的轨迹，持续稳定发展

衡量经济发展速度和质量的主要指标，都有大幅度增长。经济总量翻了两番以上，2010年地区生产总值达1.3万多亿元。人均增长2倍多，约1.2万美元，已达中上等国家水平。居民消费价格指数年度徘徊于-1—3之间，避免了起落过大的风险。国内生产总值年增长幅度摆动于9—14之间，波动性减弱，稳定性提高。城乡居民收入平均增长1.5倍以上，家庭财产迅速增加。2010年城镇住房人均使用面积达22平方米，超过40%的家庭拥有汽车，超过90%的家庭拥有计算机。电视机、电冰箱、照相机、手机早已普及并数度更

* 作者为北京改革和发展研究会顾问，中共北京市委原市委常委，秘书长，北京市人大常委会原副主任。

新换代，已与发达国家相近。

产业结构优化提升。第三产业在经济总量中的比重超过75%，接近发达国家水平。大力推行节能减排、发展低碳经济。10年以年均增加6%的能耗，支持年均增长11%的经济发展，经济方式的转变走在了全国前列。投资、消费在本市经济发展的地位发生了根本变化。消费率已经超过投资率。首都经济走上了以消费引导，以信息化、国际化带动的新型工业化道路。

2. 城市面貌日新月异，迅速向现代化、国际化迈进

在城市建设和管理上，提出了实施首都创新战略，建设创新型城市，全面提高城市现代化水平的方针和奥运带动、城乡一体、规划先行等一系列政策措施。10年奋斗的结果，三步走的第一步发展目标已大幅度提前实现。在城市硬件的现代化上，已与发达国家大城市所差无几，在城市管理和文明素质的养成上，虽然与发达国家尚有较大差距，但进步之快，也是为世人所肯定。

城市建设， 10年中始终处于大兴土木、建房修路的紧张繁忙之中。北京被称为“世纪性大工地”、“世界建筑博物馆、实验室”，城镇房屋建筑总面积翻了一番增长速度是世所罕见的。长期滞后的城市基础设施建设，21世纪加大了投入，大幅提高了承载能力。道路总里程由13600公里增长到2万多公里，其中轨道交通建设是跨越式发展，10年建成12条，共322公里。水、电、气、热的生产和供应能力基本满足了城市快速发展的要求。加快了信息基础设施的基站和宽带建设，实现了3G信号在平原地区全覆盖。长期以来被称为“口头优先，行动滞后”的环境建设，有了根本性变化。人和自然和谐共生，经济、人口、资源、环境相协调的节约发展、清洁发展、安全发展、可持续发展等理念逐步深入人心。城市绿化覆盖率由36%发展为45%，初步形成了城市绿色景观、平原绿色网络、山区绿色屏障三大生态体系。城镇污水处理率由39.4%提高到80.3%，城区基本实现垃圾无害处理。工业固体废弃物综合利用率超过60%。“一元节能灯”进入千家万户，新能源公交车驶上街头，高排放黄标车逐步被淘汰。防沙治沙取得决定性胜利，扭转了长期以来沙化扩大的景况。特别是大气污染的治理，经过连续16个实施计划，空气质量二级和好于二级的天数，由2000年的177天变为2010年的286天，占全年天数由48%上升为78%。生态环境恶化的趋势，得到了基本遏制。

3. 文化事业繁荣发展，文化产业蓬勃兴起

文化投入持续增加，设施逐步完善，产品不断丰富，活动百花纷呈。内外交流日益活跃，文化消费大幅增长，北京作为全国文化中心的内涵得到进一步充实和提升。国家的繁荣富强，不仅要有经济实力，还应有文化魅力，而文化的魅力，首先体现在观念形态上。21世纪的10年，可以说是理论创新较多和观念更新较快的10年。特别是关于多元竞争又统于一体的和谐理念、生生不息推陈出新使社会永葆生机和活力的创新理念、天人合一可持续发展的绿色理念等三大理念，开始深入人心，成为现代化建设的主旋律。

基础文化建设取得了前所未有的成就。图书、博物、档案科普和资料性著述，受到了多方的关注，原始资料搜集“淘宝”热悄然兴起，史志基础知识讲座久盛不衰，规模宏大的志书编修已结出累累硕果，基本完成了第一轮172部规划志书和系列特色志书的编纂，约1亿字。第二轮84部志书的编纂工作已经启动。全市已有140多个单位编纂年鉴。与此相应，一大批文化设施拔地而起。中央电视台新址、北京电视台新址、国家图书馆二期、首都图书馆二期、国家大剧院、梅兰芳京剧院、首都博物馆、北京市方志馆、科技馆新馆、天文馆新馆等大型文化设施陆续完工、开放。构建了以基层为重点的五级公共文化服务体系，即市级和区县级图书、艺术、博物、体育场馆，街道、乡镇文化服务中心或文化站，社区、村级文化大院、文化示范户或俱乐部，大大强化了群众性文化事业。

文化创意产业闪亮登场，已由星星点点成燎原之势。这是知识经济时代涌现的把文化、技术、制造、服务融为一体的新型产业，它具有高端、高效、高辐射力的特质，产品具有抚慰心灵、舒缓情绪、感受美好，最大限度地开发人们的创造潜能的功效。它依靠的是文化、高技术和科学管理等杂交优势和个人的智慧、技巧和创新能力，对自然资源和能源消耗较低，且具有“反经济周期”的特点。2009年达5万多家，从业人员112万人，增加值 1497

亿元，占全市企业GDP的12.6%，成为首都经济增长的新亮点，社会发展的新引擎，城市形象的新符号，在现代产业中最具活力的支柱产业之一。北京正向“文化创意之都”迅速迈进。

4. 社会事业受到普遍重视，社会管理发生深刻变革

为全社会关注的教育事业，呈现出高等教育扩招、基础教育扩优、职业教育扩张、民办教育扩大的态势。10年内市政府制定了一系列促进就业的政策和措施，完善并创新城乡统一的就业管理制度和促进机制。全市从业人员从2000年的619 万人发展到2010年的1100万人，城镇单位从业人员由431万人发展到600多万人，有劳动能力的下岗职工，基本得到安置。农村剩余劳动力，大都被农村新兴的第二、三产业吸收。基本实现城镇无零就业家庭的目标。城镇失业率保持在2%左右。

建立与社会主义市场经济相适应的社会管理体制，是一项崭新的十分紧迫的任务。近年来进行了大胆探索，做了一系列开创性工作。首先是适应“单位人”向“社会人”转换的大趋势，着眼基础，构建全新的、现代的、规范的社区管理和服务体系，建立与居委会对应的社区服务站，前者承担居民自治职能，后者承担公共服务职能。

此外，新世纪北京还有必将载入史册的两件大事。第一件是圆满完成北京奥运会、残奥会的筹办工作，实现了办一届有特色、高水平奥运会、残奥会的目标。正如国际奥委会主席罗格先生所说，北京奥运会是“无与伦比的奥运会”，“历史学家将把2008年奥运会看成中国发生重大变革的一座重要里程碑！”第二件是2003年抗击恶性传染病非典型性肺炎。这一战役的意义首先是使一些人在“一片欢腾的盲目乐观”中，开始居安思危，头脑清醒。一些本应及时公开的政府信息冲破了封锁牢笼，向社会公布，促使政府工作向公开透明改进。其次是痛定思痛，总结经验教训，建立健全了重大传染病监测网络、疾病预防控制组织网络、防控重点传染病工作机制，完善突发公共卫生事业应急机制、指挥体系、应急预案等。2004年4月，“非典”卷土重来，刚发生就被迅速遏制。同年还打了一场对禽流感的阻击战。面对威胁，迅速启动覆盖全市的监测网络，筑起防治屏障，制止了其在京的蔓延。

二、良好的国内外环境，不间断的改革创新，正确的指导方针

21世纪的北京10年，之所以会取得令世人赞叹的业绩，首先是中央紧紧抓住我国不可多得的“黄金机遇期”，适应国际发展的大趋势，及时提出以人为本，全面、协调、可持续发展的科学发展观和一系列方针政策，直接推动着北京现代化建设。其次是改革开放的深化和扩大。在经济体制方面，继续以建立健全统一开放竞争有序的市场经济体制，推进经济市场化为目标，建立现代企业制度。公司制、产权制度改革全面推开，进一步激活了微观经济主体。公有制经济在国民经济关键领域和重点环节保持控制力的同时，在一些领域逐步退出。私营经济快速发展，2009年达43.23万户，注册资本5838.9亿元，从业人口281万人，占全市从业人员的28.2%，实现增加值占地区生产总值的68.8%，成为市场主体中最活跃的部分。不同所有制结合的混合所有制经济，近年来迅速发展，已成为推动首都经济发展的生力军。

政治体制改革以建设社会主义民主政治为目标，路径大体是法制建设——行政管理体制改革——改进党内民主带动人民民主建设。形态大体是基层领导人的直选民主——重大决策的协商民主——全社会的参与民主。着力点是进一步巩固和完善人民代表大会制度与共产党的领导的多党合作和政治协商制度。“人大”在发挥立法、监督和重大问题的决定方面作用日益显著。协商制度进一步规范化、制度化，民主党派和无党派知名人士参政议政的渠道不断拓宽。行政管理体制改革，以建设依法行政的服务型政府为目标，在精简机构和职能，推行政务公开，简化办事程序，提高办事效率和服务质量方面进行过两次大的调整。司法体制改革，以建设公正、高效、权威的社会主义司法制度为目标，审判机关推广了审判长、独立审判员负责制和“立审分立”、“审执分立”、“审监分立”制度，改变同一部门或同一人“承包”立案、执行、监察工作，形成了内部监督制约机制。检察机关深化检务 公开，完善主诉检察官办案责任制和首办责任制，在健全内外监督制约机制等方面都有较大进展。治安管理制度、罪犯监管制度、公证制度、律

师制度等都在不断改革和完善。作为国家领导党的中国共产党，以提高执政能力为目标，围绕“民主决策”，进一步发扬党内民主，在规范决策程序和权力制约等方面进行了一系列改革。比如领导干部选拔，试行了民主推荐、民主测评、差额考察、任前公示、公开选拔、竞争上岗、投票表决等程序。常委会定期向全委会报告工作，重大决策和人事安排全委会投票表决和设立常委会发言人等制度等，改革在不断探索中前进，使党内民主带动全社会的民主政治建设。

文化体制改革以建设公共文化体系为重点，整合资源、理顺关系、推进政企分开，重塑和培育文化市场主体，加快推进经营性文化单位转企改制，推进文化创意产业技融资体制改革，创新文化、体育与旅游业分层次融合发展机制。完善党委领导、政府管理、行业自律、企事业单位依法运行的管理体制。进一步理顺文化市场管理部门和市场中介组织的关系，逐步把工作职责转到政策调节、市场监管和公共服务上来。积极开展对外文化交流，请进来、走出去，活跃文化生活，推进文化交融发展。

社会领域的改革已全面推开。北京市制定了《医疗卫生体制改革重点任务分解方案（2009—2011年）》，把医疗卫生改革推向深入。社会建设和管理体制改革，主要是构建了社会建设的五大体系，即社会公共服务体系、社会管理体系、社会组织管理体系、社会工作运行体系、社会领域党建体系。实现管理重心下移，改革社区管理体制，社区服务站和社区行政管理分开，确定社区党组织、居委会和服务站的工作任务、人员和经费。建设职业化社区工作队伍，鼓励社会力量办社会事业，初步形成政府主导、全社会广泛参与的现代化规范化的管理格局。

对外开放不断扩大，已形成全方位开放格局。特别是2002年我国恢复世界贸易组织成员地位后，进一步开放了市场，加快了经济和一些社会事业国际化进程，更广泛地参与了国际经济合作与竞争。2009年外贸进出口总额比2000年翻了两番。世界500强企业总部，30家落户北京。特别是现代流通和商业服务业，截至2010年6月，批准外商店铺2948家，世界前100个一线品牌90%落户北京，国际知名零售商41%进驻北京。全市涉外驻京代表机构已达

6624家。北京企业也加快了走出国境的步伐。

现代化建设必须在长期稳定的社会环境中才能行进，保持政治稳定和社会安定，是经济社会顺利发展的前提条件。北京作为国家的政治中心，对稳定更有特殊要求，加之社会进入快速转型期，各类矛盾交叉冲突，有的趋于尖锐。正确处理改革、发展和稳定的关系，成为各方面关注的重大问题。维护社会稳定，首先应在思想认识上适应市场经济下的多元共存的新形势，在重视经济发展的同时，也应把公平正义摆在重要位置并重视道德力量，使社会各方面的利益关系得到妥善协调；政府和一切公共服务部门，不仅要依法保护人民群众的生命财产，也有维护他们的民主权利、合理诉求和人格尊严之责；不仅要妥善处理因社会结构转型产生的群体和个体的不当行为，还要十分注意避免政府对危机处理欠妥、应对不力而引发矛盾的问题；不仅关注社会矛盾，还应对各种可能发生的自然灾害做好防控准备。维护稳定的关键是把改革的力度、发展的速度和社会可承受的程度统一起来，重点是维护人民群众最关心、最直接、最现实的利益问题。

正确的、及时的指导方针，对于现代化建设起着决定性作用。在21世纪的10年中，北京市根据中央精神，结合北京实际，提出了更为具体的方针，主要是：

1. 北京应率先基本实现现代化。这是在21世纪初中央领导同志对北京工作的期望，也是首都要“首善”的要求。北京市现代化建设的、计划、目标、任务、措施和行动都以高标准要求力争做到“率先”，大大推动了首都的发展。

2.“新北京、新奥运”的构想。在2002年中共北京市九届一次全会上确立。“新北京”就是率先把北京建成现代化国际化的大城市。“新奥运”就是把北京奥运会办成“有特色、高水平”的“人文奥运、绿色奥运、科技奥运”。

3. 振兴现代制造业。这是针对首都经济产业支撑过于单一，经不起市场波动冲击，总量增长受到限制而提出的。实践证明，它的实施，大大弥补了北京工业结构的欠缺。

4. “优化发展环境”。这是针对行政管理体制和社会管理体制改革滞后于经济体制改革的问题，于2003年对党政各级领导工作提出的要求。当年首先在市级领导机关开展了“实践三个代表，优化发展环境”的教育活动，从多方面找差距，有针对性地实施改进和改革，转变职能，创新体制，改进作风，提高效率。

5. 大力发展“文化创意产业”。于2004年提出并相应制定了《北京市文化产业发展规划（2004—2008年）》，而后在中共北京市委九届十一次全会上又被响亮推出。这是知识经济时代的新兴产业，也是适合首都特点的优势产业，一经提出便得到迅速发展。

6. 关于城市性质定位的发展。2005年版北京城市总体规划上，在北京是“政治中心、文化中心”后面增加了“是世界著名古都和国际大城市”，这就使北京城市性质定位在对现状的描述中，把视角从国家范畴延伸扩展到历史的和全球的高度。这种认识的深化，十分有助于推进北京的现代化和国际化。把北京的未来定向于“国家首都、世界城市、文化名城和宜居城市”。其中“世界城市”超越“国际化城市”概念，使北京的未来，不仅是我国国际交往的中心，也是世界各国政府和民间团体交往的中心之一。“宜居城市”是为市民创造良好的生存条件，使城市发展符合自然规律，更加人性化，这是对“以人为本”认识的深化。

7. 构建社会主义和谐社会首善之区，建设创新型城市，建设资源节约型和环境友好型城市。明确了落实这些方针的总体要求、主要目标和重点任务，并进入了分年度计划和市政府落实考核的 “折子工程”。

8.“城乡统筹发展，工业反哺农业，城市支持农村和加大南城发展力度”。这是中央针对城乡发展差距拉大，解决地区协调发展而提出的方针。北京市率先起步，从多方面解决城区和郊区、平原和山区、北城和南城发展的不平衡问题。加快了农村城市化和缩小地区发展差距的步伐。

9.“人文北京、科技北京、绿色北京”。这是在2008年北京奥运会胜利闭幕后，由筹办奥运的理念“绿色奥运、科技奥运、人文奥运”转化而来的。“人文北京”就是以人为本，大力充实城市的文化内涵，塑造良好的文化氛围，以提高市民素质，增强文化软实力。“科技北京”就是以科学技术引领城市发展，建设创新型城市。“绿色北京”就是强化环境建设，使人和自然和谐共生，建造洁净型、节约型宜居城市。为此，中共北京市委和市政府先后发布了6个指导性文件，即3个行动计划（2010—2012年），3个2010年度的落实行动计划和“折子工程”。

10. 建设“世界城市”。这也是2005年版北京城市总体规划中提出的。当时还是设想性概念，经过5年的发展，特别是在圆满完成北京奥运会和成功应对国际金融危机，标志着北京的现代化建设进入了新的发展阶段。2009年底召开的中共北京市委十届七次全委会上，进一步明确提出“把北京建设成世界城市”的目标，即从建设世界城市的高度，审视首都的发展建设，提高科学发展水平、规划的档次和服务管理的水准。

三、成长中的烦恼，发展中的曲折，前进中一些暂难解开的疑团

任何进步都是要付出代价的，成长也总是和烦恼相伴的。而在发展中，有些问题像“跷跷板”，压下了这头，翘起了那头，常常使人处于“两难”境地。这些都是历史发展的常态，大城市的发展也不例外。北京在21世纪10年的发展中，同样有烦恼、有曲折、有让人困惑的疑团。

烦恼应当说天天未断、处处发生，但最突出的是四个问题。

一是人口的过快增长、过于密集和未富先老。城市是人口的聚集地。城市发展的第一要素就是人口的增长。一般来说这是喜事，而不应成为问题。但如果在一个时点上，增长过快，超出了客观条件的容量，便会造成城市运行的过分紧张，“大城市病”就会随之而生。随着改革开放的深化和扩大，城镇化步伐加快，人口流动成为不可抗拒的潮流。北京作为经济快速发展、生活水平较高而又缺少劳动力的大城市，虽然一直采取严控人口进京入户的政策，户籍人口的自然增长也由正转负，但流动人口规模日益扩大，其中相当大的一部分沉淀于北京，使常住人口迅速增长。从20世纪80年代开始，

增长速度几乎年年超预期。20世纪80年代初，中央领导同志曾指示北京人口任何时候都不得超过1000万人，但仅仅过了三年，到1986年达到了1028万人。在1993年的规划中设定到2010年，控制在1250万人，但不到世纪末便被超越。2005年版规划目标是到2020年，控制在1800万人。但2010年已提前10年突破了“控制”。年增速度也在加快，2001—2006年年均增长 40万人，2006—2007年达50万人，2008—2010年达60万人。城市功能核心区人口过分密集，每平方公里24822人，大大超过宜居标准。尽管城市基础设施建设、房屋建设、环境建设和教育、医疗等社会服务方面投入很大财力、物力、人力，但远远跟不上人口增长的要求，造成一些方面长时期难以解决的全局性短缺。与此同时，人口老龄化也在尚未达到富裕时提前到来，并加快了增长速度。2010年60岁以上老年人口已达228.7万人， 占总人口的21.78%。伴随独生子女时代的来临，空巢老人增多，传统家庭养老模式功能日益衰弱，创造新型的全方位、多形式的养老模式已迫在眉睫。总之，在诸多烦恼中，最让人头痛的是人口问题，许多社会问题由它而来，被称为“基础性烦恼”。

二是交通拥堵日盛一日，交通量处于超饱和状况。拥堵时段由上下班发展为除深夜外的“全天候”。拥堵范围，已从二环路扩展到五环、六环路内。尽管采取了被人们一再质疑的机动车按车辆尾号轮流停驶的硬性措施，但拥堵仍然有增无减。主要原因是城市发展过快，而交通规划又滞后，城市中心区功能过于密集，导致人流、车流集中，加之机动车高速增长，全市保有量2000年为136.5万辆，2010年达483万辆。机动车高强度使用，平均上路率远高于发达国家。高密度聚集，80%聚集在六环路以内。国家和市级机关、企业总部、大型商场、医院集中于城市中心区，而新建住宅又林立于城市中心区的边缘。有的住宅区如方庄和天通苑等，设计过于庞大，上班车辆像洪水向市中心涌动，下班又集中回流，一旦道路或车辆发生故障，往往造成长时间堵车。不少小区严重缺少停车位，又不得不分占马路，加剧了出行矛盾。近年来虽然加大了修路力度，但路面的长度年增大体是2—3%，远远落后于机动车增长10%—15%的速度。在交通难以为继的形势下， 2010年底被迫采取了系列化疏堵的硬性措施，效果如何，尚待观察。

三是公共安全事件频发。经济快速发展，人们的私有财产迅速增加，贫富差距逐渐拉大。加之人口的流动性增长，社会的协调和控制手段一时跟不上新形势的发展，公共安全问题日益突出。刑事犯罪发案率一直处于上升状态，20世纪曾在我国一度基本绝迹的吸毒贩毒、卖淫嫖娼、聚赌抽头和私造贩卖武器等社会丑恶现象也死灰复燃，逐渐泛滥。盗窃、抢劫、诈骗目标，由财物发展到妇女儿童。盗窃抢劫“团伙化”、“血腥化”，诈骗“网络化”、“人性化”。一些奇特的恶性案件也频频发生。大兴区一年内出现三起灭门案，令人震惊。在生产和生活领域的人身伤害事故也层出不穷，人们的不安全感总体上仍在增长。

四是权钱交易等腐败现象，虽然已成为人人喊打之势，但发展势头尚未完全遏制。小贪小贿相当普遍，大案要案连续不断，违法主体从个人到集体，犯罪者职级从一般职员到高级领导人，涉案金额从数万元到数百万元，现已出现一批超千万元大案，严重败坏社会风气，干扰经济发展秩序，影响党和政府的威信。

发展中的曲折，主要是指在北京现代化建设的探索中，由于认识跟不上形势，指导思想一度偏离了实际或措施跟不上发展变化，走了弯路或丧失了时机，滞迟了发展。值得提起的主要是：

改革在一些方面市场化迟缓，另一些方面又过分强调市场化。前者主要是国有经济行政化问题迟迟未得到改造，私营经济发展一度落后于兄弟省市，资金、劳动力等要素市场发育迟缓等。对此，中共北京市委在2004年曾做过研讨，取得了共识，迅速采取了改进措施。教育改革，曾一度受“教育产业化”的思路冲击，影响了素质教育的改革进程。住房制度上，曾提出住房商品化等改革目标，对当时改革住房统配统管制度起了促进作用，但对住房尚有公共产品性质，即基本生活保障的一面缺乏认识，忽视建造带有福利性质的廉租房，导致在房价过高的情况下，一些低收入无房户难以解决居住问题而产生的一系列社会矛盾。企业的市场边界和现行条块分割的行政体制产生矛盾，企业兼并、淘汰落后产能和地方财政体制发生碰撞，至今尚未从体制上解决等。

发展中的不足，主要是城乡之间、区域之间发展水平和各阶层的收入在较长时期内处于逐步拉大的趋势，人民群众的基本社会保障和公共服务发展不足，与经济的总体发展不相适应，直到近几年才有较大改善。城市空间拓展，区域合作和带动周边地区富裕，一度未给以应有的重视。20世纪80年代，市政府有关领导和部门曾提出拓展北京腹地和出海口，建设京津唐经济区的设想，以后又发展为环渤海经济区，但只停留在议论中，迟迟没有落实。“只重视和外国朋友拉手，忽视了和周边兄弟联手。”直到近两年才提上了日程。对于突发性事件，长期以来只重视政治思想领域的防范，而对自然生态领域的问题缺乏警惕和应对预案。2003年“非典”突击北京时，举措一度失当，虽然在中央直接领导下，迅速稳定了局势，但教训是深刻的。

前进中暂难解开的疑团是多种多样的。长期以来人们十分关注并带有全局性的问题主要是北京城市的承载力能否测定和古都风貌如何保护。关于北京承载力，早在20世纪80年代就有人做过研究。90年代制定北京城市总体规划时，有人按资源环境的承受力，测算出北京可承载的极限人口是1800万人，但近年有人提出测算一个地区即时承载力是可行的，但测极限承载力是伪命题，因为人们对自然和环境的消耗量不是恒定的，而是伴随着经济和科技发展不断变化的。还有人说，预测是制定计划、规划、发展目标的必不可少的基础工作，只要掌握事物发展的规律，对其前景一般是可以预测的，但问题的关键是你是否掌控了北京城市发展规律？诸说纷争，尚未有统一认识。能不能预测，有没有极限，仍然是待解的疑团。关于古都风貌保护，从1948年北京解放开始就一直争议不断，现代化建设与保护古都风貌，能否鱼与熊掌兼得？事实是北京现代化建设的日新月异，而古都风貌却渐行渐远，日益褪色。有的同志说新陈代谢是不可抗拒的规律，古都风貌的逐步消失是必然的，不可逆转的，不必大惊小怪。另一种意见则认为古都风貌的保护不仅是应当的，也是可能的。关键是指导思想要端正，规划措施要落实，国外是有先例可循的。还有一种意见认为缓慢褪色是正常的，但如果迅速“去古都化”，则是不可取的。比如北京城墙的存在从总体上讲和现代建筑并没有非此即彼的矛盾，如果当年不拆，必然会被定为重要文化遗产，在精心维护下，再保留千年是完全可能的。现在的问题是大家都讲要保护古都风貌，但保护什么，如何保护，在实践上仍然众说纷纭，各行其是。人们心中的疑团始终未解。

2010年北京改革重要事件评述

娄毅翔*

2010年，在党中央、国务院的坚强领导下，北京市着眼建设中国特色世界城市，围绕实施人文北京、科技北京、绿色北京战略和加快转变经济发展方式，加大体制机制创新力度，重点领域和关键环节改革取得明显进展，为保持首都经济平稳较快发展和社会和谐稳定提供了强大动力。

一、深入推进行政管理体制改革，政府行政效能和服务水平不断提高

（一）调整首都核心区行政区划

2010年7月，国务院批复北京市政府关于调整首都功能核心区行政区划的请示，同意撤销北京市东城区、崇文区，设立新的北京市东城区，以原东城区、崇文区的行政区域为东城区的行政区域；撤销北京市西城区、宣武区，设立新的北京市西城区，以原西城区、宣武区的行政区域为西城区的行政区域。根据北京市区县功能定位，首都功能核心区包括原东城、西城、崇文、宣武四个中心城区。合并后新设立的东城区，辖区范围为现东城区和崇文区辖区范围，面积41.84平方公里，常住人口86.5万人。合并后新设立的西城区，辖区范围为现西城区和宣武区辖区范围，面积50.70平方公里，常住人口124.6万人。北京市此次调整行政区划，对于整合现有的空间资源，推进核心区南北均衡发展；拓展发展空间，提高核心区的承载能力和服务水平；集中力量加快老城区改造，加大历史文化名城保护力度；精简机构，合

---

* 作者为北京改革和发展研究会特约撰稿人，北京市政府研究室综合处副处长。

理配置地区经济、社会资源，提高行政效能，降低行政成本，提升核心区规划建设和整体管理水平，增强“四个服务”能力等都具有十分重要的意义。

（二）推进南北高端产业功能区资源整合

为了整合优势资源，拓展产业空间，市委市政府加大对开发区的资源整合力度，2010年主要推进了南北两大高端产业聚集区的资源对接与行政融合工作。一是推动大兴区和北京经济技术开发区行政资源整合。北京经济技术开发区经过近20年的发展，形成了比较明显的品牌优势，但是，亦庄40多平方公里的发展空间现在已经显得十分狭小，空间不足成为发展较大的障碍。大兴区近年来基础设施、生态环境等方面都有长足的进展，但缺乏一些大的项目。为此，北京市决定推进大兴区和北京经济技术开发区行政资源整合，着力打造南部高技术制造业和战略性新兴产业发展带。年初以来，大兴区与北京经济技术开发区“两区”按照“机制新、活力大、效率高”和“高水平、超常规、跨越式发展”的要求迅速推进了整合工作，目前进展顺利。二是推动海淀区与昌平区产业基地对接。近年来，海淀和昌平的产业发展领域存在趋同，高新产业、创意产业等分散在两区，难以形成更大的产业聚集效应。为此，北京市加快推动海淀北部新区与昌平产业园区对接，初步建立产业发展协调机制，共同打造北部研发服务和高新技术产业带。

（三）设立市固定资产投资项目行政审批综合服务大厅

为进一步深化行政管理体制改革，加快推进服务型政府建设，北京市按照依法依规、统筹兼顾，分步实施、重点突破，资源整合、市区联动，注重节俭、全程监管的原则，在市政府中环办公楼搭建北京市固定资产投资项目行政审批综合服务大厅，并于2010年4月2日正式启动运行，初步实现了固定资产投资行政审批的一站式服务，推动“绿色审批通道”机制常态化、长效化迈出了重要的一步。固定资产投资审批大厅的运行管理工作由市政府办公厅牵头，日常工作由市政府外联服务办承担，负责对进驻单位开展固定资产投资项目审批工作及其窗口工作人员做好组织协调、管理监督和指导服务。

具体负责研究制定相关管理办法和措施，并组织实施；负责对进驻单位开展固定资产投资项目审批工作及其窗口工作人员进行考评，组织开展窗口工作人员有关教育培训工作；负责重要会议的组织和信息管理、报送工作；负责公文、档案管理和安全保密工作；统筹政策法规、服务事项、服务流程的宣传和政府信息公开工作；开展信息化建设与运营维护管理；联系区县行政服务中心（大厅）；承办市委市政府交办的其他事项。到目前，17个市级部门进驻大厅，131项审批和服务事项能够在大厅办理，实现各部门并联审批、一条龙服务。今后，凡涉及投资相关的行政许可、行政审批及行政服务事项将全部进入大厅受理，集中进行咨询、受理和结果送达，基本实现“业务、人员、场所”三个相对集中，做到“一口进、一口出”，为投资者提供便捷、优质、高效的服务。

二、深化经济领域改革，社会主义市场经济体制机制进一步完善

（一）推进中关村国家自主创新示范区改革创新

2009年3月，国务院做出建设中关村国家自主创新示范区的重大战略决策，要求把中关村建设成为具有全球影响力的科技创新中心，中关村的发展进入了一个新阶段，迈上了一个新的台阶。2010年以来，中关村示范区建设主要在以下方面的改革创新取得重大突破。一是按照胡锦涛总书记的指示，搭建首都创新资源平台，组建中关村科技创新和产业化促进中心，进一步整合高等院校、科研院所、中央企业、高科技企业等创新资源。二是国务院批复六项新的先行先试政策。即：推进科技成果处置和收益权改革，中央级事业单位处置科技成果，价值在800万元以下的，可由本单位自主处置，同时抓紧研究制订处置收入的管理使用办法；开展完善股权激励个人所得税政策试点，对中关村园区内高新技术企业转化职务科技成果以股权形式奖励个人的，加大税收优惠力度；中央有关部门会同北京市研究制订股权激励试点方案审批细则，明确审批主体、审批程序等；原则同意在中关村开展科研项

目及经费管理改革试点，在科研和产业化项目招标、立项等环节中，加大对中关村园区内企业的支持力度，开展科研项目经费后补助等试点；在中关村代办股份报价转让试点工作基础上，加快推进全国场外交易市场建设；在中关村先行开展完善高新技术企业认定试点。三是启动中关村科学城建设。中关村科学城包括中关村大街、知春路和学院路周边区域，总面积约75平方公里。将通过打造“聚焦品牌”，突出优势资源和特色产业，来支持大学、科研院所和中央企业在区域内的发展，建设一批面向市场需求、产学研用结合的产业技术研究院、企业研发和总部基地以及高端产业园。四是启动中关村人才特区建设。为了抢占国际人才发展制高点，构筑创新型城市的人才发展高地，按照中央“特殊政策、特殊机制、特事特办”的要求，研究制定了《关于中关村国家自主创新示范区建设人才特区的若干意见》，计划用5年时间，建设“人才智力高度密集、体制机制真正创新、科技创新高度活跃、新兴产业高速发展”的人才特区。五是完善科技成果产业化机制。在中关村“一区十园”现有十几家建设公司的基础上重组成立中关村发展集团，负责引进重大项目和统筹产业布局。建立了项目发现、筛选、投资、落地服务的工作机制，以政府投资形式推动重大科技成果转化和产业化。

（二）推进金融改革创新

成立全国首家消费金融公司，由北京银行独立出资3亿元设立北银消费金融有限公司，专门为消费者的旅游、婚庆等消费活动提供贷款。以北交所文化产权交易中心和国际版权交易中心为载体，设立全国首家文化创意产业金融服务中心，创新金融服务产品和模式，为文化创意产业提供资金支持，并发行全国首期文化创意中小企业集合票据。完成科技金融服务体系建设，设立13家科技信贷专营机构，发行全国首期科技型中小企业集合票据。成立全国首家绿色金融专营机构，建立北京市绿色产业投资基金。试点“政府参股”，在电子信息、新能源和环保、生物医药、高技术服务业等领域发起设立4只总规模达到10亿元的创业投资基金。建立了“九农”金融服务体系，构建农业信贷、农业担保、农村信用、农业保险、农业投资、农业投资基金、涉农企业上市培育、涉农要素市场、农村综合改革试验区等九大农村金融服务框架，设立了全国首家“三农”信贷专营机构。推进跨境贸易人民币结算试点，推动在京开展离岸金融业务试点，开展股权投资基金及其管理企业利用外资工作试点。

（三）完善房地产市场管理体制

严格落实国家房地产调控措施，2010年2月，根据《国务院办公厅关于促进房地产市场平稳健康发展的通知》（国办发〔2010〕4号）精神，出台了《促进本市房地产市场平稳健康发展的实施意见》；4月份，制定发布了《北京市人民政府贯彻落实国务院关于坚决遏制部分城市房价过快上涨文件的通知》，又称“京十二条”，进一步细化、严格相关措施。根据房地产市场新政，北京市除了严格二套住房购房贷款管理，实施差别化税收信贷等政策外，还进一步推动完善了房地产市场管理各项制度，主要包括：完善了市场监管制度，加强商品房预售资金管理，维护购房者合法权益；细化和完善预售方案管理制度，落实开发企业房屋质量责任；严格经纪机构信息公示管理，规范租赁代理操作流程；加强酒店和工业研发类项目销售监管，制止分割出让和改变使用性质的行为；推进房屋信息化建设，建立房屋全生命周期管理信息系统；建立住房保障工作统筹协调机制，建立工作责任。

（四）深化农村各项改革

积极推进集体土地流转试点，稳步推进在集体土地上建设租赁住房试点工作。继续推进征地补偿多元化试点工作，积极稳妥地推进留地安置、实物补偿等征地补偿多元化安置方式。建立农村土地承包、流转及调解仲裁体系，提高农地流转服务水平。全面推进农村集体经济产权制度改革，更多京郊农民向有资产的市民转化。加大农民专业合作社扶持力度，全市农民专业合作社覆盖70%从事第一产业的农户。推进集体林权制度改革，建立山区生态公益林生态效益促进发展机制，对经过区划界定的山区集体所有生态公益林按照每公顷每年600元（每亩每年40元）的标准进行补助，用于山区生态公益林生态补偿和森林健康经营管理。制定《关于加强土地管理推进小城镇建设的意见》，推动重点小城镇加快发展。

三、加快社会领域改革步伐，社会民生保障水平明显提高

（一）完善就业服务体系

继续实施稳定就业和鼓励企业吸纳就业、促进劳动者自主创业等一系列扩大就业政策，帮助企业稳定就业岗位，提高就业率。完善区域协调发展机制，加大对高失业率地区的政策支持力度，提高补贴标准，并向生态涵养发展区延伸。将城市化建设地区的农民纳入促进就业帮扶范围，享受失业人员就业优惠政策，促进形成城乡平等的就业政策体系。积极推进建设统一规范的人力资源市场，启动流动人员人事档案公共服务管理信息系统建设，初步实现劳动力和人才市场管理体制、信息发布和促进就业行动等方面的统一。实施大学生就业专项促进计划，搭建就业岗位信息集中发布平台。启动“纯农就业家庭”劳动力转移就业援助计划，进一步完善城乡就业困难群体长效帮扶机制，提供精细化援助服务，完善就业特困人员托底安置机制，实现城乡“无零就业家庭”。

（二）健全社会保障制度

发布了《关于城镇职工补缴基本养老保险费有关问题的通知》，填补个人补缴的空白，以保证参保者退休后的养老待遇，解决了群众反映强烈的历史遗留问题。完善失地农民参保政策，使城乡结合部50个重点村失地农民可以同城镇职工一样延期交费，也可以享受灵活就业人员的参保政策。出台《城镇企业职工基本养老保险关系转移接续暂行办法》启动企业职工跨省就业基本养老保险保险关系转移接续工作。积极推进医疗保障制度城乡一体化，整合“一老一小”、无业居民大病医疗保险制度，制定统一的城镇居民基本医疗保险办法，学生儿童、无业居民首次实现门诊报销，其中的重残人

员可免费享受医保报销待遇。实现区县公费医疗与职工基本医疗保险制度并轨，16个区县45万名公费医疗涉及者将纳入职工基本医疗保险制度。完成社保卡整体工程，全市1757家定点医疗机构全部开通持卡就医结算功能，“服务网点、服务热线、服务网站、自助服务终端”四位一体的服务体系已经建成并投入使用，大幅减轻市民看病就医时的垫付负担。

（三）推进医药卫生体制改革

成立首都医药卫生协调委员会，作为市政府议事协调机构，具体承担统筹首都医药卫生事业发展战略，协调推动首都医药卫生资源整合，研究落实首都医药卫生体制改革相关政策，统筹研究首都重大突发公共卫生事件相关工作等9项主要职责。推进公立医院改革试点，开展建立在成本核算基础上的公立医院财政补偿机制改革试点工作。启动大型医院与基层医疗卫生机构预约转诊，在13个试点区县搭建基层医疗机构与二、三级医院之间的转诊服务工作平台。推动预约诊疗工作，建立了预约挂号日报制度，在26家三级医院实施了双休日及节假日全天门诊。推进基层医疗卫生机构工作机制和服务模式创新，试行家庭医生服务，在东城、西城等区试点开展功能社区服务和社区卫生诊断工作。将城六区社区卫生服务中心门诊服务时间延至晚8时，并试点开展24小时服务，有条件的社区卫生服务中心提供24小时医疗应急处置服务。实行药品集中采购和国家基本药物制度，以政府为主导，按照统一管理、药品同城同价原则，确保全市所有非营利性医疗机构、医保定点医疗机构所用药品来自集中采购，目前全市100多家二、三级公立医院的收费窗口实现了同一种药品同一个价格。东城区批准成为“国家中医药发展综合改革试验区”，将以区域内中国中医科学院、北京中医药大学东直门医院、北京市中医医院等为龙头，打造中医药健康服务平台，努力形成医疗学科健全、专业特色集聚、服务品质优秀，具有示范作用的中医药品牌服务区。

（四）加强社会建设管理创新

制定实施《北京市社会服务管理创新行动方案》，将重点围绕社会保障体系创新、各类社会群体服务管理创新、社区服务管理创新、社会组织服务管理创新、互联网等新媒体管理创新、社会领域党建工作创新等六个方面，开展34项重点工作，推出90项创新措施，加大工作力度，努力实现社会服务管理全覆盖，力争用2—3年时间，初步形成具有时代特征、中国特色、首都特点的社会建设新格局的基本框架。进一步完善“枢纽型”社会组织管理体制，新认定第二批12家市级“枢纽型”社会组织。支持社会组织开展服务民生行动，着力于为群众排忧解困，办实事，解难事，做好事。深入推进城乡社区、社会组织管理体制改革，按照“职能分开、协作治理”思路，推进社区服务站规范化建设，新确定1000个社区作为规范化建设试点，从7个方面分26项重点推进规范化建设，在全市1249座商务楼宇建立社会工作站。总结推广大兴区村庄社区化管理经验，积极培育建设50个典型示范农村社区。积极推进中关村社会组织管理体制改革试点，实施了民政部门直接登记、政府购买服务、扩大社会组织活动范围等创新举措。加快推进网格化社会服务管理体系创新工作，在东城、朝阳、顺义三个综合试点区建设。创新志愿者工作管理模式，健全联席会议制度，发布《北京市志愿者管理办法（试行）》，进一步规范志愿者招募、注册、表彰等工作。

四、加大城市服务管理创新力度，城市运行体系和机制更加完善

（一）健全交通管理体制和政策体系

成立缓解交通拥堵会商工作推进小组，定期召开会议，推进落实缓解交通拥堵重点项目。实施工作日高峰时段区域限行交通管理措施，受限号牌每隔13个周轮换1次，限行区域为北京市五环路以内（不含五环路），限行时间为工作日7—20时。扩大错时上下班单位，北京市各级党政机关、社会团体、事业单位工作人员上班时间将由8时30分调整为9时，下班时间由17时30分调整为18时。开展重点区域停车收费改革，将本市停车场划分为3类区域，根据不同区域调整非居住区停车场收费标准。完善城六区交通管理体

制，成立区交通委，负责统筹本区交通发展和管理工作。制定《关于进一步推进首都交通科学发展加大力度缓解交通拥堵工作的意见》，按照“建、管、限”的思路，发布实施了缓解交通拥堵的28项综合措施，并出台《北京市小客车数量调控暂行规定》及实施细则。根据新规，本市将采取完善城市规划，以摇号方式无偿分配小客车配置指标及适当提高一类区域停车费等方式缓解拥堵。

（二）完善生活垃圾管理体制机制

健全市、区、街和社区的“四级”垃圾管理体制，实行垃圾处理全市统筹、区县政府属地负责制，市区两级分别成立了协调小组，建立了联席会议制度，街道办事处和乡镇政府负责具体实施及日常管理工作，社区居委会和村委会负责组织发动居民、村民参与垃圾分类等工作。建立了生活垃圾减量化、资源化、无害化指标考核办法，采用生活垃圾减量化指数、生活垃圾资源化指数和生活垃圾无害化指数来分别反映各区县的垃圾处理成绩，并以各指数的数值大小作为各区县相应工作成绩的量化考核依据。实施生活垃圾管理奖励办法，对在生活垃圾管理工作中做出突出贡献和取得优异成绩的市级部门、区县政府、乡镇政府、街道、社区、村庄、社会单位和个人进行奖励。实施《关于建立生活垃圾处理调控核算平台的意见》，建立市级财政对区属垃圾焚烧和综合处理设施运行给予补助等政策机制。

（三）建立健全城市安全稳定管理机制

建立公共安全风险管理长效体系，印发《关于加强公共安全风险管理的意见》，全市40余个部门和区县将公共安全风险管理纳入常态工作，启动并推进重点专项风险管理体系建设。积极推进极端天气引发城市交通拥堵、大型群众性活动的第三方风险评估机制等风险管理示范（试点）项目建设。初步建立全市突发事件应急通行机制，进一步提高突发事件处置效率，强化区域间的沟通与协作，不断完善应急联动机制。建立市级重大事项社会稳定风险评估机制，要求凡同人民群众切身利益密切相关、易引发不稳定问题的重大决策和重点项目等重大事项，决定之前都应进行社会稳定风险评估。构建社会矛盾多元调解体系，推动人民调解、行政调解、司法调解的有机统一，实现三者可相互委托、相互衔接，最终形成一个横到边、纵到底的大调解格局。

"十二五"期间北京与周边区域互动趋势展望

宋洁尘*

"十二五"时期是北京加快转变经济发展方式，深化改革开放，全力推动"人文北京、科技北京、绿色北京"战略，提高"四个服务"水平，努力打造国际活动聚集之都、世界高端企业总部聚集之都、世界高端人才聚集之都、中国特色社会主义先进文化之都、和谐宜居之都、向中国特色世界城市迈出坚实步伐的重要机遇期。强化北京与周边区域的良性互动发展，对实现"十二五"规划目标具有重要的现实意义。

一、强化北京与周边区域互动发展的紧迫性和必然性

强化北京与周边区域互动是贯彻中央对北京市工作指示的具体体现。《中共中央关于制定国民经济和社会发展第十二个五年规划的建议》明确提出要加强和完善跨区域合作机制，消除市场壁垒，促进要素流动，引导产业有序转移。规划建议同时指出：推动特大城市形成以服务经济为主的产业结构；按照统筹规划、合理布局、完善功能、以大带小的原则，遵循城市发展客观规律、以大城市为依托，以中小城市为重点，逐步形成辐射作用大的城市群，促进大中小城市和小城镇协调发展；合理确定城市开发边界，提高建成区人口密度，防止特大城市面积过度膨胀。从中央对北京市工作的一系列指示中不难看出，北京要切实贯彻落实中央的决策部署必须在强化区域互动上寻求新突破。特别要加快推进京津冀一体化进程，尽快缩小京津冀经济圈

* 作者为北京市委研究室首都发展所副研究员。

与“珠三角”、“长三角”之间的发展差距。

强化北京与周边区域互动是进一步壮大首都经济总体实力、竞争力和可持续发展能力的重要保障。世界城市在空间结构特征上更多体现为世界城市—区域，也就是说世界城市必须依赖于它所辐射的区域来汲取和释放“能量”。北京建设世界城市，显然离不开周边区域强有力的支撑。据统计，2005年，东京及首都圈的GMP（都市生产总值）占日本GDP的60%，韩国首尔经济圈占韩国经济总量的67%。按照2009年全国GDP335353亿元，北京11865.9亿元，天津7500.8亿元，河北17026.6亿元核算，京、津、冀三地GDP占全国GDP仅为10.85%，与成熟世界城市差距甚远。其中，北京2009年GDP仅占全国GDP的3.53%，纽约大都市区2006年的GDP为1.13万亿美元，占美国GDP的8.6%，同期伦敦的GDP占英国GDP的比重高达16%。强化北京与周边区域互动显然对提升首都和区域整体发展水平都具有重要意义。

为此，《中共北京市委关于制定北京市国民经济和社会发展第十二个五年规划的建议》对强化北京与周边区域合作做了全面深入的部署。主要内容包括：主动对接环首都周边地区的发展建设，进一步强化北京作为京津冀地区核心城市的综合辐射带动能力；落实国家区域发展总体部署，加强与津冀及环渤海地区在市政交通、城镇建设、资源能源、生态建设等领域和在农业、旅游、金融、商贸、口岸等方面的合作，推动区域合作全面纵深发展；按照区域产业分工协作要求，打造一批高新技术产业带、产业群，提升区域综合发展实力；完善区域合作协调机制，在规划编制、资源共享、政策集成等方面加强统筹协调和沟通协商，构建区域合作长效机制，形成协同推动区域发展的良好局面。

强化北京与周边区域互动是化解北京人口、交通拥堵等现实难题的重要途径。“十一五”期间，北京市人口总量呈加速增长态势，2009年，常住人口达到1755万人，其中居住半年以上流动人口509.2万人，占常住人口总量的29%。“十一五”前四年，居住半年以上的流动人口，年均增长38万人，占全市常住人口增量比重的70%。对人口总量实施有序管理，严格控制外来人口过快增长是实现首都经济社会健康可持续发展的一项基础性工作。《中共北京市委关于制定北京市国民经济和社会发展第十二个五年规划的建议》明确提出，要加强区域协作，为首都人口有序流动提出新的出口。解决北京人口膨胀难题，必须在平衡区域发展差距上寻求出路。重点是提高北京周边区域承接北京产业和功能转移的能力，为顺利实现相关资源向周边区域扩散创造条件，进而带动就业岗位的空间转移，达到有效疏解人口的政策目标。

强化北京与周边区域互动是展现大国首都开放、包容、负责任形象的重要载体。长期以来，北京周边地区为首都资源、能源、生态和政治“服务”做出了巨大贡献，尤其是河北环京地区，受首都巨大“虹吸效应”的影响，形成了特有的“环京贫困带”。北京作为发展中大国的首都，不仅要谋求自身的科学发展，更需要在推动和引领区域协调科学发展上做出积极的姿态，付出更大的努力，向世人展现一个开放、包容、负责任的大国首都形象。从一定意义上讲，主动推动周边区域发展，不仅是补偿周边地区发展机会成本损失的内在要求，也是建设人文北京，提升城市文化软实力，提高城市美誉度和信赖度的重要手段。

二、北京强化与周边区域良性互动面临的突出问题

主动对接环首都周边地区的发展建设，进一步强化北京作为京津冀地区核心城市的综合辐射带动能力充分显示了北京强烈的区域合作意愿和巨大需求。津冀两地，尤其是河北环京13县市更是对“环首都经济圈”规划寄予厚望。进一步强化北京与周边区域良性互动的内外条件和时机均已成熟。但是，对一些制约和影响区域互动的突出问题依然不容忽视。

一是京、冀两地发展落差较大，客观上不利于北京就近辐射。从人均地区生产总值看，2009年，按常住人口计算，北京人均地区生产总值为10070美元，天津9136美元，河北3555美元，其中京、津两市已经达到或接近中等发达国家水平。根据钱纳里和库兹涅茨的工业化标准，可以进一步分析京津冀地区的各自工业化水平（见表1）。依据四项指标判断，北京人均地区生产总值已经超过1万美元，越过世界银行确定的从发展中状态进入发达状态的标准线，第三产业比重超过75%，就业结构和城市化率也已经达到较高

水平，综合衡量，北京已经进入后工业化时期。天津处于工业化后期，而河北则处于工业化中期阶段。从理论上讲，京冀之间存在产业梯度转移的巨大潜力，只是要将这种潜力真正挖掘出来，迫切需要河北在承接产业转移能力上有质的提升。从经济增速看，2000—2009年，北京年均增长11.9%，天津14.4%，河北11.2%。三省市经济增速虽然较为接近，但由于各自经济发展起点差异较大，未来一段时间内，河北与京津的经济发展差距可能会进一步拉大。因此，北京要强化与周边地区互动，必须采取推动产业转移与培育周边区域产业承接能力双管齐下的方针，避免陷入转接衔接不畅的困扰。

表1　京津冀工业化水平比较（2009年）

省市	人均地区生产总值（美元）	三产构成	三次产业就业结构	城镇化率（%）	经济发展阶段
北京	10070	1/23.2/75.8	6.4/21.2/72.4（2008年）	85	后工业化
天津	9136	1.7/54.8/43.5	10.8/41.9/47.3	61.10	工业化后期
河北	3555	13/54.1/34.9	39.8/31.4/28.8（2008年）	41.90（2008年）	工业化中期

资料来源：根据三省市2009年统计公报计算整理。

二是京津冀区域经济联系较为薄弱、产业合作链有待深化拓展。以2007年北京、天津、河北和其他地区（除京津冀以外的地区）四地区投入产出（见表2）为例，计算京津冀之间的经济技术联系。从四地区间产业直接前向关联看（见表3），天津、河北对北京的产业直接前向关联指数分别仅为0.05和0.03，表明天津最终产品对北京的供给程度较高。北京、河北用于满足自身中间需求的比例分别为0.48和0.38，说明北京对自身经济的带动作用较强，河北对自身经济的带动作用相对较弱，二者对京津冀经济圈的带动作用均不显著。从产品的前后向联系看，北京产品供给市场主要以满足本市、全国其他省市为主，对天津、河北的依赖较低；受资源环境等因素制约，产品的中间需求市场对天津、河北的依赖程度较高，但最终需求市场仍然以自身和海外市场为主。京津冀在产品供给和最终需求上的联系薄弱，客观上成为影响和制约了北京与周边地区互动的重要障碍。

表2　京津冀及全国其他地区四区域投入产出表　　（单位：亿元）

		中间产品					最终使用				进口	总产品
		北京	天津	河北	其他	北京	天津	河北	其他	出口		
中间投入	北京	13098	514	527	3312	13998	654	618	2030	4359	3664	27313
	天津	860	7306	366	2213	1052	8426	429	1357	2240	1647	15795
	河北	1018	485	15410	9406	1245	617	22477	5765	1388	735	40097
	其他	2127	1908	7096	487169	2600	2428	8330	204415	87554	67974	735653

表3　京津冀及全国其他地区四区域产业直接前向关联指数

地区	北京	天津	河北	其他
北京	0.48	0.02	0.02	0.12
天津	0.05	0.46	0.02	0.14
河北	0.03	0.01	0.38	0.23
其他	0.003	0.003	0.01	0.662

三是区域互动的体制障碍和利益协调机制亟待有破有立。2010年发展和改革蓝皮书《中国经济发展和体制改革报告：金融危机考验中国模式》一书中深刻指出，中国模式的优势很重要的一点就是政府与市场的有机结合。蓝皮书认为，中国模式的核心是国家对经济的干预。中国非常重视国家在经济发展中的作用，这是其他西方国家所没有的，并且中国政府在集中和分配全国性财力、协调区域经济发展、引导社会投资方向等方面具有很强的调控能力和优势。北京与周边区域互动要取得重大突破，迫切需要突破现有行政区划的限制，在更高层面上建立统筹区域发展的规划、调控体制，完善区域之间的利益共享和协调机制。尤其要端正区域互动的观念和心态。京津是直辖市，发展水平高，必须抛弃“不跟你玩”的心态，积极推动产业调整跳出行政区划界线，大力培育和发展要素市场，促进生产要素在区域内畅通流动，推动区域合作向产业融合的广度和深度拓展。

三、“十二五”期间北京强化与周边区域互动的五点展望

展望“十二五”时期，北京在进一步优化和完善与周边区域资源能源、生态环境保护、护城河工程等领域合作互动的同时，有望在市政基础设施建设、产业链融合发展、政策创新平台共享、区域公共服务均等化等领域迎来新的突破和长足发展。

市政交通基础设施的加速建设，京津冀同城化将逐步实现。京津城际铁路的贯通，将北京与天津的时间距离缩短为半小时。随着京唐高铁、大七环的规划建设，轻轨、地铁向河北环京地区的延伸，加上现有京承、京石、京津二高速等区域互联式、一体化交通网络体系的逐步建立和完善，未来在北京周边地区将形成半小时、1小时和1.5小时等不同层次的经济圈。环绕北京的张家口、承德、廊坊、保定4个地级市和涿州市、涞水县等13个县市，在未来3—5年内将真正步入京冀同城化阶段。与此同时，北京也将有望在2.7万平方公里的更大空间范围内寻求人口和产业转移的合适区位，以有效缓解首都人口和交通拥堵压力。

贯彻转变经济发展方式这条主线，区域间产业融合发展有望取得新突破。转变经济发展方式一方面意味着产业结构的调整和升级，另一方面意味着产业空间布局的优化调整。围绕产业结构调整和升级，北京市提出要大力发展生产性服务业，进一步强化文化创意产业的支柱地位，集中力量塑造“北京服务”品牌，建立辐射全国、具有较强国际影响力的现代服务业产业体系，同时打造“北京创造”品牌，努力使战略性新兴产业成为首都经济的先导产业和支柱产业。而河北在建立现代产业体系，转变经济发展方式的过程中，恰恰需要借助北京生产性服务业发达的优势，争取更多的技术研发支撑、金融支撑和文化创意支撑，并与当地丰富劳动力和土地资源优势有机结合，转化为现实的经济优势。

从北京市优化产业空间布局的方向上看，总体上呈现出向外围加速拓展之势。如在东部地区聚焦通州新城建设，推动临空经济创新服务中心建设，发展高端商务、现代物流和战略性新兴产业。在南部地区全面落实“城南行

动计划”，打造以北京经济技术开发区和大兴区整合后的空间资源为依托的南部高技术制造业和战略性新兴产业聚集区。河北在环首都经济圈产业规划中，紧紧抓住沿海和首都的产业转移，建设高端产业带，主动对接首都功能的疏解。北京大力吸引世界高端企业总部，河北则在吸引企业总部、外资银行和大型企业的后台服务上发力，推动地区之间产业融合发展不断上升到新水平。

重大政策创新平台在强化区域互动中的引擎作用有望取得新的突破。长期以来，北京与周边区域的互动主要局限于地方政府之间的推动，并没有很好地利用重大政策创新平台的区域辐射带动作用。中关村国家自主创新示范区、北京天竺综合保税区这类国家级政策创新平台不仅仅是推动首都科学发展的重要平台，也是服务京津冀、辐射更大周边区域的重要功能平台。为此，要推动地区高等院校、科研院所的合作，加强重大科研课题的联合攻关，探索建立区域科技项目合作机制和成果转化平台，提升区域整体创新能力。探索建立区域互联、互通的大通关体系，建立安全、高效、便捷、绿色的进出通道。

区域基本社会保障政策一体化进程有望深入推进。遵循区域经济一体发展演变规律，在推进要素一体化，实现生产要素的自由流动的基础上，着力推动区域政策一体化，实现区域内政策的统一和联动是“十二五”期间的重点。目前，京、冀两地将共同推动建立两地医保无障碍转移及就诊报销互认制度，推进异地就医直接结算。同时，两地还将在养老、社会保障等方面实现政策一体化。

与区域互动紧密相关的科学的政绩考核体系有望逐步建立和完善。建立健全与区域经济发展相适应的政绩考核指标体系在当前同样有着特殊的意义。传统行政体制的作用在很大程度上是通过与它相适应的政绩考核指标体系这根指挥棒体现出来的。而且主要是以行政区内的活动为统计对象，这就使得各地政府不得不以行政边界为经济活动的边界，从而不可避免地成为区域经济合作的阻碍力量。要改变这种状况， 就必须改变政绩考核指标体系， 要采取措施把各地区之间横向经济的合作， 以及各地政府在这种经济合作中发挥的作用作为绩效考核的重要内容。

北京市公共交通补贴研究

白志刚　刘 波*

城市公共交通**（以下有的地方简称“公交”）是城市发展中具有基础性、公益性的行业。北京市为贯彻落实国家有关优先发展公交战略，于2006年进行2次公交改革，进一步明确了公交的公益属性，形成了独具特色的城市公交发展“北京模式”，在国内外引起广泛关注。北京2006年公交改革核心就是加大对公交企业的显性补助和对乘客的隐形补助力度，本文通过对3年来补贴路径的梳理，探讨补贴的作用和存在的一些问题，并就未来发展提出相关对策建议。

一、北京公共交通补贴的发展路径

从20世纪50年代开始，北京就开始实行福利月票政策，北京市政府为此每年都对公交进行财政补贴，补贴的范围主要包括公共电、汽车和后来的地铁等月票补贴，公共交通公司新开线路补贴、高价油补贴和公安经费补贴，以及对地下铁道公司的折旧费实行专项定额补贴。1990年，北京市地铁二期工程验收后投入正式运营，当年增加财政补贴1.52亿元。1994年，北京市对电汽车亏损、地铁亏损实行“亏损总额控制、超亏不补、减亏全留”的补贴办法***。20世纪90年代末期，北京市为改变公交系统亏损状况，开始市场化改革。然而这种以市场为导向的改革并没有取得成功，北京的财政专项

---

* 作者白志刚为北京社会科学院研究员，刘波为北京社会科学院副研究员。

** 本文中的城市公共交通是各种客运交通方式的总称，包括公共汽车、电车、出租汽车、轮渡、地铁、轻轨以及缆车索道等客运交通方式。

*** 张一帆：《城市公共交通补贴效率研究》，北京交通大学，2009年，第41页。

补贴仍然不断投入到巴士公司中。2006年，建设部、国家发展改革委、财政部、劳动保障部等四部门共同印发了《关于优先发展城市公共交通若干经济政策的意见》，要求“加大城市公共交通的投入；建立低票价的补贴机制；认真落实燃油补助及其他各项补贴；规范专项经济补偿”。随后，北京市以迎接2008年奥运会为契机，在国家公交优先政策指导下，进行2次公共交通改革，在全国引起广泛关注。2006年底，北京市政府印发了《关于优先发展公共交通的意见》，确定优先发展公共交通的总体思路是“两定四优先”。“两定”即确定发展公共交通在城市可持续发展中的重要战略意义，确定公共交通的社会公益性地位；“四优先”即公共交通设施用地优先、投资安排优先、路权分配优先和财税扶持优先。依据指导意见，北京市从2007年1月1日开始公交普遍降价，普通卡4折，学生卡2折，包括空调车在内公交线路的基础价为1元，并且对本市享受居民最低生活保障待遇人员及其家庭的学生购买月票卡时每卡每月还给予10元的补助。为此，2007年，北京市财政将安排49.76亿元支持公共交通事业发展，比2006年增加13.04亿元。其中，仅公交IC卡刷卡打折优惠政策这一项，就将预计安排补贴34亿元。2008年，北京的公共交通补贴接近100亿元，地面公交拨付资金91.5亿元，地铁拨付资金7.9亿元。2009年，北京市公共交通补贴近120亿元，比2008年增加20亿余元，由于新开通线路，地铁补贴达到15.2亿元，比2008年增长91%。考虑到北京轨道交通建设超速发展，2010年的补贴增幅较大，预计超过150亿元，而随着大兴等5条郊区地铁线路的开通，2011年公共交通补贴有可能突破200亿元（见表1）。

表1　北京市历年公交补贴数额

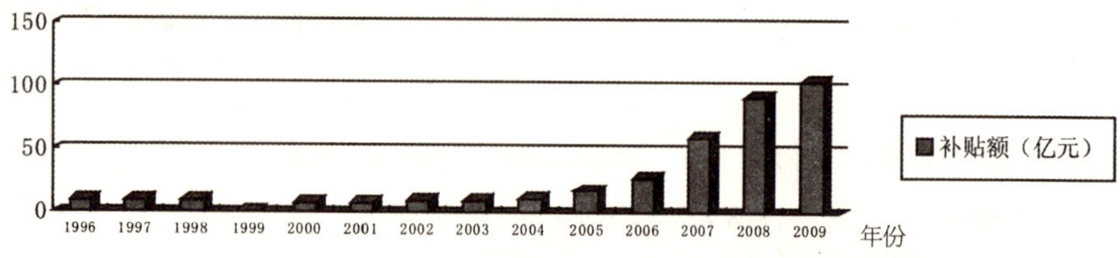

从以上北京公交补贴路径演变可以看出，北京公交补贴经历了从“补贴”概念到政府真正掏钱购买企业的服务而不是以盈利为目的的转变过程。这种通过政府补贴，采用普惠制的低票价吸引客流（见表2），让市民享受政府福利的做法，凸显了本次公交改革的公益属性。北京市公交改革也为全国其他地区公交改革发展树立了一种新的模式，因此被国内一些专家学者称作“北京模式”。

表2　北京市各交通方式分担率变化情况（单位：%）

年份	公共交通			私人交通			总计
	地面公交	轨道交通	班车	小汽车	出租车	自行车	
2009	29.2	7.9	2.1	31.0	8.0	21.8	100
2007	27.5	7.0	2.1	32.6	7.7	23.0	100
2006	24.4	5.8	2.4	31.6	8.1	27.7	100
2005	24.1	5.7	2.5	29.8	7.6	30.3	100
2002	23.5	4.5	2.8	26.2	8.2	34.7	100
2000	22.9	3.6	2.0	23.2	8.8	38.5	100

资料来源：绿色出行北京2008报告等。

二、北京公共交通补贴存在的问题

北京的城市公共交通补贴政策对于促进首都公共交通发展，满足市民对城市公交的需求，起到了积极作用，但同时在实施过程中也暴露出多方面不足。

第一，交通补贴对缓解道路拥堵作用不明显，近3年北京交通拥堵状况日益严重。

北京市政府对公共交通的乘车价格进行大幅降价的主要目的是解决北京高峰时期交通拥堵问题，即以最大能力将开车上班的人群分流到乘坐公共交通工具，这样路上的车少了，自然拥堵压力就可能降低。然而，近几年随着北京机动车保有量的屡创新高，城市拥堵程度越来越让人难以忍受，拥堵现象没有得到丝毫缓解，反而愈加严重。

第二，缺乏精确的考核指标，政府的审核制度和奖惩措施还不够健全完善。在现有的补贴机制当中，政府和公交企业之间信息不对称，公交企业政策性亏损的范围难以界定，政府对需要补贴的公交企业没有具体的考核指标，导致补贴分配不合理、效果不明显。由此带来了公交亏损导致服务质量下降，居民满意度降低的恶性循环。随着2010年12月30日北京5条新地铁线路的开通，公交补贴数额势必进一步加大。政府对公共交通补贴的目的主要是改善企业的服务质量和提高运营效率，而当前公交企业运营效率不和经济挂钩，服务质量下降也与企业生存无关。公交企业面对补贴、运行成本、服务质量三个问题时，花费最大力气的往往是争取更多的补贴而不是降低运行成本和提高服务质量。比如，一些公交高峰期车次少、车内拥挤，司售人员服务质量差等问题并没有得到改变。

第三，补贴测算方式和后期监管缺乏相应的法律约束。从目前看，北京公共交通补贴措施，主要是从政策层面进行要求，公共交通补贴地方法律法规还没有建立。另外，北京和我国大多数城市一样，尚未形成规范、透明、统一的公交补贴测算方式，最终得出的补贴数额缺乏科学依据。补的多了是增加政府的无谓开支，加大政府财政压力，补的少了使企业得不到必要的资金，阻碍公共交通的健康发展。对补贴资金的后续使用也缺乏合理的监督评价管理机制，补贴资金像是“泼出去的水”，难以监管*。

第四，补贴资金来源较为单一，补贴对象和方式缺乏多样性。目前我国城市公共交通建设和政府补贴资金的来源全部是地方财政，没有任何基金的来源或交通规费。如北京2009年用于公交补贴的近120亿元几乎全部来自于北京市政府，给政府造成了严重的财政负担。其实，并非所有的公交线路都存在亏损，也并不是所有的公交线路都需要政府补贴。北京有些线路只要措施得当，完全能够实现盈余。当前公交补贴方式，造成了较少考虑企业经营的线路优劣以及各企业经营的实际效率，对效益一般及欠佳的线路，经营

* 张一帆：《城市公共交通补贴效率研究》，北京交通大学2009年，第7页。

单位的积极性先天不足；原本效益看好的优良线路，也极有可能因经营单位资质条件限制而得不到最佳发挥，最终因为效率低下而造成更加严重的亏损*。

第五，补贴持续加剧北京财政压力。据相关数据推测，北京市年财政收入只有保持约20%的增长速度，公交补贴所占财政收入的比例才能小于4%，也就是说政府可以在不提高公交补贴占财政收入比例的情况下，满足公交补贴的要求**。然而，这种对北京市年财政收入保持20%增速刚性要求，很难实现。比如，2009年在经济危机影响下，北京财政增速只有10%。从表3和表4可以看出，公交补贴占当年财政收入的比例逐年增加，其中2009年公交补贴占当年财政收入的5.89%，政府财政面临较大压力。

表3　北京市部分年度公交补贴（亿元）***（百万人民币）**

	2005年	2006年	2007年	2008年	2009年
地铁	5	5.34	6.5	7.9	15.2
地面公交	13.1	22.55	47	91.5	104.2
补贴总计	18.1	27.89	53.5	99.4	119.4
占年财政收入	1.97%	2.50%	3.33%	5.41%	5.89%

表4　北京市部分年地铁运营成本（元/人次）****

	2004年	2005年	2006年	2007年
地铁	3.04	3.02	2.84	3.25

---

* 吴小莉：《城市公共交通补贴机制探讨》，《城市科技与经济》2007年第6期。

** 杨远舟、漆凯、钱堃、许奇、杨玲玲：《基于客运量的公共交通补贴研究》，《交通运输系统工程与信息》2010年第3期。

*** 杨远舟、漆凯、钱堃、许奇、杨玲玲：《基于客运量的公共交通补贴研究》，《交通运输系统工程与信息》2010年第3期。

**** 杨远舟、漆凯、钱堃、许奇、杨玲玲：《基于客运量的公共交通补贴研究》，《交通运输系统工程与信息》2010年第3期。

三、纽约、伦敦和东京等世界城市公共交通补贴政策

纵观世界，公共交通作为一项公益性事业，几乎得到每个政府部门不同渠道、不同方式、不同程度的补贴和相应的优惠政策，纽约、伦敦和东京等世界城市通过一系列的财政资金补贴和税收优惠政策，推进了其公交优先发展战略实施，保障了城市公共交通发展的良性循环（见表5）。

表5　北京与世界城市的公共交通情况对比

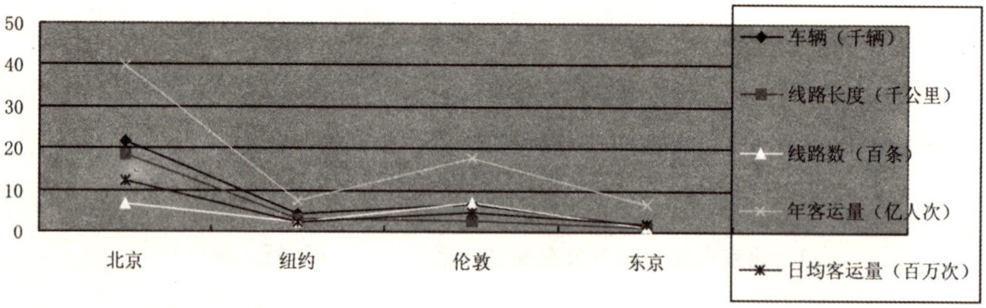

注：数据来源于纽约、伦敦和东京等城市政府网站，经整理后得出图表。

1. 纽约健全联邦和地方城市公共交通补贴法律，对经营者和消费者进行综合补贴。

20世纪60年代中期开始，纽约城市公共交通陷入服务质量下降、服务线路缩减、客流越来越少的恶性循环中，公共交通首先出现亏损现象。美国联邦政府于是决定采取措施，通过《城市公共交通法》，1970年又通过了《城市公共交通扶持法》，明确规定了公共交通获得道路权、开辟公共汽车专用道路或优先通行道路。1991年，美国《综合地面交通效率法》提出限制私人小汽车并鼓励发展公共交通的政策。1992年《国家能源政策法》规定，企业雇主可以向职工提供每月60美元的免税福利，用于支付公共交通的费用。1998年美国签署的《21世纪交通平衡法》在《综合地面交通效率法》的基础上，增加了许多有利于公共交通的内容。目前美国城市公交运营费用的70%由财政补贴供给。依据以上联邦和地方城市公共交通补贴法律，纽约政府对公交企业的补贴主要采取两种形式：一是直接财政拨款；二是由依法专门为公共交通设立专项基金提供补贴，从机制体制上保障了公共交通长期稳定发

展。此外，由于轨道交通的外部效益显著，车站能够给周边土地带来特别的利益，因此，纽约还通过“特别利益评税区”，在区内征收特别财产税以补贴地铁建设*。

美国在对企业经营者进行补贴的同时，也加强对消费者补贴。美国国会在1992年通过《联邦雇员清洁空气奖励法》，规定联邦政府的雇员每日上下班如搭乘公共交通工具，联邦政府就为每一名雇员提供每月65美元的交通券，可用来乘坐公共汽车和地铁。这笔收入每年可达780美元，如果按大型城市每人每天上下班花3美元的乘车费（一个来回）计算，基本上可以不用自己掏钱就能坐车了（见表6）。此外，“联邦税法”鼓励私营企业主为其雇员提供每月最多65美元的类似补贴，并允许将这笔钱作为可抵扣税款的营业费用。纽约市民在市场经济“看不见的手”左右下，在日常出行问题上大多采用公交方式。

表6　美国不同方式公共交通的补贴情况　单位：百万美元

	公共汽车	电车	重轨	轻轨	通勤铁路
资本支出	3028	188	4564	1723	2371
经营支出	12586	187	4268	778	2995
总支出	15614	375	8832	2501	5366
票款收入	3731	60	2483	226	1449
补贴	11882	315	6339	2276	3917
补贴比例	76%	84%	72%	91%	73%

资料来源：Todd Litman, Rail Transit In America, A Comprehensive Evaluation of Benefits, 25 October, 2004。

* 钱璞：《建立我国城市公共交通的补贴机制》，《城市公共事业》2008年第2期。

2．伦敦通过私有化改革，消除公交企业的经营性亏损，并依据群体、时间、区域采取分类补贴。

20世纪70年代初，伦敦的公交系统开始亏损，需要政府的补贴才能维持。随后，补贴陷入恶性循环，公交票价大幅上涨，客流下降，公交公司收入减少，所需补贴也直线上升。1982年的公交补贴已占运营成本的35%以上，随后，政府开始进行公共交通系统改革。伦敦政府认为公交公司亏损的主要原因是国有垄断，因此决定对公共交通市场实行私有化，将经营权下放至企业，按照商业化原则经营。公交市场实施自由竞争，票价自由浮动；除了部分偏僻的线路由政府提供补贴之外，企业的收入全部来自票款。而那些偏僻的线路的补贴，也需要企业通过招投标获得，所需补贴额最小的企业获得线路的经营权*。

总体来讲，改革取得了明显的效果。由于开放市场，引入竞争，使得公交市场的服务水平明显提高，运营车公里数增加了约30%，计划车公里的完成率由改革前的17%降到2%左右。另外，补贴额也明显下降，由1982年的3.5亿英镑降至1994年的5800万英镑。伦敦政府通过市场化改革的方式告诉我们，引入竞争的确可以有效地消除公交企业的经营性亏损，因此，在竞争环境下实行补贴，是一个比较好的发展方向。

伦敦在消除公交企业经营性亏损之后，相继完善补贴制度，依据群体、时间、区域采取分类补贴，大大提高了公交综合服务效率。伦敦市内分为六个收费区，按照地铁车站在各区的位置来区分票价。为了鼓励人们乘坐地铁，将交通旅行卡分为日卡、家庭卡、7日卡和周末卡，再按成人与未成年孩子（5—15岁）分类制定不同的收费标准（如表7）。据统计，用此项政策收费，可使出行者减少1/3的交通费用，并有效提高了伦敦公共交通网络的服务水平。相对地铁票价而言，伦敦巴士票价更低，且短距离搭乘另有优惠票价。巴士路线亦分区段，为同心圆式四区，票价也依照涵盖区段多少而计算（如表8）。单程票必须上车后购买，可向车长或司机询问票价。巴士亦

* 张一帆：《城市公共交通补贴效率研究》，北京交通大学2009年，第54页。

有专用的长期票，期限从一周到一年不等。

表7　伦敦地铁收费标准

	日卡		家庭卡	周末卡	7日卡
1—2区	高峰	非高峰			
成人	5.30	4.10	2.70	6.10	19.30
儿童	2.60	2.00	0.80	3.00	7.90
1—2区					
成人	10.50	5.00	3.60	7.50	36.90
儿童	5.20	2.00	0.80	3.00	15.70

表8　伦敦巴士票价标准（英镑）

出行分类		成人	儿童
伦敦中心区（1区）单程		1.00	0.40
伦敦中心区以外单程	日卡（1—4区）	2.00	1.00
	7日卡（1—4区）	8.50	4.00

3．东京扩大显性补贴范围，通过对前期基建补贴、后期公交企业经营免税补贴和健全公司员工交通补贴福利制度，实现公交盈利。

全世界的公交服务机构大都是亏损的，但东京公交系统不仅为市民提供了畅通便捷的服务，而且实现盈利，这主要因为东京政府对公交企业前期免税补贴和健全公司员工交通补贴福利制度。早在1911年，日本政府就通过了轻轨铁路补贴法，允许政府对私人修建的铁路进行补贴。补贴额可以达到建设费用的5%。1968年，日本政府通过《都市规划法》，这个法规赋予地方政府对城市发展进行规划更大的权利，其中包括城市可以独立对企业和市民进行有效补贴。20世纪70年代，在东京奥运会成功举办之后，地铁被定位为城市的主要交通模式，东京政府的补贴范围又扩大到地铁的前期修建上，无论是政府修建的还是私人投资的地铁，都可以享受政府的补贴。补贴额最高可达建筑费用的70%，由中央政府和地方市政府各负担一半*。在财政补贴同时，东京政府还鼓励国有和私营公交企业搞多种经营，参与沿线土地开发，促进轨道交通的良性循环。

东京的公交补贴方式多样。比如，在前期基础建设方面，轨道和公路的交叉口修建高架桥，或者将地面的轨道转移到高架桥上，也可以享受补贴。投资到既有线路改建方案的资金，也可以免所得税。对后期公共交通运营商提供不同方式的财政补贴，如利息补贴、低息贷款、财政贷款等。在对乘客的显性交通补贴方面，日本政府鼓励公司完善福利体制，加大对员工补贴力度。在东京，交通补贴是公司支付给员工的一项标准的福利。每月的交通补贴，足够支付员工从居住地到工作地点的公共交通的费用。此外，东京政府还为使用公共交通的通勤者提供免税的出行补贴等。

四、完善北京公共交通补贴的措施

依据纽约、伦敦和东京等世界城市发展经验来看，在完善北京公交财政补贴过程中，应广泛借鉴纽约、伦敦和东京等世界城市公交财政补贴的成功经验，构建具有北京特色的补贴新模式。

第一，完善相关公共交通法律法规的制定和修改。美国纽约的经验告诉我们，强有力的公共交通法律法规是保障公共交通发展的基础。当前，完善北京公交财政补贴，必须要加快城市公共交通方面的立法工作，构建长效机制。要从法律上保证政府对公共交通的财政补贴，确保城市公交发展的长期优先地位。此外，还要明确政府财政对城市公交补贴的职能，并纳入公共财政体系，依据法规研究制定城市公交补贴的职责、完善公交企业以营补亏等措施，扩大并稳定补贴资金的来源渠道，保证补贴资金的及时到位。“凡是公益性功能造成的政策性亏损，应由政府全额予以补贴。这种补贴必须通过政策和法规来确定，而不是通过人际关系。世界上许多国家长期实施对公交企业给予稳定的、法定的公共财政补贴与价格政策。”

---

* 邢予青：《东京经验：公共交通也能盈利》，《21世纪经济报道》2006年2月11日。

第二，提高补贴效率，制定科学补贴方式。因公交企业公益性属性造成的政策性亏损客观上要求政府予以财政补贴，补贴制度是否有效的关键在于公交企业在得到补贴的同时是否能够最大限度地提高生产和服务效率。生产经营和服务效率的提高，需要确定科学的补贴方式、补贴额度测算方法以及考核指标体系等，保证公交补贴资金提供的科学性和使用的有效性。要建立公交的信息披露制度、运营成本审核制度、补贴资金监审透明制度等，为政府科学制定补贴标准和额度、规范补贴资金的使用行为，提高补贴资金的使用效率提供制度保证。

第三，要明确区分政策性亏损和经营性亏损。城市公共交通属公用事业，承担普遍服务的职能。要正确区分城市公交企业的政策性亏损和经营性亏损，前者由财政补贴，后者由价格补偿。公交票价的政策取向也不应以减少乃至取消政府财政补贴为目的，而应通过企业体制改革增强企业活力，使政府财政补贴效益发挥到最佳状态，为社会提供更优质便捷的公共交通服务。政府对企业的财政补贴应体现在对线路的补贴上。即在企业政策性亏损的情况下，区分不同线路区别对待，把客源较好的路段与客源稀少的路段区分对待。

第四，拓宽对公共交通补贴资金来源。目前北京市公共交通的补贴资金来源于市财政直接拨款，缺少其他途径的资金来源。可以借鉴纽约、伦敦和东京等世界城市的成功经验，北京市政府可制定相应政策筹集资金或通过征收专项税费建立“公共交通发展基金”。同时可适度提高私家车使用成本补贴于公共交通，如在未来的燃油税方面，可通过增加私家车的燃油税、提高中心城区停车费、拥堵费、征收高额牌照费等方式用于补贴公共交通车辆。此外，还可以借鉴东京经验，鼓励公交企业搞多种经营，以副补主。

第五，建立严格的公交补贴监督评价机制。要建立科学的财政补贴评估制度，对公交企业进行严格、规范的成本费用审计评价制度，定期对公交企业进行考核评价。在审核的基础上，制定补贴评估办法，使财政补贴真正补给政策性亏损，满足公交企业和整个公交行业的发展需要。要按照指标科学、简便易行、操作性强等要求，确定财政补贴绩效的评价方式与方法，从补贴资金的使用途径、补贴的经济效果和社会效果等不同层次开展评价工作，争取及时发现和解决财政补贴中存在的各类问题，切实提高补贴资金的使用效率。此外，还应将公交服务质量纳入考核范围内，及时反馈补贴效果，优奖劣罚，促使公交覆盖率，以及服务质量和服务水平得到保证。

借鉴世界城市发展经验 探索首都节能降耗新模式

郑拴虎*

“十一五”期间，北京市以筹备举办奥运会为契机，以结构调整为重点，以机制创新为保障，以科技进步和工程示范为动力，节能降耗工作走出了一条特色发展道路，但还要看到，我市节能降耗形势仍然复杂而艰巨，要求我们必须认清形势，紧紧围绕世界城市和“绿色北京”建设目标，借鉴世界城市发展经验，研究探索符合首都发展的节能降耗新模式。

一、“十一五”北京市节能降耗走出特色发展道路

“十一五”前四年，北京市万元GDP能耗持续下降，由2005年的0.79吨标准煤下降至0.61吨标准煤（2005年可比价），已累计下降23.5%，提前一年完成“十一五”节能目标。全市以年均4.4%的能源消耗增长支撑了年均11.7%的较快经济增速，初步形成了低消耗、低排放的经济发展模式：

一是产业结构转向服务化和高端化。2009年服务业增加值占GDP比重已达75.5%，万元增加值能耗仅为0.358吨标准煤，约为全市能耗水平的一半；不符合首都功能定位的产业逐步退出，完成首钢压产400万吨，关停北京焦化厂、北京化二股份公司等一批高耗能、高耗水、高污染企业；组织退出了小造纸、小印染等7个行业。

二是能源结构趋于优质化和低碳化。电力、油品、天然气等优质能源品种使用量大幅上升，2009年占比达到68%，比“十五”末期提高10个百分

* 作者为北京改革和发展研究会理事，北京节能环保中心副主任，副书记，博士，研究员。

点；太阳能、风能等可再生能源利用实现跨越式发展，开发利用总量已由2005年的60万吨标准煤增长到2009年的188万吨标准煤，年均增长近37%。

三是技术推广侧重重点领域和示范效应。“十一五”以来，累计完成3000余万平方米建筑节能改造，率先开展政府机构节能改造；大力发展公共交通系统，公交出行比例达到38.9%，轨道交通运行里程突破300公里，积极开展新能源汽车试点；大规模推广绿色照明产品，累计推广3200万支高效照明灯具；在全市重点用能单位推广应用高效电机、变压器。

四是制度建设实现创新性和系统性。率先建立节能评估审查制度，严把能耗增长源头关；率先出台合同能源管理项目扶持办法，发布了《北京市合同能源管理项目扶持办法（试行）》及两个配套实施办法；率先建立清洁生产全过程工作体系，出台《北京市清洁生产资金使用办法》及配套管理办法；建立健全考核评价机制，与所有区县政府、50家重点耗能企业签订了节能目标责任书；率先在全国建立第一支节能监察执法队伍，对大型公建和重点用能单位实施节能监察。

发布节能降耗行动纲领和指导性文件，出台《绿色北京行动计划》、《北京市振兴发展新能源产业实施方案》、《北京市加快太阳能开发利用促进产业发展指导意见》和《关于发展热泵系统的指导意见》等，连续五年发布《加快发展循环经济建设资源节约型环境友好型年度行动计划》，提出了本市发展绿色经济、节能降耗的目标和具体任务。

二、“十二五”北京市能源节约工作的新特点

“十二五”时期是我市转变发展模式的关键时期，是实现“人文北京、科技北京、绿色北京”发展战略和奠定世界城市建设基础的重要阶段。城市化、国际化进程的不断加快将带来能源刚性需求的进一步增加，同时，“十二五”末期产业结构将接近发达国家和世界城市水平，人均GDP向1.6万美元攀升，步入发达城市行列，城市发展所处的特殊阶段使得能源消费强度难以保持快速下降态势，节能空间和潜力相比“十一五”期间缩小。

一是产业结构调整空间变小，结构节能潜力缩小。“十一五”以来，本市通过高耗能、高污染大型工业企业的搬迁调整对拉动全市单位GDP能耗下降起到了决定性作用，“十二五”期间我市产业结构将趋于稳定，工业企业搬迁调整的余地已不大，搬迁调整带动能耗快速下降的历程将由技术改造驱动能耗缓慢下滑取代。第三产业增加值比重已居全国第一，预计到2015年，北京市第三产业占全市GDP比重将接近世界城市水平，进一步释放节能潜力的空间逐步缩小。

二是先于其他城市面临建筑交通领域的节能挑战。与工业节能侧重于相对独立的企业不同，建筑与交通领域节能工作不仅仅是一个经济问题，更是事关城市发展、百姓生活的社会问题和民生问题，是个复杂的社会系统工程，深入推进节能降耗工作必然要面对协调沟通、资金投入、公众意识等问题。

三是发展规律显示，此阶段能源消费强度降幅将趋缓。世界城市发展历程显示，当人均GDP越过1万美元后，能源消费强度降幅基本趋于平缓。“十二五”期间，我市人均GDP将逐渐由1万美元向上攀升，万元GDP能耗继续保持“十一五”期间的较高降幅具有较大挑战。

节能降耗工作面临新的形势与要求，节能领域和节能手段将作重大调整，需要做好三个“转变”：一是节能战略由侧重结构调整向技术节能、结构节能、管理节能统筹推进转变。依托首都科技优势，充分发挥新技术对节能工作的提升作用，加快节能关键技术的研发和节能适用技术的示范应用。二是节能重点由强调工业节能向在强化工业节能的同时，更注重挖掘第三产业节能潜力转变。继续推进工业节能的同时，将节能重心向第三产业转移，着力研究建筑、交通等领域的节能措施。三是节能手段由政府主导向政府引导、市场推动、全民参与转变。通过政府出台完善的行政、法律、价格等约束激励政策，调动起企业、节能服务机构等市场主体的积极性，提高社会公众的参与意识和参与能力。

三、世界城市能源发展的经验借鉴

能源是城市发展的生命线，随着城市规模的扩张、人口的增长、现代化程度的不断提高，城市对能源的依赖程度日益加深。而世界城市作为高能源消耗的城市，能源作为城市运行生命线的保障作用更加突出。总体上看，世界城市能源消费呈现以下规律：

（一）能源消费总量达到峰值后基本趋于稳定态势

从世界城市发展经验来看，能源消费基本经历了低缓增长、快速增长和平稳增长三个阶段。主要受人口规模、基础设施（建筑、交通）与产业结构三大要素影响，当产业趋向高端、人口规模稳定、基础设施建设平稳时，一般会出现能耗总量与经济发展脱钩的现象。

纽约、东京、伦敦在城市建设发展到世界城市阶段，能源消费总量已基本趋于稳定。1993年-2007年，纽约州能源消费总量基本保持不变，能源消费总量年均增长不到0.4%。东京2007年能源消费总量仅比1990年增加430万吨标准煤，2000年以来，能源消费总量基本稳定。伦敦在2003-2006年，能源消费总量以年均3%左右的降幅下降，2007年略有上升，同比增长4.4%。

北京目前正处于建设世界城市的重要阶段，产业结构还将进一步优化，人口及基础设施建设规模仍将继续扩大，经济发展带来的能源消费刚性增长依然较快。需要说明的是，北京建设世界城市的外部环境和内在条件已不同于国外世界城市的建设时期，相比而言，本市在人口规模、生活水平、基础设施现代化程度、工业领域能耗状况方面都比当时世界城市建设时期有较大幅度的提升；此外，我市地处北方，冬季供暖能耗占总能耗比重超过1/4，供热需求较高，所以本市能源消费水平必然要高于国外世界城市的同期建设能耗。

（二）能源结构高度优质化

世界城市在能源消费总量稳定的同时，能源结构呈清洁化、优质化特点。三个城市能源消费均以燃气、电力和油品等优质能源为主，东京、伦敦优质能源占比接近100%，纽约仍使用少量煤炭，仅占6%，并有少量可再生能源。

可以说，能源清洁化利用已成为城市能源发展的大势所趋，提高天然气、电力等清洁能源比重，减少或消除煤炭消费成为世界城市能源发展的主导方向。而目前北京在能源发展方式上已实现了较大的转型，但与世界城市的能源体系相比，煤炭仍然占有相当大比重，天然气比重还较低，可再生能源受资源限制发展有约束，因此，需要加快实现能源体系的阶段性跨越，建立起与世界城市相适应的清洁、安全、高效的能源支撑，此外北京在煤炭利用方式上还有很大的优化空间。目前，我市仅有46%的煤炭用于发电，而美国、英国等发达国家90%左右的煤炭用于热电联产（或单纯的发电），仅10%用于终端消费。由于热电联产具有降低能耗、提高空气质量和节约城市用地等突出作用，北京市煤炭的热电联产利用尚有较大发展潜力。

（三）能源消费特性服务化，以商业、交通和居民能耗为主

世界城市是国际金融中心、国际活动聚集地和信息发布中心，经济高度服务化、交通发达、居民生活条件优越，第三产业比重均在85%以上，世界城市的这些功能和特征决定了其能源消费的高端化和服务化特性，能源消耗主要集中在商业、交通等服务业及居民生活领域。东京、伦敦近90%的能耗用于服务业及居民生活领域，纽约除发电耗用40%的能源外，余下的约56%能源也消费在服务业和居民生活领域。

从北京来看，随着近年来北京产业发展日益高端化，都市型能源消费特征日趋明显，服务业和居民生活用能增长迅速，2009年占全市能源消费总量的比重已接近60%。在未来世界城市建设过程中，我市基础设施能耗需求还将继续增长，人口迁入规模将继续扩大，第三产业及生活能耗仍将保持较快增长，占全市能耗总量比重也将相应上升。

（四）能源利用效率高端化，万元GDP能耗极低

2007年，纽约、东京、伦敦能源消费总量分别为17161、2832、2007万

吨标准煤，万元GDP能耗0.239、0.034、0.071吨标准煤/万元。北京2009年能源消费总量为6570.3万吨标准煤，万元GDP能耗为0.606吨标准煤/万元，与东京、伦敦等世界城市相比差距十分显著。主要原因一方面在于这些世界城市第三产业比重基本达到85%左右，且主要以高端产业为主导，能源利用效率较高；另一方面，我市建筑、交通、居民生活等领域的能源效率水平仍不高。

在建筑领域，我市住宅单位面积采暖能耗与世界先进水平相比仍有较大差距，约为发达国家的2～3倍。与建筑节能最好的国家之一芬兰作比较，若按芬兰的建筑能耗水平计算，北京市年可实现1100万吨标准煤的节约量，约占北京市能源消费总量的16%左右。

在交通领域，2009年我市公交出行比例为38.9%，与“十五”末相比提高了10个百分点，但与纽约、伦敦、东京等城市公交出行比例基本在70%以上相比，仍存在巨大差距。此外，从交通运输单位能耗上看，在私人汽车、航空、道路货运等方面落后于世界先进水平，需要我们一方面努力提高城市绿色出行比例，另一方面加快先进交通技术的研发，提高交通运输效率。

在居民生活领域，我市人均生活能耗呈现逐年递增趋势，2009年达到0.68吨标准煤，考虑到目前我市所处的发展阶段及世界城市建设要求，未来随着居民的生活水平的不断提高，人均生活能耗仍将保持较快增长，这与日本（日本人均生活能耗仅为0.58吨标准煤）相比，存在较大的节约空间。

四、“十二五”北京节能降耗新举措

围绕世界城市建设要求，科学合理制定“十二五”节能目标，紧抓各项工作落实，从更深层次、更专手段、更细领域挖掘节能潜力，更好地开创“十二五”节能降耗良好新局面。

（一）实施能源消费总量控制制度，建立节能目标“倒逼”机制

根据各区县经济发展水平、产业结构、能源消费总量、节能潜力、发展空间等情况，将能耗增量控制指标分解到各区县，并加强能源消费跟踪监测

与调控。进一步健全法规和配套政策，明确总量控制奖惩措施，通过行政、法律、价格和市场等多种措施，控制能耗总量的不合理增长。

依托北京市环境交易所，以选定试点为主体，通过市场交易手段，实现其能耗总量和节能目标的市场化配置，实施节能量交易制度。在试点成功的基础上，逐步扩大总量控制和节能量交易范围，逐步完善节能量交易开放市场体系。

（二）扩大节能目标考核范围，强化落实责任制度

扩展节能目标责任范围，在节能目标按区县分解和施行年度考核的同时，将节能责任目标分解到工业、建筑、交通、商业、公共机构等各重点行业以及重点用能企业，实施部门和企业节能目标责任评价考核制，并制定相关法规、政策和实施细则，建立和完善节能工作奖惩机制。

（三）促进关键技术创新和应用，充分发挥技术节能作用

加快节能领域关键技术的研发，努力掌握核心技术，培育持续创新能力；加大对节能适用技术的示范推广应用，选择一批产业化条件相对成熟、对全局有重要影响的先进技术，通过示范项目、需求侧补贴、政府采购等方式加快推广；进一步健全清洁生产审核有效载体，强化工业审核、推进服务业审核、探索农业和建筑业审核；完善新技术、新产品推广机制，营造促进节能技术创新、示范、推广的发展环境。

（四）加大政策支持，多方筹集资金确保节能重点工程推进

加大政府财政补贴力度，提高本市节能专项资金占财政收入的比例，采取补助、贴息、奖励等方式，支持节能重点工程建设；鼓励银行加大对节能环保企业在信贷、投资和担保方面的支持力度，与能源企业建立节能基金；支持企业发行短期融资券、中小企业集合债券等，拓宽融资渠道。

（五）健全能源价格调控政策

落实国家促进风力发电、垃圾发电、太阳能发电的电价政策，加大本市差别电价、峰谷电价等的实施力度和范围，执行居民生活用电阶梯电价标准；理顺天然气、供热、电力价格形成机制，逐步推行热费分户计量。

（六）深入开展全民运动，广泛发动市民参与。

继续扩大节能新产品新技术宣传，逐步引导市民更加注重节能的产品、设备和住宅，形成自觉节能、主动环保的良好社会氛围。

推进北京发展的若干政策建议

陈　剑

一、关于奥运遗产开发与利用的政策建议*

（一）完善北京奥运遗产法规和制度体系

北京奥运遗产在获得显著经济效益的同时，也凸显一些问题。北京奥运遗产属于有形遗产和无形遗产，是一种新型的遗产形态。由于我国目前对北京奥运遗产概念界定的模糊性、法律制度的不健全，奥运遗产管理制度的局限，导致北京奥运遗产被侵犯引起的纠纷时有发生，有必要借鉴相关国际经验，提高北京奥运遗产开发与保护水平。应当严格遵照我国有关知识产权、文物保护的相关法律规定，参照《北京市非物质文化遗产保护条例》，建立《北京奥运遗产保护条例》，建立和健全北京奥运遗产的法律法规体系，逐步将北京奥运遗产的保护、传承、合理利用纳入法制化轨道，严厉打击侵犯北京奥运遗产知识产权的违法行为，保护北京奥运遗产的社会价值和经济价值，实现北京奥运遗产可持续发展的法制化、制度化和规范化。构建一套足以涵盖北京奥运遗产全部内容的法律保护体系。

（二）编制北京奥运会遗产目录

北京奥运遗产保护的核心就是保护奥运遗产的真实性和完整性。

目前对2008北京奥运文化遗产缺乏界定，没有相对统一的标准，更没有对2008北京奥运文化遗产的价值标准进行认定。为了2008北京奥运，我们经历了历时十年的筹备、举办，留下了丰富的遗产。我们需要弄清楚什么是奥

* 此文是陈剑、孙葆丽承担的《北京奥运遗产开发与利用研究》课题中的部分内容。

运文化遗产？什么是2008北京奥运文化遗产？这些遗产有什么样的价值？这些价值标准是什么？ 建议系统梳理奥运会的有形遗产和无形遗产。组织实施“北京奥运会遗产认证和保护工程”，制定一系列相应的办法，如《北京奥运会物质和非物质文化遗产的认证、评估体系标准》，开展北京奥运会物质和非物质文化遗产普查登记，编制《北京奥运会物质和非物质文化遗产保护名录》，并定期举行奥运会遗产保护工作的检查与监督。

（三）制定对可移动奥运遗产保护和利用的目标和实施细则

在北京奥运不可移动遗产的继承和发展中，大多结合了市场需求，与文化旅游娱乐行业结合起来，这样能更好地推动这些不可移动遗产的发展。而对于可以移动的北京奥运文化遗产，目前还没有一个统一的标准和规定。整个可移动遗产呈现出一种无序的、散漫的发展状态，这些可移动遗产的研究现状远远比不上不可移动遗产的研究现状，其重视程度也远远不够。北京奥运非物质文化遗产只有远景目标，没有可操作性的具体目标和实施方法，这导致在具体操作的时候，往往会偏离正确的方向。建议制定对可移动奥运遗产保护和利用的目标和具体实施细则。

（四）总结北京奥运会成功举办的经验，为北京经济社会管理提供有益的借鉴

在奥运会筹办、举办和奥运会后的几年内，投资、消费及相关产业发展带有明显的规律性，主要表现在局部领域的波动和整体的平稳发展规律；政府宏观经济管理部门的事前策划和统筹规划；大型社会活动筹办模式及优化路径的选择；社会行为的自组织演变和相应的理念引导等。认真总结和利用好北京奥运会举办经验，提高北京经济社会的管理水平。

北京奥运会举办期间，在城市管理中有很多很好的管理创新成果。研究奥运会期间的一些城市运行经验向长效机制转化的路径。例如，食品安全全程可追溯的管理机制；利用奥运会期间水电气热运行供给经验；保持城市节约、高效、和谐的生态环境。继续推广大型项目建设PPP模式，带动社会

资本参与公益事业的积极性。认真总结这些经验，探寻向长效机制转化的路径，也有利于提升城市的管理水平。

此外，还应对奥运“三大理念”遗产成果进行全面系统的总结和评估。将奥运工程建设过程中形成的成熟可靠的先进适用技术和管理方法在全市相关领域推行，或纳入国家有关部委相关新技术推广目录以及形成相关标准规范。例如，进一步推进科技奥运创新成果的产业化。如将奥运会筹办期间研究和使用的智能交通、电动汽车、地热、太阳能光伏发电、智能建筑、3G等一大批高科技创新技术进行推广，形成一批具有自主知识产权和国际竞争力的产品。

（五）提高社会组织和个人对2008北京奥运文化遗产的认识

需要进一步加强社会组织和个人对北京奥运文化遗产的认识和了解，只有这样才可能发动社会各界力量促使北京奥运文化遗产在今后的社会进程中绵延发展、发扬光大。由于北京奥运非物质文化遗产无形的缘故和继承方式模糊的原因，在实际的保护、继承中比较困难，需要通过多种渠道进一步加大对奥运非物质遗产的研究，进而对这些非物质文化遗产进行有效的保护、继承和发扬。

（六）建立大型社会活动综合效益的评估方法

奥运会的举办为政府合理评估一项影响广泛深远的大型社会活动的综合效益提供了鲜活的例证，从社会成本、环境成本、经济成本、政治影响等角度利用成本效益分析方法分析大型社会活动的综合效益，从融资、建设、运作计划等环节提出考虑综合效益的可行性研究分析，为以后大型社会活动提出更加科学合理的评估方法体系。

（七）将建设健康城市，纳入首都“十二五”发展规划

建设健康城市，对北京来说，就是建设“健康之都”。建设健康城市突出强调健康是人类的第一主题，着力建立丰富充足的物质环境、洁净良好的

生态环境、和谐有序的社会环境、优质安全的医疗服务环境，提高人民群众的健康水平和生活质量。

北京提出要建设世界城市，而国际上公认的世界城市都是高标准的健康城市。目前，被认为是世界城市的纽约、伦敦和东京在城市健康方面都保持着较高水平，且处在世界的前列。为推进健康城市建设，努力把北京建设成“健康之都”，应当把建设“健康之都”纳入北京的“十二五”规划；成立建设“健康之都”领导小组；明确建设“健康之都”的任务目标；制定北京市建设“健康之都”行动计划。

（八）利用奥运品牌，进行无形资产开发

在体育产业发达的国家，以体育冠名权、观看包厢为核心的无形资产开发在体育场馆的经营中占据了十分重要的地位。如悉尼奥运会后，澳大利亚电信公司就取得了该体育场的冠名权，每年1000万澳元的冠名费。慕尼黑的安联球场，是慕尼黑保险公司（ALLIANZ）赞助冠名的体育场，安联保险公司以1.2亿欧元获得30年的冠名权。

20世纪80年代以来，包厢成为美国大型体育场馆经营收入的重要来源。美国著名的Staples体育馆在2001年从包厢和俱乐部坐席的经营中获得3500万美元的收入。北京奥运场馆在冠名权和包厢的开发上具有得天独厚的优势，但由于受诸多因素的干扰，这项工作迟迟没有开展。一个重要的思想误区是，北京是中国的政治中心，而北京奥运场馆，特别是标志性的场馆又是给中国人带来自豪和骄傲的场地，冠名权的开发会影响这些场馆在中国人心中的神圣感。实际上，标志性场馆的冠名权的开发并不影响这些场馆曾经在国人心中的美好形象。当然，对企业冠名权的开发需要慎重。退一步说，即使场馆冠名权的开发暂时不适合的话，对包厢的开发不应当有任何障碍。北京作为我国政治、文化中心，也是体育赛事中心，高水平的体育赛事和文体活动非常多，有大量国内外大公司落户北京。而包厢是企业宣传形象，提升品牌价值的重要平台。这项工作不应当再无限期拖延下去，应当将包厢的开发列入重要的议事日程。

（九）制定奥运遗产产业扶持政策

发达国家为鼓励私人机构赞助体育设施建设，对该组织采取了减免税费的政策。如英国对赞助体育场馆的机构免收“统一商业税（UBR）”。为推动奥运遗产产业的发展，应当加大对奥运遗产产业的扶持政策。这包括，从财政资金方面给与扶持，设立“奥运遗产产业发展专项资金”，采取贷款贴息、项目补贴等方式对一些知名度低的奥运场馆予以支持。拓宽投融资渠道。鼓励民营资本和外资，以合资、参股、特许经营等方式投资奥运体育场馆，鼓励和支持有条件的体育场馆管理公司进入资本市场融资。

应深化大型活动审批改革，提高行政效率。为奥运场馆举办大型活动创造便捷的条件。

（十）成立以公益性为主的奥运会遗产管理机构

应当尊重奥运会遗产保护和开发的基本规律，做好合理保护工作。而要做好这项工作，需要成立以公益性为主的奥运会遗产管理机构。

由于奥运会遗产带有强烈的公益性质，需要政府主导做好合理保护和有序开发，成立专门机构，负责全市奥运会遗产管理办法制定和执行，协调全市相关部门做好奥运会遗产的各项工作。由于北京奥运会遗产相对其他遗产来说是比较单一，体系并不庞大，建议走一元化遗产管理模式，将有关的职能部门合并，以奥运会遗产为主体成立“奥运遗产局”。遗产局设立专家委员会和遗产监督委员会，明确权利和职责，统一对奥运会遗产的保护与利用进行管理。

二、关于推进北京非公有制企业发展建议*

对第二次经济普查的资料分析，北京非公经济发展具有以下一些特征，从2004年到2008年，北京非公经济虽有发展，但发展相对缓慢，特别是其中的私营企业，99%以上属于小型企业，其中的绝大多数又属于微型企业，规

* 此文是北京市统计局招标课题《北京市非公有经济发展状况研究》的一部分。

模小、赢利能力低且呈下降趋势，吸纳就业能力不足，发展水平落后于全国平均水平、落后于国有企业。而非公经济中的外资企业，在同期则有长足发展。这说明，北京私营企业生存状况不容乐观，在公有制垄断的行业只取得了有限的发展。

为推动北京非公经济发展，特别是私营企业的发展，提出以下五条政策建议。

（一）必须提高对市场经济条件下国有企业作用的认识，进而推动非公经济发展

要推动北京非公经济发展，必然涉及如何看待市场经济条件下公有制经济的发展，特别是公有制经济中的国有企业的发展。也就是市场经济条件下国有企业的作用是什么，这个认识问题不解决，非公经济，特别是非公经济中的私营经济，是难以得到健康、平等、有序发展的。为此，有必要花费一定笔墨就这个重大且基本的问题展开探讨。

市场经济应该以民营经济为主体，而不能以国有经济，特别是以国有企业为主体，这是经济学的一个基本常识。如果这个结论成立的话，那么，在市场经济条件下，国有企业只能作为一种特殊的企业存在。也就是说，与其他一般民营经济相比，国有企业具有不同于一般民营企业的特殊性质和功能。国有企业的特殊性质和功能在于：国有企业被看作是政府实现某些社会政策目标和社会功能的特殊企业组织形式，是国家直接干预经济、弥补市场缺陷的一种手段。它的存在通常是为了达到超越利润目标之外的某些社会政策目标，它的功能是实现国家的社会经济职能，是公共产品和服务的提供者，其作用主要有以下两方面：

一是弥补市场缺陷。即为完成市场机制自身不能达到，而且政府也难以用其他手段实现的某些社会政策目标。比如，为社会提供生产、生活的基础设施，例如为城市低收入居民提供保障性住房，这些基础设施、保障性住房属于公共产品和公益产品，由于投资这些领域所需资金额大，投资周期长，风险大，回报率低，或者没有回报或很少回报，非国有经济部门不愿承担或

无力承担，但这些领域又是社会发展所必需的。

二是体现国家和民族竞争力水平。例如，863计划所研制高新技术的开发，神五、神六航天飞行计划，由于这些产业能够体现一个国家和一个民族竞争力水平，因而，几乎所有的成熟的市场经济国家，都建立了一批能够体现国家竞争力和民族发展水平的大企业。

在社会主义市场经济条件下，国有企业的存在，其主要作用也是上述两个方面，所承担的使命不是赢得市场竞争优势，而是以某种方式弥补市场失灵，实现政策性非效率目标，我们至今还看不出有其他作用。

认识到国有企业的定位是实现国家的社会职能，实现政策性非效率目标，这样一种认识为国有企业的进退提供强有力的理论支撑，这种认识应当看作是社会主义市场经济条件下对国有企业较为准确的认识。

在社会主义条件下，国有企业应当看作是公有制的一种实现形式，存在目的是为了实现国家的社会职能。凡是关系到社会安全，涉及公共利益以及关系到国民经济发展方向的一些重要骨干企业，国有企业是有理由存在的。如果这一观点能够成立的话，那么，长时间以来，把市场经济看作就是以公有制特别是国有企业为主的观点就难以成立。而这正是传统的计划经济的基本观点。而以国有企业为主体的计划经济在中国改革开放前所带来的普遍贫穷，不得不选择市场经济，说明这一观点已被实践所否定。因此，必须对传统的计划经济以国有企业为主体的观点进行彻底破除。不然，国有经济的战略调整、国有企业的改革、非公经济的发展，特别是私营经济的发展必然会遇到极大阻碍。

既然国有企业是市场经济条件下担负特殊使命的企业，那么，国有企业就不应当成为市场经济条件下普遍适用的企业形式。因此，在国有企业仍然占据主导地位的情况下，收缩国有企业战线，国有企业从一般竞争性领域退出，国退民进，应当是国有企业进行战略调整的方向和主要任务。

（二）鼓励、支持和引导非公有制经济的发展，市政府应当尽快出台实施细则

2005年，国务院发布了《关于鼓励、支持和引导个体私营等非公有经济发展的若干意见》（即“非公经济36条”），要求进一步解放思想，深化改革，消除影响非公有制经济发展的体制性障碍，确立平等的市场主体地位，实现公平竞争。通过放宽非公有制经济市场准入，允许非公有资本进入法律法规未禁入的行业和领域；允许外资进入的行业和领域，也允许国内非公有资本进入，并放宽股权比例限制等方面的条件；在投资核准、融资服务、财税政策、土地使用、对外贸易和经济技术合作等方面，对非公有制企业与其他所有制企业一视同仁，实行同等待遇。2009年，国务院发出《深化经济体制改革工作意见的通知》，明确提出了由国家发展与改革委员会、工信部等部门负责，加快研究鼓励民间资本进入石油、铁路、电力、电信、市政公用设施等重要领域的相关政策，就国企重组、垄断行业改革等问题作出重要部署，为非公有制经济获得更多的市场准入提供了政策基调。

在“非公经济36条”颁布五年之后，2010年3月，国务院常务会议再次提出要进一步鼓励民间投资健康发展，就北京市非公经济发展，重要的在于出台有助于非公经济发展的具体的实施细则。建议市政府应当抓紧调研，清理和修改不利于民间投资发展的法规政策规定，清理整合涉及民间投资管理的行政审批事项，尽快出台落实“非公经济36条”、落实国务院常务会议提出的进一步鼓励民间投资健康发展的四项政策措施的具体实施细则。在具体实施细则出台之后，开展经常性的督察，以使具体实施细则能够落到实处。

（三）进一步转变政府职能，明确市属国有企业的角色定位

建设一个公共服务型政府，这是建设中国特色的社会主义市场经济对政府角色的清晰定位。中国社会目前出现的一对重要矛盾，就是公民对政府提供的公共产品与服务的巨大需求与政府提供的有限性之间的矛盾。目前这对矛盾之所以呈现较为尖锐状态，就是公共服务型政府建设不到位。而要减缓这一矛盾，就是要加大政府向公共服务型政府的转变，为居民提供更多的公

共产品与服务。而要实现政府职能转变，一个重要标志就是，国有企业作为重要的公共产品与服务提供者的角色必须清晰。如果国有企业的角色定位不清晰，国有企业与民争利，有限的市场容量必然使民营经济处于十分不利的地位。道理很简单，国有企业的背后是掌握着公共权力的政府，有政府在背后撑腰，民营企业在竞争中必然处于下风。就全国而言，北京市是中央企业聚集最多的城市，由于国有企业的角色定位至今在全社会并没有形成共识，央企作为公共产品与服务的提供者不到位，在一些行业和领域的高度垄断，严重挤压了北京私营企业的生长空间，这是北京私营企业发展难以形成气候的重要原因。北京市属企业，虽然几乎没有能够划入垄断性质的企业，但相当多数的市属国企，作为公共产品与服务提供者的角色不清晰，在诸多竞争性领域，由于得到政府的倾力支持，北京私营企业难以有公平竞争的环境，也影响了北京私营企业的健康发展。因此，为推动北京非公经济的发展，必须明晰市属国企公共产品与服务提供者的角色，对市属国有企业发展不符合这一角色定位的领域和方向，必须坚决进行调整。只有政府不作为利益主体存在，才可能给国有企业和民营经济提供平等的竞争机会。同时继续深化国有企业改革，明确界定政府投资范围，让国有企业退出其不应该进入的领域，民营资本才有广阔的投资出口。只有进一步明确国有企业作为公共产品和服务提供者的角色，才有可能进一步加大公共服务型政府建设力度。

为明晰市属国有企业公共产品与服务提供者的角色，国有企业利润所得也应列入各级政府预算，接受人大监督。市属国有企业应当向市人大报告经营情况。市属国有企业除了缴税之外，还应当向市财政上交利润，让全体市民分享其红利，如划转为社保基金等。

（四）为非公经济发展创造有利的制度环境

2010年3月，北京市委举办了推进首都非公有制经济发展专题座谈会。市委书记刘淇提出，要进一步深化对非公有制经济的新认识，要认识到在首都经济发展中，非公经济在解决就业、财政税收、科技创新等方面，发挥了不可替代的重要作用，已成为首都重要的经济支柱和发展的主要力量。要从建设世界城市的高度，进一步推动首都非公有制经济的发展。必须毫不动摇地鼓励、支持、引导非公经济健康发展，破除制约非公经济发展的思想障碍以及不平等的经济政策、落后的管理手段和行为，在政策、市场准入、监督管理上一视同仁。

要推动非公经济发展，为非公经济发展提供与其他经济成分一视同仁的制度环境，一项重要的工作是破解门槛高、融资难和负担重影响这些非公经济发展的三大“顽症”。简单说，就是要降低创业门槛、市场准入门槛，增强中小企业融资体系的便捷性、多层次性和互动互补性，缓解非公企业融资难；通过减税、减费、减息，例如，调整流转税、所得税政策，完善税收征管模式，用“少取多予”减轻私营企业沉重的负担。

此外，应当进一步加大改革开放的步伐，对教育、卫生、文化等过去被视为“上层建筑”的领域，加大向非公有经济开放的步伐。

（五）尽快出台加快微型企业发展的指导意见

微型企业是指雇员人数不超过10人、总资产与营业额较低、以赢利为目的的经济组织。北京私营企业由于普遍规模较小，平均就业人员只有10.5人，在北京全部148178个私营企业中，除去只占比重0.36%大中型企业外，其余的99.64%的企业都属于小型企业。而这其中，绝大多数又都可以划归到微型企业中。微型企业是企业群中的弱势群体，获取社会资源的能力很弱，多数微型企业经营状况并不好，收益微薄。但微型企业又是构成市场经济的微观基础，是整个社会肌体的细胞，直接关系着充分就业、社会稳定、反贫困和经济发展等重大问题。为推动非公经济发展，市政府应专门研究如何加大对微型企业政策扶持，尽快出台《北京市加快微型企业发展的指导意见》。

微型企业在企业特性上有别于一般中小企业，统一的中小企业政策很难顾及微型企业发展要求，应把微型企业从过于笼统的中小企业概念中划分出来，有利于政策的细分和更有针对性，以便于在税收、政府采购、公共服务等方面给予更特殊的优惠政策，以突出支持重点。

三、“十二五”期间调控北京人口增长的措施建议*

2010年8月公布的北京市人大人口调研组课题研究成果显示，2009年北京常住人口已达到1972万人。北京人口增长之迅猛，已远远超出人们的预期。北京正承受着严峻的人口增长的压力。如何有效地调控北京人口增长，已成为摆在全市人民甚至党中央面前一道极为复杂的难题。

（一）调整功能

北京不仅是中国的政治中心和文化中心，同时还是全国的国际交往中心、知识经济中心、科技中心、教育中心、医疗中心、高新技术研发中心和国际化大都市。由于中心城区和近郊较繁华地区市政基础设施、社会经济条件均有一定基础，因此北京的多项城市功能高度叠加在这些节点和区域，由此造成北京地区人口高度集中。据估算，在京中央单位的人口，包括中央国家机关的公务员，中央国家直属的企事业单位，全军、武警以及中央直属的高校，连同这些人的家属，总数近400万人。要调控北京人口，一个重要的手段就是要调整首都北京的功能定位。

作为中国的政治中心和文化中心，如果不存在迁都的话，这个功能定位是不能改变的。至于其他的城市功能，就有必要进行认真分析，看是否有必要进行适当调整。调整的一个重要手段，就是要淡化这些功能定位。同时将与这些功能定位密切相关的中央国家直属的企事业单位，包括高校、科研院所、医疗机构，作适当的压缩。至少在规模上不能进一步扩充。

功能的调整，实际是资源的调整。如果教育、人才、医疗等资源继续向北京集中，这种“虹吸”效应仍会使北京的人口高速增长。

（二）区域互动

如何加快京津冀一体化建设，进而影响和辐射周边，从而推动北京周边

* 此文是原载《中国经济时报》2010年11月25日的“如何有效控制北京人口增长”一文中的部分内容。

城市和区域的均衡发展将会在很大程度上分担区域流动人口的压力。而北京要减弱周边地区人口进京的动力，一项重要内容就是通过自身功能作用的发挥，影响和辐射周边城市和区域，进而缩小与周边城市在经济发展上的差距。目前的问题是，北京所在的京津冀地区，大中小城镇发展不均衡，城区间差距显著，整体竞争力较弱，经济、文化上均存在较大的区位落差，没有形成有区域经济特点的发展模式。要提升区域发展水平，需要京、津、冀三地的共同努力，同时中央政府的协调力度也是提升区域发展的重要内容。

（三）高端发展

高端发展就是走科技创新之路，大力发展高端产业。有什么样的经济结构和经济规模，就有什么样的人口结构和人口规模，而对一个地区发展什么样的产业，产业规模发展到多大，政府是能够有所作为的。必须坚持首都经济立足高端的发展方向，加快发展方式转变，通过调整优化产业结构来调控人口结构和规模，在加大对高端人才引进力度的同时，减少对低端劳动力的需求。

（四）产业转移

经济的高度密集是人口高度集中的根本原因。通过产业转移，调整经济结构在空间上的分布，引导人口形成合理的空间分布，是调控人口的重要手段。近年来，北京一直在进行产业布局的调整，在中心城区大力发展第三产业，将城区工业迁往郊区，甚至京外，类似首钢搬迁一样，通过企业外迁引导就业人口外迁，再进一步引导其家庭人口外迁，以疏散城市人口。

四、治理北京交通拥堵建议

随着北京人口城市化水平的提升以及首都经济的持续发展，北京的车流量也一直在不断攀升。目前已经逼近500万辆汽车拥有量的北京，其交通拥堵程度日益加剧，据专家估算，目前北京市因交通拥堵导致的社会成本达到4000万元/天。

为缓解北京交通拥堵，北京市政府已经在2010年12月2日下旬以政府令的形式发布了《北京市小客车数量调控暂行规定》。主要内容包括：小客车配置指标将按照公开、公平、公正的原则，以摇号方式无偿分配；“十二五”期间北京党政机关不再增加公车指标；各级党政机关和国有企事业单位，要充分利用电视电话会议等现代化手段，提高效率，减少交通出行；鼓励有条件的企事业单位实行弹性工作制，错峰出行；早晚高峰时段禁止非北京载客汽车进五环内等多项措施。

但仅此还不够，为治理首都交通拥堵，特提出以下十项建议：

1．将公交优先落到实处

公交优先是全球特大城市中缓解交通拥堵的最主要手段之一。近年来，北京也一直将公交优先放在重要位置。目前的问题是，诸种因素影响了公交优先的贯彻执行。

公交优先，一是要大力发展轨道交通和专营公共汽车，二是要科学规划公交线路，三是保证公交车的快速运行。北京近年来在发展轨道交通方面下了很大力气，目前全市的轨道交通已经超过300公里。应当优先推进中心城轨道交通建设，建设交通快速通勤网络，优化公共交通布局，优化立体化公交换乘条件，构建以轨道交通为骨干、地面公交为主体、多种交通方式协调运转的绿色出行体系。但在科学规划公交线路，特别是如何保证公交专用道路的畅通运行，仍是一个很大问题。经常可以看到的现象是，大量的非公交车挤占了公交线路，使得公交线路难以畅通。因此，应当科学地规划公交线路，同时整合现有公交资源，严格保证公交专用道路的专用性，对非公交车挤占公交线路的进行严格管理，以保证公交优先的贯彻落实。此外，还应对公交车站进行治理，提高换乘率。

2．鼓励就近就业

鼓励就近就业，就是从源头上减少市民出行需求。鼓励就近就业，是缓解市民潮汐流动，减少交通拥堵的有效方法，但这项措施必须与城市发展布局及产业结构协调。在建设保障性大型社区时，应当着眼于全市产业发展、结构调整的整体布局，而不是选定一个地方就开始兴建，也不管今后居民搬入后，他们的工作地点在哪里，从而造成大规模的交通流动，带来能源的浪费和城市的拥堵。

3．对汽车征收碳排放税

对汽车征收碳排放税，目的是提高出行成本来降低汽车使用频率，整体上降低城市车流密度。

4．对公车进行改革

北京目前公务用车大概超过40辆，可能是全国公务用车最多的城市。限制公车是一个敏感话题，但至少应当使公用车的增长速度大大放缓。同时应当加快对公车使用管理制度的改革，采取诸如：政府官员用车货币化、开行单位公共班车等措施，从而减少公车的出行率，改善首都的交通拥堵问题。

5．提高公共交通补贴资金效率

目前北京居民的公交出行费用可能是特大城市最低的。虽然这也引起了一些争议，有可能引发了交通拥堵，但政府为居民提供公共服务善意则应得到充分肯定。

目前北京市公共交通的补贴资金来源于市财政直接拨款，缺少其他途径的资金来源。可以借鉴纽约、伦敦和东京等世界城市的成功经验，制定相应政策筹集资金或通过征收专项税费建立“公共交通发展基金”。同时可适度提高私家车使用成本补贴于公共交通，如在未来的燃油税方面，可通过增加私家车的燃油税、提高中心城区停车费、拥堵费、征收高额牌照费等方式用于补贴公共交通车辆。

应明确区分政策性亏损和经营性亏损。建立严格的公交补贴监督评价机制，使财政补贴真正补给政策性亏损，满足公交企业和整个公交行业的发展需要。应将公交服务质量纳入考核范围，及时反馈补贴效果，优奖劣罚，促使公交覆盖率以及服务质量和服务水平得到保证。

6．加大微循环道路建设

城市道路的微循环系统属于拟人化的名词，引用了血液系统的微循环来描述城市道路的小区域网络。城市快速路、主干路、次干路、支路、街坊路、胡同就相当于城市的主血管、次血管、支血管和毛细血管。北京现在的问题是，主血管、次血管畅通，但支血管和毛细血管有时却难以循环，支线以及一些距离短的路程出行不便，要走很远的路。居民就会选择机动车，因为现在机动车出行同等距离花的时间比公交车要少。因此，加大微循环道路建设，让城市的支血管和毛细血管畅通起来。北京目前要建设400公里微循环道路，打通一批中心城的断头路，实现一批次干路、支路，畅通道路微循环系统，对缓解北京交通具有重要意义。

7．加大对违规停车的治理

治理违规停车点，减少因乱停车而导致的拥堵；应当明确，公交站点（以站牌为准）前20米不允许社会车辆（包括出租车）停靠；清理二级路段违规路边停车占道现象，治理违规停靠拥堵。尽可能杜绝停车占道，保证道路畅通。对因人为因素（交通违规、轻微交通事故、车辆故障）而导致的拥堵现象，对肇事车辆进行严厉的行政处罚，加大力度治理事故拥堵。

此外，也应当加强公交车管理，进行线路和站点优化管理，减少高峰时段过多公交车同时进入同一个站点；这是需要根据具体路段和站点逐步进行论证和改进的工作。每个站点应不高于5路公交车停靠为宜。减少乱停车引起的停靠拥堵。

8．交通管理实行差别化政策

应当针对不同区域的资源条件、不同出行时期的交通特性和不同目的的出行需求以差别化供给提供多样化的交通服务。城市中心区交通设施的供给以公共客运为主，对小汽车使用可以实行分时分区有弹性的限制管理。对不同区域，制定不同的停车设施配备建设标准和停车服务价格，推行分时段弹性停车费率制度。

重点区域提高停车费。三环以内及其以外的重点区域为一类区域，应当提高这一区域内停车费，缩短计时单位。例如，由半小时调整为15分钟，以降低这一区域车辆密度，同时还应对城区内部分道路，实行分时段行驶。高峰时段限行，低峰时段开放，做到有堵有疏。

9．努力缓解环路车辆拥堵现象

目前环路与辅路出入口拥堵现象比较严重，主要原因是主路与辅路的出入口较少也较窄。公交车站点有的设在环路上，有的设在辅路上，公交车体较长，在主辅路上交替行驶，加之大小机动车辆较多，遇到上下班高峰时段，各种车辆拥堵在出入口，堵车已是必然。应当对环路与辅路出入口进行综合治理。对环路与辅路出入口进行加宽改造，根据地理位置、周边环境以及车流量，科学分段设置出入口，使车辆能够合理分流。同时，对从主路转驶至辅路的公交车设置专用车道，避免与其他社会车辆混行。此外，在城郊之间交通枢纽地区进行停车场改扩建。增设停车场，以供郊区进城车辆停放，并方便车主换乘公交进城。减少城郊之间的车流密度。

北京的高速口越来越多，每逢周末和节假日，在高速路的收费口都会形成拥堵（ 平时的日子在机场高速收费口也是经常拥堵 ）。为此。需要在北京强行推行自动刷卡系统。只要车辆经过，嘀的一响，就可以自动收费。自动刷卡系统减少了等待时间，对于减轻北京某些路段的交通拥堵问题有帮助。

10．倡导文明交通理念，鼓励绿色出行

很多情况下的交通拥堵是由于驾驶者缺乏“礼让”等文明的交通理念所致。因此，倡导文明交通理念，强化现代交通意识，对每一个驾驶员都具有重要意义。

此外，还应当鼓励自行车出行，提高绿色出行比例。

从更广阔的视野考虑，要缓解北京交通的拥堵，还应当在减少北京人口总量、调整中心城区功能、推进京津冀区域发展等方面下功夫。

建设世界城市：北京面临的挑战和对策*

陈 剑

2009年12月召开的中共北京市委十届七次会议提出，当前首都经济社会发展已经进入了全面建设现代化国际大都市的新阶段，要从建设世界城市的高度，审视首都的发展建设。北京要建设世界城市，需要对世界城市的定义、特征等内容进行分析，需要对北京城市的现状、差距以及面临的挑战进行剖析，只有在此基础上才能提出建设世界城市的思路和对策。本文主要就上述内容展开分析。

一

北京要进入世界城市行列，就必须对世界城市有一个较为清晰的认识。那么，什么是世界城市呢？所谓世界城市，就是对全球的经济政治文化具有引领、影响和控制的城市。所谓引领、影响，就是走在全球前列，虽然不可能所有的领域都走在全球前列，但至少，主要行业、主要领域应走在全球前列，进而影响和推动全球的政治经济和文化的发展。所谓控制，就是对全球战略性资源（包括物质资源、能源、资金、政策、人才、价值理念、信息等）、战略性产业（战略性支柱产业和新兴产业）以及战略性通道（港口、航空、公路、铁路）具有控制力和支配力。

作为一个全球性的世界城市，其基本要素主要包括以下十项内容：

1. 一定数量的人口规模（包括一定比重的国际人口）和土地面积；

* 此文曾刊登在《北京社会科学》2010年第2期。

2. 具有庞大规模的经济总量与较高的人均GDP水平；

3. 建立了现代化的产业体系；

4. 建立强大的并影响全球的金融市场；

5. 积聚了一定数量的跨国公司总部、国际组织和在全球有影响的NGO组织；

6. 具有在全球领先的信息化水平和综合创新体系；

7. 建立了立体化的综合交通体系；

8. 拥有强大的并在全球有影响的智库机构；

9. 拥有相当比重的会展产业；

10. 具有广阔的覆地，且区域经济高度一体化。

从城市国际化角度分析，世界城市是国际城市的高端形态，是在全球政治经济和文化方面具有举足轻重地位作用的国际性城市。依据城市国际化水平，可将国际城市分为全球性国际城市或世界城市、区域性国际城市或国际化大都市、地区性国际城市3个层级。就是说，世界城市是国际城市的最高端，是在全球政治、经济、文化、社会等方面具有引领和控制力的城市。

2005年1月，国务院批复同意的北京城市总体规划（2004−2020）中提出了北京城市发展阶段目标："按照国家实现现代化建设战略目标的总体部署，第一阶段，全面推进首都各项工作，努力在全国率先基本实现现代化，构建现代国际城市的基本构架；第二阶段，到2020年左右，力争全面实现现代化，确立具有鲜明特色的现代国际城市的地位；第三阶段，到2050年左右，建设成为经济、社会、生态全面协调可持续发展的城市，进入世界城市行列。"

目前公认的世界城市有纽约、伦敦和东京三个城市。其具体特征表现为国际金融中心、决策控制中心、国际活动聚集地、信息发布中心和多元文化活动中心等。

北京之所以在北京城市总体规划实施5年后提出建设世界城市目标，主要基于以下考虑：

一是自2001年7月北京奥运会筹办以来，特别是在2005年1月北京城市总体规划批复以来，北京的经济发展和城市建设迅速发展，在综合经济实力、产业结构优化升级、基础设施建设、国际化程度等方面取得了长足的进展，2008年北京奥运会的举办极大地提升了北京的国际化、现代化水平和综合竞争力，北京经济发展的多数指标已经接近、个别指标已达到目前世界城市水平，基本具备了全面建设国际化大都市的基础和条件。也就是说，北京城市总体规划提出的2050年进入世界城市的阶段性目标，按照目前的发展速度，在时间上可以提前实现。

二是随着中国经济的迅速发展，中国自改革开放以来，连续30多年的经济保持9.8%年均增长，中国的经济总量已经逼进世界第二位，人均GDP水平也有了较大幅度提升，中国在全球的影响日益扩大，特别是2007年年底由美国金融危机引发的全球性的经济危机中，中国在危机中的杰出表现和对全球经济增长的贡献，使中国已经站在了讨论和处理国家问题的前沿。从中国整体发展考虑，也十分迫切需要推动北京、上海等中国最具影响的城市，在世界城市体系中的影响力日益增强，地位不断上升，并最终能够引领世界潮流，与正在崛起的中国相适应。

三是北京建设世界城市，将带动中国政治、经济、文化进一步融入全球一体化进程，促进中国参与国际经济和国际事务，提高中国参与国际规则制定的话语权，通过扩大对外交流，进一步发挥中国对世界的影响力，彰显中国特色社会主义的优越性。

也就是说，北京提出建设世界城市的发展目标，既是北京城市发展迈入新的历史阶段的要求，也是中国发展的必然结果，是中国今后参与全球化的需要。而北京作为国家首都，具有其他城市无法比拟的资源优势和特殊地位，在中国600多座城市中，北京与上海是最具有潜力和优势建设世界城市的。

二

虽然北京近年来经济持续增长，北京奥运会极大提升了北京在全球的影响力，但北京要向世界城市迈进，其差距是显然的，同时还面临一系列的困难与挑战。

差距主要在于，北京大都市圈凝聚力不足，对周边的影响和带动有限；由于金融业发展相对不足，北京国际影响力不够；由于跨国公司总部、国际组织等在北京聚集程度低，北京在全球的政治影响力有限；北京城市经济规模偏弱，综合实力不强，经济实力仅相当于纽约目前水平的1/8，人均GDP水平虽然上升到1万多美元，但只有世界城市人均水平的1/6左右；北京产业结构也需要进一步优化，第三产业增加值2009年虽然达到了75.8%，位居全国各省市区第一，高出中国整体水平32个百分点，但与世界城市相比，至少还相差10个百分点；由于经济规模小，北京经济的控制和影响力有限，经济总量只占全国经济3.5%左右，而世界城市的平均水平都占其所在国经济总量的10%以上。此外，北京创新能力不强，在品牌、专利、知识产权保护和核心技术的拥有方面，北京还有较大欠缺；文化软实力与世界城市相比有较大差距。此外，北京土地、水资源、能源、矿产资源都极为缺乏，对城市的进一步发展已构成严重制约。

北京向世界城市迈进，困难与挑战主要有以下七方面内容：

（一）推进区域经济一体化面临的挑战

纽约、伦敦、东京等世界城市的发展实践证明，对世界经济的影响力和控制力不仅在于自身的强大，更在于他们都有一个支撑其发挥控制职能的高度发达的区域。世界城市都有广大的腹地来支撑，形成产业功能梯次配合，世界城市不可能在一片落后的区域内独立存在。全球性的世界城市，都是随着城市规模由中心向外围扩张，形成了规模性的空间结构。这种空间结构由内向外和由小向大，一般分为四个层圈。

一是中心城市。其面积一般在600—1000平方公里，半径为15公里。

二是大都市圈。由中心城市和郊区组成。面积一般在1500平方公里，半径40公里。

三是大都市圈或大都市扩展区。由一个以上的大都市组成，面积一般在2000平方公里，半径100公里左右。

四是大都市带或大都市连绵带。由一个以上的大都市圈组成，面积一般在3000平方公里以上，半径200公里以上。一般说来，大都市连绵带中的城市具有合理的层级关系，承担不同的功能。

北京所在的京、津、冀区域，从历史文化自然地理方面都具有不可分割的联系，但由于区域之间没有形成很好的互动机制，缺乏合理的分工与协作和承担不同的功能。北京对区域发展带动和促进不明显，周边城市对北京支撑作用不足，首都大都市圈没有形成。

京、津、冀区域目前存在的问题是，区域内部差异较大，发展极不平衡，无论是物流、人流、资金流、信息流等，都没有形成很好的互动之势。以人均GDP水平为例，2009年北京已经超过1万多美元，但北京周边地区的城市，不仅没有一个城市超过北京，一些城市只有北京人均水平的1/2，甚至一些城市低于全国平均水平。近年来的发展，更加剧了“发达的中心城市，落后的圈内腹地”的格局。因此，如何以北京为中心，围绕北京、天津两核形成一个功能完善的城市区域，形成一个辐射能力强、开放程度高、具有世界影响力的城市极，并以此推动一个密切互动的京、津、冀经济圈一体化发展，未来发展面临十分严峻的挑战。

（二）提升首都金融竞争力和影响力面临挑战

作为世界城市，其经济的影响力和控制力，重要的在于金融业的发展，这应是世界城市的最大特色。

北京是中央金融经济决策中枢所在地。“一行三会”主体、“四大国有银行”总部、两大投资银行以及国内大型期货公司等国家级决策机构、监管机构以及中国最高级别的金融集团云集北京，是全国的金融决策中心和信息中心。近年来也通过积极努力，大量发展金融业。金融业作为现代经济的血脉，也是北京近年来大力发展的行业，2009年，金融业的增长速度达到13.9%，增加值达到1720亿元人民币，占全市地区生产总值比重的14.5%。按照北京发展目标，力争打造成具有国际影响力的金融中心城市。但是，北京目前最大的问题是，缺乏金融产品的交易能力，城市的金融功能侧重于金融市场宏观调节功能和信息集聚功能。北京资本市场不发达，缺乏证券交易、期货交易、衍生品交易等现代金融交易。金融要素市场薄弱是北京建设国际金融中心的软肋和主要障碍。北京可以通过自己的努力，为金融创新提供广阔的发展平台。例如，利用自身文化创意产业发达，拥有大量优质中小企业的优势，重点建设全国性产权场外交易市场和知识产权增值服务体系，形成多层次、多元化的投融市场体系，以弥补金融产品交易能力不足。但尽管如此，也难以成为国际金融中心。因为道理很简单，一个没有证券交易所、期货交易所、缺乏金融产品交易能力、缺少金融市场的城市能够成为国际金融中心城市，而不能成为国际金融中心的城市是难以成为世界城市的。

（三）提升首都创新能力的挑战

世界城市之所以能够起到引领、影响和控制的作用，一个主要特征是整体发展走在全球前列，而这又与其建立的综合创新体系直接相关。而要建设一个具有创新型的城市，并能够起到引领、带动和影响的作用，其自身的创新能力的形成十分重要。北京科技教育资源密集，市民的受教育水平较高，北京科技研发能力在国内处于领先水平，但与世界城市相比，具有独立知识产权的研发创新较弱，整体创新能力不足。虽然2009年3月国务院作出了《关于同意支持中关村科技园区建设国家自主创新示范区的批复》，提出建设具有全球影响力的科技创新中心，但要实现这个目标，也面临较大困难。面临的挑战是，我们还没有形成很好的有助于创新发展的文化，没有形成有利于推进改革创新的体制机制，没有建立诸如保护知识产权、保护品牌专利、鼓励创新创造、推动科技创新、管理创新和成果转化、尊重人才和吸引人才特别是一流人才等一系列的体制机制。而要提升一个国家的创新能力，最重要的就是在全社会形成有利于创新创造的文化氛围，而这又涉及更加宏大的文化改造和文化再造，包括破解“钱学森之谜”等与教育改革等一系列基础性工作，这些都不是短期能够实现的任务。没有形成很好的创新文化和鼓励人才脱颖而出的体制机制，这也是“中国制造”向“中国创造”迈进步履艰难的深层次原因之一。

（四）提升首都文化软实力面临挑战

一个城市乃至一个国家的发展，除了受资源、环境、人口等因素制约之外，还有一些重要因素——文化、价值观、制度、管理等，即软实力影响。“软实力”（soft power）概念由美国哈佛大学肯尼迪政治学院院长约瑟夫·奈（Joseph·Nye）教授提出，他把软实力看作能够影响他国意愿和行为的无形精神力，包括文化的感染力、价值观的感召力、政治制度的吸引力、外交的说服力、国际威信与信誉力、领导人与国民形象的魅力等。而对一个城市来说，法律环境、公共服务、社会管理、公民意识、社会风尚等则是构成城市软实力的重要内容。而城市软实力的提升，受到中国整体发展影响和制约。例如，建设一个较为成熟的公共服务型政府，需要一个较长过程才能实现；再比如，诚实守信是市场经济得以健康发展的基础和条件，而中国目前面临的严重诚信缺失的问题，特别是一些地方政府的出现的诚信问题，对整个社会诚信的流失起到推波助澜的作用，如何建设一个诚实守信的社会，既需要政府与市民的共同努力，更需要在体制机制上有所突破，非短期能实现。而软实力的不足，就会影响城市的吸引力和竞争力，影响北京迈入世界城市目标的实现。

（五）人口的持续增长与资源环境的挑战

作为一个世界城市，需要一定规模的人口和地域，这样才能支撑世界城市发展的需要。而区域人口增长，应当与区域环境资源相适应。2009年年底，北京常住人口总量已经达到1755万人。北京“十一五”规划以来，北京年均增加人口接近60万人，到2010年年底，北京人口总量已经超过1800万人，2005年出台的《北京城市总体规划》（2004年—2020年）提出的2020年的人口发展目标1800万人将提前10年实现。持续增长的人口，对北京的资源环境提出了严峻挑战。以水资源为例，目前全世界人均水资源为8000立方米，而北京只有约200立方米，北京只有世界人均水平的1/40，这也是北京和周边地区通过巨大努力实现的。北京提出建设世界城市目标，将进一步吸引大量人口进入北京，按照目前北京人口发展态势和中国人口城市化进程，到2020年，北京人口总量将在现有基础上再增加至少500万人，有可能突破700万人，北京常住人口总量届时将达到2500万人。而这无疑对北京水资源的供给提出了严峻的挑战。北京周边地区本身就水资源短缺，为了保障北京2000多万人口生产生活对水资源的需求，周边地区无疑增加了更大的压力。此外，人口的持续增加，也对北京的土地供给和环境改善提出了严峻挑战。

（六）意识形态挑战

北京作为社会主义中国的首都，意识形态上信奉的社会主义价值理念，中国的政治制度、法律制度和对宗教、媒体、网络以及NGO组织的管理都有着鲜明的中国特色。而当今全球200多个国家和地区，信奉社会主义价值理念的毕竟只有中国等少数几个国家。北京要建设世界城市，要求提升其在全球政治上的影响力，就有一个意识形态的挑战，需要在信奉社会主义价值理念、坚持社会主义原则与建设世界城市所需要的条件，两者中寻求平衡。

世界城市的政治影响力，一个重要标志是城市聚集的跨国公司总部数量、国际组织数量和在全球有影响的跨国际的NGO组织数量的多少。世界城市之所以是世界的政治中心，是因为这些城市同时聚集了大量的跨国公司总部、国际组织和在全球有影响的NGO组织。例如，2000年，纽约、东京和伦敦的国际组织的数量分别达到了21、16和57个，而北京目前只有国际竹藤组织1个。

当今世界，无论是跨国公司、国际组织或是跨国际的NGO组织，在全球政治经济方面的影响与日俱增，作用愈益增大，主权国家也为此不得不让渡部分主权。作为社会主义中国的首都，北京要建设世界城市，提升北京在全球的政治影响力，就需要创造能够吸引上述进入北京的条件，需要在信奉社会主义价值观、坚持社会主义基本原则与吸引跨国公司总部、国际组织和在全球有影响的NGO组织所提供的条件中寻求平衡。而中国目前的法律环境、价值理念，与建设世界城市所需要的制度环境无疑有一定距离，因而寻找上述平衡点也十分困难。而要找到这个平衡点，需要推进中国政治文明进程。这也就意味着，北京要建设世界城市，必须随着中国社会的整体发展，包括政治文明的发展而共同发展，这也正是北京建设世界城市的意义所在。

（七）文化多元性的挑战

世界城市，都居住了相当数量的国际人口，由于不同民族的文化习俗有着很大差异，这也使得世界城市呈现文化多样性，是世界多元文化的中心。纽约、伦敦的国际人口比重都超过了15%，东京国际人口比重最少，也超过了6%。而北京目前的国际人口比重不足1%。而要使不同的文化、不同的民族能够和睦相处，就需要对不同民族、不同国家的文化风俗、宗教习惯能够理解尊重能够接受。这对北京也是一个严峻的挑战，因为一些国家和民族的文化、宗教习俗，有些并不为我们所认同。我们不可能只选择那些我们能够接受的文化，而排斥那些我们难以接受的文化和习俗。因此，如何对不同文化、不同民族的文化习俗能够理解尊重并和睦相处，也无疑对北京建设世界城市是一艰巨的挑战。

三

为了推进北京向世界城市迈进的步伐，从政府层面分析，需要制定经济社会发展战略等一系列政策措施，这主要有以下一些内容：

（一）制定国家发展战略

北京城市总体规划（2004年—2020年）得到了国务院的批复。北京要向世界城市迈进也必须得到中央政府的大力支持。世界城市功能定位必须放在国家和区域发展的背景下审视，在全国范围内整合资源，而这需要得到党中央国务院的支持，由国务院制定北京向世界城市迈进的国家发展战略。道理很简单，如果建设世界城市，不能制定国家发展战略，不能在全国范围内进行资源整合，北京要想成为世界城市是十分困难的。后文的分析说明，包括构建首都大都市圈管理新体制、将北京打造成国际金融之都等，都需要得到党中央国务院的大力支持。而由国务院制定世界城市的国家发展战略，可以充分发挥中国特色社会主义的体制优势，汲取全国资源，同时北京世界城市的建设又进一步服务于全国发展，进而推动中国整体发展。

（二）构建首都大都市圈管理新体制

世界城市的崛起无一不在大都市圈内，并且都辐射和带动了周边都市圈内的繁荣和发展。北京要成为世界城市，必须以开放、合作、共荣的姿态在建设大都市圈新体制中有所作为，推动区域管理体制和机制创新。

北京所在京、津、冀城市群，由于没有形成很好的互动机制，首都大都市圈没有形成。为了推进北京向世界城市迈进的步伐，形成首都都市圈，有两个方案可供选择：一个方案是京、津合并，设立大北京市或京、津市，但这涉及行政管理体制的变更和历史情感等诸多因素，难度甚大，短期难以成行。另一个方案就是借鉴伦敦大都市政府管理模式，建议京、津、冀经济发展圈建立“首都大都市管理委员会”（以下简称管委会），专门负责首都经济圈的管理和发展问题，享有部分政府职能。以管委会模式，既借鉴了大伦敦市政府的成功经验，又结合实际有所创新，一方面赋予它一定宏观职能和部分权力，同时又不触及行政区划，是现有条件下比较容易实施、各方容易接受的方案。

管委会主要职能是：为首都大都市圈发展争取、协调更多的资源，以推动整个区域经济一体化，进而推动整个区域发展迈上新台阶。

（三）建设国际金融之都

北京要建设世界城市，近期目标是打造成具有国际影响力的金融中心城市，长远目标就是要把建设国际金融城市。没有这样一个最终目标，北京要建设世界城市是不现实的。

从近期目标分析，要把北京打造成具有国际影响力的金融中心城市，就是要努力实现北京市委市政府提出的“一主一副三新四后台”的金融业空间布局，不断完善金融体系建设，进一步集聚金融机构，特别是吸引境外的金融机构入驻北京。目前CBD东扩也给北京带来了发展机遇。纽约、伦敦、东京等顶级世界城市的经验表明，CBD是金融体系建设的核心。进一步整合和优化“一主一副三新四后台”的金融业空间布局，做大做强北京金融产业。

从长远目标分析，北京建设国际金融城市，需要得到中央政府的大力支持，需要通过制定国家发展战略才能实现，包括设立北京证券交易所、期货交易所等吸引诸多海外资金、境外金融机构的金融市场。而北京近期目标的实现程度，即具有国际影响力的金融中心城市建设程度，无疑对北京建设国际金融城市产生重要影响。

（四）打造各具特色的功能区，重点打造CBD功能区

世界城市各具特色的功能区的设置是推动世界城市发展的重要力量。世界城市的经验表明，现代服务业发展程度主导着世界城市的发展，决定着世界城市的繁荣及其国际竞争力的高低。现代服务业总是伴随着世界城市功能区的形成和提升而逐渐成熟起来。而各具特色的功能区的发展，则推进了现代化服务业发展与壮大。北京要向世界城市迈进，就是要充分利用已建成和即将形成的城市功能区，走“组团式发展模式”，各具特色的功能区要有相应的产业结构和城区形态与之相配套，形成功能—产业—形态既有差异，又融为一体的组团式城市服务形态格局，并通过快速、便捷、大容量的公共交通将各功能区连接起来。这种组团式发展路径既能体现北京现代服务业发展的空间层次，又能最大限度地避免城市平面、圈形扩张所带来的一系列弊端，并最大限度地发挥城市功能区的集聚效应和辐射作用，提升城市的影响力。

北京目前已经形成具有一定特色的6个功能区。2009年，六个功能区以占北京6%的土地面积，创造了全市40%的GDP、40%的税收和40%的就业；集聚了全市90%的高技术产业、80%的现代制造业、55%的生产性服务业和52%的生活型服务业，使6大高端功能区成为首都经济发展的6个“发动机”。北京要建设世界城市，需要进一步强化每个功能区的特色，促进产业结构优化升级，发挥CBD、金融街、中关村自主创新示范区核心区、奥林匹克中心区的辐射带动能力，加快临空经济区、北京经济技术开发区的发展建设，同时协调推进通州（运河）北京新商务区、丽泽商务区等新的高端产业

功能区规划建设。使北京的人流、物流、资金流向功能区积聚，进而进一步做大、做强各功能区。

在功能区建设中，朝阳CBD应当放在更加突出位置。世界城市的经验表明，CBD是金融体系建设的核心，强化CBD国际金融服务功能是有效提升世界城市辐射力的关键。应当以朝阳CBD东扩为契机，提升CBD在全市经济中的影响和带领作用，有必要通过建设标志性建筑，进一步吸引国际总部和金融机构入驻CBD。

（五）加强公共服务型政府建设，提升首都软实力

建设世界城市，需要大幅提升首都软实力。而这对北京建设世界城市具有十分重要的作用。这包括，一是制定更加开放、有利于推进世界城市建设、符合发展需要和国际惯例的法律法规体系和政策环境。例如，国际投资的安全保障、知识产权保护、民间组织的发展、外国人员从业条件、国际化的人才资格互认等法律法规和政策支持。二是不断健全和完善市场经济制度，包括政府使用经济手段更加规范，对不同所有制性质一视同仁，鼓励和扶持非公有制经济，包括外商投资经济的发展。三是政府提供的公共服务水平随着整个社会发展不断提升，包括为市民提供的城市公用事业服务，政府的信息公开，为市民提供的社会保障、公共医疗、义务教育、保障性住房等公共产品与服务，政府部门的服务意识、服务水平、服务质量能够适应建设世界城市的需要。四是知识产权，包括版权、专利、 商标等得到扎实有效的保护，形成有利于创新发明的体制机制。五是大力改进民风，使首都市民享有良好的文明环境，这需要政府部门诚实守信，依法行政，努力将北京市各级政府打造成学习型政府、服务型政府、节约型政府、法治型政府。

北京要建设世界城市，具体措施还包括如何进一步优化首都空间布局和城市结构，设立中心城区，这需要对首都现有的行政区进行调整，通过实施大区战略和新城战略，以推进首都高效快速发展。

北京建设世界城市，也涉及如何进一步调控首都人口发展，使首都人口发展与资源环境相适应。需要对影响北京人口持续增长的主要资源进行研

究，主要是水资源和土地资源，研究一定条件下最大可承载的人口，同时对未来首都人口发展有清晰完整的认识，以未雨绸缪早做规划。

北京建设世界城市，正面临着中国发展方式转变的历史时刻，由于北京资源有限，应以低碳生态城市规划建设为契机，推进资源环境承载力的提升，从规划源头推动低碳生态城市建设，进而实现低碳发展绿色发展。

北京建设世界城市，除了大力推进“人文北京、科技北京、绿色北京”建设之外，还有赖于中国整体发展环境的改善，包括中国政治文明的推进步伐，中国法治环境和中国社会主义市场经济体制完善程度，全社会的诚实守信风尚的形成等诸多因素。这也说明，只有中国的整体进步，才会进一步加快北京向世界城市迈进的步伐。

附录一

2010年中国改革大事记

卢 梭*

1月

1月1日，沈阳市实行取消农业和非农业户口性质划分，户口统一登记为“居民户口”的“一元化”户口管理制度。以后，各级公安机关在向有关部门和居民出具户口证明时，只写明居民的姓名、性别、民族、出生日期、籍贯、身份证号码、住址、家庭户或集体户，不再标注“农业”或“非农业”字样，户口证明不作为享有相关待遇的依据。（《光明日报》；http：//lnrb81958895.blog.sohu.com/141079485.html）

1月1日，广东21个地级市同步举行了居住证首发式。《广东省流动人口服务管理条例》和居住证制度的正式实施，意味着在广东实行达10年之久的暂住证制度废除。（《光明日报》2010.1.3 P4）

1月1日，《城镇企业职工基本养老保险关系转移接续暂行办法》正式实施。（《光明日报》1.7 P9）

1月3日，广东省高级人民法院对外宣布，珠海市香洲区法院日前以诈骗罪判处邵国松、王剑波、黄燕万等7名被告人有期徒刑3～11年不等，并处罚金4万～15万元不等；而周建平则因向上述被告人非法出售个人信息资料被以非法获取公民个人信息罪判处有期徒刑1年6个月，并处罚金2000元。据介绍，周建平是国内被法院以侵犯个人安全的新罪名追究刑事责任的第一人。

* 作者为北京改革和发展研究会特约撰稿人，清华大学硕士。

（《光明日报》）

1月6日，政协湖南省岳阳县第十一届三次会议上，红网论坛岳阳版上的两名网友“错爱的我”和“XWJ云轩”参加政协第十一届三次会议并递交提案。这两位网友分别是岳阳县的村民任岳军和县粮食局企业职工许伟军，因长期在网上收集民意，向政府建言而被岳阳县政协增补为县政协委员。（《光明日报》）

1月7日，《国务院办公厅关于促进房地产市场平稳健康发展的通知》出台，多管齐下、多措并举调控房地产市场，被称为“国11条”；4月17日，《国务院关于坚决遏制部分城市房价过快上涨的通知》正式出台，从坚决遏制不合理住房需求、增加住房有效供给等多方面遏制房价，被称为“新国10条”；9月，多部门分别出台措施，再次打出房地产调控“组合拳”。房价调控“重拳”贯穿全年，遏制了房价过快上涨的势头，有效抑制了投机性需求。（中国选举与治理网：http：//www.chinaelections.org/NewsInfo.asp?NewsID=195807）

1月7日，铁道部首次对外发布消息：我国高速铁路运营总里程位居世界第一。今年以来，我国高铁一再刷新世界纪录：京沪高铁全线贯通，是世界上一次建成线路里程最长、标准最高的高铁；国产“和谐号”新一代高速动车组最高运行时速达486.1公里，创造世界铁路运营试验最高速度。中国已成为世界上高铁发展最快、运营里程最长、运营时速最高、在建规模最大、拥有系统技术最全的国家。（http：//www.chinaelections.org/NewsInfo.asp?NewsID=195807）

1月8日，国内图书出版发行业的第一部行业规范《图书公平交易规则》正式发布。《规则》的发布结束了图书交易缺少行业规范的局面。（《光明日报》1.10 P1）

1月16日，国家住房和城乡建设部与深圳市人民政府共同签署了我国首个低碳生态示范市框架协议。作为住建部首个批准的国家低碳生态示范市，深圳将以“部市共建”的模式以全新的面貌向低碳生态城市启航。（《中国青年报》1.16）

1月17日，黑龙江省齐齐哈尔市决定在机关、事业单位等市级预算单位全面推行公务卡管理制度改革，传统的现金报销制度将全面退出历史舞台。此举有利于从源头防治腐败和减少违法违规行为。（新华网 1.17）

1月19日，国务院办公厅发布《关于加强和规范各地驻京办的意见》（国办发〔2010〕8号）。要求认真清理现有驻京办事机构。

1月26日，北京市民任星辉向财政部申请公开电费中所含三峡建设基金收支情况遭拒，将财政部诉至一中院，请求一中院判令财政部对他公开三峡建设基金收支情况。一中院正在审查是否符合受理条件。（《新京报》1.27）

1月27日，深圳市信访办公室工作人员接受中国青年报记者采访，称目前153名维权的尘肺病农民工已全部进行了职业病身体检查。现已有62人确认了劳动关系、16人进入工伤认定阶段、16人正在仲裁阶段。（《中国青年报》1.29）

1月29日，备受社会各界关注的《国有土地上房屋征收与补偿条例（征求意见稿）》正式向公众公开征求意见。条例规定，强制搬迁前应先予以补偿，补偿金不得低于市场价。同时规定，七种公共利益可成为征房前提，包括国家重点扶持的能源、交通等公共事业。国务院法制办在其网站上公布了征求意见稿的全文。（《京华时报》1.29）

1月31日，新华网受权发布2010年中央一号文件《中共中央、国务院关于加大统筹城乡发展力度进一步夯实农业农村发展基础的若干意见》。（新华网 1.31）

2月

2月1日，《瞭望》新闻周刊报道：今年中国政法机关将实施讯问全程录音录像，防止刑讯逼供。（《瞭望》新闻周刊 2.1）

2月1日，神华宁煤集团党委书记陆维平介绍说：神华宁煤集团在探索“公推直选”方面作出了有益尝试。经过两年的稳步推进，现在全集团已经有10个基层党委通过“公推直选”完成换届。为了进一步深化和提高“公推直选”的力度，今年神华宁煤集团又选择了红柳煤矿作为新的试点，探索把党委书记候选人范围从一个煤矿扩大到全集团，选人用人的范围和视野不断拓宽。

2月2日，国务院总理温家宝主持召开国务院常务会议，讨论并原则通过《关于公立医院改革试点的指导意见》，决定按照先行试点、逐步推开的原则，由各省（区、市）分别选择1至2个城市或城区开展公立医院改革试点。（新华网 2.3）

2月3日，广东佛山市禅城区人民法院一审开庭审理被社会广泛关注的基因歧视第一案。本案的原告是2009年4月参加了佛山市公务员考试的3名考生，他们通过了公务员考试，却由于体检中查出带有地中海贫血基因，被当地人事部门以“体检不合格”为由拒绝录用。随后，3名考生以“这种做法属于典型的基因歧视”为由，将广东省佛山市人力资源和社会保障局告上了法庭。（《法制日报》2.3）

2月10日，人力资源和社会保障部、教育部、卫生部联合发出《关于进一步规范入学和就业体检项目维护乙肝表面抗原携带者入学和就业权利的通知》，进一步明确取消入学、就业体检中的乙肝检测项目。并明确指出，有关检测乙肝项目的检测体检报告应密封，由受检者自行拆阅；任何单位和个人不得擅自拆阅他人的体检报告。（中国新闻网 2.11）

2月15日，据大众日报报道，山东平度在信访工作中，面对群众的诉求首先作“有理推定”，对引发群众上访的原因首先作干部“有过推定”，对群众反映的问题首先作“有解推定”。平度市以新视角新思维开展信访工作，破解了信访难题，连续四年没有国家、省和青岛市交办的“信访老户”、没有发生一起非正常上访案件，并且消化了历史遗留的信访积案。（《大众日报》）

2月16日，上海市心理咨询行业协会发布消息称，春节过后该市将诞生三项新职业，分别是注册婚姻辅导师、注册心理陪护师和注册员工援助师。（《华西都市报》2.20）

2月22日，据人民公安报报道，公安部监所管理局近日下发《推行拘留所管理教育指导意见》，要求2010年年底前，三级以上拘留所必须实行管理教育新模式；2011年年底前，所有拘留所将全部实行。推行拘留所管理教育新模式，核心是实行处罚与教育相结合，以教育矫治违法人员为根本目的，其主要内容包括执法文明规范，监管安全有序，管理宽严结合，教育丰富多样，权益保障有力和勤务科学有效。（《人民公安报》）

2月24日，据新华网报道，中共颁布廉政准则 52“不准”规范党员干部行为。此准则是为进一步促进党员领导干部廉洁从政，根据《中国共产党章程》，结合党员领导干部廉洁自律工作实际而制定的。准则自发布之日起施行。1997年3月发布的《中国共产党党员领导干部廉洁从政若干准则（试行）》同时废止。（新华网）

2月24日，国务院学位委员会公布了《关于在学位授予工作中加强学术道德和学术规范建设的意见》，明确了对指导教师不作为的惩处。（《长江日报》2.26）

2月28日，国务院新闻办公室举行新闻发布会。教育部、国家发展改革委、财政部、科技部、人力资源社会保障部等《国家中长期教育改革和发展规划纲要》工作小组成员单位有关负责人介绍了《国家中长期教育改革和发展规划纲要》公开征求意见工作情况，并回答了记者的提问。教育部长袁贵仁在会上表示，未来会建立一套新的，适合学校特点的管理制度和配套政策，逐步取消大学行政级别和行政化管理的倾向。（新华网2.28）

3月

3月1日，新华网报道：中国足协副主席南勇、杨一民，裁判委员会原主任张建强因操纵足球比赛涉嫌收受贿赂犯罪被依法逮捕。（新华网）

3月3日，据新华网报道，河南省近日规定，法院警车不得作为领导干部固定公务用车，非执行公务不得停放在宾馆、酒店、娱乐场所、旅游景点，重大节假日期间一律封存。（新华网）

3月5日，因发帖质疑县领导搞形象工程而遭跨县拘捕的湖北省郧西县青年陈永刚被郧西县公安局提前释放，据郧西县公安局的解释，原因是“迫于网上的压力”。陈曾向中纪委举报该县领导不顾民生、欺骗民众、违规造房、大搞形象工程，同时在网络予以揭露。2月26日，他在十堰市的租住房中被郧西县公安局跨地以侮辱诽谤的罪名拘捕。（红网）

3月5日，国务院总理温家宝在政府工作报告中提出，今年将推进户籍制度改革，放宽中小城市和小城镇落户条件，有计划、有步骤地解决好农民工在城镇的就业和生活问题，逐步实现他们与城镇居民享有同等待遇。（中国新闻网）

3月5日，国务院总理温家宝在十一届全国人大三次会议上作政府工作报告时提出要“创造条件让人民批评政府、监督政府”，引起了广泛反响。不少海内外专家认为，这反映出中国今年在巩固经济复苏成果的同时，进一步奉行以人为本理念、广开言路、打造责任政府的决心。报告中还提出，让老百姓“更有尊严”成为中国政府的工作目标。（新华社）

3月10日，《中国青年报》报道：教授建议调整政协委员产生机制 称每次当选均不知情。65岁的中国科学院院士、北京大学教授丁伟岳2001年被增补为第九届全国政协委员，此后连任第十、十一届委员至今，而每次换届都是看了电视才得知自己当选的。丁伟岳是由他所在的中国民主建国会提名推荐为政协委员的，但他说，“民建”从未就推荐事宜征求过自己的意见。他认为，这是因为现有的政协委员遴选机制存在漏洞。（《中国青年报》）

3月10日，全国政协十一届三次会议第四次全体会议召开，广州市政协主席朱振中作题为《狠刹搞形式唱高调耍花架子的不正之风》的发言，短短8分钟赢得9次掌声。无独有偶，8日政协大会发言时，中国科学院地理科学与资源研究所研究员梁季阳揭示房价高居不下地方政府责任不可推卸。（中国新闻网）

3月10日，河南省高级人民法院第九审判庭一起租赁纠纷案件的审理过程通过中国法院网对全体网民同步直播。据悉，这是河南省法院首例通过网络直播的庭审案件。从此，这个省的三级法院将陆续实现庭审直播，成为我

国第一个规范化、制度化实现庭审网络直播的省份。（新华网河南频道）

3月12日，天涯杂谈出现一篇名为《中国第一个全裸的乡政府》的帖子。帖文称，近日，巴中市巴州区白庙乡在网上详细公示了今年1月份的公务费开支，可谓全透明。3月19日，四川省巴中市巴州区召开全区乡镇政务公开工作会议，决定在全区52个乡镇推广白庙乡公开财务支出的做法，每月10日前把上一个月的收支情况全部公开。（新华网3.17）

3月14日，十一届全国人大三次会议通过关于修改选举法的决定。根据修改后的选举法，实行城乡按相同人口比例选举人大代表。这一规定被形象地称为“同票同权”，引起国内外广泛关注。我国农村和城市每1名人大代表所代表的人口数比例，经历了从8∶1到4∶1再到如今1∶1的变化。“同票同权”，有利于更好地保证城乡人民享有平等的选举权，表明我国民主政治建设取得了历史性的进步。（新华社：http：//wenku.baidu.com/view/69e26119227916888486d73e.html）

3月14日，据新华网报道，从今年新学期开始，山东省潍坊市中小学课程表将在网上进行全程公示，家长可以随时了解孩子在校学习的基本内容，同时教育主管部门也可以方便地根据公示内容，对中小学落实“开全课程、课堂减负”的情况进行督查。（新华网）

3月14日，广东省高级法院宣布，将高度重视适用惩罚性赔偿，加大对侵犯消费者权益行为的制裁力度。据悉，中国即将于今年7月1日施行的《侵权责任法》加大了对消费者权益的保护力度。该法规定：“明知产品存在缺陷仍然生产、销售，造成他人死亡或者健康严重损害的，被侵权人有权请求相应的惩罚性赔偿。”广东高院副院长谭玲表示，扩大惩罚性赔偿的适用范围，是中国侵权责任法律制度的重大进步，广东法院将高度重视适用惩罚性赔偿保护消费者权益。（中国新闻网）

3月17日，据新华网报道，甘肃省会兰州市的城关区人民法院，要求所有法官签订责任书，对自己依法履行法官职责和对所审理案件终身负责作出承诺。这是甘肃省法院中首次要求法官对案件质量终身负责。城关区法院调研室主任刘一俊表示：“这能有效提升法官审理案件时的责任感，有效压缩

法官随意审判和违法乱纪的空间。”（新华网）

3月18日，在国资委召开的新闻发布会上，新闻发言人杜渊泉披露，自2003年以来，国资委对中央企业房地产业务进行了大幅度调整重组，先后确认和公布了16家以房地产作为主业的中央企业，三级以上房地产子企业户数由原来的728户减少到目前的373户。按照国资委要求，除16户以房地产为主业的央企外，其余 78户也开展了房地产业务的央企正在加快进行调整重组，在完成企业自有土地开发和已实施项目等阶段性工作后要退出房地产业务。（新华网 3.18）

3月19日，《重庆晚报》报道：江苏常州网友发帖骂环保局长不作为获得2000元奖励。江苏常州一网友去年7月在网上发帖骂该市环保局长不作为，必须引咎辞职。今年3月11日，常州市环保局同样通过网络发帖，对这名叫“认真”的网友发动“人肉搜索”。3月15日，网友“认真”来到了常州市环保局，不过，他并不是遭遇到“网络追捕”，而是获得常州市环保局长周斌亲自送上的2000元“网络监督奖”。（《重庆晚报》）

3月19日，最高人民法院公布了《最高人民法院关于财产刑执行问题的若干规定》，通过进一步明确财产刑的执行机构、细化执行程序，加大了财产刑的执行力度，着力解决财产刑“空判”问题。（新华网）

3月22日，重庆市法制办公室公布《重庆市行政机关行政应诉办法》征求意见稿，邀请有关单位和各界人士提出意见。《办法》共有三十条内容，规定四种情形下行政机关法定代表人应当出庭应诉。重大、复杂诉讼案件；市人大代表、市政协委员旁听的案件；上级交办、督办的案件；行政机关法定代表人认为需要出庭应诉的其他行政诉讼案件。此外，行政应诉人员或代理人出庭，应当身着正装或职业装，用语文明、行为规范。（《重庆晚报》3.23）

3月25日，江西省委十二届十二次全会以无记名投票方式，票决任命李安泽为新余市委书记。这是江西省委改革领导干部选拔任用制度，首次由全体省委委员以无记名投票方式民主推荐人选、省委常委会根据推荐结果确认拟任人选、全委会集体票决任命设区市委书记。（新华网江西频道，3.25）

3月25日，财政部官方网站公布了12张中央财政预算表。财政部新闻发言人戴柏华说，与去年相比，今年预算公开的范围更广泛，内容更全面，科目也更细化。今年不仅继续公布了“传统”的中央财政收入、支出、中央本级支出、中央对地方税收返还和转移支付四张中央预算表格内容外，还增加了中央财政国债余额情况表等8张表格。（《新京报》3.26）

3月25日，《河北日报》记者从河北省省法院量刑规范化试点工作会议上获悉，即日起，河北省11家中级法院、33家基层法院推行量刑规范化试点工作。这44家法院在对15种罪名的案件审理中，不但要公开量刑的依据、主要过程和理由，还要将量刑纳入法庭的审理程序中，控辩双方可以就量刑进行充分辩论。（《河北日报》3.26）

3月26日，上海市人力资源和社会保障局副局长鲍淡如在“民生访谈”节目中表示，上海目前正在积极研究制定“柔性延长退休”的具体办法，并将于今年正式实施。鲍淡如介绍说，所谓“柔性延长退休年龄”，即柔性延迟办理申领基本养老金手续，是相对于国家法定正常退休年龄而言的，即男性60周岁，女性55周岁（女性生产服务岗位50周岁）。（新华网）

3月27日，江苏省连云港市东海县黄川镇两名农民因抗拒拆迁自焚，造成一死一伤。目前东海县、黄川镇相关部门、领导正进行相关善后工作，受伤的92岁村民陶兴尧正在连云港市第一人民医院接受治疗。（新华网江苏频道，3.29）

3月28日，山西王家岭煤矿发生透水事故，153名工人被困。经过连续8昼夜的紧急救援，其中38人遇难，115人获救。王家岭矿难成为2010年最受关注的矿难之一。矿难的频频发生，使得有关部门最终出台矿领导须与工人一同下井的规定。

3月29日，据新华网报道，公安部日前作出部署，决定开展集中整治行动，坚决遏制执法过程中发生的涉案人员非正常死亡事件。这一举措显示出公安机关对此问题的高度重视，人们期待着这一不正常现象能早日彻底终结。（新华网）

3月29日，据新华网报道，最高人民检察院近日印发《检察机关新闻发布制度》，明确检察机关实行定期新闻发布和日常性新闻发布相结合的新闻发布制度，定期新闻发布会原则上每季度举行一次，日常性新闻发布根据需要进行。（新华网）

3月30日，南京市建邺区南苑街道兴达社区开通社区“微博”网络舆情信息系统。通过这个集民意建言会、舆情信息员队伍、社区网络服务在线、社区亲情便民服务卡和社区微博“五位一体”的网络舆情信息平台，社区居民可以随时随地反映问题和需求，及时获得相关部门对问题的处理、落实和反馈情况。（新华网）

3月31日，据新华社报道，中共中央办公厅印发《党政领导干部选拔任用工作责任追究办法（试行）》，明确被问责官员复出的年限——受到调离岗位处理的，一年内不得提拔；引咎辞职和受到责令辞职、免职处理的，一年内不得重新担任与其原任职务相当的领导职务，两年内不得提拔；受到降职处理的，两年内不得提拔；同时受到纪律处分的，按照影响期长的规定执行。（新华社）

3月31日，新华网刊发中央组织部出台的《市县党委书记履行干部选拔任用工作职责离任检查办法（试行）》。《办法》提出，市县党委书记因提拔使用、平级交流、到龄退休等原因即将离任时，须由上级党委组织部门对其任职期间履行干部选拔任用工作职责的情况进行检查。（新华网：http://news.xinhuanet.com/politics/2010-03/31/c_1211059.htm）

4月

4月1日起，纳入行政执法类和专业技术类约6300名深圳公务员将会按照分类管理改革方案进行“套转”。作为全国公务员分类管理改革唯一试点城市，从今年初起，深圳在公务员分类管理改革上频频出击，将把公务员原来“大一统”管理模式划分成综合管理类、行政执法类、专业技术类，69%的公务员将被划入行政执法类和专业技术类中，将分别实行各自独立的职务序列和管理。（《广州日报》4.17）

4月1日，据新华网报道，中央近期发布了一系列文件以加强选人用人监督，密织制度反腐网络。这些文件是：《党政领导干部选拔任用工作责任追究办法（试行）》、《党政领导干部选拔任用工作责任追究办法（试行）》、《地方党委常委会向全委会报告干部选拔任用工作并接受民主评议办法（试行）》、《市县党委书记履行干部选拔任用工作职责离任检查办法（试行）》。（新华网）

4月4日，新华网报道：深圳将进一步扩大居住证使用权。将在医疗、住房、教育、入户等方面为来深建设者提供更加优惠的民生福利保障。（新华网）

4月6日，《成都商报》记者证实，央视等媒体已经接到有关部门下发的通知，要求在今后的电视转播中尽量屏蔽英文缩略词，而是使用赛事的中文全称。国家语言文字工作委员会副主任、教育部语言文字信息管理司司长李宇明10日表示，国家语委对字母词的使用持比较谨慎的态度，希望能尽快汉语化，以符合中国人的表达习惯。（《成都商报》4.7）

4月9日，中国第一个地方性行政程序规定《湖南省行政程序规定》顺利通过，确定将于10月1日起正式实施。湖南省省长周强今天在湖南省政府第四次常务会议上表示，抓好《规定》的实施，是促进责任型、法治型、服务型政府建设。该规定共10章180条，以“公民享有更多程序权利，政府承担更多权利义务”为立法思路。无论是涉及行政决策、执法，还是行政听证、指导、监督检查等，公众均享有参与权。公开原则和公众参与贯彻始终。周强认为，《规定》的颁布实施，既是长期以来湖南省行政管理经验的系统化、条例化，也充分吸收和借鉴了国内外成功的行政管理经验，是推进政府管理创新、加强政府自身建设、解决行政管理和经济社会发展中现实问题的需要，是建立完善依法决策、科学决策、民主决策机制的需要。（中新网：http：//news.sina.com.cn/c/2008-04-09/231715323445.shtml）

4月13日，深圳市总工会公布富士康近期多位员工坠楼事件的调查结果。深圳市总工会副主席王同信称，坠楼事件连续发生暴露富士康在管理方面存在漏洞和不足，希望企业吸取教训，建立人文关怀的管理体制。1月下旬开始，富士康科技集团接连发生6起员工坠楼事件，死亡4人，重伤2人。深圳市总工会已指派调查组到富士康了解情况，掌握事态发展，并与富士康员工进行访谈，了解员工对事件的反应。（新华网）

4月13日，庄河市城关街道海洋社区（原海洋村）等地上千名群众到庄河市政府集体上访，部分群众在市政府门前下跪，时间持续约30分钟，引发网络上“千人集体下跪求见市长未果”等议论。（新华网）

4月14日凌晨，青海省玉树县发生地震，最高震级7.1级，地震震中位于县城附近。截至4月25日17时，玉树地震造成2220人遇难，失踪70人。为表达全国各族人民对青海玉树地震遇难同胞的深切哀悼，2010年4月20日国务院决定，2010年4月21日举行全国哀悼活动，全国和驻外使领馆下半旗致哀，停止公共娱乐活动。

4月17日，《湖南省规范行政裁量权办法》正式实施。这是我国首部全面规范行政裁量权的省级政府规章，它规范了行政裁量权的设定、行使和监督，并首次提出和确定了行政裁量权的“综合控制模式”，重点对行政审批、行政确认、行政处罚、行政强制、行政检查、行政征收、行政给付和行政奖励等八类行政行为的裁量权进行了全面、系统的规范，是目前国内规范行政裁量权的规定中最全面、最系统的一个。

4月20日，《北京市物业管理办法》经市人民政府第64次常务会议审议通过，在北京市政务门户网站上公布，《办法》将于2010年10月1日起施行。在物业管理领域进行了大胆的探索和创新，很多做法都开全国同行业之先河。（http：//zhengwu.beijing.gov.cn/fggz/zfgz/t1114939.htm）

4月20日，1241名北京市劳动模范和先进工作者人选亮相，其中首次纳入124名非京籍人士和2名“洋劳模”。北京市总工会副主席霍连明表示，目前非京籍在京务工人员约400万人，外籍人士约40万人。（《新京报》4.21）

4月28日，株洲市交警支队通过株洲市委宣传部对外界表示，停止或整顿从4月中旬起开展的“零容忍”专项整治、“顶格处罚”交通违章行为和向交警下达量化的“纠违任务”的举措。

4月29日，全国人大常委会表决通过关于修改国家赔偿法的决定，对法

律进行了实施以来的首次修改，力保公民“索赔”、“获赔”的权利。（新华网）

4月29日，广东省政府在佛山市顺德区召开全省富县强镇事权改革工作现场会。针对一些地区县镇经济发展、社会事务管理与行政设置不匹配、“小马拉大车”的问题，广东计划将部分经济社会管理权下放给县和镇。通过简政放权，广东力争用3—5年时间，让县镇经济社会管理体制得到根本优化，促进县镇经济与各项社会事务快速发展，转变经济发展方式，建设便民高效的政府。此次会议明确提出，要扩大镇级管理权限。

4月30日，山东省潍坊市坊子区九龙街道尚庄村村民王永来强行闯入尚庄小学，用铁锤打伤5名学前班学生，然后点燃汽油自焚。王永来被当场烧死，5名受伤学生目前无生命危险。这已经是35天来连续发生的第四起校园血案。

5月

5月1日，第41届世界博览会在上海开幕。本届世博会以“城市，让生活更美好”（Better City， Better Life）为主题，展期为5月1日—10月31日。这是首次由发展中国家举办的世界博览会。总投资达450亿元人民币，创造了世界博览会史上最大规模记录。

5月2日，中新网报道，公安部明确：警车滥用警灯、警报器等九类行为违规。中国公安部网站日前发文《公安部奖励公民举报公安机关警车和涉案车辆违规问题办法》，规定九类行为属警车违规行为，公民可实名举报，经核实后，举报者可获得100～500元的奖励。（中新网）

5月4日，在文化系统体制改革工作电视电话会上，文化部部长蔡武表示，当前，文化体制改革已经进入攻坚克难的关键阶段，文化系统一定要按照中央确定的“路线图”、“时间表”、“任务书”，在总结经验的基础上实现重点突破、全面推进，努力在文化体制改革方面取得决定性进展，为2012年之前全面完成文化系统体制改革重点工作任务奠定坚实基础。

5月4日，国土资源部向社会公布了公开挂牌督办的18起土地违法典型案件，其中已经查处的5起案件中涉及的36名党政领导干部受到党纪政纪处分。查办情况显示，当前一些地方土地违法呈现用地面积上升、政府官员以身试法现象突出两大特点。（新华网5.6）

5月5日，最高检下发《关于切实贯彻落实全国综治维稳工作电视电话会议精神严厉打击侵害学前儿童及师生安全刑事犯罪活动的紧急通知》。5月6日，记者从公安部指挥中心了解到，全国综治维稳工作电视电话会议召开后，各地公安机关迅速贯彻会议精神，作出专门部署，采取超常规工作措施，大力加强学校、幼儿园安全保卫工作，严防伤害学生、幼儿案件再次发生。按照“见警察、见警车、见警灯”的要求，各地组织警力和群防群治力量，加强了对学校、幼儿园周边上学、放学时段的巡逻防控。（《检察日报》5.6）

5月6日，新华网报道：国务院常务会审议通过《国家中长期教育改革和发展规划纲要》。（新华网）

5月6日，《中国青年报》报道：山西一老农反映土地被占，结果以“敲诈勒索政府”的罪名获刑3年。

5月6日，《北京市人民政府关于废止〈北京市中、小学学生学籍管理办法〉等五项规章的决定》开始施行。《中、小学学生学籍管理办法》被废止，今后在免费和就近入学方面，非本市户口将与本市户口享受一样的待遇。（http：//news.qq.com/a/20100521/000908.htm）

5月7日，国务院公布关于鼓励和引导民间投资健康发展的若干意见（国发〔2010〕13号），鼓励民间投资进入公用事业领域。（http：//finance.qq.com/a/20100513/004259.htm）

5月9日，河南省高级人民法院召开新闻发布会，认定2002年宣判的赵作海故意杀人案系一起错案，宣告赵作海无罪，同时启动责任追究机制。

5月9日，最高人民检察院印发修订后的《人民检察院扣押、冻结涉案款物工作规定》，进一步明确了检察机关扣押、冻结的涉案款物的界限和范围，进一步健全和完善了扣押、冻结、处理涉案款物的有关程序，严禁在立案之前扣押、冻结款物。（新华网5.19：http：//news.xinhuanet.com/legal/2010-05/20/c_12122366.htm）

5月11日，南方网报道：村民进京上访三度遭拦截　官员陪同游山玩水。2007年起，广东省兴宁市村民陈伟华等多次上访反映在水库移民身份确认时所遭遇的不公待遇，屡次遭到阻拦，上访途中当地政府部门组成“陪访团”陪同游山玩水。据悉，信访花费已成为当地政府重要开支，“人民内部的问题用人民币解决”。党政办一工作人员称。（南方网）

5月11日，《海南日报》报道，海南省屯昌县通过开展干部人事制度改革试点工作，积极探索干部竞争机制和正常退出机制，在深化干部人事制度改革的核心问题上进行大胆尝试，建立起充满生机和活力的干部队伍。从2009年12月至今年3月，中共中央政治局委员、中央书记处书记、中央组织部部长李源潮，先后3次对海南省屯昌县干部人事制度改革作出重要批示。李源潮在今年3月作出重要批示指出，屯昌县形成了较配套的县级选人用人的改革机制，应很好地进行总结、完善、推广。（《海南日报》）

5月11日，《法制日报》报道：律师致函立法机关　请求审查土地储备制度合法性。偏离“公共利益”的现行土地储备制度使政府成为直接牟利者。近日，北京律师张兴奎向全国人大常委会寄出特快专递，请求立法机关对这一制度和《土地储备管理办法》进行合法性审查。（《法制日报》）

5月11日，我国内陆地区首个保税港区——重庆两路寸滩保税港区一期工程11日通过国务院联合验收组验收，即将封关运行。海关总署有关负责人表示，该保税港区有望成为辐射我国中西部地区的保税加工、物流中心，对推动西部地区对外贸易及外向型经济发展具有重要意义。（新华网）

5月12日8时左右，48岁的陕西省南郑县圣水镇林场村村民吴焕明持菜刀闯入该村幼儿园，致使7名儿童和2名成年人死亡，另有11名学生受伤，其中2名儿童伤势严重。陕西省汉中市已启动应急预案，成立了事件处置领导小组，全力以赴救治伤员，安抚受害者家属，并开展校园安全排查。（http：//news.qq.com/a/20100512/002516.htm）

5月13日，河南省公安厅出台了加强机关管理的八条规定。今后，对民警违反规定的，将给以党纪政纪处分，因疏于管理监督致使班子成员或所属民警连续或者多次出现严重违法违纪行为、造成严重后果或者恶劣影响的，单位主要领导要引咎辞职。（《法制日报》5.14）

5月18日，北京市第二中级人民法院一审认定国美集团董事局主席黄光裕犯非法经营罪、内幕交易罪、单位行贿罪，三罪并罚，决定执行有期徒刑14年，罚金6亿元，没收财产2亿元。

5月20日，中新网报道：山东省旅游局局长于冲和省内17个市的旅游局局长集体在网站上开通个人博客，为山东旅游“广纳贤言”五个多月来，局长们积极写博文回评论，受到网民肯定。

5月20日，中央政法委第13次全体会议暨司法体制改革第5次专题汇报会上传出消息：最高人民法院、最高人民检察院、公安部、安全部、司法部正在抓紧修改和完善《关于办理死刑案件审查判断证据若干问题的规定》和《关于办理刑事案件排除非法证据若干问题的规定》。中共中央政治局常委、中央政法委书记周永康主持会议并强调：“凡是案件事实不清的不能定案，凡是证据不确实不充分的不能定案，特别是死刑案件人命关天，必须实行最严格的办案标准，必须实行最严格的办案责任制，真正做到不错不漏、不枉不纵。”据悉，即将出台的这两个规定是中央确定的深化司法体制改革的一项重要举措，其核心内容旨在完善刑事诉讼证据制度，确保司法机关办案质量，维护社会公平正义。（《法制日报》5.24）

5月24日，新华网报道：深圳未来五年将进一步扩大党代表公推直选的比例，并形成长效机制。

5月24日，《京华时报》报道：本月初，北京市S1线磁悬浮列车“环境影响评价”开始公示，并邀请公众参与。沿线小区居民担心电磁辐射、噪声影响，联名反对。支持和反对中低速磁悬浮项目的专家各执一词，而公认标准的缺失让争论难以趋向一致。

5月24日下午，东莞虎门200辆出租车停运，抗议交通部门“钓鱼”执法。东莞虎门交通分局负责人回应称，民间监督员“暗访”出租车违规的行为并非“钓鱼”。（《京华时报》5.26）

5月24日，香港民主党三名核心要员何俊仁、刘慧卿及张文光就政改问题与中联办副主任李刚会面，被视为历史性的“破冰之旅”。此次是20多年来首次有民主派成员与中央官员作正式接触。会面长达两个多小时，李刚会后更首次举行记者会交代与民主党见面情况，也是回归以来首次。（《星岛日报》5.25）

5月25日，新华网报道：日前，国务院办公厅下发《关于进一步严格征地拆迁管理工作切实维护群众合法权益的紧急通知》。通知要求尚未按照有关规定公布新的征地补偿标准的省区市，必须于2010年6月底前公布实施。通知中规定，因工作不力引发征地拆迁恶性事件，有关领导和直接责任人将被追究责任。

5月26日，《上海证券报》报道，“新36条”规定，支持民间资本进入油气勘探开发领域，与国有石油企业合作开展油气勘探开发；支持民间资本参股建设原油、天然气、成品油的储运和管道输送设施及网络。上述规定为两种所有制的石油企业合作打开了政策大门。尽管如此，多年来一直在政策夹缝中艰难生存的民营企业却对此相当谨慎。

5月26日，《经济参考报》报道：河北一国企改制被指遭贱卖　职工曾围堵省高院。记者25日下午获悉，河北华鑫集团已于上午完成产权转让合同，然而，在这家拥有60余年历史的河北大型国企华鑫集团的转让过程中，一条蹊跷的转让条款被指带有明显排他性，华鑫职工向《经济参考报》记者反映此次转让过程中甚至有关联交易。

5月26日，河南省检察院组成工作组进驻商丘市，对赵作海案件实施责任查究。此前，涉嫌刑讯逼供、玩忽职守的公安干警已被检察机关立案侦查，其中已对2人采取刑事拘留措施。（《检察日报》5.26）

5月26日，《民主与法制时报》报道：湖南两警察刑讯逼供致人死亡被免刑责　检方抗诉。2010年4月底，湖南省江华县法院对两年前发生在湖南永州市新田县的一起刑讯逼供致人死亡案作出重审判决，两名涉案警官一个被判处有期徒刑六个月，缓刑一年；一个免予刑事处罚。这个判决结果，再次引发检察院和死者家属的严重不满。目前，检察院已向永州市中院提起抗诉。

5月27日，国务院转发了国家发改委《关于2010年深化经济体制改革重点工作的意见》，首次在国务院文件中提出在全国范围内实行居住证制度。（《新京报》6.1）

5月28日，最高人民检察院举办"检察开放日"活动，来自媒体、高校、社区的60名公众代表参观了最高人民检察院的各个办公机构。这是最高检首次向普通公众开放。（《新京报》5.29）

5月28日，南京市人力资源和社会保障局出台《关于2010年企业工资指导线的实施意见》，首次将企业是否涨工资列为企业每年的劳动保障证年检和社保缴费基数申报稽核的重要内容。今后，企业如果没有按要求执行工资指导线，将可能受到相应处罚。（《新华日报》5.29）

5月28日，北京市教委宣布，从今年秋季开学起，城八区本市户籍学生、全市公办中小学义务教育阶段非本市户籍学生、民办学校义务教育阶段学生、已经政府批准办学的打工子弟学校义务教育阶段学生将全部免收教科书费。（《京华时报》5.29）

5月29日，中国之声《央广新闻》报道，浙江省十一届人大常委会第十八次会议近日分组审议了《浙江省信息化促进条例（草案）》，草案第39条明确规定：采集社会组织或者个人的信息，应当通过合法途径，并依法合理利用。任何单位和个人不得在网络与信息系统擅自发布、传播、删除、修改信息权利人的相关信息。因此可以认为，按照条例不可随意进行"人肉搜索"。

5月29日，中华全国总工会发出《关于进一步做好职工队伍和社会稳定工作的意见》，指出要在加快经济发展方式转变中进一步加大维护职工合法权益与发展和谐劳动关系的力度。（新华网5.30）

5月30日，新华网报道：最高法等五部委有关负责人就两个"证据规定"答记者问。为进一步完善我国刑事诉讼制度，根据中央关于深化司法体制和工作机制改革的总体部署，经过广泛深入调查研究，最高人民法院、最高人民检察院、公安部、国家安全部和司法部近日联合发布了《关于办理死刑案件审查判断证据若干问题的规定》和《关于办理刑事案件排除非法证据若干问题的规定》。《非法证据排除规定》明确规定，以刑讯逼供等非法手段取得的犯罪嫌疑人、被告人供述，属于非法言词证据，应当依法予以排除。

6月

6月1日，工商总局出台《网络商品交易及有关服务行为管理暂行办法》，规定通过网络从事商品交易及有关服务行为的自然人，应当向提供网络交易平台服务的经营者提出申请，提交其姓名和地址等真实身份信息。（新华网）

6月1日，一度被称为神医与资深中医专业人士的张悟本开设的悟本堂被定性为违章建筑而拆除。此前已有一名北京老年患者将张悟本告上法庭，认为张悟本的行为构成欺诈，违反了消费者权益保护法。而他的“绿豆治百病”等一系列曾被广泛追捧的“中医”理论及其学历与履历的真实性也遭到质疑。（《南方周末》2010.12.23）

6月2日，深圳市五届人大一次会议举行新闻发布会披露，国务院近日作出批复，同意将深圳经济特区范围扩大到深圳全市，将宝安、龙岗两区纳入特区范围，特区外扩从今年7月1日起正式实施。这意味着中国最早设立的经济特区从原有的396平方公里扩大1953平方公里。根据国务院的批复，特区范围扩大后，现有的特区管理线暂时保留，不再新设。（新华网）

6月2日，河南省高院召开会议，将今年赵作海被无罪释放的5月9日定为“错案警示日”。以后，每年这一天，该省的各级法院都要组织干警围绕这起案件进行反思，并作为一项制度长期坚持下去。（《新京报》6.3）

6月4日，中华全国总工会发出《关于进一步加强企业工会建设充分发挥企业工会作用的紧急通知》

6月4日，新华网综合报道：住房保障政策渐破户籍藩篱，公共租赁房惠及外来人口，多个城市还推出了“公共租赁房”解决外来人才的住房困难。北京公租房作为继经济适用房、廉租房、限价房之后的“第四房”将正式浮出水面。这一面向“夹心层”的保障房新品种，将惠及一些大学毕业生和在城市就业的外来人口。

6月4日，中国之声《央广新闻》报道：北京市委组织部将开通举报网站，有问题干部被提拔将调查选用过程。贵州出台新规：省管干部选拔任用须详细记录选任全过程。

6月4日，北京市委组织部透露：继四川、山东等省之后，北京也将开通“12380”举报网站，专职受理跑官要官、买官卖官、拉票贿选等领导干部任用方面的举报线索。

6月6日，《国家中长期人才发展规划纲要（2010—2020年）》颁布。《国家中长期人才发展规划纲要（2010—2020年）》已经党中央、国务院批准，6日由新华社受权全文播发。（新华网）

6月6日，自制土炮轰退百人强拆队的湖北武汉东西湖农民杨友德接受《长江商报》记者采访，称自己并不是钉子户，要价是按照政府政策来的。据杨友德说，2009年，他听说自己的25亩地被征用了，但是由于补偿没有谈妥，他拒绝搬出。2010年2月6日，30多人的拆迁队伍来到地头准备强拆。杨友德点燃礼花弹对抗。5月25日下午，又有一支100多人的拆迁队，戴着钢盔拿着盾牌，在推土机和挖掘机的掩护下，再次来到他的地里。杨友德爬上自制“炮楼”朝拆迁队放了几炮，他们就停住了。后来民警赶来把拆迁队赶走。（《长江商报》6.7）

6月7日，广东省人民政府出台农民工积分制入户城镇工作的指导意见。根据意见，在广东省城镇务工的农村劳动力，凡已办理《广东省居住证》、纳入就业登记、缴纳社会保险的，均可申请纳入积分登记。符合积分入户条件的农民工，可选择在就业地镇（街）或产权房屋所在地镇（街）申请入户，其配偶和未成年子女可以随迁。（《广州日报》6.8）

6月8日，《中国经济周刊》报道：为进一步推动全国各省、自治区、直辖市建立80岁以上高龄津（补）贴制度，酝酿了一年之久的《民政部关于建立高龄津（补）贴制度先行地区的通报》（民函〔2010〕111号）即将公布。

6月9日，《中国青年报》记者从中华全国总工会获悉，截至目前，全国已有13省（区、市）以党委或政府名义下发文件，推动开展工资集体协商工作；23个省（区、市）人大制定“集体合同规定”或“集体合同条例”等地方性法规。（《中国青年报》）

6月9日，国家广电总局正式下发了《广电总局关于进一步规范婚恋交友类电视节目的管理通知》及《广电总局办公厅关于加强情感故事类电视节目管理的通知》两份正式文件，对已经引起极大社会公愤的“相亲类节目泛滥、造假、低俗”等倾向着手整饬。（大河网6.10）

6月9日，中国之声《央广新闻》报道：专家解读第六次人口普查：不符合计划生育者可落户。第六次全国人口普查，首次明确将我国境内的境外人员也作为普查对象。公安部门专门发布第六次人口普查户口整顿工作方案。明确规定，对不符合计划生育政策的出生人口要及时的登记落户。

6月9日，上海市规范和加强行政执法工作电视电话会议透露，为健全完善行政执法程序，规范行政执法行为，上海即将出台《上海市人民政府关于进一步规范和加强行政执法工作的意见》和《上海市行政执法人员执法行为规范》，明文禁止“钓鱼执法”，并将切断“钓鱼执法”的源头。（《东方早报》6.10）

6月13日，记者从卫生部获悉，卫生部将修订《公共场所卫生管理条例实施细则》，并已在国务院法制办网站公布了征求意见稿。根据征求意见稿，乙肝病毒携带者未被禁止从事公共服务行业。《公共场所卫生管理条例实施细则（征求意见稿）》意见征求日期将于今年7月2日截止。（新华网6.13）

6月12日，是广州公共机构节能宣传周活动首日——“绿色出行日”，广东省副省长、广州市委副书记、市长万庆良乘坐地铁上班，呼吁更多市民加入到绿色出行动中来，以实际行动响应“低碳广州、绿色生活”号召。17日为“能源紧缺体验日”，全市公共机构办公区域空调、公共场所照明及6层以下办公楼电梯将停开。6月13日，（《广州日报》6.13）

6月13日，人民日报报道：卫生部：2010年起实行医疗服务信息定期发布制度。卫生部决定从2010年起实行医疗服务信息定期发布制度，每月向社会通报全国医疗服务信息，同时要求省级卫生行政部门定期发布本辖区内医疗服务信息。

6月14日，新华网报道：北京出台新医改方案，北京区县45万名公费医疗人员将全部纳入医疗保险体系。2011年，北京市还将启动市级公费医疗人员参加基本医疗保险的准备工作。

6月19日，《南方日报》报道：广东“简政强镇”方案出台　全方位扩大镇级权限。近日广东省委办公厅、省政府办公厅印发了《关于简政强镇事权改革的指导意见》，要求于今年底前基本完成改革工作。根据《指导意见》要求，法律法规和政策规定的由上级党委、政府及其部门承担的责任，不得转移给镇承担。确需镇配合的，要赋予相应的办事权限并提供必要的经费保障。此外，《指导意见》还要求，严格控制领导干部的“一票否决”事项，凡是不属中央和省委、省政府规定的“一票否决”事项一律取消。

6月18日，继上海浦东、天津滨海之后，中国第三个国家级新区——重庆两江新区正式挂牌成立，这也是中国内陆唯一的国家级新区。（中国新闻网6.19）

6月18日上午，一名广东网友在广州市长万庆良同志的留言板留言反映广州市法制办公务员态度蛮横，并上传了一段录音，录音说明显示为网友与办事大厅当班工作人员当时在现场的言语冲突。留言中，这位网友把态度不佳的公务员形象地称为“咆哮哥”。6月22日，广州市法制办召开记者通气会，就该办工作人员言行不当一事深表歉意，据透露，该办已责成当事人作出深刻检查，并调离原工作岗位，市法制办纪检监察部门将根据公务员管理规范作出相应处理。网友王先生对法制办登门致歉表示满意，并强调上传录音并非针对个人，也并非为获取名利，而是希望由此促进政府工作作风的转变。

6月19日起，北京市696名局处级公选干部候选人资料在网上进行一周的公示。组织部首次要求候选人如实填报包括名下房产、婚姻状况、从事哪些投资项目等10项个人情况。一旦发现不实“交代”，将取消任职资格。

（《京华时报》6.20）

6月21日，香港本港台报道：曾荫权宣布政府接纳民主党建议改良方案。立法会星期三（23日）将表决2012政改方案，在此关键时刻，香港特区行政长官曾荫权正式宣布，政府接纳民主党提出“一人两票”的区议会改良方案，令政改方案获通过现出曙光。这个方案获接纳，意味政府有机会取得民主党手握的九票，令政改方案顺利通过。

6月21日，《人民日报》报道：深圳聘任制公务员试行“年金制” 养老三重保障。深圳日前公布了《深圳市行政机关聘任制公务员社会养老保障试行办法》，开始试行“职业年金制”。深圳市人力资源和社会保障局局长王敏说，这是该市实行“行政机关公务员分类管理”改革后，为公务员聘任制提供的社会保障举措，聘任制公务员退休后将享受社会基本养老保险、地方补充养老保险和职业年金“三重保障”。不再实行委任制公务员的退休政策，与社会养老制度直接并轨。

6月22日，全国人大常委会审议村民委员会组织法修订草案，全国人大法律委员会、全国人大常委会法工委就修订草案的有关问题进行调研时，各地普遍认为，村委会成员尤其是村委会主任，在村经济社会发展中作用较大，实行海选对候选人把握不准，实践中容易出现被判过刑的人、违反计划生育的人、品行恶劣的人以及年龄偏大的人被选为村委会主任的现象。各地建议增加规定村委会成员候选人的资格条件，比如，对年龄规定一定的上限，对政治思想、道德品行、文化水平提出一定的要求，特别是不能有刑事犯罪记录。全国人大法律委员会经同内务司法委员会、国务院法制办、民政部研究，建议增加规定：村民提名候选人，应当从全体村民利益出发，推荐奉公守法、品行良好、公道正派、热心公益的村民为候选人。（新华网）

6月22日，新华网记者从公安部获悉，公安部首次公开差额选拔3名局长，18位预备人选参加了面试。（新华网）

6月22日，行政监察法修正案草案提交全国人大常委会二次审议，其中对举报制度予以较详细规定。草案不仅明确了举报的处理程序，还首次明确规定了泄露举报信息应承担的法律责任。（新华网）

6月22日，《钱江晚报》报道：交通肇事撞死人可行善代刑　宁波司机或成第一人。今年3月，宁波司机王超在驾驶集装箱卡车时不慎撞死一人。在积极赔偿之后，当地检察院给了王超一段时间的考察期——如果他能坚持当好社会义工两个月，有望虽涉嫌构成交通肇事罪，但获得附条件不起诉处理。这在宁波是第一例。

6月22日，国家级预防腐败的专门机构——国家预防腐败局在其官方网站推出《制止公款出国（境）旅游专项工作调查问卷》，向全体网友调查我国因公出国（境）的现状。清华大学廉政与社会治理研究中心副主任任建明对《南方都市报》记者说，纪检监察机关就反腐问题调查网友意见，这还是首次。（《南方都市报》6.23）

6月24日，《新京报》载文：民意是推动“劳教”变法的有力盟友。文章说，地方官员在坚持维护劳教，他们依托手中的权力，构成了废除劳教的巨大阻碍。建议立法机关将各方提交的劳教改革方案公之于众，让部分官意与多数民意公开讨论。2007年，湖南双牌县村民何吉上因举报村支书侵占退耕还林款未见“效果”，多次上告，却被认定为“冲击国家机关”。在检察机关认定何的行为不构成犯罪之后，湖南永州市双牌县委书记签发了“劳教”文件。2009年8月，永州市“劳教委”决定对何吉上劳动教养一年。

6月24日，北京大学宣布，从2011年起，该校“中学校长实名推荐制”将在全国范围内实行，各省（自治区、直辖市）的中学均可报名申请。

6月25日，十一届全国人大第十五次会议闭幕，会议表决通过了石油天然气管道保护法、关于修改行政监察法的决定。行政监察法此次修改，为加强派出监察机构的独立性，规定：“监察机关派出的监察机构或监察人员对监察机构负责并报告工作，由监察机关对派出的机构和人员实行统一管理。”（《新京报》6.26）

6月29日，新华网报道，商务部：具备条件时对网络销售个人实施工商登记制度。商务部日前发布《关于促进网络购物健康发展的指导意见》，明确提出保护网购消费者合法权益，要求利用网络平台从事经营活动的个人实名注册，具备条件时对网络销售个人逐步实施工商登记制度。

6月30日，中共中央外宣办在北京举行中外记者见面会，11位中共中央部门新闻发言人首次集体亮相，并回答中外记者的提问。11名新闻发言人分别来自中央纪委、中央组织部、中央宣传部、中央统战部、中央对外联络部、中央台办、中央外宣办、中央党校、中央文献研究室、中央党史研究室和中央档案馆。（新华网）

7月

7月1日，国务院正式批复北京市调整首都功能核心区行政区划的请示，同意撤销东城区、崇文区，设立新的东城区；撤销西城区、宣武区，设立新的西城区。这是去年以来，中国多个城市陆续进行行政区划调整的缩影。

从7月1日开始，重庆市20个基层法院将在全国率先试点涉及家庭暴力婚姻案件审理新规，遭受家庭暴力者可向法院提出“人身保护令”。（《工人日报》7.11）

7月1日起，《广东省突发事件应对条例》开始施行。在7月13日省政府新闻办举行的新闻发布会上，广东省政府应急办主任纪家琪介绍，将突发事件防范和应对工作纳入“一把手”年度绩效考核范围，对于“迟报、谎报、瞒报、漏报突发事件信息”将追究刑事责任。为防信息要能够说得上来，不能发生瞒报。广东省主要有两种办法，一是聘请3万名信息员，第一时间收集并向省政府应急办上报信息；二是按照《条例》规定，应急平台体系要求县以上政府要一级一级报送信息，地级以上有较大事件，两小时以内就要报，敏感事件可以越级上报。《条例》一大亮点是“现场指挥官制度”。（《南方都市报》7.14）

7月3日，中华全国总工会发布消息称，各级工会要进一步加大推进工资集体协商工作力度，力争到2012年基本在各类已建工会的企业实行集体合同制度。基层工会要主动向工资集体协商未建制、拒建制及工资协议到期的企业发出协商要约，企业拒不整改的将追究其法律责任。（《京华时报》7.4）

7月6日，中国新闻网报道：“.中国”域名国际申请正式获批 8月启用。

据中国互联网信息中心消息，日前在布鲁塞尔召开的第38届互联网名称与编号分配机构（ICANN）年会上，ICANN理事会通过表决，“.中国”域名入根国际申请完成所有评审环节。这意味着“.中国”作为中文顶级域名，正式纳入全球互联网根域名体系。

7月7日，深圳市政府公报公布了《关于加强党政正职监督的暂行规定》的实施细则，规定在市、区两级建立领导干部配偶、子女出国（境）情况年度报告制度。《关于加强党政正职监督的暂行规定》于去年11月25日出台，其中明确“裸体官员”不得担任党政正职和重要部门的班子成员。（《南方日报》7.8）

7月8日，《人民公安报》报道：公安部领导干部问责办法出台。公安部党委印发《公安部机关领导干部问责暂行办法》，决策严重失误等九种情形将被问责。适用于部机关各局级单位领导班子成员及其内设机构的负责人，部直属单位参照执行。

7月10日，在中国人口学会在京举办的“建设人口均衡型社会”学术研讨会上，与会专家建议，继提出建设资源节约型、环境友好型社会之后，还应建设人口均衡型社会。这是人口学界第一次正式提出建设“三型”社会目标。（新华网7.10）

7月13日，教育部公布了《教育部办公厅、卫生部办公厅关于进一步加强学校控烟工作的意见》，同时下发了适用于中等职业学校和中小学校、托幼机构及专门的未成年人校外活动场所以及高校的《无烟学校参考标准》。这份文件表明，我国将开展无烟学校建设项目。参与项目的高校的教师不得在学生面前吸烟，不接受学生敬烟，不向学生递烟。（新华网7.13）

7月16日，《南方都市报》报道：近日，市人大代表、罗湖区消委会主任杨剑昌向市委书记王荣提交万言书，直指现有的12315平台让市消委会变成了转换站，将绝大部分消费投诉派发给各区消委会处理，并主动请缨到市消委会进行消费维权体制改革。

7月16日18时许，位于辽宁省大连新港附近的大连中石油国际储运有限公司原油罐区输油管道发生爆炸，造成原油大量泄漏并引起火灾。大火持续

燃烧15个小时，现场发生了至少6次爆炸。至7月28日22时，大连新港生产全面恢复。（网易新闻）

7月19日，《深圳特区报》报道："深圳公安"微博近期开通，这一警察公共关系网络交流新平台迅速受到网民的欢迎，上千名博友发表相关评论。

7月21日，新华网广西频道报道，广西建立15个职工律师团帮助职工依法维权。职工律师团由广西壮族自治区总工会和各市总工会与当地律师协会、法律援助中心或社会律师事务所合作，聘请专业律师，签订职工法律援助服务协议，按协议为职工提供法律帮助。广西总工会把职工律师团专项工作经费作为工会实施法律援助的重要活动经费列入工会年度支出预算，今年拨出的专项工作经费为26万元。同时，职工律师团经费必须专款专用，各市职工律师团每年专项工作经费数额由各市根据本地财力和律师团办案实际确定。

7月25日，新华网报道：中共中央办公厅、国务院办公厅日前印发了《关于对配偶子女均已移居国（境）外的国家工作人员加强管理的暂行规定》，并发出通知，要求各地区各部门认真贯彻执行。

7月26日，《京华时报》报道：县级驻京办撤离后，陕西、湖北等省、区、市政府开始了"后驻京办"时代的管理之路探索。记者从各省市了解到，目前较一致的做法是，由省驻京办牵头，和市级驻京办一道，推行联席会议制度，改变了以前各自为政、单打独斗的混乱状态。

7月26日，中国经济网报道：日前，公安部下发通知，要求各地公安机关在查处卖淫嫖娼违法犯罪活动时，要坚决制止游街示众等有损违法人员人格尊严的做法。省公安厅已向全省转发，并规定发生此类问题，将予以通报，并依法追查当地公安机关领导责任。

7月27日，《中国青年报》报道：湖北"穿法袍上访法官"冯缤被免除助理审判员职务。近日，湖北省孝感市中级人民法院发文，免除了冯缤助理审判员职务。妻子工作10年却被辞退，身为法官的冯缤认为，法院的行为违反了《劳动合同法》，遂亲自代理妻子的案件，将自己的工作单位孝感中院告上法院。但是，要求再审案子迟迟不能立案。无奈之下，冯缤于6月21—

23日，一连3天身穿法官服，胸佩国徽，站在湖北省高级人民法院大门口的警戒线外，手举一个大大的“冤”字牌“上访”。

7月27日，《人民日报》报道：北京市第一中级人民法院日前对中国音乐著作权协会起诉百度公司歌词侵权一案作出维持原判的终审判决。该判决认定百度以搜索引擎快照等形式侵犯《爱我中华》等50首歌词著作权，应立即停止侵权，并赔偿经济损失5万元、诉讼支出1万元共计6万元。据了解，本案两审判决开创了权利人针对百度的维权诉讼中获胜的先例。

7月27日，通信产业网报道：近日国务院发布“国办印发引导民间投资健康发展重点工作分工通知 ”，要求各省、自治区、直辖市人民政府，国务院有关部门认真做好民间资本健康发展问题。其中“鼓励民间资本参与电信建设”位列其中。并且，支持民间资本进入增值业务，反对垄断和不正当竞争等行为。这是继续5月份《国务院关于鼓励和引导民间投资健康发展的若干意见》之后，再次强调了支持鼓励民资进入电信业。

7月28日，《京华时报》报道：北京城管执法体制将调整　城管局可能由公安代管。北京市城管执法局副局长王连峰表示，“目前北京市城管执法局由市市政市容委代管，可能近期将调整，体制上会有很大变化，可能要由公安代管，但不是纳入公安队伍，城管的职责和公安是不同的，但具体到什么程度，还是个未知数”。

8月

8月1日，《新京报》报道：民政部近日发出通知，要求各地及时为街头流浪乞讨等生活无着人员提供救助服务，保证其生命安全。

8月1日，中国广播网报道，辽宁省沈阳市日前出台《关于进一步加强人大工作的若干意见》，建立起不作为人大代表辞退或罢免等新机制，切实加强人大工作。

8月4日，人民网报道：中组部国资委集中检查中央管理企业选人用人工作。为进一步提高中央企业选人用人工作质量，中央组织部和国务院国资委近日派出6个检查组，对部分中央管理的国有重要骨干企业选人用人工作进行集中检查。

8月4日，新华时政作出专题：中央高层发声抵制“三俗” 全民如何参与。并作核心提示：胡锦涛在中共中央政治局第二十二次集体学习时指出，要坚决抵制庸俗、低俗、媚俗之风。这是近年来中央最高层首次明确强调抵制“三俗”之风。“三俗”是物欲社会的影射，除去滋生这种文化的社会土壤，需要全民参与。

8月3日，全国首例网络诽谤刑事追诉案一审宣判。河北省秦皇岛市卢龙县人民法院一审宣判，4名被告分别因损害商业信誉、商品声誉罪获刑，刑期10－14个月。2009年10月以来，被告人鲁林萍指使公司职工王艳梅，雇用大学生易伟、易磊，在百度贴吧、天涯论坛等网络中散布“康姿百德骗子床垫血压不降反升”等众多诽谤性帖子。起诉书诉称，这些行为“严重损害商业信誉、商品声誉”，致使秦皇岛康姿百德高新技术开发有限公司遭受直接经济损失上百万元。（《中国青年报》8.4）

8月5日，记者从国务院法制办在哈尔滨召开的全国行政复议委员会试点工作现场会上获悉：经过12个省、区、市两年的积极探索，行政复议委员会试点工作取得初步成效，有关“官民”纠纷解决体制机制创新向纵深推进。（8月6日，人民网）

8月6日，新华时政报道：中央“从基层来到基层去”干部选用导向实施提速。中央发布的《2010－2020年深化干部人事制度改革规划纲要》提出，坚持和完善从基层一线选拔干部制度，党政干部选拔凸显注重基层工作经历导向。今年5月，中组部部长李源潮在浦东干部学院讲话时指出，领导干部要从基层来到基层去。2009年，中央国家机关各部门开展了“千名中央机关青年下基层”活动。近期，中央直属机构和各部委将派出60名正局级干部到地方任职。这是中央关于“到基层去”作出的又一重要部署，“注重基层经验”成为当前干部选拔任用的一个亮点。

8月5日，江苏省委常委会研究决定，在全省20个经济比较发达镇开展行政管理体制改革试点。这标志着近来备受关注的强镇扩权改革在我国县域经济发达、城乡统筹发展水平较高的江苏即将启动。今年4月，中央编办、中央农办、国家发改委、公安部等部门联合下发有关通知，明确在13个省的25个经济发达镇进行行政管理体制改革试点，在此基础上，省有关部门经过认真研究，又选择了另外16个镇扩大试点范围。（《人民日报》8.9）

8月7日，新华网记者从最高人民检察院获悉“今后一段时间内，对于公安机关提请逮捕的诽谤案件，受理的检察院经审查认为属于公诉情形并有逮捕必要的，在作出批捕决定之前应报上一级院审批”。

8月7—8日凌晨，甘肃舟曲发生特大泥石流，遇难人数接近1500人，失踪追近300人。在此之后全国各地发生的多起的泥石流，促使人们比以往更加关注自己的家园。

8月9日，《重庆晚报》报道：重庆忠县县委打破农村区划建制界限，在有共同利益关系的村与村之间成立联合党委，全县28名县级领导分别兼任28个农村联合党委书记，大力解决热点、难点问题。

8月13日，《南方都市报》报道：近日广东省出台了四大“暂行办法”，对党代表在任期内如何行使提案权、提议权、询问权、质询权作出具体规定。四大“暂行办法”分别是《中国共产党广东省代表大会代表提案暂行办法》、《中国共产党广东省代表大会代表提议暂行办法》、《中国共产党广东省代表大会代表询问暂行办法》、《中国共产党广东省代表大会代表质询暂行办法》，这四个文件是对2008年广东省制定出台的《中国共产党广东省各级代表大会代表任期制实施办法》中关于省党代会代表的权利与职责的进一步细化，这是广东在党内民主领域的新进展。不论是党代会期间，还是闭会时间，党代表在任期内都可以享有提建议的权利。

8月14日，全市首个专业校园护卫队——西城校园护卫队成立，这支由200多人组成的校园护卫队将于9月1日走进幼儿园、中小学，成为新的保安力量。预计到2011年年底前，西城所有中小学、幼儿园的保安都将被校园护卫队队员取代。（《新京报》8.15）

8月15日，为表达全国各族人民对甘肃舟曲特大山洪泥石流遇难同胞的深切哀悼，国务院决定，2010年8月15日举行全国哀悼活动，全国和驻外使领馆下半旗致哀，停止公共娱乐活动。（CCTV）

8月20日，中共中央政治局召开会议，审议并通过《关于党的基层组织实行党务公开的意见》。中共中央总书记胡锦涛主持会议。会议指出，党内民主是党的生命，党务公开是党内民主的重要内容。

8月20日，在深圳特区建立30周年之际，温家宝总理到深圳调研，强调“没有政治体制改革的保障，经济体制改革的成果就会得而复失，现代化建设的目标就不可能实现”，引起海内外舆论关注。（《时代周报》，http://news.sohu.com/20100902/n274656517.shtml）

8月20日，新疆维吾尔自治区主席努尔·白克力通过人民网发表致网友公开信，信中表示，新疆将研究建立定期回复网友建言机制。

8月23日，广州市委检查组到市工商联检查贯彻落实《中共中央关于加强人民政协工作的意见》和《中共广州市委关于加强人民政协工作的实施意见》情况，在情况汇报会上，市工商联党组书记谢春潮介绍说，在非公经济人士参政议政方面，还存在“在其位而不谋其政、难谋其政”现象。（《广州日报》8.24）

8月24日，深圳市规划国土委召开新闻发布会，详细解读国务院批复的《总体规划》。此次国务院明确批复深圳为全国性经济中心城市和国际化城市，这样深圳成为继京、沪之后，第三个被国务院在规划层面认可的国际化城市。（《南方都市报》8.25）

8月24日22时10分左右，一架从哈尔滨飞往伊春的客机在伊春机场降落，接近跑道时断成两截后坠毁，部分乘客在出事时被甩出机舱。机上有乘客91人，其中儿童5人。“8·24”坠机事故已造成42人遇难，54人生还。根据失事现场情况判断和幸存者回忆，飞机在空中没有发生燃烧或爆炸，初步调查没有发现人为破坏迹象。

8月25日，刑法修正案（八）草案首次提请正在召开的十一届全国人大常委会第十六次会议审议。常委会组成人员对这部法律草案进行了分组审议。本次修改取消了13个非暴力类经济犯罪的死刑罪名，同时落实“宽严相济”的政策，加大了民生刑事保护，增加了欠薪、醉驾等与民众切身利益攸关的条款。常委会对“官员贪污贿赂死刑罪名该否取消”、刑法对无信用欺诈及环境犯罪给予了最大宽容、醉驾入刑是宽了还是严了、欠薪刑事追究如何具体操作、75岁犯罪是否该追究等热点话题进行了深入讨论。（《中国青年报》8.28）

8月25日，广东省南口镇侨乡村召开村民大会，通过投票表决，罢免了私卖1500亩山林并侵吞集体财产的三名村官的职务。据悉，目前村民已成立清账小组，在当地政府的配合下正对三名违法村官进行查账清算。（《羊城晚报》9.6）

8月26日，《人民日报》报道：针对公检法三家一错再错造成赵作海11年冤狱的事件，河南省政法委从6月10日起，在全省政法系统开展为期四个月的“纠正执法问题，促进公正执法”专题教育活动。经过两个月的查摆问题，全省共排查可能有执法问题的案件1626件，已纠正整改556件，对117名有执法问题的干警进行了责任追究。

8月26日，《法制日报》报道：近日，浙江省杭州市下城区人大常委会就下城区64名市民联名申请罢免区人大代表赵之毅一事作出回应：由于罢免申请的提出者张建中非原选区选民，且联合署名的64名选民中，大部分并不属于赵之毅所在的选区，没有达到法定的50人标准，故该罢免不成立。至此，一场由房产所有权纠纷引发的罢免人大代表风波可谓告一段落。但是，《法制日报》记者了解到，此次罢免事件的牵头人张建中，仍对外表示“不会放弃”。

8月26日，《广州日报》报道，山东省诸城市率先撤销了全部行政村，几个小村庄合并成大的农村社区，引导农民集中到中心村居住，农村社区成为诸城新的社会基层组织。除诸城外，山东淄博、临沂、济宁、德州、聊城等地都部分推行了“撤村改社区”。事实上，这些撤并举动都是在城镇建设用地紧缺的情势下出现的。专家认为不能强制农民“被城市化”，警惕村改居后产生的大量“三无”（无土地、无工作、无社保）农民。

8月27日，由人民网、人民日报政治文化部、中共湛江纪委联合主办的“网络监督与制度创新”研讨会在湛江举行。中央组织部党建研究所副巡视员赵湘江发言时表示，中组部高度重视网络这个新兴媒体的发展，李源潮部

长要求中组部成员第一时间对网友提出的问题做出反应。（人民网）

8月27日，国务院召开全国依法行政工作会议，温家宝总理作重要讲话。温家宝指出，依法行政是建设法治政府的核心。近年来，各级政府坚持把依法行政放在政府自身建设的重要位置，建立健全工作规则，加快推进法制建设，加强科学民主决策，切实规范行政行为，进一步加强行政监督，法治政府建设取得重要进展。（国务院办公厅网站）

8月28日，十一届全国人大常委会第十六次会议表决通过了《中华人民共和国人民调解法》，国家主席胡锦涛签署第34号主席令予以公布，新华社28日受权全文播发这部法律。（新华网8.28）

8月29日，著名打假人士方舟子在北京石景山住所附近遭到两名歹徒袭击，被铁锤击中腰部。9月21日，北京警方宣布方舟子遇袭案告破，该案系被方舟子揭露学术造假而落选中国科学院院士的华中某大学医学院泌尿外科主任肖传国雇凶报复所致。

8月30日，《新京报》报道：工会主席将放下企业“饭碗”，北京基层工会主席将增强独立性，工资有望由上级工会负担。7月6日，北京市总工会宣布在10家重点区域、行业试点工资集体协商；7月23日，市总工会称将建立首个职工收入分配专业委员会。市总工会有关负责人表示，该部门目前正在筹措增强“独立性”的改革，基层工会主席有望不再端企业的“饭碗”。今后，北京基层工会主席有望实现工资由上级工会负担，“经济命脉”与企业脱离。这意味着，北京将首次出现“身份独立”的基层工会主席。此外，市总工会还将酝酿基层工会主席直选、外派等方式，加强基层工会独立履行职责的能力。

9月

9月1日，《南方都市报》报道：继浙江温州市试点5个镇级市后，山东省日前宣布将启动镇级市试点，计划用3—5年时间将省内20多个中心镇培育成小城市。

9月1日，《广州市控制吸烟条例》开始实施。这是广州市第一个由人大代表提交的议案而被列入人大常委会会议议程的地方立法。广州的这一条例是一个目前最为全面的控烟条例，有市民称为“史上最严厉的控烟立法”。

9月1日，《深圳市外来务工人员积分入户试行办法》公布。其中规定：外来工积满60分可申请入户深圳，适用对象为所有已办理居住证、纳入深圳就业登记且交纳社保者。外来务工人员积分满60分就可提出入户深圳申请。（《南方都市报》9.2）

9月1日，《新京报》报道：陕西警方以涉嫌“非法经营”为名进京抓走作家谢朝平。8月19日，作家谢朝平被陕西渭南警方以“非法经营”的罪名从北京家中带走。8月30日，谢朝平的律师周泽从警方获悉，“非法经营”是因为谢朝平自费出版了1万本纪实文学《大迁徙》，9月3日，中国作协创联部负责人表示，陕西渭南警方带走报告文学作家谢朝平，是对作家创作权的侵犯，中国作协将密切关注事态发展。如有必要，该部门将会采取进一步行动，切实维护作者或作家的合法权益。9月18日，《南方都市报》报道：渭南书案谢朝平 “证据不足不予批捕”临渭区检察院做出决定后将案件退回警方继续侦查，17日，渭南警方为谢朝平办理了取保候审手续。此时，距谢朝平8月19日从北京家中被带走刚好是30天。

9月2日，中华全国总工会公布了对近期农民工讨薪被打事件处理情况，并就工会即将采取的措施进行了通报。截至目前，在各级党委、政府和工会组织的共同努力下，河南洛阳农民工非法讨薪被拘事件、长春市农民工讨薪挨打事件、118名湖北籍农民工陕西讨薪被打事件、河南农民工赵建英讨薪被打骨折事件及陕西农民工段天长讨薪被打身亡事件等已得到了妥善解决，一些违法嫌疑人被依法查处。（《工人日报》9.4）

8月25日，广东省东莞市石排镇召开全面实施户籍人口从幼儿园到大学免费教育新闻发布会，宣布在全国已率先全面实现了户籍人口从幼儿园到大学长达25年的免费教育，资金由镇财政和下辖各村按比例分摊。石排镇委书记翟崇碧表示，今后不仅石排户籍人口可享受免费教育，而且还会有更多外来人员子女可以突破户籍限制，在石排享受到九年义务免费教育。石排镇强制村委分摊经费、免费教育是否有损教育公平等问题，也引起广泛关注。

（《广州日报》8.26）

9月3日，《南方都市报》报道：下月开始，广州市人大常委会将用一系列“新政”让手中权力“更硬”。“一年内无故缺席三次以上（含三次）常委会会议的，经人大常委会主任会议研究同意，可以劝其辞去市人大常委会委员职务”。这是下月开始实施的《广州市人大常委会关于确保常委会会议质量的意见》的26条“刚性原则”之一。

9月4日，《南方都市报》报道：继我国出台首个中长期人才发展规划——《国家中长期人才发展规划纲要（2010—2020）》和《2010—2020年干部教育培训改革纲要》后，中共统一战线历史上第一次针对党外人士的教育培训工作颁布了《2010—2020年党外代表人士教育培训改革和发展纲要》。

9月4日，《南方都市报》报道：我国将建第三方食品安检机构。记者日前从十一届全国人大常委会了解到，有关部门和单位正在加快推进检验检测资源和信息共享，并积极推进第三方技术机构建设。专家认为，第三方食品安全检测机构可以发布政府、社会都认可的客观食品安全检测结果。

9月5日，《新京报》报道：北京市第三次政协工作会议上，市委制定颁发了《中共北京市委关于加强人民政协政治协商制度建设的意见》，规定各级党委重大决策前必须经过政治协商，主要人事安排也须听取政协意见建议。今后，北京市在起草和修订过程中的重要地方性法规、政府规章，将成为政治协商的主要内容。

9月5日，轰动一时的“中国基因歧视”第一案终告落幕。佛山中院经二审审理，认为市人社局对三名考生不予录用，合法合规，作出驳回上诉，维持原判判决的决定。2009年4月，三名考生参加了被告佛山市人力资源保障局（原市人事局）组织的公务员招录考试，均顺利通过笔试和面试，但后在体检中被检出携带地中海贫血基因，被医院诊断为体检不合格，被单位拒绝录用。

9月6日，深圳经济特区建立30周年庆祝大会在深圳隆重举行。中共中央总书记胡锦涛在会上表示，特区要“努力当好推动科学发展、促进社会和谐

的排头兵”。（新华网）

9月7日10点15分左右，在钓鱼岛海域，一艘载有约15名船员的中国渔船被日本海上保安厅巡逻船冲撞，而后又与追踪的另两艘日本巡逻船中的一艘发生碰撞。随后日方登船检查。巡逻船部分受损，没有人员伤亡。14名中国船员被日方非法扣押6天后返回。9月25日，中国船长詹其雄在被日方非法抓扣17天之后乘中国政府包机安全返抵福州。（http：//news.qq.com/zt2010/diaoyudaozc/）

9月7日，龙岗区日资企业兄弟厂多名员工——其中大部分是女工——歇工走出厂门，要求提高工资、改善待遇。龙岗区劳动部门、龙岗警方等迅速派员到场介入协调。据龙岗街道劳动站有关负责人称，已让员工推举代表汇总要求与厂方坐下来协商。（《南方都市报》9.8）

9月7日，为理顺区镇权限划分，顺德从今日起将区属19个部门涉及的3197项行政管理事项划归镇街行使，经初审保留由区行使的事项仅占38.6%，下放的权限超过区原有总数的“半壁江山”，各区属部门将以60日为期限与镇街完成交接。（《南方都市报》9.8）

9月8日，人民网报道：近日，湖北省纪委、省委组织部联合印发了《湖北省县委书记岗位风险预警防控办法（试行）》。《办法》要求建立县纪委与市州纪委关于县委书记岗位风险预警防控的联系沟通机制，今后县纪委可以将掌握的县委书记腐败迹象直接向上级纪委报告。湖北省100多名县委书记们的权力将得到限制：不再直接分管人事，不得插手工程招投标，选拔任用干部时不得指定具体人选和选拔范围。湖北省纪委有关人士采访时说，这是当地推进湖北特色的惩治和预防腐败体系建设的重要一步，是全国首个针对县委书记的风险预警防控办法。不过接受采访的多名地方纪委、组织部人士和专家认为，该《办法》可行性不够。

9月8日，《人民日报》报道：湖南邵阳县日前出台新规，干部提拔公示期间，家长和配偶要分别介绍其家庭道德表现情况，出具家庭道德鉴定书，给予优秀、合格、不合格的等级评价。9月初，13名领导干部，成为该项新规定的首批“践行者”。

9月8日，《南方都市报》报道：近日，北京市总工会发布了《关于进一步加快推进工资集体协商工作的通知》，全面启动工资集体协商工作，针对职工月收入低于1100元的企业，工会将逐一开展工资集体协商，力争年内全部建立工资集体协商机制。

9月8日，人民网开通了“直通中南海——中央领导人和中央机构留言板”。

9月9日，深圳仲裁委员会与深圳市商业联合会共同成立深商仲裁调解中心，当事人可单方面提起调解，并将调解程序放在仲裁之前、法庭之外。以往当个人、企业遇到纠纷时，主要通过提请仲裁的方式，在法庭上，双方可决定是否进行调解，但此时已进入了法律程序。而仲裁调解中心成立后，可由当事人单方面提起调解，从而避免了走法律程序的烦琐，而且调解的结果将具有仲裁的法律效力，既有调解的效率，又有仲裁的效力。经调解成功之后，双方可以签订具有合同效应的调解协议书，也可以申请深圳市仲裁委员会制作同样具有强制执行力的仲裁决议书或调解书。（《南方都市报》9.10）

9月9日，在深圳教育大会上，《南方都市报》记者采访深圳大学党委书记江潭瑜了解到，深大人事制度改革已经启动。新学期学校将实行聘任制，今后深大所有教职员工不再具有传统意义的国家干部身份，处级以下干部的行政级别将变为岗位级别。深大在高校“去行政化”方面迈出了实质一步。（《南方都市报》9.10）

9月10日，江西省抚州市宜黄县凤冈镇强拆引发一起自焚事件，三人被烧成重伤。16日，自焚事件伤者的两个女儿上访，却被当地组织的数十位干部围堵在南昌机场，最后不得不躲进女厕所，通过媒体记者的微博直播求救，从而引起全国关注。央视《新闻1+1》栏目对江西宜黄恶性拆迁事件进行了评论报道。（《南方都市报》）

9月10日，国新办发布《中国的人力资源状况》白皮书称，2035年，我国2名纳税人供养1名养老金领取者。人保部社保研究所所长何平随后称，“相关部门正在酝酿条件成熟时延长法定退休年龄，有可能女职工从2010年开始，男职工从2015年开始，采取‘小步渐进’的方式，每3年延迟1岁，逐步将法定退休年龄提高到65岁”。逾六成网友反对退休年龄延迟，认为延迟退休有利于公务员和官员，损害普通职工利益。（《大河报》9.15）

9月11日，《南方都市报》报道：全总鼓励探索工会主席直选，部分省市总工会还展开专职工会干部工资分级负担试点、工会主席薪酬与企业脱离等改革。全国总工会有关人士接受《南方都市报》记者采访时说，对于广东和北京两地工会改革的尝试，全总“鼓励和支持”。这位人士同时透露，在上周召开的全国工会基层组织建设工作会议上，全总副主席、书记处第一书记王玉普说，“要在条件成熟的企事业单位探索工会主席直选”。

9月11日，在公共外交国际论坛暨第三届外交官论坛上，全国政协新闻发言人、全国政协外事委员会主任赵启正回答本报记者提问时表示，即将于10月1日在全球播放的国家形象宣传片实际上就是一种公共外交手段，国家形象宣传片应展示现代最真实的中国国情，让外国人了解中国人最真实的想法。外交部副部长傅莹坦承，目前中国公共外交尚处于起步阶段，还有很长一段路要走。她专门提及，近段时间国家主席胡锦涛在讲话时第一次提出把公共外交作为国家对外发展战略，这对于中国公共外交发展是一个重大机遇。（《新京报》9.12）

9月13日，《榆林日报》发布消息称，日前，榆林市委研究，并经陕西省委、省委组织部同意，免去郭宝成神木县委书记职务，调任榆林市人大常委会副主任。郭宝成退居二线的新闻，成为这些天的舆论热点。郭宝成神木主政5年，力推民生政策改革，一个是从小学到高中实行12年免费教育；另一个是全民住院实行“免费医疗”。这两个先于东部发达地区实施的“免费政策”，曾让偏僻的神木一时成为舆论的焦点。在9月10日受上海世博会之邀，出席在绍兴举行的“经济转型与城乡互动——全球视野中的村镇与小城市”论坛时，郭宝成坚持认为，不管角色如何转变，神木免费医疗模式是正确的，希望后任者能继续推行下去。（《中国青年报》9.16）

9月13日，财经网刊登了一篇《保安公司专职截访》的稿件，披露了北京安元鼎保安公司涉嫌帮助一些地方政府拦截上访者的情况。9月24日，

《南方都市报》披露，北京安元鼎保安公司在京设立多处“黑监狱”，以关押、押送到京上访者为主业，与地方政府签协议并收取佣金，报道引发巨大反响。9月25日，《南方都市报》记者从相关部门获悉，目前安元鼎已被北京市公安局以涉嫌“非法拘禁和非法经营”两项罪名立案侦查，安元鼎董事长张军以及总经理张杰被刑拘。已经有数十名受害访民前来报案，并接受警方调查。（《南方都市报》）

9月14日，《南方都市报》报道：本月开始，宁夏回族自治区青铜峡市对拟任干部增加公示4项内容：收入、房产、婚姻状况、推荐票数。公示内容均在青铜峡市委组织部官方网站公示一周。在干部任前公示推荐票数，这在全国进行任前公示城市中属于首例。

9月14日，新华网报道：截至目前，福建、江西、辽宁等12个省份已基本完成产权明晰、承包到户的集体林权制度改革任务，其他省份正在全面推进集体林权制度改革。目前，全国集体林地确权面积达19.5亿亩、发证面积达14.7亿亩，分别占总面积的71.3%和53.7%。全国已发林权证6419万本，有6113万户农户拿到了林权证，2亿多农村人口拥有了增收致富的创业平台。今后，全国将深化集体林权制度改革，一要切实明晰产权，全面放活经营；二要加强政策扶持，巩固改革成果；三要大力发展林业产业，增加农民收入；四要强化综合服务，解决发展难题；五要精心培育典型，发挥榜样作用。

9月14日，新华网报道：浙江金华市通过创建“金华Q联”组织，给网络虚拟的QQ群一个合法身份，引领广大QQ网友投身和谐社会建设。目前，这个非营利性民间组织已发展了80个QQ群会员，覆盖了10万多名QQ网友。2007年11月，经浙江金华市民政局批准，共青团金华市委与《金华日报》社联合成立了国内首个以网络QQ群为会员的非营利性民间组织——金华市青年QQ群联合会。“金华Q联”对要求入会的当地QQ群，设有一定的“入门”标准。通过的《联合会章程》规定，入会的群主、管理员实行实名制，并建立会员档案。在国家法律法规允许的范围内，充分尊重青年Q友特点和网络社团发展规律，按照“支持、服务、引导、依法、自愿、平等”的方针开展活动。

9月14日，《现代快报》报道：近日，江苏的邳州论坛曝光台上一个题为《关于查处个别教师网络违规违法行为的通报》的帖子引起网友的关注。该帖子称，邳州教育局今年8月27日向该市各中小学、民办学校等机构下发了一个红头文件。文件称，去年以来邳州已有3名教师因在互联网上散布不实言论被拘留，广大教师“要注意形象，讲政治，讲大局，不该做的事不要做、不该说的话不乱说”。

9月14日，最高院召开新闻发布会发布了《最高人民法院关于审理劳动争议案件适用法律若干问题的解释（三）》。司法解释称，对于劳动者向用人单位追索加班费案件，劳动者应当承担举证责任，如果劳动者有证据证明用人单位掌握证据，用人单位不提供，由用人单位承担不利后果。（《新京报》9.15）

9月14日，《南方都市报》记者从广东省委组织部获悉，今年广东将从珠三角企业的优秀外来务工人员中选拔基层公务员50名。此举在全国尚属首次。（《南方都市报》9.15）

9月14日，《南方都市报》记者从最高人民检察院获悉，高检院、公安部日前联合印发了《关于审查逮捕阶段讯问犯罪嫌疑人的规定》。《规定》明确要求，检察机关审查逮捕必要时应当讯问犯罪嫌疑人，并听取犯罪嫌疑人的申辩和委托律师的意见。（《南方都市报》9.15）

9月15日，最高人民法院、最高人民检察院、公安部、司法部正式对外公布了《关于依法严惩危害食品安全犯罪活动的通知》。对于危害食品安全犯罪的累犯、惯犯、共同犯罪中的主犯、对人体健康造成严重危害以及销售金额巨大的犯罪分子，要坚决依法严惩，罪当判处死刑的，要坚决依法判处死刑；要加大财产刑的适用，彻底剥夺犯罪分子非法获利和再次犯罪的资本；要从严控制对危害食品安全犯罪分子适用缓刑和免予刑事处罚。

9月15日，中国产业报协会执行秘书长刘灿国在接受记者采访时说，该协会业已启动了中国首个援助困难记者及家庭的项目——首都记者援助项目。有12名记者成为首批受援者，其中包括最近在伊春空难中因公遇难的

《中国经济导报》社记者胡文雅亲属、在伊拉克受辐射等战争伤害严重的新华社战地记者宋聃，以及调查采访过程中遭受严重的身心伤害的《经济观察报》记者仇子明等。他们分别获得5000元人民币的援助金。（《南方都市报》9.16）

9月16日，胡锦涛在第五届亚太经合组织人力资源开发部长级会议上的致辞中首次提出“包容性增长”的概念。这一包含“让更多的人享受全球化成果、让弱势群体得到保护、在经济增长过程中保持平衡”等深意的新概念，是否会如某些观察家的预测，被写入“十二五”规划，颇为引人注目。

9月17日，在全国检察机关国家赔偿暨刑事被害人救助工作座谈会上，最高人民检察院副检察长柯汉民讲话时多次强调：“逮捕后存疑无罪同样要赔偿”，这是修改后的国家赔偿法所确立的无罪结果赔偿原则的应有之义，让此前一直困扰刑事赔偿执法机关的“存疑案件是否赔偿”问题迎刃而解。（《南方都市报》9.18）

9月17日，市政府颁布了《重庆市道路交通事故社会救助基金管理暂行办法》，这个基金可为交通事故受害者垫付72小时内抢救费。《办法》自公布之日起施行，2010年1月1日之后发生的交通事故，适用本暂行办法。（华龙网9.18）

9月19日，《新京报》报道：拆迁补偿条例草案已出初稿，思路发生“根本性变化”。据中央电视台报道，日前，国务院法制办在京召开备受关注的《国有土地上房屋征收与拆迁补偿条例》草案专家研讨座谈会。国务院法制办副主任郜风涛在会后确认，在《征收与拆迁补偿条例》正式颁布实施之后，公众与学界诟病多时的《城市房屋拆迁管理条例》将同时废除。

9月19日，南京城管队员赵阳在他创办的城管微博上“报料”说，2009年，他向民政部举报了一个非法组织——‘全国城管局长联席会议’，现在终于得到民政部的回复。民政部回应，“根据‘联席会议’的名称无法判断是不是社团组织，属于打‘擦边球’，已经要求他们进行规范”。因为未认定其为非法组织，对于民政部的这个“判决结果”，赵阳感到有些遗憾。去年8月，“全国城管局长联席会议”被举报为未经登记的非法组织，实名举报人赵阳是南京一名城管队员。赵阳表示，他不会就此“罢休”，将继续揭露这种打着“国家权威”旗号来敛财的行为。（《扬子晚报》9.20）

9月19日，新华网全文发表8月27日温家宝在全国依法行政工作会议上的讲话。其中再次提出了政治改革。讲话中指出，依法行政是现代政治文明的重要标志。一个政党取得政权后，应当把党的意志通过法定程序变为宪法和法律，依照宪法和法律治理国家，这是党在夺取政权与执政时期的最大区别。贯彻依法治国基本方略，推进依法行政，建设法治政府，是我们党治国理政从理念到方式的革命性变化，是我国政治体制改革迈出的重要一步，具有划时代的重要意义。加快建设法治政府是促进社会公平正义的基本保证。保护宪法和法律赋予公民的各种权利，是政府义不容辞的职责。

9月20日，《南方都市报》报道：广东省深圳市宝安区桃源居社区开“物业管理改革”之先河，将原外资私有的物业公司改成社会型企业，改制后的物业公司将关注民生、服务第一，维持服务并争取提升服务，本着一业为主、多种经营的宗旨，实现将社区的物业管理逐步过渡到社区的酒店式管理，率先在我国建立社区生活共同体。完成改制后的物业公司，物业管理费如有盈余将不再成为任何私有投资者的收益，而是全部转由社区集体所有，属于公益中心公益事业收入，受惠的将是广大业主。一个拥有近5万人的桃源居社区，实际上已形成“大社区形同小社会”的现象。

9月20日，山东省委组织部、省高级人民法院、省人民检察院联合发布了《关于2010年公开选拔初任法官、检察官任职人选的通知》，通知称选拔将提供160个初任法官和160个初任检察官职位，面向全国具备任职条件和资格的人员。此次山东省所提供的160个初任法官和160个初任检察官职位则全部面向全国选拔，而且公检法系统外人员也可参与，这在全国范围内尚属首次。（《南方都市报》9.26）

9月21日，《法制日报》报道，备受关注的浙江省杭州市下城区64人联名申请罢免区人大代表一事再起波澜，记者9月20日获悉，杭州喜得宝公司已向法院提交诉状，起诉罢免一事的发起人张建中。8月17日，杭州市民张建中向杭州市下城区人大常委会递交了一份有64名公民签名的申请书，申请罢免该区人大代表赵之毅。据悉，这次罢免行动是由于一处私房产权纠纷所致。位于杭州市下城区羊千弄的喜得宝集团公司所占土地原属杭州漂染厂所有，其中有0.76亩为张建中祖上房产，该地块1968年被赵之毅担任董事长的喜得宝集团公司强行占用，至今仍未归还产权人手中。下城区居民反映赵之毅利用其人大代表身份多次干扰法院对案件的公正审理。8月19日，杭州市下城区人大常委会以张建中本人不是赵之毅原选区下城区潮鸣街道选民、联署的64人中原选区选民不足50人、罢免人大代表理由也不成立为由驳回了起诉。

9月21日，广东省信宜市钱排镇达桐村，紫金矿业建于海拔数百米高山腰上的银岩锡矿高旗岭尾矿库发生溃坝，造成22人死亡，523户村民房屋全倒，815户村民房屋受损。根据事件调查组于12月21日公布的调查报告，溃坝的诱因是台风“凡亚比”带来的大雨，但尾矿库的设计存在问题，企业对尾矿库的运行安全责任亦未得到落实。溃坝发生后，10月9日，信宜市人民政府起诉信宜宝源、信宜紫金两家紫金矿业子公司，请求赔偿损失1950万元，超出1950万元的损失待全部核定后灵性增加诉讼请求。舆论认为，此案开启了“官告民”新时代，政府以罕见的原告身份亮相，将改变以往企业重大侵权事件的处理模式，但信宜市政府坚称这样做只是为了查封公司资产做赔偿。

9月21日，中央电视台与中国音乐著作权协会在京举办音乐著作权付酬签约仪式。这是2009年11月国务院《广播电台电视台播放录音制品支付报酬暂行办法》颁布实施后，国内首家与音著协签约的广播组织。双方代表共同签署了合作协议，音著协向中央电视台颁发了《音乐作品使用许可证》。（新华网9.22）

9月22日，《中国青年报》报道：华中科技大学最近清退了307名未按期完成学业的研究生。据《新京报》报道：“此次被清退的学生中，相当部分是企业高管和政府官员，还有少数名人。”客观上都将学术尊严之剑指向了政治精英、经济精英、知识精英三方“互利互惠”的利益怪圈。

9月24日，新华网发表了温家宝在第65届联大一般性辩论上的讲话全文。中国国务院总理温家宝在第65届联大一般性辩论上发表讲话：《认识一个真实的中国》。其中，温家宝再提政治改革："在深化经济体制改革的同时，要推进和搞好政治体制改革。只有这样，经济体制改革才能最终成功，现代化建设才能不断发展。我们要尊重和保障人权，维护社会公平正义，实现人的自由和全面发展，这是民主法治国家的重要标志，也是国家长治久安的基本保障。"

9月28日，共青团山东省委、山东省人大内务司法委员会、山东省人大常委会法制工作委员会在济南召开新闻发布会，对将于10月1日正式施行的《山东省未成年人保护条例》进行了详细解读。修订后的条例规定，任何组织和个人不得擅自查阅未成年人的手机短信、电子邮件等个人信息；同时，条例中的"行政保护"内容，在我国省级未成年人保护条例中尚属首例。修订后的条例规定：试行未成年人违法记录和轻罪犯罪记录有条件消灭制度。曾受行政处罚和解除羁押、服刑期满的未成年人在复学、升学、就业以及参加职业技能考核鉴定时，与其他未成年人享有同等权利，任何组织和个人不得歧视。同时，条例也规定，对未成年人犯罪案件和涉及未成年人的案件，公安机关、人民检察院、人民法院应当设立专门机构或者指定专人办理。（大众网9.29）

9月29日，《中国青年报》报道：河南电视台记者吕建福3年来利用私人时间，在河南各处拍摄了数千张公车私用、违规驾驶与停放的照片——景区里的市委市政府专用车、饭馆旁的医疗车、公园里的税务车，还有放学时候亮着警灯接孩子的警车，然后把视频放到互联网上去。因此被处理的公务员，就有几十个。吕建福并不是国内第一个曝光特权车的市民，但相比于"偷着拍的"和"离老远拍的"，他是第一个扛着"大个儿摄像机"，堵着车门拍的。10月1日，《羊城晚报》载时评：监督滥权公车，何妨让公众自由曝光。

10月

10月1日，新修订的保守国家秘密法开始实施。现行保密法施行于1989年，这次修改是该法实施以来的第一次。为有效防止定密过多过滥现象，新修订的保密法严格限定了定密权限，明确县级机关、单位不再拥有定密权。同时，新修订的保密法还首次对“国家秘密”作了明确定义。新修订的法律对国家秘密的保密期限作出了明确规定：国家秘密的保密期限，除另有规定外，绝密级不超过30年，机密级不超过20年，秘密级不超过10年。（《工人日报》9.27）

10月1日起，广东省南雄市、紫金县、兴宁市、封开县试点“省直管县”财政体制改革，取消市与县间日常资金往来关系。（《南方都市报》8.25）

10月1日，最高人民检察院、公安部联合印发的《关于刑事立案监督有关问题的规定（试行）》开始在全国试行。《规定》进一步完善了检察机关对违反规定不应当立案和应当立案而不立案的监督机制，确保侦查权的正确行使。（《北京青年报》10.2）

10月1日，上海开始实施柔性延迟办理申领基本养老金手续。这一具有探索性的调整方案尚处在试行阶段，其中“柔性原则”既包含满足按时退休人群的要求，又使那些希望继续工作并有意愿延迟领取养老金的人群能够获得延迟。（《北京青年报》10.2）

10月1日起，根据最高人民法院决定，全国法院全面试行刑事案件量刑规范化改革，目的在于进一步规范量刑活动，规范法官裁量权，同时将量刑纳入法庭审理程序，引入量刑建议，增强量刑公开性与透明度。 作为改革的指导性文件，《人民法院量刑指导意见（试行）》以及《关于规范量刑程序若干问题的意见（试行）》于2010年10月1日起全面试行。《人民法院量刑指导意见（试行）》明确了未成年犯、未遂犯、自首、立功等14种常见量刑情节对基准刑的调节幅度，选择了常见、多发的交通肇事、故意伤害、抢劫、盗窃、毒品等15种犯罪进行规范。《人民法院量刑指导意见（试行）》

统一了量刑方法和步骤、量刑情节适用标准，在一定程度上解决了民众反映强烈的“同案不同判”的问题。（http：//baike.baidu.com/view/4593014.htm）

10月1日起，河北省法院全面试行量刑规范化改革。为推行量刑规范化改革，全面、正确地试行最高人民法院制定的《人民法院量刑指导意见（试行）》，省法院制定了《人民法院量刑指导意见（试行）》实施细则》。对常见量刑情节进行了细化和补充。一方面，对《量刑指导意见》规定的14种常见量刑情节进行细化并分别确定了调节幅度。另一方面，补充规定了12种《量刑指导意见》中没有规定的法定量刑情节和河北常见的酌定量刑情节，并参照类似的量刑情节合理确定调节幅度，保证各个量刑情节的调节幅度相协调。例如，为鼓励被告人亲属“大义灭亲”，《实施细则》规定：“被告人亲属举报被告人犯罪，提供被告人隐匿地点或带领司法人员抓获被告人，以及有其他协助司法机关侦破案件、抓获被告人情形的，可以酌情减少被告人基准刑的20%以下。”（河北新闻网9.29）

10月4日，《光明日报》报道：国庆节期间，由珠海银通新能源有限公司生产的20太纯电动公交车首次在珠海市公交线路上投入商业运营，珠海由此成为国内第一个逐步实现绿色环保公交车型替代传统柴油公交车，最终实现公交客运“零排放”的城市。

10月9日，国家发改委正式公布了《关于居民生活用电实行阶梯电价的指导意见（征求意见稿）》，并就居民用电实行阶梯电价向社会公开征求意见。（中新网：http：//news.qq.com/a/20101009/001043.htm）

10月12日，“深圳医患纠纷仲裁院”在深圳仲裁委员会正式成立。“深圳医患纠纷仲裁院”为深圳仲裁委员会下设的专责处理医患纠纷的职能机构，患方认为医疗机构及其医务人员在医疗过程中实施的医疗、预防、保健等执业行为损害其合法权益的，可以依据仲裁条款向医患纠纷仲裁院申请仲裁。医患纠纷仲裁院办理案件以中立的角度依法独立办理案件，不受任何机关、团体或个人的干涉，案件实行“一裁终局”制，任何一方当事人不履行生效的仲裁裁决或调解的，对方均可向人民法院申请强制执行。据了解，这是目前国内首家通过政府行政法规形式设立的专门医疗纠纷仲裁机构。（中广网深圳10.13；http：//news.qq.com/a/20101013/001128.htm）

10月13日，中国电影著作权协会（“影著协”）理事长、中国版权协会会长朱永德在江阴金鸡百花电影节论坛上宣布，《电影作品著作权集体管理使用费收取标准》和《电影作品著作权集体管理使用费转付办法》上报国家版权局公示后已获批准通过。2011年1月1日起，国内网吧、长途大巴播放电影必须向“影著协”缴纳一定的版权费用。北京、上海、江苏等七八个省市将成为首批施行区域，由“影著协”聘请地方上“有人脉关系”的人员进行收取。（《北京晨报》10.14；http：//news.sina.com.cn/c/2010-10-14/021721269866.shtml）

10月14日，《北京青年报》报道，近日，酝酿已久的《四川省城市行政执法相对集中处罚权条例（草案）》立法听证会在成都举行，来自社会各界的14名听证代表就城管扩权与限权等热点问题进行讨论，与国务院此前出台的相关规定相比，四川省对城管执法增加了国土、水利渔业和烟花爆竹管理方面的处罚权。城管扩权遭到绝大多数代表反对，而小摊贩有望不再“流动”的规定则赢得更多代表的支持。有关人士认为，当务之急是解决如何促使和监管城管“文明执法”。

10月16日，记者从首医委第二次全体会议上获悉，北京市将于2011年1月1日在9家医院启动电子病历试点，用五年时间完成全体居民电子病历和居民健康档案建设。所谓电子病历，指的是医生在电脑系统中记录病人的基本信息、问诊情况、手术情况、检查结果、用药情况等，生成数字化信息，能够存储、管理、传输和重现。与目前的纸质病历相比，电子病历调取更便捷，不论患者是在门诊还是在病房，只要输入患者的姓名或病历号，患者的病历、病史不到一分钟便可调出。北京市2011年1月1日启动的电子病历工作将由市卫生局、市人力社保局牵头，市经信委、市财政局、市发改委共同参与完成。（千龙网12.17）

10月17日，长沙市公开竞选五名市管正职领导干部进入第二轮专家选择阶段，当地电视台与数十家网络媒体直播了此轮激烈角逐，吸引了众多市民、网民观看。经过14日第一轮激烈的竞争和长沙市委全委（扩大）会议当场差额投票提名，每一个职位分别有10名竞选者进入第二轮“PK”，其中因有一人放弃竞选资格，竞选市卫生局长的有9人。由25人组成的干部群众代表评议团成为17日选拔的亮点，他们与11位成员组成的专家考评组对竞职者的演讲、答辩、无领导小组讨论等环节现场打分，其中专家评委打分占60%，群众评议团打分占40%。长沙市委组织部介绍，经过这一轮差额竞争后，票决人选还要向市委全委会作竞职陈述，并回答委员询问。最后，同意票超过半数为通过，否则职位空缺。（新华社10.18）

10月18日，《北京青年报》报道：经过安徽建筑工业学院退休教授、古建筑专家翟光奎的不懈努力，安徽泾县的两座明代古祠免于被迁移至“中国桃花潭文化艺术中心”，得以原址保存。

10月15—18日，中国共产党第十七届中央委员会第五次全体会议在北京举行。全会由中央政治局主持。中央委员会总书记胡锦涛作了重要讲话。五中全会集中讨论审议了“十二五”规划建议，勾勒出我国未来五年经济、社会、民主民生方面的发展路径与图景，为全面建成小康社会打下具有决定性意义的基础。“十二五”规划的主基调是“加快经济方式转变”，从经济社会发展的主要矛盾和问题入手，在健全市场配置资源机制、加快调整国民收入分配格局、破除城乡二元体制、创新公共服务体制等方面，提出重大改革任务。

10月16日，位于河北省保定市北市区的河北大学工商学院学生生活区发生一起车祸。肇事者李启铭，又名李一帆，男，22岁，系保定某单位实习生。其父为肇事地点所在的保定市公安局北市区分局副局长。10月16日21时40分许，李启铭酒后驾驶朋友的黑色迈腾轿车在河北大学新校区生活区，将两名女生陈某、张某撞伤。事故发生后，李启铭仍驾车继续行驶，在男生宿舍附近调头原路返回至学校门口时，被保安和学生扣留。

10月20日下午，记者从内蒙古呼和浩特市公安局经济技术开发区分局获悉：网上有关伊利“QQ星儿童奶”遭遇恶意攻击一事，经公安机关侦查，系一起有预谋的商业诽谤案。目前，案件基本告破，涉案犯罪嫌疑人已被警方控制。警方发现，这起看似商战的事件，确系“一网络公关公司受人雇用，有组织、有预谋、有目的、有计划，以牟利为目的实施的”损害企业商业信誉案。

10月20日，工商总局公布《合同违法行为监督处理办法》。该办法对经营者与消费者订立的格式条款式合同进行了详细的规定。经营者在格式条款中免除自己的责任、加重消费者责任、剥夺消费者权利三种“霸王条款”被明令禁止，并规定违反规定者将被处以最高3万元罚款。（《北京青年报》10.21）

10月20日，据中国政府法制信息网消息，国务院法制办公室于今日将财政部报送国务院审议的《国家赔偿费用管理条例（送审稿）》及其说明全文公布，征求社会各界意见。根据送审稿规定，国家赔偿费用列入各级人民政府年度财政预算。国家赔偿后向责任人追偿的标准获得明确，责任人将承担部分或全部国家赔偿费用。

10月21日，新华报业网报道，日前，有网友发帖称，河北省枣强县为了超额完成“节能减排”的指标，自进入10月份以来开始了大规模的停电，每天全县只对居民供电4个小时，其余时间全部断电。昨天，枣强县政府办公室工作人员和枣强县电力局对早报记者证实了这一情况。枣强县政府办公室工作人员告诉早报记者，这一举措不能说是单纯的“拉闸限电”，而是“节能减排”的需要，而且该省不少地方都是如此，“要持续到12月底”。

10月25日，《北京青年报》报道：据新华社电，最高人民检察院近日下发《关于加强和改进新形势下惩治和预防渎职侵权犯罪工作若干问题的决定》。《决定》强调，各级检察机关要着力解决渎职侵权犯罪“发现难、查证难、处理难”等突出问题，加强案件线索的收集和管理，积极探索同步介入重大事故、案件的调查工作，重点做好检察机关同步介入重大安全生产、食品药品、环境污染、国土资源和环境建设等领域的案件调查工作。

10月25日，北京市住建委、人民银行营业管理部、中国银监会北京监管局联合出台《北京市商品房预售资金监督管理暂行办法》，明确规定，商品房预售资金应当全部存入商品房预售资金监管专用账户，保证预售资金优先

用于工程建设，严禁房地产开发企业直接收存商品房预售资金。此《办法》将于12月1日起实行。（《北京青年报》10.25）

10月26日下午，备受关注的车船税法草案接受了全国人大常委会的分组审议。针对拟进行重大调整的车船税计税依据、税负结构等内容，委员们纷纷表达意见，有委员提出质疑，指出排气量作为唯一计税依据不尽合理，1.0—1.6升排量的汽车作为我国目前乘用车的主体在修法中没有得到任何好处，给公众以变相加价的印象，有违立法本意。（《中国青年报》10.27）

10月28日，《中华人民共和国社会保险法》经第十一届全国人民代表大会常务委员会第十七次会议审议通过。在过去很长一段时间，中国的社会保险基金多头管理，职责不清也造成诸多弊端，上海社保案便是一个典型例证。为此，社会保险法专门辟出一章，就社保基金的管理进行规范，规定：社会保险基金包括基本养老保险基金、基本医疗保险基金、工伤保险基金、失业保险基金和生育保险基金。各项社会保险基金按照社会保险险种分别建账，分账核算，执行国家统一的会计制度。该法还规定，隐匿、转移、侵占、挪用社会保险基金或者违规投资运营的，由社会保险行政部门、财政部门、审计机关责令追回；有违法所得的，没收违法所得；对直接负责的主管人员和其他直接责任人员依法给予处分。全国人大法律委员会认为，社会保险法是关系国计民生的重要法律，制定社会保险法，对于规范社会保险关系，保障全体公民共享发展成果，维护社会和谐稳定，具有十分重要的意义。（中新网：http：//www.xiangrikui.com/yanglaobaoxian/xinwen/69206_1.html）

10月28日，最高人民检察院召开检察机关全面推行人民监督员制度电视电话会议，部署在检察机关全面推行人民监督员制度。最高人民检察院党组副书记、常务副检察长胡泽君在会议上提出，要进一步改进人民监督员的选任方式，进一步调整人民监督员的监督范围。调整后的监督范围主要包括七个方面：检察机关应当立案而不立案或者不应当立案而立案；超期羁押或者犯罪嫌疑人不服检察机关延长羁押期限的决定；违法搜查、扣押、冻结或违法处理扣押、冻结款物；拟不起诉案件；拟撤销案件；应当给予刑事赔偿而不依法予以赔偿；检察人员在办案中有徇私舞弊、贪赃枉法、刑讯逼供、暴力取证等违法违纪情况。（新华网北京电：http：//news.qq.com/a/20101028/001062.htm）

10月30日，复旦大学博士研究生孟建伟在人人网和QQ空间里发布网络日志，曝光太原市晋源区古寨村暴力拆迁致其父惨死案。此后，孟建伟每天都在网上公布案件进展和他寻求公道的经历，获得众多网友声援。11月1日，太原市政法委书记柳遂记等领导登门安慰孟建伟及其家人。柳遂记表示，相关部门一定会严惩凶手，决不姑息，死者家属目前在生活上若有困难可发放一定补助。11月9日，因此事被正式刑拘人数增加到12人。太原市公安局正式接管此案。13日，中共太原市委对5名相关责任人作出严肃处理：决定免去晋源区委常委、区政府副区长计建中太原高新技术产业开发区党工委副书记、晋源区委常委职务，提请免去其晋源区政府副区长职务，并对其立案调查。11月28日，太原市委副书记李永林、市政法委书记柳遂记又与孟建伟，以及为此事专程赶来的复旦大学有关领导进行了座谈。（http：//www.cnr.cn/allnews/201012/t20101201_507408631_1.html）

10月31日，记者从人力资源和社会保障部（CETTIC）获悉，保健养生行业规范管理的试行标准有望年底前出台，将对保健养生行业机构的审批、人员的准入和服务的内容进行规范。CETTIC将于近日推出全国首届食疗养生和养生管理师培训班，学员最终将获该中心颁发的《养生管理师证书》《食疗养生师证书》，证书在全国通用。（《北京青年报》）

11月

11月1日0时，全国第六次人口普查入户登记正式开始。凡在11月1日0时前出生的人口，都将作为此次普查的对象。11月2日上午，胡锦涛、吴邦国、温家宝、贾庆林、李长春、习近平、李克强、贺国强、周永康等党和国家领导人以普通公民的身份，在北京中南海亲自参加人口普查登记，或委托家人申报人口普查信息。我国的人口普查每１０年开展一次。第六次全国人口普查从2010年11月1日到11月10日进行入户登记，2011年4月底开始陆续公

布这次人口普查的主要数据。（《北京青年报》）

11月1日，最高人民法院《关于旅游纠纷案件适用法律若干问题的规定》正式实施。其中规定，旅游经营者、旅游辅助服务者泄露旅游者个人信息或者未经旅游者同意公开其个人信息，旅游者请求其承担相应责任的，人民法院应予支持。据介绍，这是我国民事司法解释中首次明确了对消费者个人信息的保护。（《北京青年报》）

11月3日，国务院总理温家宝主持召开国务院常务会议，研究部署当前发展学前教育的政策措施。会议要求，各地区、各有关部门要加强协调配合和督促检查，严格落实责任，确保各项政策措施落到实处、取得实效。要以县为单位编制学前教育三年行动计划，在科学测算入园需求和供需缺口基础上，确定发展目标，分解年度任务，落实经费，有效缓解“入园难”问题。（中国日报网）

11月3日，住建部等四部门联合印发《关于规范住房公积金个人住房贷款政策有关问题的通知》，严禁使用住房公积金个人住房贷款进行投机性购房。首次明确二套住房公积金贷款发放对象仅限于现有人均住房建筑面积低于当地平均水平的改善型普通自住房，非改善型二套房将停放公积金贷款。

11月3日，腾讯发表公开信，称将在装360软件电脑上停止运行QQ软件；此前的10月29日，360推出一款“扣扣保镖”的安全工具，可屏蔽QQ弹窗和广告。11月4日，360发布声明称已与QQ恢复兼容。11月21日，工信部发布通报，就360与腾讯QQ纠纷事件对双方提出严厉批评。工信部在通报中表示，北京奇虎科技有限公司与深圳市腾讯计算机系统有限公司在互联网业务中产生纠纷，采取不正当竞争行为，甚至单方面中断对用户的服务，影响了用户的正常业务使用，引起用户不满，造成了恶劣的社会影响。随后，腾讯与奇虎360分别发布了道歉信。（《北京青年报》11.5）

11月3日，国务院常务会议召开，会议决定，从2011年起，将5个中央部门（单位）和2个企业集团所属共1631户企业纳入中央国有资本经营预算实施范围。同时，兼顾中央企业承受能力和扩大中央国有资本经营预算收入规模，适当提高中央企业国有资本收益收取比例。（《北京青年报》11.4）

11月8日上午，探月工程嫦娥二号月面虹湾局部影像图揭幕仪式在北京举行。中共中央政治局常委、国务院总理温家宝出席揭幕仪式并为影像图揭幕。影像图的传回，标志着嫦娥二号任务所确定的工程目标全部实现，科学目标也正在陆续实现，探月工程二期嫦娥二号任务取得圆满成功。

11月6日，河南省郑州市公安机关公安管理新体制全面启动运行。改革的核心环节，是撤销了郑州市公安局下属的10个公安分局，加上原来的114个派出所，撤并为28个派出所。警方专业化的术语是，把公安机关的指挥模式压到最扁平化，减少指挥中间的损耗。（http：//news.qq.com/a/20101108/000374.htm）

11月9日，《北京青年报》报道，国务院日前发布了《国务院关于加强法治政府建设的意见》。《意见》要求，要重视提拔使用依法行政意识强，善于用法律手段解决问题、推动发展的优秀干部。要把公众参与、专家论证、风险评估、合法性审查和集体讨论决定作为重大决策的必经程序。

11月9日，卫生部发言人邓海华表示，卫生部会同农业部、商务部、工商总局、质检总局、食品药品监管局日前制定印发了《食品安全信息公布管理办法》，明确了食品安全信息的分类，并逐步规范食品安全信息公布机制。（《北京青年报》）

11月9日，新华社报道，记者近日从全国人大财经委员会获悉，住房和城乡建设部已形成基本住房保障法征求意见稿，目前正在征求各方意见，对征求意见稿进行修改、完善。（《北京青年报》）

11月10日，国务院召开常务会议，研究部署规范农村土地整治和城乡建设用地增减挂钩试点工作。会议强调，要严格控制城乡建设用地增减挂钩试点规模和范围。经批准开展城乡建设用地增减挂钩试点的地方要严格按照有关规定，坚持局部试点、封闭运行、规范管理，不得扩大试点范围。农村建设用地整治所腾出的土地首先要复垦为耕地，严禁以整治为名，扩大城镇建设用地规模。对未经批准擅自开展挂钩试点、超出试点范围开展增减挂钩和建设用地置换或擅自扩大挂钩周转指标规模的，要严肃追究有关地方政府负责人及相关人员的责任，并相应扣减土地利用年度计划指标。（《北京青年

报》11.11）

11月10日，卫生部发布《食品安全国家标准管理办法》，任何单位和个人都可以参与食品安全国家标准工作。该《办法》要求标准在起草完成后，应当书面征求标准使用单位、科研院校、行业和企业、消费者、专家、监管部门等各方面意见。经审评委员会秘书处初审通过的标准，要在卫生部网站上公开征求意见。鼓励社会广泛参与食品安全国家标准工作。任何单位和个人都可以提出标准制（修）订的建议，对公开征求意见的标准草案发表意见，对标准实施过程中存在的问题提出意见和建议。（《北京青年报》11.11）

11月11日，国家统计局公布10月份中国经济数据，备受关注的CPI（居民消费价格指数）年内首度破4，达到4.4%，创25个月来新高。作为居民消费品上游的工业品价格（PPI）在10月份也创下新高，同比增长5.0%，涨幅比9月份扩大0.7个百分点。（《北京青年报》11.12）

11月12日下午，据财经网报道，备受关注的"反艾滋就业歧视第一案"在安徽省安庆市迎江区法院宣判，法院驳回原告小吴全部诉讼请求。法院认为，两被告（安庆市教育局、人力资源和社会保障局）在教师招聘中适用公务员录用体检标准并无不妥，对原告作出的拒绝录用决定符合法律规定。原告小吴表示不服判决，将提起上诉。《财经》报道指出，在安徽省安庆市市直学校2010年招聘教师考试中，因艾滋病病毒（HIV）检测呈阳性，某师范大学应届毕业生小吴被当地教育局拒绝录用。随后小吴将安庆市教育局、人力资源和社会保障局告上法庭。今年10月13日，该案在安徽省安庆市迎江区法院开庭审理，被视为"艾滋病就业歧视第一案"，受到舆论广泛关注。（《南方周末》：http：//www.infzm.com/content/52436）

11月12日晚，第十六届亚洲运动会在广州隆重开幕，国务院总理温家宝出席开幕式并宣布本届亚运会开幕。

11月15日下午，上海胶州路718号28层的教师公寓发生大火。造成53人死亡，70余人受伤送医。11月16日凌晨，国务委员、公安部部长孟建柱赶赴上海，传达中央指示，宣布成立国务院上海"11·15"特别重大火灾事故调查组。初步查明这是一起责任事故，是由无证电焊工违章操作引起的，且公寓楼外墙装修工程存在非法转包问题。公安机关已经对8名犯罪嫌疑人实施刑事拘留。21日，上海约有10万名公众前往现场献花。（新华社）

11月16日，记者从成都市政府新闻办公室今天举行的新闻发布会上获悉：成都市日前正式出台《关于全域成都城乡统一户籍实现居民自由迁徙的意见》，2012年，成都将实现全域成都统一户籍，城乡居民可以自由迁徙，并实现统一户籍背景下的享有平等的基本公共服务和社会福利。成都探索统筹城乡综合配套改革方面再次实现新的突破。《意见》从机制体制创新上提出了12条具体措施，旨在彻底破除城乡二元结构，彻底消除隐藏在户籍背后的身份差异和基本权利不平等。（http：//view.news.qq.com/a/20101120/000016.htm）

11月17日，国务院总理温家宝主持召开国务院常务会议，分析当前价格形势，研究部署稳定消费价格总水平、保障群众基本生活的政策措施。（新华网）

11月17日，审计署公布19个省市2007—2009年政府投资保障性住房审计调查结果，显示1.5亿元廉租房保障金被挪用，2132户不符合条件的家庭获得补贴或住房，6个城市套取中央投资补助资金6129万元。发现的问题包括：未按规定提取“保障资金”，向不符合条件家庭分廉租房，部分廉租房配套设施不完善，廉租房租金、物业费收取难。（《北京青年报》）

11月18日，中国政府网发布消息称，国务院办公厅日前发布通知，转发了证监会等部门《关于依法打击和防控资本市场内幕交易的意见》。意见提出，要充分认识内幕交易的危害性，加强内幕信息管理，对涉嫌内幕交易的行为，及时立案稽查，从快作出行政处罚，保护投资者合法权益。

11月18日，新华网报道，中央纪委、中央组织部日前印发《关于开展县委权力公开透明运行试点工作的意见》（下称《意见》），并通知要求各省、自治区、直辖市结合实际认真贯彻执行。这是继2009年3月中央纪委、中央组织部在江苏省睢宁县、河北省成安县和成都市武侯区开展县委权力公开透明运行试点之后，此项试点工作在全国范围内开展。

11月19日，央行发布消息：为加强流动性管理，适度调控货币信贷投放，从11月29日起，上调存款类金融机构人民币存款准备金率0.5个百分点。这是年内继1月12日、2月25日、5月10日、11月16日之后，央行第五次提升存款准备金率，也是有史以来两次调整间隔最短的一次。此次上调之后一般金融机构存款准备金率达到18%的历史高点。（《北京青年报》11.20；http：//news.xinhuanet.com/fortune/2010-12/27/c_12919609.htm）

11月20日，国务院办公厅通过中国政府网发布《国务院关于稳定消费价格总水平保障群众基本生活的通知》，要求各地和有关部门及时采取16项措施，进一步做好价格调控监管工作，稳定市场价格，切实保障群众基本生活。（《北京青年报》）

11月19日，中央文献研究室创先争优活动党员联系点挂牌仪式在平谷区镇罗营镇举行，成为中央机关首个空降京郊农村的创先争优党员联系点。据悉，该党员联系点正式开展活动后，中央文献研究室将每月选派青年党员到镇罗营镇五里庙村担任村书记助理或村主任助理，举办党史、文化讲座，宣讲党的理论路线方针政策和党的文献编研成果，邀请专家讲解农业实用技术，协助建设互联网站，定期捐赠图书。同时，五里庙村的优秀党员干部也将有机会走进中央文献研究室。（《北京青年报》11.22）

11月22日3：30，我国著名宪法学者、中国政法大学教授蔡定剑因病逝世，享年54岁。他长期研究中国法学及选举制度、反就业歧视等制度的构建。（《南方周末》：http：//www.infzm.com/content/52809）

11月23日，国家发改委发出紧急通知，要求各地价格主管部门认真贯彻落实《国务院关于稳定消费价格总水平保障群众基本生活的通知》要求，切实履行职能，进一步做好价格调控监管工作，保障群众基本生活。（《北京青年报》）

11月23日，国务院办公厅通过中国政府网发布《关于确保居民生活用电和正常发用电秩序的紧急通知》，要求各地各部门正确处理节能减排与合理发用电的关系、务必全力保证电力正常生产供应。通知说，近期少数地区采取限制企业正常生产特别是居民生活用电合理需求、强制性停止火电机组发电的做法，不仅违背了节能减排的初衷，不利于节能减排的持续深入开展，也严重损害了人民群众的切身利益，危及电网安全稳定运行，是极其错误的，必须立即予以纠正。（新华社）

11月23日，甘肃省图书馆典阅部职工王鹏被宁夏回族自治区吴忠市警方以“涉嫌诽谤罪”刑事拘留。此前，王鹏多次写信举报大学同学马晶晶在公务员招考中作弊。12月1日晚11时公安局作出决定，责令利通区分局撤案，解除对王鹏刑事拘留。此外，吴忠市委、市政府作出决定，对事件负有直接领导责任的利通公安分局局长何泽祥、政委汪红东予以免职。（http：//news.sina.com.cn/c/sd/2010-12-15/163921647570.shtml）

11月26日，据新华社报道，最高人民检察院近日下发《人民检察院国家赔偿工作规定》。鉴于《国家赔偿法》对确认程序的取消和赔偿范围的变化，《规定》相应调整了立案条件，将检察机关及其工作人员的大量职务行为，直接纳入赔偿程序之中审查其合法性，如认定查封扣押冻结追缴财产行为是否违法、办案中是否存在刑讯逼供、暴力取证、违法使用武器警械等行为。此外，检察机关赔偿工作和内部分工作出重大调整，将刑事赔偿工作办公室变更为国家赔偿工作办公室，统一办理三类国家赔偿案件。（《北京青年报》）

11月29日，《北京青年报》报道，工业和信息化部、国家发展改革委、财政部近日联合发布“节能产品惠民工程”节能汽车（1.6升及以下乘用车）推广专项核查办法，将严格燃料消耗量及相关标识粘贴核查，以确保财政补助资金使用的安全性和有效性。

11月29日，由中央编译局、北京大学中国政府创新研究中心、华夏经济社会发展研究中心共同发起的首届“中国社会创新奖”20个入围项目揭晓。这一民间奖项旨在发现和鼓励各类社会组织在解决社会问题、满足社会需求、创造社会价值、促进社会进步中的创新行为，总结并宣传推广社会创新的先进经验。（http：//www.chinaelections.org/NewsInfo.asp?NewsID=196202）

11月29日，国务院召开常务会议，决定对《价格违法行为行政处罚规定》作出修改。修改后的规定草案将相互串通、恶意囤积、捏造散布涨价信息以哄抬价格、牟取暴利的行为作为惩处重点，加大了处罚力度。会议决定，该草案经进一步修改后，由国务院公布施行。（新华社11.30）

12月

12月5日，据《光明日报》报道，昨天记者从工商总局获悉，铁道部新修订的铁路旅客运输规章引来质疑，中国消费者协会认为，该规定单方面限制了消费者的权利，且制定时未经听证，有损消费者权益。

12月6日，据《北京青年报》报道，国务院办公厅日前印发《关于开展国家教育体制改革试点的通知》，启动了一批政策措施具体的教育改革项目。确定了改革试点的十大任务，学前教育、择校问题、考试招生制度等一些长期以来备受关注的焦点问题都位列其中。《通知》从专项改革、重点领域综合改革和省级政府教育统筹综合改革三个层面，确定了改革试点的十大任务：建立健全体制机制，加快学前教育发展；推进义务教育均衡发展，多种途径解决择校问题；推进素质教育，切实减轻中小学生课业负担；改革职业教育办学模式，构建现代职业教育体系；改革人才培养模式，提高高等教育人才培养质量；改革高等教育管理方式，建设现代大学制度；适应经济社会发展需求，改革高等学校办学模式；改善民办教育发展环境，深化办学体制改革；健全教师管理制度，加强教师队伍建设；完善教育投入机制，提高教育保障水平。

12月6日，国务院召开常务会议，研究部署建立健全基层医疗卫生机构补偿机制的政策措施。会议确定，2010年政府按照人均不低于15元的标准落实基本公共卫生服务经费，2011年起进一步提高。医疗服务价格按扣除政府补助后的服务成本制定并逐步调整到位，医疗服务收费增加部分由医保支付，不增加群众负担。落实政府补助和调整服务收费后基层医疗卫生机构的经常性收支差额，由政府在年度预算中足额安排。（《北京青年报》）

12月8日，国务院总理温家宝主持召开国务院常务会议，决定对《工伤保险条例》和《中华人民共和国发票管理办法》作出修改。会议确定，一次性工亡补助金标准调整为上一年度全国城镇居民人均可支配收入的20倍。（中新网）

12月10日，据新华社报道，国务院办公厅今日印发《建立和规范政府办基层医疗卫生机构基本药物采购机制的指导意见》，出台15项具体措施，要求各地建立和规范相关基本药物的采购。

12月11日，《北京青年报》报道，温家宝总理日前签署国务院第585号令，决定公布实施修改后的《价格违法行为行政处罚规定》。修订后的规定细化了对多种价格违法行为的认定，加大了对有关操纵市场价格，造成商品价格较大幅度上涨等违法行为的处罚力度。《处罚规定》共分25条。同原有规定相比，新规定修改和增添条款总数达11条。新规定加大了对经营者串通涨价，造成商品价格较大幅度上涨的处罚力度，情节较重的处100万元以上500万元以下罚款；情节严重的，责令停业整顿，或者由工商行政管理机关吊销营业执照。

12月10—12日，中央经济工作会议召开，会议提出：2011年宏观经济政策的基本取向要积极稳健、审慎灵活，重点是更加积极稳妥地处理好保持经济平稳较快发展、调整经济结构、管理通胀预期的关系，加快推进经济结构战略性调整，把稳定价格总水平放在更加突出的位置，切实增强经济发展的协调性、可持续性和内生动力。（《北京青年报》12.13）

12月14日，中国政府网发布《国务院办公厅关于建立健全基层医疗卫生机构补偿机制的意见》，各地要按照保障机构有效运行和健康发展，保障医务人员合理待遇的原则同步落实基层医疗卫生机构补偿政策，建立稳定的补偿渠道和补偿方式。这是继本月初鼓励社会资本兴办医疗卫生机构、建立和规范基本药物采购机制等文件发布之后的第三份深化医药卫生体制改革配套性文件。

12月15日，据新华社报道，中共中央、国务院近日印发了《关于实行党风廉政建设责任制的规定》，并发出通知，要求各地区各部门认真贯彻执行。新规定，明确了对领导班子的三种追责方式。

12月21日，新华社报道，针对近期少数城市部分优质地块出让溢价率偏高，国土资源部日前发出通知，要求坚决抑制地价过快上涨趋势。对招、拍、挂出让中溢价率超过50%、成交总价或单价创历史新高的地块，市、县国土资源主管部门要在成交确认书签订或中标通知书发出两个工作日内上报国土资源部和省（区、市）国务资源主管部门。企业闲置一年土地没有竞买资格。保障房用地建商品房将依法没收违法所得。

12月22日，国务院召开常务会议，决定继续提高企业退休人员基本养老金。会议决定，自2011年1月1日起，继续提高企业退休人员基本养老金水平，提高幅度按2010年企业退休人员月人均基本养老金的10%左右确定，全国月人均增加140元左右。（《北京青年报》）

12月23日，北京公布了《关于进一步推进首都交通科学发展　加大力度缓解交通拥堵工作的意见》，推进“建、管、限”结合的多项措施治理交通拥堵。措施包括：加快交通基础设施建设；大力发展轨道交通；实施小客车数量调控措施；按照公开、公平、公正的原则，对符合条件的企事业、社会团体法人和个人，以摇号方式无偿分配小客车配置指标等。市政府确定2011年度小客车总量额度指标为24万个（平均每月2万个）。（《北京青年报》）

12月25日9时许，浙江省乐清市蒲岐镇发生一起交通事故，导致一人死亡，死者随后被证实是寨桥村原村主任钱云会。有网友报料，钱云会是被“有些人故意害死的”，乐清市公安局在随后的发布会上称，这是一起交通肇事事故，钱云会当时撑一把雨伞从右侧向左侧横穿马路，工程车紧急刹车但仍与死者发生碰撞，造成钱云会当场死亡。记者了解到，从5年前开始，钱云会就是一个始终在上访的民选村民委员会主任。2004年4月3日，浙能乐清电厂征用寨桥村146公顷农业用地，村民没拿到一分钱补偿款，不同意签字。2005年4月20日，寨桥村换届选举，钱云会通过村民选举当上了村主任。他任职20天后，村民找他讨说法，他由此踏上了带领村民上访的长路。在上访过程中，他先后3次被投入看守所。（http：//baike.baidu.com/view/4976117.htm）

12月28日，财政部和国家税务总局联合下发了《关于1.6升及以下排量乘用车车辆购置税减征收政策到期停止执行的通知》，叫停已经执行一年的小型乘用车购置税减征优惠政策。通知称：经国务院批准，对1.6升及以下排量乘用车减按7.5%的税率征收车辆购置税的政策于2010年12月31日到期后停止执行，自2011年1月1日起，对1.6升及以下排量乘用车同意按10%的税率征收车辆购置税。（《北京青年报》）

12月30日，财政部通知称，从2011年起，提高中央企业国有资本收益收取比例，除两家粮、棉储备的央企外，其余三类上交比例统一提高5%，但此次国有金融企业仍未被纳入预算实施范围。财政部下发的《关于完善中央国有资本经营预算有关事项的通知》明确，将中央企业国有资本收益收取比例类型，由原先的三类调整到四类。具体来看，中国烟草总公司在内的15家第一类企业，收取比例为企业税后利润的15%；中国铝业等78家第二类央企，收取比例为企业税后利润的10%；中国核工业集团等33家央企，收取比例为企业税后利润的5%；纳入第四类的中国储备粮管理总公司和中国储备棉管理总公司，继续免交国有资本收益。除了第四类，其余央企税后利润提交比例，和之前相比统一提高了5%。央企上缴比例提高令人欣慰。但央企上缴的利润用于何处，这是值得人们关注的事情。

12月31日，复旦大学校长日前透露，复旦正在制定《复旦大学章程》，以限制校长和其他行政管理者的权力。据悉，复旦的一项重大改革是，校领导和部处负责人退出学术委员会、教学指导委员会，以隔离行政权力和学术权力。（《解放日报》）

附录二

2010年北京改革发展大事记*

徐　静**

1月6日，北京市全面推进医疗保险持卡就医实时结算工作。目前，本市已在石景山、西城、东城、崇文、宣武5个区启动社会保障卡持卡就医实时结算工作，共发放社保就医卡140万张，192家医疗机构实现持卡就医结算。2010年，参加职工基本医疗保险和居民医疗保险人员将全部实现持卡就医，全市1800家定点医疗机构全部实现实时结算。

1月16日，本市启动建立在成本核算基础上的公立医院财政补偿机制改革试点工作。新的补偿方案包括经常性补偿、鼓励性补偿和专项补偿，通过这3种途径对公立医院的政策性亏损给予补偿，对降低成本的公立医院给予奖励，对专项资金需求经政府审批后纳入部门预算管理。新型补偿机制的建立将更大地调动公立医院降低成本、提高效率的积极性，对加强公立医院的成本管控、完善激励机制发挥重要作用。

1月21日，全国首个"高清交互数字电视社区资讯"服务平台在石景山区正式开通运营。该服务平台是石景山区与北京歌华有线合作，开展基于高清交互数字电视的"社区资讯"服务试点，包括政府信息公开、社区便民服务、政策解读等服务内容。该服务平台在现有9个高清频道的基础上，新开通交互类服务栏目16个，包含与天坛医院联合开展预约挂号服务、与工商银行联合开展水、燃气、电话等缴费服务。

---

* 根据《北京日报》、首都之窗等相关信息汇总整理而成。

** 笔者为北京改革和发展研究会特约撰稿人，北京市政府研究室综合处副处长。

2月4日，北京经济技术开发区召开领导干部大会，会上宣布了整合后两区4名主要领导干部的任职决定，其中大兴区委书记林克庆兼任中共北京市委经济技术开发区工作委员会书记。开发区的工作有5个“不变”：国家级开发区的法律规格和架构不变；机构设置不变；人员待遇不变；行政责任不变；对企业、社会承诺的政策、服务不变。

2月5日，“感知北京”示范工程正式启动。市经信委和中关村管委会联合发布了朝阳区一氧化碳气体中毒及火灾事故技防系统、东城区电梯运行安全监控系统、宣武区烟花爆竹销售点视频监控系统等22个首批“感知北京”示范项目和本市政务领域的物联网8个领域的应用需求，共同推动物联网产业链的整合，加强国家自主创新示范区建设。

2月21日，北京市出台《关于贯彻国办发〔2010〕4号文件精神促进本市房地产市场平稳健康发展的实施意见》。

2月24日，全国首家消费金融公司正式面世。北银消费金融有限公司完成各项筹备工作，并得到银监会开业批复，正式在北京成立，拟3月1日挂牌营业。北银消费由北京银行独立出资3亿元设立，于2010年1月6日获得银监会批准筹建。

2月26日，本市启动永定河绿色生态发展带建设。该工程计划利用4年时间将永定河建成城市西部绿色生态走廊，目前首批启动莲石湖、宛平湖等工程项目建设。

3月4日，本市积极推进供热计量改革工作。市市政市容委会同市发展改革委、市规划委、市住房城乡建设委、市质监局等部门召开专题会议，确定今年供热计量改革工作目标：①尽快出台《北京市公共建筑供热计量管理暂行办法》。②研究制定居民热计量价格政策。③总结本采暖季居民小区热计量试点经验，对新建居住建筑实行热计量收费。④对既有居住建筑在进行节能改造时，同步实施热计量改造，已完成节能改造、具备条件的既有居住建筑实行热计量收费。⑤研究制定热量表相关标准。

3月12日，本市积极推进节能超市试点工作，大力引导居民绿色消费。年初至今，本市节能产品销售专区的客流量、销售量每周都有所提高。经调查，97%的顾客表示节能产品专区有助于提高消费者的节能环保意识。

3月15日，北京市振兴发展新能源产业实施方案发布。

3月18日，本市启动事业单位改革调研工作。研究工作分为两个阶段：7月底前为调研阶段，主要任务是市编办会同市财政局、市人力社保局等相关部门和相关区县开展事业单位改革的调查研究、摸清家底，形成课题总报告及分报告；11月底前，全力做好事业单位改革意见与配套文件起草工作。同时要求扎实做好事业单位基本情况统计工作。

3月18日，本市成立"信访矛盾分析研究中心"。该研究中心是一个利用信访基础统计数据、分类数据、信访资料等资源，专门从事社会矛盾和社会问题分析的研究性机构。"中心"主要通过汇总情况、分析矛盾、研究问题，查找原因、总结规律，为市委市政府的科学决策、维护社会稳定提供科学依据。

4月2日，本市固定资产投资项目行政审批综合服务大厅启动运行。为进一步深化行政审批制度改革，加快推进服务型政府建设，集合各部门审批职能，履行好"四个服务"职责，本市固定资产投资审批大厅正式运行，面向全市法人单位开展固定资产投资项目集中审批，解决"一口受理"问题，实现绿色通道审批机制常态化、长效化。

4月2日，本市公布了缓解拥堵的十大具体措施，其中，4月10日本轮机动车尾号限行结束后，北京将继续实施机动车每周限行1日的措施，期限由1年延长为2年，同时还宣布将实施错峰上下班、差别化停车价格、鼓励出租车叫车服务等其他9项交通管理措施。新的限行措施将从4月11日起开始实施，到2012年4月10日结束。

4月9日，本市建立高校毕业生就业岗位信息采集发布制度。市人力社保局、市教委统一组织、统一收集市区（县）40余家公共就业服务机构面向高校毕业生的就业岗位信息，建立统一信息平台，通过网络集中向社会发布。

4月14日，全市首家生活垃圾综合利用循环经济园区管理机构在朝阳区成立。该中心主要职责：①落实朝阳区垃圾处理循环利用及相关产业的发展规划。②负责产业园区内垃圾处理及资源循环利用项目的规划起草、立项、招标。③负责基础设施、配套项目的建设管理和服务保障，做好综合协调工作。

4月15日，本市“周四垃圾减量日”活动正式启动。活动以“做文明有礼的北京人，垃圾减量、垃圾分类从我做起”为主题，每周四在社区、广场等人口密集地区开展爱护环境、绿色办公、减少过度包装等不同专题的宣传实践活动，普及垃圾减量和垃圾分类知识，积极倡导“适量点餐、减少浪费，厉行节约、减少废弃”，培养市民树立绿色、低碳、环保、健康的生活理念和自觉将生活垃圾分类投放的文明生活习惯。

4月19日，本市积极探索行政复议委员会工作新机制。市政府法制办试行市政府行政复议委员会非常任委员参加行政复议听证会的工作模式，进一步提高非常任委员工作参与度，发挥了非常任委员专业特长。各区县政府复议委员会相继进行了试点和探索，宣武区政府在全市率先建立了非常任委员办理复议案件制度，近期由非常任委员直接参与办理的案件均取得较好社会效果，提高了行政复议公信力。

4月20日，《北京市物业管理办法》正式出台，将于10月1日起施行。该《办法》重点结合本市物业管理行业的发展现状、存在的深层次矛盾和问题，全面梳理物业管理的现行制度，在构建业主、业主大会与物业企业之间的和谐互信关系，调动行政资源、行业协会、相关非政府组织三方力量，解决前期遗留问题、业主大会成立及运作问题、市场环境不成熟以及企业行为不规范问题等方面提出了创新措施。

4月28日，本市进一步完善住房保障领导小组体制机制。根据工作需要，增加了市委农工委、市经济信息化委、市公安局等14个部门为领导小组成员单位，主要职责包括：组织贯彻落实中央、国务院保障性安居工程方针政策，研究审议本市保障性安居工程中长期发展规划，制定本市住房保障、棚户区改造、历史文化风貌保护区保护修缮等政策措施和工作计划，组织检查相关政策落实情况，研究解决本市实施保障性安居工程过程中的重大问题等。

4月30日，本市出台遏制房价过快上涨的政策措施。主要包括：①严格执行差别化住房信贷政策。②加强房地产税收管理。③增加居住用地有效供应，调整住房供应结构。④加快实施保障性安居工程，确保完成今年新开工建设和收购政策性住房工作任务。⑤实施保障性住房全过程“阳光工程”。⑥加强对房地产开发企业购地和融资的监管。⑦加强商品房预售监督管理。⑧进一步加强房地产市场统计分析和监测等。

4月30日，本市医改方案公开征求意见工作圆满结束。截至4月29日，市政府人民建议征集办共收到群众意见990条，主要集中在完善基本医疗保险为主体的医疗保障体系、建设运行高效的医疗服务体系、推进公立医院改革试点等方面。目前，市医改办正在会同相关部门修改完善医改方案。

4月，本市启动首批生物医药产业金融激励试点工作。北京生物技术和新医药产业促进中心与参加“金融激励试点方案”的北京银行、中关村科技担保有限公司等首批11家金融机构签订合作协议。招商银行、浦发银行等7家金融机构与北京天坛生物制品股份有限公司等7家生物医药企业签订了2.8亿元的授信协议。

5月6日，本市绿色办公月活动正式启动。活动分为“走进党政机关”、“走进企事业单位”等4个专题，通过组织观摩学习，推广绿色办公经验做法，发挥党政机关表率作用。同时，倡导自觉在日常办公中节约资源、减少废弃、积极参与垃圾减量和垃圾分类，推动社会各单位广泛形成绿色办公的文明风气。

5月13日，首都城市环境建设委员会正式成立。该委员会由相关市领导、中央相关部委负责人等担任主要领导，市委组织部、市委宣传部等44个部门和18区县政府主要领导担任委员。主要负责贯彻执行国家及本市有关环境建设的重要决定；研究审议首都城市环境建设发展规划、工作方案等；统筹协调本市与中央单位和驻京部队、市与区县、区县间的环境建设工作；协调解决首都城市环境建设重大问题。办公室设在市市政市容委。

5月28日，本市调整科技信息发展相关职能和机构编制。将市科委所属北京软件与信息服务业促进中心承担的“面向北京地区软件和信息服务业企业提供相关服务”职责和人员编制划转市经济信息化委，并将北京软件与信息服务业促进中心更名为北京市科技信息中心。

5月31日，北京广播电视台正式成立。北京广播电视台由北京人民广播电台、北京电视台、北京北广传媒集团整合而成，业务范围涵盖广播电视的采编、制作、播放、传输以及新媒体开发等领域，产业链比较完整。

6月2日，北京文化金融中介服务平台在东城区成立。平台由北京产权交易所、北京东方雍和国际版权交易中心有限公司联合国家开发银行、中国工商银行、北京银行等10多家金融机构创办。平台以北交所文化产权交易中心和国际版权交易中心为载体，创新金融服务产品和模式，为文化创意产业提供资金支持，同时帮助金融机构规避创新风险。北京银行为国际版权交易中心金融信贷服务对象提供意向性专项授信额度100亿元人民币。

6月4日，北京市对口支援和经济合作工作领导小组成立，并召开了首次会议，刘淇同志任该领导小组组长，郭金龙同志任常务副组长。主要负责贯彻落实党中央、国务院有关对口支援工作的方针政策和经济合作的战略规划，研究提出本市对口支援和经济合作的战略规划、工作计划、政策措施，统一领导、组织协调本市对口支援和经济合作工作，研究解决对口支援和经济合作中的重大问题。领导小组下设办公室，并分别设立前方指挥机构，具体负责对口支援的组织实施。

6月5日，中共中央办公厅、国务院办公厅印发了《关于进一步推进国有企业贯彻落实"三重一大"决策制度的意见》。《意见》对"三重一大"事项决策的基本程序做出规定。"三重一大"事项包括重大决策事项、重要人事任免事项、重大项目安排事项，以及大额度资金运作事项。

6月7日，市国资委进一步完善国企负责人经营业绩考核体系：①修订完善《本市国企负责人经营业绩考核暂行办法》，全面实行经济增加值考核。②引入行业对标，引导企业做强主业。③建立董事会试点经营层的业绩考核，对董事会经营业绩考核工作进行指导和监督。④完善企业内部经营业绩考核体系，将企业负责人收入增长与职工收入增长挂钩。

6月7日，本市积极推进公立医院改革试点工作。确定门头沟区作为本市公立医院改革试点，推动门头沟区乃至京西地区医疗卫生事业发展。目前，已经初步形成《关于引进社会资源，合作推进门头沟区公立医院改革的实施方案》及10余个配套方案。

6月12日，北京市2010—2011年深化医药卫生体制改革实施方案公布。2010—2011年，继续积极稳妥地推进改革工作，力争率先完成国家深化医药卫生体制改革的各项任务，使医药卫生体制改革成果惠及全体市民。

截至6月18日，全市小煤矿关闭工作进展顺利。全市24个小煤矿已停止井下生产活动，完成了井下设备设施拆除，实现井下电缆、铁轨、各种管线等生产设备设施全部移出井外，并妥善处置。目前全市所有小煤矿均完成井口垒封，做到关实、关死。

6月24日，市区联动加快推进海淀区行政审批制度改革试点工作：①市区有关部门召开专题会议，研究解决固定资产投资审批制度改革试点工作中的重点、难点问题。②市有关部门在下放审批权限同时，与区级部门有效对接，目前已办理各类下放的审批事项3700余项。③中关村核心区企业服务中心重新布局，目前33个审批部门已全部集中，探索同一部门审批业务向一个科室集中的“一科制”审批服务。④按照“非必须，不审批；如必须，少审批多备案”的原则，精简优化审批环节，减少70多个审批环节。

6月30日，本市社保卡工程建设初步完成。全市1757家定点医疗机构全部开通持卡就医结算功能，个人信息比对成功的629万张社保卡已经全部发放，“服务网点、服务热线、服务网站、自助服务终端”四位一体的服务体系已经建成并投入使用。目前已有142万人持卡就医，日均持卡就医11万人次，累计减轻群众医疗费垫付资金13亿元。

6月30日，国务院办公厅正式公布了第一批三网融合试点城市名单，北京、上海、大连等12个城市最终晋级，成为首批试点。

7月1日，贯彻落实国务院批复精神，北京市进行行政区划调整工作。国务院正式批复了北京市政府关于调整首都功能核心区行政区划的请示，同意撤销北京市东城区、崇文区，设立新的北京市东城区，以原东城区、崇文区的行政区域为东城区的行政区域，面积41.84平方公里，常住人口86.5万人；撤销北京市西城区、宣武区，设立新的北京市西城区，以原西城区、宣武区的行政区域为西城区的行政区域，面积50.70平方公里，常住人口124.6万人。

7月3日，推行村庄社区化管理加强社会管理创新。中共中央政治局委员、市委书记刘淇，国务委员、公安部部长孟建柱等来到大兴区西红门镇，围绕“推行村庄社区化管理，促进‘平安北京’建设”主题进行调研。刘淇强调，要把加强社会建设、创新社会管理作为深入贯彻落实科学发展观、构建社会主义和谐社会的重要任务，不断创新体制机制，推行村庄社区化管理，加强社会管理创新，促进“平安北京”建设。

7月6日，怀柔建成首家金融“乡村便利店”。“乡村便利店”是按照农村地区客户特点量身打造的农村金融服务模式，自助机具不仅可以银行卡登录也可以存折登录，还可办理查询、补登存折、转账、代缴费等业务。店中还配备了“辅导员”，可以帮助客户在自助机具上完成业务操作，解答客户的疑难，同时向客户普及非现金支付工具的相关知识。

7月7日，《首都中长期人才发展规划纲要（2010—2020年）》通过。“纲要”明确了四大类共九项任务，到2020年，必须坚定不移地实施首都人才优先发展战略，确立向人才倾斜的资源配置格局，确立人才引领经济社会发展格局，确立首都人才高端、高效、高辐射发展格局，确立首都人才工作综合配套推进格局。

7月7日，本市试点“政府参股”设立四只创投基金。国家发改委、财政部首批与北京等7省市共同发起设立20只创业投资基金，探索政府投入方式的转变。北京市在电子信息、新能源和环保、生物医药、高技术服务业等领域发起设立4只总规模达到10亿元的创业投资基金，其中国家出资2亿元，北京市出资2亿元，吸引社会资金6亿元。

7月8日，中关村国家自主创新示范区领导小组召开第五次会议，研究讨论示范区建设相关工作。会议听取了相关部门关于中关村示范区试点税收政策、社会组织改革试点、知识产权质押贷款、重大科技成果产业化项目股权投资和中关村大街、知春路及学院路沿线发展规划的工作汇报，并就示范区建设发展的重大问题进行了讨论。

7月9日，目前国内功能最全、政策最优的海关特殊监管区域——北京天竺综合保税区正式运营。北京天竺综合保税区作为国务院正式批复成立的国内首家内陆空港性综合保税区，集空港口岸与保税加工及保税物流功能为一体。按照北京天竺综合保税区（一期）规划，天竺综合保税区一期总用地3.495平方公里，包括围网面积3.177平方公里，配套设施用地0.318平方公里，未来将主要开展口岸作业和保税仓储、维修检测和展览展示、保税加工、研发等业务。

7月16日，北京市三网融合试点工作正式启动。市三网融合工作协调小组举行第一次会议，审议并通过北京市三网融合工作专家小组、安全评估小组成员名单，提出今后四项重点工作：一是加快推动广电、电信业务双向进入；二是加快信息基础设施建设；三是强化网络信息安全和文化安全监管；四是大力推动本市信息、文化创意等相关产业发展。

7月23日，全市首家街道综合行政服务中心在大兴区观音寺街道成立。观音寺街道综合行政服务中心里，400平方米的服务大厅内设居民事务科、社保所等12个办事窗口，负责劳动社保、计生、民政、保障性住房、老龄、残联等80多个行政许可和服务事项，街道居民今后可以享受到“进一个门就能把事情办好”的服务方式。

8月5日，北京市成为住建部首批公布的28个公积金建保障房试点城市，2010年全市将有200亿元公积金用于建设保障房。

8月11日，本市创建首家志愿者“公益银行”。朝阳区15万名在册志愿者拥有了自己的“银行”——“储蓄所”建在社区服务站，“存折”就是志愿服务计时卡。“存折”上累积的志愿服务时间，可以通过“总行”兑换奖品等。除了为志愿者提供网络化、数据库管理，“公益银行”同时也搭建了一个志愿服务供需信息平台。

8月17日，本市推进集体林权制度改革，130万名山区农民将成集体生态林股东，看山护林政府每年补贴4.04亿元，60%分给农民，剩下的40%用来搞林木抚育。从10月份起，在已完成集体林权制度改革的村庄，变成山林股东的村民将陆续领到生态效益补贴。

8月20日，中关村管委会联合市发改委等发布“瞪羚计划”首批525家重点培育的企业名单。“瞪羚计划”已实施7年之久，旨在帮助中关村中小企业获得融资服务。目前，对这些企业的支持将由专项政策拓展为综合政策，由原来单一化担保融资政策支持拓展到研发、市场开拓等多方面的政策支持。

8月20日，国家发改委批准发行3.83亿元中关村高新技术中小企业集合债券。本期债券期限6年，13家发行企业均为所在行业优质企业，包括百奥药业、绿创声学工程、交大微联科技、地杰通信设备等。发行集合债能有效筹集低成本的中长期发展资金，对加快提升企业发展进程、树立北京市高新技术产业在资本市场的良好形象、加快中关村示范区建设具有重要意义。

8月23日，首都非公经济金融服务周正式启动。首都非公经济金融服务周是市工商联发挥党和政府与非公经济之间桥梁纽带作用，解决中小企业融资难，更好地促进首都经济协调发展的一项具体举措。本次服务周除了在海淀区设置主会场，还分别在昌平区、大兴区和顺义区设置了分会场，将有数百家非公有制企业与驻京金融机构面对面洽谈投资、融资事宜。

8月24日，本市三网融合试点方案初审通过。试点方案由《北京市三网融合试点总体方案（草案）》及8个实施方案组成，下一步还将报请市委、市政府专题审议。

9月1日，本市义务教育实现全免费。今天全市中小学正式开学，从此孩子们不再交任何费用，往年需交的教科书费成为历史，在公办学校借读的打工子弟也享受同等待遇。今年秋季至2011年8月，免费教科书的经费由市级财政全额负担；自2011年9月开学起，市、区两级财政将各负担50%。

9月7日，全市医疗机构将开展处方点评。由50多名各类医院药学专家组成的北京市医疗机构药事管理专家委员会成立，本市二、三级医院和社区卫生服务机构近期将全部开展处方点评，同时将单张处方平均金额等统计数据上报药事专家委员会。

9月17日，本市首家“六站合一”楼宇工作站在东城区体育馆路街道北京鹰岛大厦揭牌，党建工作站、综治工作站、工会服务站、团建工作站、妇女工作站、社会工作站“六站合一”首次进驻楼宇。

9月19日，本市首次面向公众发放“少开一天车”绿色出行低碳交通卡。购买一张交通卡，就等于同时认购了1吨的二氧化碳排放量。

9月30日，房产税拟对部分城市部分个人试征。财政部、国家税务总局有关负责人就房地产市场税收政策调整回答记者提问时表示，随着商品房市场日益活跃，改革和完善房产税制度，对个人所有的住房恢复征收房产税是必要的，既有利于调节居民收入和财富分配，也有利于健全地方税体系，促进经济结构调整及土地节约集约利用。但考虑到这项改革情况复杂，拟先在部分城市对部分个人拥有的住房进行试点，恢复征收房产税，积累经验后逐步扩大到全国。

10月14日，市工商局公布《公司债权转股权登记管理试行办法》、《中关村国家自主创新示范区企业股权激励登记试行办法》，即日起，符合条件的中关村园区企业将可试行“债转股”及股权激励。股权激励分配机制将有望为中关村企业发展开启动力强大的引擎，推动高新技术产业化和科技成果转化。

10月14日，本市首家司法社工中心成立。司法社工将帮助犯罪的未成年人和在校大学生，作出评估报告，并以此作为司法机构定罪量刑的参考依据。

10月21日，北京历史文化名城保护委员会成立。委员会将汇集专家智慧，编制高质量的历史文化名城保护规划。在保护古都风貌的同时，兼顾改善居民生活条件、消除安全隐患、解决城市交通拥堵等问题。

10月27日，首都医药卫生协调委员会正式成立。首都医药卫生协调委员会作为市政府议事协调机构，由国家发改委、卫生部、解放军及武警部队医药卫生主管部门、在京高校、北京市及市有关部门、各区县等单位相关负责人组成，具体承担统筹首都医药卫生事业发展战略，协调推动首都医药卫生资源整合，研究落实首都医药卫生体制改革相关政策，统筹研究首都重大突发公共卫生事件相关工作等9项主要职责。

11月12日，北京市居民天然气销售价格调整听证会举行。25位听证会代表中有20人赞同上调0.23元/立方米的第一方案，1人赞同上调0.27元/立方米的第二方案，2人基本赞同上调，另有2人反对涨价。

11月12日，北京市决定在全市25所三级医院试点开展双休日全天门诊，并根据试点情况逐步推进。

11月13—16日，全国城郊经济第六次全国代表大会暨城乡统筹发展论坛在北京会议中心举行。会议就当前“三农”工作中面临的问题与任务、“十二五”期间要解决的重点问题与举措等议题进行研讨，本市就城乡统筹经验做了典型发言。到2012年，本市将完成京郊所有乡村的集体经济产权制度改革，让京郊农民全部成为拥有集体资产的股东。

11月16日，财政部等三部委联合下发通知，规定土地出让净收益、公积金增值收益以及贷款贴息均可成为公共租赁住房资金“输血”来源。按照规定，各地可从土地出让净收益中安排不低于10%作为廉租住房保障资金，统筹用于发展公共租赁住房。

11月18日，由科技部火炬中心组织的全国高新区评价结果揭晓，在全国54个国家高新区和苏州工业园中，中关村国家自主创新示范区综合排名第一位，在知识创造与孕育创新能力、产业化与规模经济能力、国际化与参与全球竞争能力、可持续发展能力等4个一级指标中也全部排名第一位。

11月18日，市人大常委会法制办向常委会会议报告开展本市地方性法规清理工作情况：建议废止《北京市小公共汽车管理条例》，对《北京市烟花爆竹安全管理规定》等21件法规进行简易修改，并建议将13件法规的修改或废止列入今后的立法计划。

11月19日，9家市级文化创意产业集聚区授牌，其中7家为2010年新增集聚区。截至目前，本市文化创意产业集聚区已达到30个，标志着《北京市“十一五”时期文化创意产业发展规划》中提出的“到2010年市级文化创意产业集聚区力争达到30个”的工作目标圆满完成。

11月23日，中关村13家央企试点分红权激励。国务院国资委下发通知，决定在注册于中关村国家自主创新示范区的中央企业所属企业中，开展分红权激励试点。这些中央企业包括中国核工业集团公司、中国航空工业集团公司、机械科学研究总院、北京有色金属研究总院等13家。试点企业实施分红权激励，主要有岗位分红权和项目收益分红两种方式可供选择。

11月29日，北京住房公积金管理中心发布《关于规范北京住房公积金个人住房贷款政策有关问题的通知》，根据从严执行的“认房又认贷”原则，即使市民将原有的首套人均面积超过28.81平方米的住房出手，公积金也不会批准其购买第二套房的借贷申请。

截至11月底，全市16个区县的2646个社区和3944个村已全部建立“妇女之家”，在全国率先实现了“妇女之家”全覆盖。在建设“妇女之家”中，北京市妇联确定了“五有”思路，即：有规划，将妇女之家建设列入全市社会服务管理创新折子工程；有场地，采取专用场地、共建场地、五站合一（党建工作站、社会工作站、职工之家、青年之家、妇女之家）相补充的运行模式；有设施，配备服务妇女需要的相应硬件设施；有管理，实行专职、兼职和志愿服务相结合的工作机制；有经费，逐渐完善独立自主使用的经费保障体系。

12月1日起，全市100多家二、三级公立医院的收费窗口实现了同一种药品同一个价格。这是本市首次实施全市所有二级以上公立医院药品统一招标采购，也是医改推出的缓解看病贵的一项重要举措。

12月2日，由北京银行主承销的“北京经济技术开发区2010年度第一期中小企业集合票据”成功发行。此次发行的中小企业集合票据发行主体为开发区内四家高科技中小企业，支持范围涉及精密测量仪器、纺织机械等高新技术产业及制造业。注册金额1.98亿元，期限为两年。该票据的成功发行为开发区内的中小企业开辟了一条新的融资渠道，将有力地支持开发区高新技术产业及高端制造业的快速发展。

12月7日起，面向150万名城镇居民发放社保卡工作正式启动。“一老”和无业居民由于实行社区首诊制度，这两类人员选择的定点医院中应包括1家定点社区卫生服务机构。

12月8日，《北京市雪天交通保障应急预案》修订发布。该预案在修订中强化了工作流程和具体应对措施，构建了由信息管理、冬季前准备工作、处置措施、现场指挥部、响应升级、社会动员、信息发布、应急结束等八个部分组成的应急处置环节。

12月10日，《关于开展物业服务合同备案工作的通知》正式发布。该《通知》是贯彻落实《北京市物业管理办法》，实施物业服务企业信用管理的具体工作措施。《通知》要求，自2011年1月1日起，全市各物业服务企业应当按照《关于印发〈北京市物业服务合同备案程序〉的通知》的规定到项目所在地区县建委（房管局）办理物业服务合同备案。

12月13日，首家北京出资在台企业——京泰发展有限公司成立。京泰发展有限公司由北京控股集团有限公司和京泰实业有限公司共同出资设立，经营业务为中介服务、信息咨询、会展服务等。京泰发展有限公司投入运营后，将以国际贸易业务为载体，向台湾地区积极推介具有北京特色的优质产品，同时，向北京及大陆市场引进代表台湾优势、凝聚当地文化的台湾企业及产品。还将通过组织参观、考察、洽商、会展等一系列活动，为两岸企业提供优质高效的资讯服务，积极推动两岸相互了解、沟通。

12月16日，政府采购中关村自主创新产品第五次签约大会举行，发布了中低速磁悬浮交通示范线（S1线）西段工程等21个首台（套）重大技术装备示范项目。同时，建立首台（套）重大技术装备保险补偿机制，旨在通过政府的引导和推动，利用保险手段控制和转移首台（套）重大技术装备在使用过程中可能面临的风险，增强使用单位的购买和使用信心，降低自主研发单位“试错成本”。

12月16日，“北京市建筑市场公开信息平台”正式开通，向社会公开企业资质、人员资格、招标投标、合同备案、施工许可、合同履约、业绩、获奖、违法违规，以及社会信息等10类信息。其中，在全国率先将合同备案、合同履约信息向社会公布。建筑市场公开信息平台的建立，进一步提升了市住房城乡建设系统的公共信息服务水平，使社会公众真正参与对工程建设过程的监督管理，保证工程建设全过程的阳光透明。

12月16日，首医委第二次全体会议举行。本市将于2011年1月1日在9家医院启动电子病历试点，用五年时间完成全体居民电子病历和居民健康档案建设。未来，患者带着一堆检查资料求诊、排队、等候的现象将成为历史。

12月16日，由北京市旅游局与中国工商银行联合推出的“畅游北京”灵通卡项目启动仪式在北京举行。“畅游北京”灵通卡的推出是北京市旅游局同中国工商银行合作，在改善旅游支付环境方面的重要举措，也是北京市政府在提升旅游公共服务水平、倡导旅游产业信息化、实现游客出行便利化、提供更多便民、利民优惠旅游产品和服务方面的重要举措。

12月17日，市总工会“五个一”活动正式启动。一张电影票、一张购书券、一份粮油产品、一次健身服务，以及为有需求的职工或其家属提供一次单眼白内障手术，这是2010年市总工会面向所有持京卡·互助服务卡的会员“打包”推出的五项惠赠。

12月17日，北京市社区医师传染病培训基地在北京地坛医院挂牌。为了方便患者，降低费用，今后慢性传染病将逐步转由社区管理。

12月21日，北京保险行业协会公布《2011年度北京地区机动车商业保险费率浮动档次升降方案》，在2010年实施的机动车商业保险费率浮动方案基础上，对2009年没有保险理赔记录、2010年发生1—2次理赔的车辆给予5%优惠，新方案于2011年1月1日起实施。

12月23日，北京市公布《关于进一步推进首都交通科学发展　加大力度缓解交通拥堵工作的意见》，相关细则即日起实施。根据新规，本市将采取完善城市规划，以摇号方式无偿分配小客车配置指标及适当提高一类区域停车费等方式缓解拥堵。

12月23日，本市召开社区卫生改革与管理工作会议，推出了一系列社区卫生服务的新举措。包括开展家庭医生式服务、推行居民健康管理工程、推进预约转诊、扩大社区用药等政策。

12月23日，北京市志愿服务指导中心正式揭牌。北京市志愿服务指导中心前身是团市委志愿服务指导中心，成立于2003年。2010年1月，根据市编办批复更名，是负责统一规划、协调和指导北京志愿服务工作的专门机构，承担北京市志愿者联合会秘书处职能。

12月28日，北京市工会发布了《深入推进工资集体协商三年行动计划

（2011—2013年）》。至2013年，将推动规模以上（如超过200人）企业独立开展集体协商；规模以下企业可通过签订区域、行业工资专项协议来建立协商机制，具体应包括工资标准、增长幅度、工资支付办法等基本内容。超过80%的建会企业普遍建立工资协商制度，实现各类企业全覆盖。

12月31日，北京市国有企业改革取得新进展，成功实施了九个重组项目，推出劣势企业196家，国有监管体系进一步完善。

附录三

北京改革和发展研究会

2010年6月6日，经北京市社会团体管理办公室（京民社许准变字[2010]192号文件）批准，北京奥运经济研究会正式更名为“北京改革和发展研究会”。北京改革和发展研究会的成立，标志着研究会正式结束奥运研究任务、圆满完成了北京奥运所赋予的历史使命。同时也标志着北京改革和发展研究会顺应历史潮流和时代的要求，为促进中国的改革开放事业，在更加广泛的学术领域里开启了新的篇章。

一、北京改革和发展研究会概况

新成立的北京改革和发展研究会由中国经济体制改革研究会副会长、北京社会主义学院副院长陈剑担任会长，中国文联书记处书记夏潮任监事长，北京北奥集团党委书记、董事长杜巍担任副会长兼秘书长。全国政协副主席、全国工商联主席黄孟复，十届全国人大常委会副委员长蒋正华，全国政协教科文卫体委员会副主任、原北京奥组委执行副主席蒋效愚，国际排联主席、原北京奥运经济研究会会长魏纪中分别担任名誉会长。目前北京改革和发展研究会有个人和团体会员180多家，拥有120多位资深专家，涵盖了教育、科技、文化、卫生、金融、体育等各个研究领域，由大学院校、研究机构、新闻媒体、政府部门等社会各界的知名学者组成。

北京改革和发展研究会成立的目的，是为了适应北京经济发展和社会需求，形成一支由企业、研究机构和政府管理部门相结合的高层次学术团体，为首都的经济建设、社会建设、文化建设、政治建设和生态文明建设服务。更名后的北京改革和发展研究会，以“人文北京、绿色北京、科技北京”

和建设世界城市作为主要的研究方向，对国民经济和社会发展中带全局性和前瞻性以及热点、焦点、难点问题进行研究，促进经济社会全面、协调、可持续发展。同时，为有关部门提供发展决策的方案、意见和建议，为社会各界提供相关问题的咨询服务。

二、北京改革和发展研究会成立后所做的主要工作

北京改革和发展研究会成立后，在短短的半年时间内，先后与政府相关部门、民主党派、大学院校、研究机构合作，以“改革和发展”为核心思想，围绕教育、文化、房产、首都人口调控等热点话题，举办了一系列有针对性的学术研讨会：

2010年6月6日，在北京市政协礼堂召开“2010北京房地产论坛”。论坛围绕北京市住房保障、新政下的北京房地产、当前房地产政策及对市场的影响等社会普遍关注的话题进行深入探讨。

2010年7月17日，在人民大会堂，与教育部基础教育司、人民网共同举办“基础教育创新高峰论坛”。论坛以“基础教育创新”为主题，从教育体制、教育目标、教育理念和教育方法等不同角度对基础教育的改革和创新工作进行了深入探讨，总结交流了基础教育创新工作的经验和不足，并提出了新的创新发展思路。

2010年7月18日，在北京国际会议中心，与北京中华文化学院、北京市社会科学界联合会、中国民主同盟北京市委员会、中国民主促进会北京市委员会单位共同举办“2010北京文化论坛——建设世界城市提升首都软实力”论坛。论坛针对北京建设世界城市、实现可持续发展的实际，积极探索从建设世界城市的高度，谋划新的发展布局的有效路径，着力破解建设世界城市发展难题等内容进行深入研讨。

2010年11月10日，与北京市东城区人民政府、北京市知识产权局、中华民族艺术珍品馆等单位共同举办“中国非物质文化遗产保护和发展论坛”。

2010年11月27日，与北京工业大学、北京市人口研究所、北京中华文化学院等单位共同举办“2010·学术前沿论坛——北京人口总量调控”论坛。

2010年12月26日，与北京市中医管理局、中国农工民主党北京市委员会、北京中华文化学院、中国社会科学院中医药事业国情调研组等联合举办“首届中医药健康论坛——中医科学养生”论坛。

除了上述学术性会议以外，2010年9月3日—7日，北京改革和发展研究会与中国人民抗日战争纪念馆、北京社会主义学院、民革北京市委、民建北京市委、九三学社北京市委等单位联合举办了“民族魂——纪念中国人民抗日战争胜利65周年系列活动”。包括“牢记历史、开创未来——纪念中国人民抗日战争胜利65周年座谈会”和“民族魂——纪念中国人民抗日战争胜利65周年书画展”。张自忠将军和佟麟阁将军等多名抗日名将的后人以及来自全国各地的众多书画爱好者参加了活动。

上述论坛或活动，中央电视台、人民日报、新华社、光明日报、北京电视台、新浪、搜狐等新闻媒体给予广泛的报道，在社会上引起了很好的反响。

北京改革和发展研究会自成立以来，也先后承担了政府部门委托的重大课题，主要有：北京市统计局委托的《北京市非公有经济发展状况研究》课题，北京市科学技术委员会委托的《北京奥运遗产界定和利用研究》课题，北京市社会科学界联合会委托的《人民政协的政治协商制度建设研究》课题，通州区人口和计划生育委员会委托的《通州人口发展研究》课题，北京市社会团体管理办公室委托的《北京市市级社会团体2009年度检查情况分析报告》课题。以上课题，完成的质量较高，得到了课题单位很高的评价。

从2011年开始，北京改革和发展研究会将出版年度《中国改革报告》，全面反映当年的中国改革和发展的成果、矛盾和问题以及重大事件评述等内容。此外，研究会会刊《改革》，也将在2011年上半年发行。

中国目前的改革已经进入深水区，且利益强势集团的形成，目前改革的阻力远较中国改革开放初期大的多，并且，经济体制改革每前进一步，都需要政治体制的推进予以配合。在改革明显缺乏动力且阻力明显增大的情况下，北京改革和发展研究会的成立，希望能够为中国的改革增添一点动力。北京改革和发展研究会一定会积极努力，为中国改革和发展做出自己的一份贡献。

后 记

身处一个经济转轨、社会转型的伟大变革时代，中国改革开放32年的发展，取得的成就令人震撼，面临的矛盾与问题也令人纠结。因为这些矛盾和问题，延缓和阻碍了我们进一步发展。因此，正视这些矛盾和问题，理清这些矛盾和问题产生的原因，提出针对性的政策建议，能够帮助读者在阅读本书过程中形成自己的思考，以进一步推进中国整体改革和发展。基于这个认识，北京改革和发展研究会，经过历时半年的努力，约请国内相关研究领域的30多位名家，就中国改革的热点和难点问题撰稿，完成了这部国内第一份全方位论述中国改革的年度报告。

《中国改革报告2011》的出版得到了诸多领导和专家的大力支持。全国政协副主席、全国工商联主席，北京改革和发展研究会名誉会长黄孟复先生在百忙的工作中撰写序言；中央社会主义学院党组书记叶小文，国务院法制办副主任袁曙宏，中国经济体制改革研究会会长宋晓悟，北京市原市委常委段柄仁，全国政协委员、中国农林水利工会全国委员会主席盛明富等诸多领导同时也作为专家为报告撰稿，提升了报告的品位和影响力；著名的党建专家沈宝祥，著名的行政学专家汪玉凯以及一大批知名专家为报告撰稿，使《中国改革报告2011》熠熠生辉。他们对《中国改革报告2011》热情，实际是对中国改革的巨大热情，使我们深受感动。中国文史出版社的陈海滨、刘夏，北京市科委副主任伍健民，北京社会科学界联合会党组副书记陈之昌，社科联学会部主任王彦京，北京出版社的陈飞等，也为本书的出版做了有益工作和积极贡献。

由于可以理解的原因，一些专家的约稿，没有能够刊用，也借此向这些专家表示我们的歉意。

《中国改革报告2011》的出版也得到了中国经济体制改革研究会、北京市科委、北京市社科联、北京市政府研究室、北京市委研究室首都所、北京社会主义学院、浙江省温岭市人大常委会等单位的大力支持。《中国改革报告2011》编辑部的全体同仁为此做了大量且完全是奉献的工作，再此一并表示深深的谢意！

北京改革和发展研究会将在《中国改革报告2011》的基础上，每年出版一部改革年度报告。我们相信，在社会各界的关注和大力支持下，“中国改革年度报告”将会愈办愈好，为中国改革贡献我会的智慧和力量。

陈 剑

2011年3月3日